Jim Gri

BRITISH RAILWAYS STEAM LOCOMOTIVES 1948 - 1968

Every Single One!

Class notes, numbers & names, plus building & withdrawal dates of _every_ Steam Locomotive owned by

BRITISH RAILWAYS

To Iain Young for his help, his encouragement,
and, especially, his friendship.

First Edition   *October 2007*

Published by MODELMASTER PUBLISHING,
31, Crown Street, Ayr, KA8 8AG

www.modelmasterdecals.com

ISBN   978 0 9544264 9 1

BRITISH RAILWAYS STEAM LOCOMOTIVES
1948 - 1968

Aimed at Railway Enthusiasts, Historians & Modellers, the purpose of this book is to list every steam locomotive acquired and built by British Railways.

BRITISH RAILWAYS was created on the first of January 1948 by nationalising the four major railway companies (Southern, Great Western, London North Eastern, and London Midland Scottish), plus a few minor railways. Rumours abounded in the enthusiast press about locomotives being painted into Post Office Red (there was a Labour Government in power at the time), but Great Western lined green and London North Western lined black won the day. Over 20,000 steam locos came into the B.R. fold on that first day, and they were joined by about 2,500 more over the next thirteen years.

Within twenty years all of these locomotives had gone. The main reason was not smoke pollution, or Clean Air Acts, or maintenance costs, or under utilisation - it was simply that the post war generations of workers would not tolerate the working conditions involved in keeping steam engines on the road. Lighting up a locomotive boiler at 4 a.m., or cleaning out a firebox on an 'A4' 4-6-2 after a four hundred mile trip, or even firing an 'A4' during a 400 mile trip was all very hard, and very dirty, work. Engine sheds were dirty, smoke laden places to work, and I remember that on my first day working at 66A (Glasgow Polmadie) as a stores clerk in the late 1960s I wore a suit and white shirt and tie. The next day I wore a set of overalls and a dust coat!

The 1955 Modernisation Plan (the same year as the national train driver's strike) announced the end of steam, but British Railways still kept building steam locomotives for another five years, alongside the diesel and electric locos & multiple units that were being built in their thousands to replace them! Steam locomotives were cheap to build, cheap to fuel, and very reliable. They fell down on working conditions, and the amount of time it took to start them up, and shut them down again. Diesel and Electric locos could be started by turning a key, but a steam locomotive could take four hours from cold to be made ready for work. This meant that whereas a diesel shunter could work continuously for six days non stop in a marshalling yard, the same amount of work would take two or three steam locomotives.

However, a steam locomotive, unlike a diesel or electric one, is ALIVE! Nobody can fail to be impressed by the sight of a steam locomotive at the head of a train, sitting in a station platform, or shunting about a yard. Watch the smoke coming out of the chimney, the steam being forced out, and the movements of the valve gear and motion, and you see before you a living, breathing machine with a life and personality all of its own. No wonder, that forty years after the end of B.R. steam, there is still as much interest as there was forty, fifty, or even a hundred years ago. Most people alive today may only have seen steam trains on preserved railways or in museums, but the interest in them is phenomenal!

This book contains the building and withdrawal dates, numbers, and names of every steam locomotive ever owned by British Railways, plus brief notes and a selection of photographs. For locomotives built before nationalisation, only the year of building is shown, but the month and year are shown for post 1948 additions to the fleet. Full details of where the locomotives were allocated can be found in some of our other publications, likewise details of Diesel and Electric locomotives and multiple units.

It was designed to benefit enthusiasts, historians, and modellers by listing all B.R. steam locomotives in one handy volume, therefore easily showing which locomotives were working on the system and when. It also shows which locomotives never received their allocated B.R. numbers, as well as which ones were named and renamed during the period covered. I hope you enjoy it, and find it of interest.

Jim Grindlay
Ayr, October 2007

CHIEF MECHANICAL ENGINEERS and LOCOMOTIVE SUPERINTENDENTS of BRITISH RAILWAY COMPANIES

Great Western Railway

1837 - 1864	Sir Daniel Gooch
1864 - 1877	Joseph Armstrong
1877 - 1902	William Dean
1902 - 1921	G. J. Churchward
1922 - 1941	Charles B. Collett
1941 - 1949	F. W. Hawksworth

London & South Western Railway

1835 - 1841	J. Woods
1841 - 1850	J. V. Gooch
1850 - 1871	J. Beattie
1871 - 1878	W. G. Beattie
1878 - 1895	W. Adams
1895 - 1912	Dugald Drummond
1912 - 1922	R. W. Urie

London Brighton & South Coast Rly.

? - 1845	Mr. Statham
1845 - 1847	J. Gray
1847	S. Kirtley
1847 - 1869	J. C. Craven
1870 - 1889	William Stroudley
1890 - 1904	R. J. Billinton
1905 - 1911	D. Earle Marsh
1911 - 1922	L. B. Billinton

South Eastern Railway

? - 1845	B. Cubitt
1845 - 1876	J. Cudworth
1876	A. M. Watkin
1877 - 1878	R. Mansell
1878 - 1898	J. Stirling

London, Chatham and Dover Railway

? - 1860	W. Cubitt
1860 - 1874	W. Martley
1874 - 1898	W. Kirtley

South Eastern and Chatham Railway

1899 - 1913	Harry S. Wainwright
1913 - 1922	R. E. L. Maunsell

Southern Railway

1923 - 1937	R. E. L. Maunsell
1937 - 1949	Oliver V. Bulleid

Caledonian Railway

1847 - 1856	Robert Sinclair
1856 - 1876	Benjamin Connor
1876 - 1882	George Brittain
1882 - 1890	Dugald Drummond
1890	Hugh Smellie
1890 - 1895	J. Lambie
1895 - 1914	J. F. McIntosh
1914 - 1923	William Pickersgill

Wirral Railway

1892 - 1902	Eric G. Barker
1903 - 1923	T. B. Hunter

Furness Railway

1890 - 1897	R. Mason
1897 - 1918	W. F. Pettigrew
1918 - 1923	D. J. Rutherford

North London Railway

1853 - 1873	William Adams
1873 - 1893	J. C. Park
1893 - 1908	Henry J. Pryce

Glasgow & South Western Railway

1853 - 1866	Patrick Stirling
1866 - 1878	James Stirling
1878 - 1890	Hugh Smellie
1890 - 1912	James Manson
1912 - 1918	Peter Drummond
1918 - 1923	Robert H. Whitelegg

Highland Railway

1866 - 1869	William Stroudley
1869 - 1896	David Jones
1896 - 1911	Peter Drummond
1912 - 1915	F. G. Smith
1915 - 1923	C. Cumming

Midland Railway

1844 - 1873	Matthew Kirtley
1873 - 1903	Samuel W. Johnson
1903 - 1909	Richard M. Deeley
1909 - 1923	Herry Fowler

London & North Western Railway

1846 - 1857	Francis Trevithick & J.E. McConnell, with Alexander Allan responsible for design at Crewe.
1857 - 1871	John Ramsbottom
1871 - 1903	Francis W. Webb
1903 - 1909	George Whale
1909 - 1920	C. J. Bowen-Cooke
1920 - 1921	H. P. M. Beames
1922	George Hughes

Lancashire & Yorkshire Rly

? - 1868	Sir John Hawkshaw
1868 - 1876	W. Hurst
1876 - 1886	W. Barton Wright
1886 - 1899	John A. F. Aspinall
1899 - 1904	H. A. Hoy
1904 - 1921	George Hughes

The L. & Y. amalgamated with the L.N.W.R. on 1st January 1922.

London, Tilbury & Southend Railway

1880 - 1910	Thomas Whitelegg
1910 - 1912	Robert H. Whitelegg

The L.T.S.R. was absorbed by the Midland Railway in 1912.

Maryport & Carlisle Railway

1870 - 1878	Hugh Smellie
1878 - ?	J. Campbell
? - 1904	William Coulthard
1904 - 1923	J. B. Adamson

North Staffordshire Railway

1876 - 1882	L. Clare
1882 - 1902	L. Longbottom
1902 - 1915	J. H. Adams
1915 - 1923	J. A. Hookham

London Midland & Scottish Railway

1923 - 1925	George Hughes
1925 - 1931	Sir Henry Fowler
1931 - 1932	Sir Ernest Lemon
1932 - 1944	Sir William Stanier
1944 - 1945	Charles E. Fairburn
1945 - 1947	H. G. Ivatt

Somerset & Dorset Joint Railway

Locos designed by Midland Rly.

Great Northern Railway

1850 - 1866	A. Sturrock
1866 - 1895	Patrick Stirling
1896 - 1911	H. A. Ivatt
1912 - 1922	Herbert Nigel Gresley

North Eastern Railway

1854 - 1883	E. Fletcher
1883 - 1884	A. McDonnell
1885 - 1890	T. W. Worsdell
1890 - 1910	W. Worsdell
1910 - 1922	Sir Vincent Raven

Great Eastern Railway

1862 - 1866	R. Sinclair
1866 - 1873	Samuel W. Johnson
1873 - 1878	William Adams
1878 - 1881	M. Bromley
1881 - 1885	T. W. Wordsell
1885 - 1907	J. Holden
1908 - 1912	S. D. Holden
1912 - 1922	A. J. Hill

Lancashire, Derbyshire and East Coast Railway

1902 - 1907	R. A. Thom

Manchester, Sheffield and Lincolnshire Railway

? - 1854	Richard Peacock
1854 - 1859	W. G. Craig
1859 - 1886	Charles Sacré
1886 - 1893	T. Parker
1893 - 1897	H. Pollitt

Great Central Railway

1897 - 1900	H. Pollitt
1900 - 1922	J. G. Robinson

Hull & Barnsley Railway

1885 - 1922	M. Stirling

Midland and Great Northern Joint Railway

1884 - 1924	W. Marriot

North British Railway

1867 - 1874	T. Wheatley
1875 - 1882	Dugald Drummond
1882 - 1903	M. Holmes
1903 - 1919	William P. Reid
1919 - 1922	William Chalmers

Great North of Scotland Rly

1853 - 1855	D. K. Clark
1855 - 1857	J. F. Ruthven
1857 - 1883	W. Cowan
1883 - 1890	James Manson
1890 - 1894	J. Johnson
1894 - 1914	William Pickersgill
1914 - 1922	T. E. Heywood

London & North Eastern Railway

1923 - 1941	Sir Nigel Gresley
1941 - 1946	Edward Thompson
1946 - 1947	A. H. Peppercorn

Notes on Using this Book :

1) Locomotives which carried their allocated B. R. Number are shown in bold type :- **67890**. Locomotives which **never** carried their allocated B. R. Number are shown in italics :- *67890*.

2) Building Dates for locomotives built prior to nationalisation are shown as the year of building thus: 1899 Locos built **after** nationalisation show both the month and year of building : **10/54** There are two reasons for this; firstly, it is easier to identify locos built before 1900, and secondly, it easily identifies B.R. built or acquired locos. Locos acquired after 1/1/48 show the date to B.R., and NOT the year they were built.

3) Withdrawal dates are shown in bold italics :- **09/65**

Publishers Note :

Every effort has been made to be 100% accurate, but if there are mistakes, then please let us know, so that we can get them altered for our next print run.

During the research which has gone in to these publications, the writer has obtained information from many different sources including British Railways, the Public Records Office at Kew, the National Library of Scotland, the British Library, the National Railway Museum, the Railway Correspondence and Travel Society, the Stephenson Locomotive Society, and countless professional railwaymen and enthusiasts throughout the length and breadth of the country.

However, the story is not complete. We would like details of all the locomotives which survived into British Railways and never _became_ B.R. capital stock, but were used for other duties such as internal shunters, stationery boilers, C.M.E. test locos (like **10897** at Uttoxeter, for instance), generators, either mobile of fixed, etc.. If you have any further information, please email us at

modelmasterbooks@aol.com, or write to :

MODELMASTER PUBLISHING, 31 CROWN STREET, AYR, SCOTLAND, KA8 8AG

Announcing a new series from **Modelmaster Publishing:**

B.R. Steam Locomotive Allocations - IN DETAIL

A new series of mini books which gives a complete allocation history of every single steam locomotive owned by BRITISH RAILWAYS between Nationalisation In 1948, and the end of steam in 1968. These books are fully comprehensive, and will enable the serious historian or modeller to have, at his or her fingertips, a complete allocation history of any individual steam locomotive, locomotive class, or motive power depot during the years of state ownership. They can be used as stand alone books to give comprehensive allocation details of particular classes, and the series will eventually cover every locomotive owned by British Railways between 1948 & 1968. EVERY LOCOMOTIVE, EVERY ALLOCATION, EVERY DATE.

MD1	*Part 1:*	ex G.W.R. 'Star', 'Castle' & 'King' 4-6-0s	**£4.95**
MD2	*Part 2:*	ex G.W.R. 'Saint', 'Hall', 'County', 'Grange' & 'Manor' 4-6-0s	**£5.95**
MD3	*Part 3:*	ex G.W.R. 2-8-0s & 4-4-0s	**£4.95**
MD4	*Part 4:*	ex G.W.R. 0-6-0s & 2-6-0s	**£4.95**
MD5	*Part 5:*	ex G.W.R. 2-6-2Ts, 2-8-0Ts & 2-8-2Ts	**£5.95**
MD6	*Part 6*	ex G.W.R. 0-6-0PTs (57xx)	**£6.95**
MD7	*Part 7:*	ex G.W.R. 0-6-0PTs (all other classes)	**£5.95**
MD8	*Part 8:*	ex S.R. 4-4-0s	**£4.95**
MD9	*Part 9:*	ex S.R. Bulleid 'MN', 'WC' & 'B of B' 4-6-2 Classes	**£4.95**
MD10	*Part 10:*	ex L.M.S. Express Passenger 4-6-0 & 4-6-2 Classes	**£4.95**
MD11	*Part 11:*	ex L.N.E.R. Express Passenger 4-6-2s	**£4.95**

All due late 2007 - early 2008   *other titles to follow.*

SECTION ONE
Ex - Great Western Railway

Peckett   Ystalyfera   0-4-0ST

Built by Peckett in 1900 for Ystalyfera Tin Works, purchased by B.R. in 1948, and became B.R. number 1. Both this loco, which was very small, and the highest numbered B.R. loco, 92250, which was massive, worked on the Western Region, but No.1 was scrapped long before 92250 was built.

Loco Weight : 23t 0c   **Driving Wheels :** 3' 2"   **Cylinders :** (O) 14½" x 22"   **Valve Gear :** Stephenson (Slide Valves)

Number	Name	built	w/dwn	
1	Hercules	1900	*01/54*	TOTAL 1

2'3" Gauge   Corris   0-4-2ST

Built 1878 by Falcon Engine & Car Co. for Corris Railway as 0-4-0ST, rebuilt 1901 as 0-4-2ST.
Loco Weight : 9t 0c   **Driving Wheels :** 2' 6"   **Cylinders :** (O) 7" x 12"   **Valve Gear :** Stephenson (Slide Valves)

Number	built	w/dwn	
3	1878	*10/48*	TOTAL 1

2'3" Gauge   Corris   0-4-2ST

Built 1921 by Kerr Stuart for Corris Railway. Both this Loco & Number 3 (above), were withdrawn in 1948, and sold to the Tal-y-Llyn Railway early in 1951.
Loco Weight : 8t 0c   **Driving Wheels :** 2' 0"   **Cylinders :** (O) 7" x 12"   **Valve Gear :** Stephenson (Slide Valves)

Number	built	w/dwn	
4	1921	*10/48*	TOTAL 1

A1X   Weston, Cleveland & Portishead   0-6-0T

Originally built for London, Brighton & South Coast Railway (Class A1X), and purchased by Weston, Cleveland & Portishead Railway from the Southern Railway in 1925 & 1937 respectively. Acquired by G.W.R. in 1940.
Loco Weight : 28t 5c   **Driving Wheels :** 4' 0"   **Cylinders :** (I) 12" x 20"   **Valve Gear :** Stephenson (Slide Valves)

Number	Name	built	w/dwn	Number	built	w/dwn	
5	Portishead	1877	*03/54*	6	1875	*01/48*	TOTAL 2

1'11½" Gauge   Vale of Rheidol   2-6-2T

*Originally built for Vale of Rheidol Railway in 1902 by Davies & Metcalfe (**7 & 8** built by G.W.R. in 1923.) These were the only BRITISH RAILWAYS owned steam locomotives to survive after the last standard gauge steam locomotives were withdrawn in August 1968, and later were the only B.R. steam locos to be painted in Rail Blue with the 'Double Arrow' emblem.*
All three still run on the V of R today*, albeit not in British railways ownership. (*As at July 2007)
Loco Weight : 25t 0c   **Driving Wheels :** 2' 6"   **Cylinders :** (O) 11" x 17" (7 & 8 are 11½" x 17")
Valve Gear : Stephenson (Slide Valves)

Number	Name	built	Number	Name	built	Notes
7	Owain Glyndŵr	1923	9	Prince of Wales	1902	Renumbered from *1213 03/49*
8	Llywelyn	1923				TOTAL 3

Brecon & Merthyr Railway   0-6-2T

1909 design by Dunbar for Brecon & Merthyr, built by Robert Stephenson. * Rebuilt by G.W.R.
Loco Weight : 66t 19c *62t 10c   **Driving Wheels :** 4' 6"   **Cylinders :** (I) 18½" x 24"   **Valve Gear :** Stephenson (Slide Valves)

Number	built	w/dwn	Notes
11	1909	*01/49*	Allocated No.421 , but not carried.

Continued with Number 332

Cleobury, Mortimer & Ditton Priors Railway

0-6-0PT

1905 design by Manning Wardle for CMDPR. Reboilered & fitted with pannier tanks by G.W.R.

Loco Weight: 39t 18c **Driving Wheels:** 3' 6" **Cylinders:** (O) 16" x 22" **Valve Gear:** Stephenson (Slide Valves)

Number	built	w/dwn	Number	built	w/dwn
28	1908	11/53	29	1908	01/54

TOTAL 2

> For the sake of clarity, some classes below are not in strict numerical sequence

Class R — Rhymney

0-6-2T

Class R Introduced 1907 by Hurry Riches for Rhymney Railway. ‡ Rebuilt by G.W.R. with superheated standard taper boiler.

Loco Weight: 66t 19c (‡ 62t 10c) **Driving Wheels:** 4' 6" **Cylinders:** (I) 18½" x 26" **Valve Gear:** Stephenson (Slide Valves)

Number	built	w/dwn	Number	built	w/dwn	Number	built	w/dwn	Number	built	w/dwn
30	1907	05/49	32	1907	02/50	34 ‡	1909	11/49	46	1909	07/50
31 ‡	1907	02/51									

TOTAL 5

Class M — Rhymney

0-6-2T

Jenkins design introduced 1904. ‡ Rebuilt by G.W.R. with superheated standard taper boiler.

Loco Weight: 62t 11c (‡ 62t 10c) **Driving Wheels:** 4' 6" **Cylinders:** (I) 18½" x 26" **Valve Gear:** Stephenson (Slide Valves)

Number	built	w/dwn	Number	built	w/dwn	Number	built	w/dwn
33	1904	02/51	47 ‡	1904	04/49	51	1904	10/48

TOTAL 3

Class R1 — Rhymney

0-6-2T

Class R1 was a 1921 development of Class R. (see above) † Rebuilt by G.W.R. with superheated standard taper boiler.

Loco Weight: 66t 0c (‡ 62t 10c) **Driving Wheels:** 4' 6" **Cylinders:** (I) 18½" x 26" **Valve Gear:** Stephenson (Slide Valves)

Number	built	w/dwn	Number	built	w/dwn	Number	built	w/dwn	Number	built	w/dwn
35	1921	11/56	38	1921	10/57	41	1921	05/56	43	1921	02/57
36	1921	10/57	39 ‡	1921	08/55	42	1921	09/57	44 ‡	1921	07/56
37	1921	09/56	40 ‡	1921	10/53						

TOTAL 10

Classes A & A1 — Rhymney

0-6-2T

* Class A Introduced 1910 by Hurry Riches for Rhymney Railway. ‡ Class A1 was a 1914 development of Class A.   † Rebuilt by G.W.R. with superheated standard taper boiler

* ‡ Loco Weight: 64t 3c **Driving Wheels:** 4' 4½" **Cylinders:** (I) 18" x 26" **Valve Gear:** Stephenson (Slide Valves)
† Loco Weight: 63t 0c **Driving Wheels:** 4' 4½" **Cylinders:** (I) 18½" x 26" **Valve Gear:** Stephenson (Slide Valves)

Number	built	w/dwn	Number	built	w/dwn	Number	built	w/dwn	Number	built	w/dwn
52 * †	1910	11/49	58 * †	1911	09/54	64 ‡	1914	05/50	70 ‡ †	1918	07/55
53 *	1910	06/49	59 * †	1911	07/55	65 ‡ †	1914	01/54	71 * †	1910	12/48
54 *	1910	04/48	60 * †	1911	03/51	66 ‡ †	1916	07/55	72 *	1910	02/52
55 * †	1910	02/53	61 *	1911	02/50	67 ‡	1916	09/52	73 *	1910	06/52
56 * †	1910	09/53	62 * †	1911	12/48	68 ‡	1918	06/54	74 * †	1910	01/51
57 *	1911	04/52	63 ‡ †	1914	09/52	69 ‡ †	1918	07/55	75 * †	1910	10/53

TOTAL 24

Classes P & AP — Rhymney

0-6-2T

Class P Introduced 1909 by Hurry Riches for Rhymney Railway. * Class AP was a 1921 superheated development of Class P.   Both classes were rebuilt by G.W.R.

Loco Weight: 58t 19c **Driving Wheels:** 5' 0" **Cylinders:** (I) 18" x 26" **Valve Gear:** Stephenson (Slide Valves)
* Loco Weight: 63t 0c **Driving Wheels:** 5' 0" **Cylinders:** (I) 18½" x 26" **Valve Gear:** Stephenson (Slide Valves)

Number	built	w/dwn	Number	built	w/dwn	Number	built	w/dwn	Number	built	w/dwn
76 *	1909	11/50	78 ‡	1921	07/55	80 ‡	1921	01/54	82 *	1909	05/54
77 *	1917	11/53	79 ‡	1921	07/55	81 ‡	1921	05/54	83 *	1909	05/55

TOTAL 8

Class S1 — Rhymney — 0-6-0T

Hurry Riches designed class for Rhymney Railway, introduced 1920.
Number **91** (renumbered from **605** during **03/48**), had (I) 18½" x 26" cylinders.

Loco Weight: 56t 8c **Driving Wheels:** 4' 4½" **Cylinders:** (I) 18" x 26" **Valve Gear:** Stephenson (Slide Valves)

Number	built	w/dwn	Number	built	w/dwn	Number	built	w/dwn
90	1920	05/54	91	1920	06/54	92	1920	06/54

TOTAL 3

Class S — Rhymney — 0-6-0T

Hurry Riches class for Rhymney Railway, introduced 1908. Rebuilt by G.W.R with taper boilers from 1930.
No. **95** was renumbered from No. **610** during **09/48, and** No. **96** was renumbered from No. **611** in **12/49**.

Loco Weight: 54t 8c **Driving Wheels:** 4' 4½" **Cylinders:** (I) 18" x 26" **Valve Gear:** Stephenson (Slide Valves)

Number	built	w/dwn	Number	built	w/dwn	Number	built	w/dwn	Number	built	w/dwn
93	1908	05/54	94	1908	03/54	95	1908	09/53	96	1908	04/54

TOTAL 4

4073 — 'Castle' — 4-6-0

Collett development of 'Star' Class, introduced in 1923. 111 was rebuilt from 4-6-2, and others numbered below 4073 were rebuilt form 'Star' Class.

Construction continued for almost thirty years, into B.R. days; the first rebuilds being scrapped as the last of the class were being built! Some locos were fitted with double chimneys (DC) from 1956 onward.

4082 Windsor Castle & 7013 Bristol Castle exchanged identities in February 1952 for the funeral of H.M. King George VI, as it was desired to use Windsor Castle as the train engine, but 4082 was in works.

Loco Weight: 79t 17c **Driving Wheels:** 6' 8½" **Cylinders:** (4) 16" x 26" **Valve Gear:** Walschaerts (piston valves)

Number	Name	built	w/dwn	Number	Name	built	w/dwn
100 A1	Lloyds	1907	03/50	111	Viscount Churchill	1908	06/53

Continued with Number 4000

Cardiff Railway — 0-6-2T

Ree design for Cardiff Railway, introduced 1908. Rebuilt by G.W.R. with taper boiler during 1928.

Loco Weight: 66t 12c **Driving Wheels:** 4' 6½" **Cylinders:** (I) 17" x 26" **Valve Gear:** Stephenson (Slide Valves)

Number	built	w/dwn
155	1908	09/53

TOTAL 1

Port Talbot Railway — 0-6-2T

1898 design for Port Talbot Railway. Rebuilt by G.W.R. with superheated taper boiler during 1925.

Loco Weight: 56t 0c **Driving Wheels:** 4' 6" **Cylinders:** (I) 18" x 26" **Valve Gear:** Stephenson (Slide Valves)

Number	built	w/dwn
184	1898	10/48

TOTAL 1

Barclay — Alexandra Docks & Railway Company — 0-6-2ST

1908 Andrew Barclay design for Alexandra Docks & Railway Company, later rebuilt by G.W.R. in 1924.

Loco Weight: 52t 13c **Driving Wheels:** 4' 3" **Cylinders:** (O) 18" x 26" **Valve Gear:** Stephenson (Slide Valves)

Number	built	w/dwn
190	1908	04/48

TOTAL 1

Class H — Taff Vale — 0-6-0T

Introduced in 1884 for Taff Vale Rly. Steeply tapered boiler design for use on Pwllyrhebog Colliery incline.

Loco Weight: 44t 15c **Driving Wheels:** 5' 3" **Cylinders:** (I) 17½" x 26" **Valve Gear:** Stephenson (Slide Valves)

Number	built	w/dwn	Notes	Number	built	w/dwn	Notes
193	1884	02/52	Renumbered from 792, 06/48	195	1884	11/51	Renumbered from 794, 02/49
194	1884	11/53	Renumbered from 793, 09/48				

TOTAL 3

Class B — Barry Railway — 0-6-2T

Barry Railway class introduced in 1888, built by Sharp, Stewart. Rebuilt with new boiler by G.W.R. in 1924

Loco Weight: 50t 2c **Driving Wheels:** 4' 3" **Cylinders:** (I) 18" x 26" **Valve Gear:** Stephenson (Slide Valves)

Number	built	w/dwn	Number	built	w/dwn	Number	built	w/dwn	Number	built	w/dwn
198	1888	01/48	212	1889	07/48	213	1889	01/49	231	1890	11/49

TOTAL 4

Class O4 — Taff Vale — 0-6-2T

Introduced in 1907 by Hurry Riches. Rebuilt from 1924 by G.W.R. with superheated taper boiler.
Loco Weight: 61t 0c **Driving Wheels:** 4' 6½" **Cylinders:** (I) 17½" x 26" **Valve Gear:** Stephenson (Slide Valves)

Number	built	w/dwn	Notes	Number	built	w/dwn	Notes
200	1908	07/48		211	1910	05/55	Renumbered from 320, 05/48
203	1910	01/52	Renumbered from 310, 12/48	215	1910	07/55	Renumbered from 321, 04/48
204	1910	07/55		216	1910	01/55	Renumbered from 324, 03/48
205	1910	07/54		217	1910	09/52	Renumbered from 333, 04/49
207	1910	11/52		218	1910	12/52	Renumbered from 409, 01/50
208	1910	07/55	Renumbered from 317, 09/48	219	1910	06/51	Renumbered from 414, 05/48
209	1910	08/52		220	1907	04/51	Renumbered from 420, 11/48
210	1910	03/55		236	1908	01/53	

Number	built	w/dwn	Number	built	w/dwn	Number	built	w/dwn	Number	built	w/dwn
278	1910	05/51	285	1907	08/53	291	1908	01/50	297	1908	12/49
279	1910	05/54	286	1908	10/50	292	1908	04/52	298	1908	07/48
280	1908	05/49	287	1907	12/49	293	1907	07/51	299	1908	06/51
281	1910	08/50	288	1910	03/50	294	1907	07/50	301	1908	12/48
282	1908	06/54	289	1908	08/49	295	1907	06/51	302	1908	04/48
283	1910	03/49	290	1910	07/55	296	1907	09/49	314	1908	12/49
284	1910	11/52									

TOTAL 41

Class B1 — Barry Railway — 0-6-2T

Hosgood design for Barry Railway, introduced 1890. * Rebuilt by G.W.R. from 1924 with new boiler.
Loco Weight: 55t 3c **Driving Wheels:** 4' 3" **Cylinders:** (I) 17½" x 26" **Valve Gear:** Stephenson (Slide Valves)
* **Loco Weight:** 53t 9c **Driving Wheels:** 4' 3" **Cylinders:** (I) 17½" x 26" **Valve Gear:** Stephenson (Slide Valves)

Number	built	w/dwn	Number	built	w/dwn	Number	built	w/dwn	Number	built	w/dwn
238	1890	06/48	259	1894	08/48	267 *	1900	04/51	272 *	1900	03/50
240 *	1890	04/51	261 *	1900	08/48	268 *	1900	04/48	274 *	1900	04/51
246	1892	01/49	262 *	1900	03/50	269 *	1900	10/49	275 *	1900	04/48
248 *	1892	07/48	263 *	1900	04/51	270 *	1900	05/51	276 *	1900	04/51
258	1894	11/49	265 *	1900	11/49	271 *	1900	05/51	277 *	1900	04/49

TOTAL 20

Class A — Taff Vale — 0-6-2T

Cameron design, introduced in 1914. * Rebuilt from 1924 with rebuilt superheated taper boiler.
Loco Weight: 65t 14c **Driving Wheels:** 4' 3" **Cylinders:** (I) 18½" x 26" **Valve Gear:** Stephenson (Slide Valves)
* **Loco Weight:** 65t 14c **Driving Wheels:** 4' 3" **Cylinders:** (I) 17½" x 20" **Valve Gear:** Stephenson (Slide Valves)

Number	built	w/dwn	Notes	Number	built	w/dwn	Notes
303 *	1921	05/56		308	1921	12/55	Renumbered from 408, 12/48
304 *	1921	08/57	Renumbered from 402, 03/48	309	1914	02/53	Renumbered from 438, 06/49
305 *	1921	05/57		312 *	1915	06/56	Renumbered from 439, 09/49
306 *	1921	04/56	Renumbered from 404, 07/49	316 *	1915	07/56	Renumbered from 440, 06/50
307	1921	03/56	Renumbered from 406, 07/49	322	1915	09/54	

Number	built	w/dwn	Number	built	w/dwn	Number	built	w/dwn	No.	built	w/dwn
335	1914	03/54	349	1921	01/56	364 *	1916	03/57	373 *	1919	08/57
337	1914	02/53	351 *	1921	02/55	365 *	1916	10/55	374 *	1919	08/55
343 *	1914	10/55	352	1915	01/57	366	1916	10/55	375 *	1920	11/54
344	1914	11/52	356 *	1915	05/56	367 *	1919	03/56	376 *	1920	01/57
345 *	1920	08/55	357 *	1915	03/57	368 *	1920	10/56	377 *	1919	05/56
346 *	1915	10/55	360	1916	07/56	370	1919	08/57	378 *	1919	12/56
347 *	1921	12/56	361	1916	03/55	371	1919	01/55	379 *	1919	02/56
348 *	1921	05/56	362 *	1916	01/55	372	1919	02/55	380 *	1919	10/56

Number	built	w/dwn	Number	built	w/dwn	Number	built	w/dwn	No.	built	w/dwn
381 *	1919	08/57	385 *	1920	04/57	389 *	1920	01/56	394 *	1920	07/56
382 *	1919	04/56	386 *	1920	04/56	390 *	1920	08/57	397 *	1920	04/57
383 *	1920	08/57	387	1920	11/56	391 *	1920	09/56	398 *	1921	08/57
384 *	1920	02/56	388 *	1920	10/56	393 *	1920	05/57	399 *	1921	09/56

TOTAL 58

Brecon & Merthyr 0-6-2T

Continued from Number11

Number	built	w/dwn
332	1909	12/49

Continued with Number 422

Llanelly & Mynydd Mawr Railway 0-6-0ST

Hudswell Clarke design for Llanelly & Mynydd Mawr Railway. Later reboilered by G.W.R.
Loco Weight : 34t 9c **Driving Wheels :** 3' 7½" **Cylinders :** (O) 15" x 22" **Valve Gear :** Stephenson (Slide Valves)

Number	Name	built	w/dwn
359	Hilda	1917	01/54

TOTAL 1

Class O3   Taff Vale 0-6-2T

Introduced in 1902 by Hurry Riches, rebuilt & reboilered in 1930 by G.W.R.
Loco Weight : 63t 0c **Driving Wheels :** 4' 6½" **Cylinders :** (I) 17½" x 26" **Valve Gear :** Stephenson (Slide Valves)

Number	built	w/dwn	Number	built	w/dwn
410	1904	03/48	411	1904	02/48

TOTAL 2

Brecon & Merthyr 0-6-2T

Continued from Number 332

Number	built	w/dwn	Number	built	w/dwn	Number	built	w/dwn	Number	built	w/dwn
422 *	1909	06/50	426 *	1914	03/50	428	1914	08/50	504	1910	01/48
425	1914	03/51									

TOTAL 7

Brecon & Merthyr Railway 0-6-2T

Introduced 1915 by Dunbar for Brecon & Merthyr Railway. Reboilered with taper boiler by G.W.R. from 1926. * Reboilered by G.W.R. with ex - Rhymney Railway boiler.
Loco Weight : 59t 5c **Driving Wheels :** 5' 0" **Cylinders :** (I) 18" x 26" **Valve Gear :** Stephenson (Slide Valves)

Number	built	w/dwn	Notes	Number	built	w/dwn	Notes
431	1915	10/53	Renumbered from 1372, 07/49	434	1921	09/53	Renumbered from 1375, 04/49
432	1915	05/53	Renumbered from 1373, 11/48	435	1921	01/54	Renumbered from 1668, 04/50
433	1915	02/51		436 *	1921	01/54	Renumbered from 1670, 10/49

TOTAL 6

Alexandra Docks & Railway Co. 0-6-0T

Ex R.O.D. design from 1917 (built by Hudswell Clark), purchased by A.D. & R. Co., 1919.
Loco Weight : 50t 0c **Driving Wheels :** 4' 0" **Cylinders :** (O) 17" x 24" **Valve Gear :** Stephenson (Slide Valves)

Number	built	w/dwn	Number	built	w/dwn
666	1917	04/55	667	1917	11/54

TOTAL 2

Alexandra Docks & Railway Co. 0-6-0ST

Introduced 1886, Peckett 'off the shelf ' design.
Loco Weight : 26t 17c **Driving Wheels :** 3' 6" **Cylinders :** (O) 14" x 20" **Valve Gear :** Stephenson (Slide Valves)

Number	built	w/dwn
680	1886	12/48

TOTAL 1

Cardiff Railway

0-6-0PT

Hudswell Clarke design introduced in 1920. Later Reboilered & fitted with pannier tanks by G.W.R.

Loco Weight : 45t 6c **Driving Wheels :** 4' 1½" **Cylinders :** (I) 18" x 24" **Valve Gear :** Stephenson (Slide Valves)

Number	built	w/dwn	Number	built	w/dwn	Number	built	w/dwn	Number	built	w/dwn
681	1920	02/55	682	1920	10/53	683	1920	12/54	684	1920	05/54

TOTAL 4

Class E   Barry Railway

0-6-0T

Hudswell Clarke design introduced in 1889.

Loco Weight : 33t 7c **Driving Wheels :** 3' 6½" **Cylinders :** (I) 14" x 20" **Valve Gear :** Stephenson (Slide Valves)

Number	built	w/dwn	Number	built	w/dwn
783	1890	01/49	784	1890	10/49

TOTAL 2

Llanelly & Mynydd Mawr Railway

0-6-0T

Hudswell Clarke design introduced in 1911. Later reboilered by G.W.R.

Loco Weight : 40t 12c **Driving Wheels :** 4' 0" **Cylinders :** (I) 16" x 24" **Valve Gear :** Stephenson (Slide Valves)

Number	built	w/dwn
803	1911	03/51

TOTAL 1

2'6" Gauge   Welshpool & Llanfair

0-6-0T

Built in 1902 by Beyer Peacock for the 2' 6" Welshpool & Llanfair Rly., as Nos. 1 & 2 respectively. Both locos were taken over by the Welshpool & Llanfair Preservation Society in 1963.

Loco Weight : 19t 18c **Driving Wheels :** 2' 9" **Cylinders :** (O) 11½" x 16" **Valve Gear :** Walschaerts (Slide Valves)

Number	Name	built	w/dwn	Number	Name	built	w/dwn
822	The Earl	1902	08/61	823	Countess	1902	06/62

TOTAL 2

'89' Class   Cambrian

0-6-0

Jones design introduced in 1903, reboilered by G.W.R. from 1924

Loco Weight : 38t 17c **Driving Wheels :** 5' 1½" **Cylinders :** (I) 18" x 26" **Valve Gear :** Stephenson (Slide Valves)

Number	built	w/dwn	Number	built	w/dwn	Number	built	w/dwn	Number	built	w/dwn
844	1918	08/54	864	1909	11/52	892	1903	04/53	895	1908	09/54
849	1918	09/54	873	1909	03/54	893	1908	02/53	896	1908	04/53
855	1919	09/54	887	1903	11/52	894	1908	04/53			

TOTAL 11

1854   Dean G.W.R.

0-6-0PT

Dean design from 1890 using parts from older engines. All originally built as saddle tanks, but were rebuilt as pannier tanks from 1909 onwards.

Loco Weight : 46t 13c **Driving Wheels :** 4' 7½" **Cylinders :** (I) 17" x 24" **Valve Gear :** Stephenson (Slide Valves)

Number	built	w/dwn	Number	built	w/dwn
906	1895	04/48	907	1895	03/51

Continued with Number 1705

1901   Dean / Armstrong G.W.R.

0-6-0PT, 0-6-0ST *

*Originally introduced in 1874, the majority of these saddle tanks were rebuilt from 1910 with pannier tanks. (Locos still fitted with original saddle tanks marked thus *)*

Loco Weight : 36t 3c **Driving Wheels :** 4' 1½" **Cylinders :** (I) 16" x 24" **Valve Gear :** Stephenson (Slide Valves)

Number	built	w/dwn
992	1875	02/51

Continued with Number 1903

1000   'County'

4-6-0

Introduced by Hawksworth in 1945 for G.W.R. After 1955, all were fitted with double chimneys.

Loco Weight : 76t 17c **Driving Wheels :** 6' 3" **Cylinders :** (O) 18½" x 30" **Valve Gear :** Stephenson (piston valves)

Number & Name	built	w/dwn	Number & Name	built	w/dwn
1000 County of Middlesex	1945	07/64	1002 County of Berks	1945	09/63
1001 County of Bucks	1945	05/63	1003 County of Wilts	1945	10/62

Number & Name	built	w/dwn	Number & Name	built	w/dwn
1004 County of Somerset	1945	09/62	1017 County of Hereford	1946	12/62
1005 County of Devon	1945	06/63	1018 County of Leicester	1946	09/62
1006 County of Cornwall	1945	09/63	1019 County of Merioneth	1946	02/63
1007 County of Brecknock	1945	10/62	1020 County of Monmouth	1946	02/64
1008 County of Cardigan	1945	10/63	1021 County of Montgomery	1946	11/63
1009 County of Carmarthen	1945	02/63	1022 County of Northampton	1946	10/62
1010 County of Caernarvon	1946	07/64	1023 County of Oxford	1947	03/63
1011 County of Chester	1946	11/64	1024 County of Pembroke	1947	04/64
1012 County of Denbigh	1946	04/64	1025 County of Radnor	1947	02/63
1013 County of Dorset	1946	07/64	1026 County of Salop	1947	09/62
1014 County of Glamorgan	1946	04/64	1027 County of Stafford	1947	10/63
1015 County of Gloucester	1946	12/62	1028 County of Warwick	1947	12/63
1016 County of Hants	1946	09/63	1029 County of Worcester	1947	12/62

TOTAL 30

1101   Avonside for G.W.R.   0-4-0T

1926 design by Avonside Engine Co. for G.W.R.
Loco Weight: 38t 4c **Driving Wheels:** 3' 9½" **Cylinders:** (O) 16" x 24" **Valve Gear:** Walschaerts (Piston Valves)

Number	built	w/dwn	Number	built	w/dwn	Number	built	w/dwn	Number	built	w/dwn
1101	1926	11/59	1103	1926	01/60	1105	1926	01/60	1106	1926	01/60
1102	1926	01/60	1104	1926	01/60						

TOTAL 6

Barclay   Swansea Harbour Trust   0-4-0ST

Barclay design for Swansea Harbour Trust, introduced 1905
Loco Weight: 28t 0c **Driving Wheels:** 3' 5" **Cylinders:** (O) 14" x 22" **Valve Gear:** Stephenson (Slide Valves)

Number	built	w/dwn	Notes
1140	1905	05/58	Renumbered from 701, 06/48

TOTAL 1

Peckett   Swansea Harbour Trust   0-4-0ST

Peckett design for Swansea Harbour Trust, introduced 1906
Loco Weight: 33t 10c **Driving Wheels:** 3' 7" **Cylinders:** (O) 15" x 21" **Valve Gear:** Stephenson (Slide Valves)

Number	built	w/dwn	Notes	Number	built	w/dwn	Notes
1141	1906	06/52	Renumbered from 929, 03/48	1145	1918	07/59	Renumbered from 1098, 01/50
1143	1908	11/60	Renumbered from 968, 02/49				

TOTAL 3

Hudswell Clarke   Swansea Harbour Trust   0-4-0ST

Hudswell Clark design for Swansea Harbour Trust, introduced 1911
Loco Weight: 28t 15c **Driving Wheels:** 3' 4" **Cylinders:** (O) 15" x 22" **Valve Gear:** Stephenson (Slide Valves)

Number	built	w/dwn	Notes
1142	1911	11/59	Renumbered from 943, 11/48

TOTAL 1

Hawthorn Leslie   Swansea Harbour Trust   0-4-0ST

Hawthorn Leslie design for Swansea Harbour Trust, introduced 1909
Loco Weight: 26t 17c **Driving Wheels:** 3' 6" **Cylinders:** (O) 14" x 22" **Valve Gear:** Stephenson (Slide Valves)

Number	built	w/dwn	Notes
1144	1909	01/60	Renumbered from 974, 09/48

TOTAL 1

Peckett   Swansea Harbour Trust   0-6-0ST

Peckett design for Swansea Harbour Trust, introduced 1912
Loco Weight: 38t 10c **Driving Wheels:** 3' 10" **Cylinders:** (I) 16" x 22" **Valve Gear:** Stephenson (Slide Valves)

Number	built	w/dwn	Notes	Number	built	w/dwn	Notes
1146	1912	01/51	Renumbered from 1085, 02/49	1147	1912	04/51	Renumbered from 1086, 03/49

TOTAL 3

Peckett — Powlesland & Mason — 0-4-0ST

Peckett design for Powlesland & Mason, introduced 1907

Loco Weight: 33t 10c **Driving Wheels:** 3' 7" **Cylinders:** (O) 15" x 21" **Valve Gear:** Stephenson (Slide Valves)

Number	built	w/dwn	Notes	Number	built	w/dwn	Notes
1150	1907	11/52	Renumbered from 696, 12/51	1152	1907	12/61	Renumbered from 935, 06/49
1151	1907	08/63	Renumbered from 779, 10/50				

TOTAL 3

Hawthorn Leslie — Powlesland & Mason — 0-4-0ST

Class introduced 1903. Later reboilered by G.W.R.

Loco Weight: 26t 13c **Driving Wheels:** 3' 6" **Cylinders:** (O) 14" x 20" **Valve Gear:** Stephenson (Slide Valves)

Number	built	w/dwn	Notes
1153	1907	10/55	Renumbered from 942, 11/49

TOTAL 1

Cambrian — 2-4-0T

1866 design by Sharp, Stewart for Cambrian Railways.

Loco Weight: 33t 3c **Driving Wheels:** 4' 6" **Cylinders:** (I) 14" x 20" **Valve Gear:** Stephenson (Slide Valves)

Number	built	w/dwn	Number	built	w/dwn
1196	1866	04/48	1197	1866	04/48

TOTAL 2

Alexandra Docks & Railway Co. — 2-6-2T

Introduced 1920 by Hawthorn Leslie

Loco Weight: 65t 0c **Driving Wheels:** 4' 7" **Cylinders:** (O) 19" x 26" **Valve Gear:** Stephenson (Slide Valves)

Number	built	w/dwn	Number	built	w/dwn
1205	1920	01/56	1206	1920	01/51

TOTAL 2

Barclay — Liskaerd & Looe Railway — 2-4-0T

Barclay design of 1902, later rebuilt with G.W.R. boiler during 1929.

Loco Weight: 32t 0c **Driving Wheels:** 4' 0" **Cylinders:** (I) 14½" x 22" **Valve Gear:** Stephenson (Slide Valves)

Number & Name	built	w/dwn
1308 Lady Margaret	1902	05/48

TOTAL 1

Fox Walker — Whitland & Cardigan Railway — 0-6-0ST

Introduced in 1877, and rebuilt by G.W.R. in 1927.

Loco Weight: 31t 0c **Driving Wheels:** 4' 0" **Cylinders:** (I) 16½" x 24" **Valve Gear:** Stephenson (Slide Valves)

Number	built	w/dwn
1331	1877	01/50

TOTAL 1

Dübs — Midland & South Western Junction Railway — 2-4-0

Introduced in 1894 by Dübs for the M.& S.W.J.R., later reboilered by the Great Western Railway .

Loco Weight: 35t 5c **Driving Wheels:** 5' 6" **Cylinders:** (I) 17" x 24" **Valve Gear:** Stephenson (Slide Valves)

Number	built	w/dwn	Number	built	w/dwn	Number	built	w/dwn
1334	1894	09/52	1335	1894	09/52	1336	1894	03/54

TOTAL 3

Kitson — Cardiff Railway — 0-4-0ST

Kitson design for Cardiff Railway, introduced 1898

Loco Weight: 28t 5c **Driving Wheels:** 3' 2½" **Cylinders:** (O) 14" x 21" **Valve Gear:** Hawthorn - Kitson

Number	built	w/dwn
1338	1898	09/63

TOTAL 1

Sharp Stewart — Port Talbot Railway — 0-8-2T

Sharp Stewart design for Port Talbot Railway, introduced 1902.

Loco Weight: 75t 17c **Driving Wheels:** 4' 3" **Cylinders:** (O) 20" x 26" **Valve Gear:** Stephenson (Slide Valves)

Number	built	w/dwn
1358	1902	02/48

TOTAL 1

1361　　　　Churchward　　　　0-6-0ST

Introduced in 1910 by Churchward for dock shunting.
Loco Weight: 35t 4c　**Driving Wheels:** 3' 8"　**Cylinders:** (O) 16" x 20"　**Valve Gear:** Stephenson (Slide Valves)

Number	built	w/dwn	Number	built	w/dwn	Number	built	w/dwn	Number	built	w/dwn
1361	1910	05/61	1363	1910	12/62	1364	1910	01/61	1365	1910	12/62
1362	1910	05/61									TOTAL 5

1366　　　　Collett　　　　0-6-0PT

Collett development of 1361 Class, introduced 1934.
Loco Weight: 35t 15c　**Driving Wheels:** 3' 8"　**Cylinders:** (O) 16" x 20"　**Valve Gear:** Stephenson (Slide Valves)

Number	built	w/dwn	Number	built	w/dwn	Number	built	w/dwn	Number	built	w/dwn
1366	1934	01/61	1368	1934	10/64	1370	1934	01/60	1371	1934	11/60
1367	1934	10/64	1369	1934	11/64						TOTAL 6

1400　　　　Collett　　　　0-4-2T

Introduced in 1932 by Collett. Push pull fitted.
Loco Weight: 41t 6c　**Driving Wheels:** 5' 2"　**Cylinders:** (I) 16" x 24"　**Valve Gear:** Stephenson (Slide Valves)

Number	built	w/dwn	Number	built	w/dwn	Number	built	w/dwn	Number	built	w/dwn
1400	1932	06/57	1419	1933	04/61	1438	1934	11/62	1457	1935	02/59
1401	1932	11/58	1420	1933	11/64	1439	1934	08/57	1458	1935	11/64
1402	1932	10/56	1421	1933	12/63	1440	1935	12/63	1459	1935	09/58
1403	1932	11/57	1422	1933	06/57	1441	1935	06/60	1460	1936	02/56
1404	1932	02/56	1423	1933	01/59	1442	1935	05/65	1461	1936	05/58
1405	1932	09/58	1424	1933	11/63	1443	1935	06/57	1462	1936	09/62
1406	1932	03/58	1425	1933	02/56	1444	1935	10/64	1463	1936	04/61
1407	1932	06/60	1426	1933	04/62	1445	1935	09/64	1464	1936	06/60
1408	1932	03/58	1427	1933	06/60	1446	1935	09/58	1465	1936	09/58
1409	1932	10/63	1428	1933	06/59	1447	1935	03/64	1466	1936	12/63
1410	1933	06/61	1429	1933	03/59	1448	1935	06/60	1467	1936	04/59
1411	1933	10/56	1430	1934	09/58	1449	1935	06/60	1468	1936	03/62
1412	1933	06/60	1431	1934	04/61	1450	1935	06/65	1469	1936	09/58
1413	1933	03/56	1432	1934	07/63	1451	1935	07/64	1470	1936	10/62
1414	1933	04/57	1433	1934	01/61	1452	1935	06/60	1471	1936	10/63
1415	1933	02/57	1434	1934	07/62	1453	1935	11/64	1472	1936	11/64
1416	1933	10/56	1435	1934	01/62	1454	1935	12/60	1473	1936	08/62
1417	1933	02/59	1436	1934	10/58	1455	1935	05/64	1474	1936	09/64
1418	1933	10/58	1437	1934	02/59	1456	1935	02/59			TOTAL 75

1500　　　　Hawksworth　　　　0-6-0PT

Heavy shunter introduced by Hawksworth in 1949. One of a couple of new Great Western designs which were built after that company ceased to exist.
Loco Weight: 58t 4c　**Driving Wheels:** 4' 7½"　**Cylinders:** (O) 17½" x 24"　**Valve Gear:** Walschaerts (Piston Valves)

Number	built	w/dwn	Number	built	w/dwn	Number	built	w/dwn	Number	built	w/dwn
1500	06/49	12/63	1503	08/49	12/63	1506	09/49	12/63	1508	09/49	09/62
1501	07/49	01/61	1504	08/49	05/63	1507	09/49	12/63	1509	09/49	08/59
1502	07/49	01/61	1505	08/49	05/62						TOTAL 10

1501　　　　Dean / Armstrong　　　　0-6-0PT

Dean / Armstrong design dating from 1872. After 1910, they were rebuilt with pannier tanks.
Loco Weight: 42t 17c　**Driving Wheels:** 4' 7½"　**Cylinders:** (I) 17" x 24"　**Valve Gear:** Stephenson (Slide Valves)

Number	built	w/dwn	Number	built	w/dwn	Number	built	w/dwn	Number	built	w/dwn
1531	1879	12/49	1532	1879	07/48	1538	1879	11/48	1542	1880	02/51

Continued with Number 1742

1600　　　　Hawksworth　　　　0-6-0PT

Hawksworth design introduced in 1949. A classic G.W. style pannier tank built new by B.R..
Loco Weight: 41t 12c　**Driving Wheels:** 4' 1½"　**Cylinders:** (I) 16½" x 24"　**Valve Gear:** Stephenson (Slide Valves)

Number	built	w/dwn	Number	built	w/dwn	Number	built	w/dwn	Number	built	w/dwn
1600	10/49	03/59	1618	12/49	05/62	1636	02/51	06/64	1653	12/54	12/62
1601	10/49	08/60	1619	12/49	05/63	1637	02/51	06/60	1654	12/54	06/64
1602	10/49	09/60	1620	06/50	06/60	1638	03/51	08/66	1655	01/55	07/65
1603	10/49	06/59	1621	06/50	01/63	1639	03/51	11/64	1656	01/55	06/64
1604	10/49	07/60	1622	06/50	06/64	1640	03/51	07/61	1657	01/55	11/64
1605	11/49	02/62	1623	06/50	06/65	1641	03/51	11/64	1658	02/55	11/64
1606	11/49	09/61	1624	06/50	02/62	1642	04/51	01/62	1659	02/55	10/60
1607	11/49	08/65	1625	08/50	06/60	1643	04/51	10/65	1660	02/55	02/66
1608	11/49	09/63	1626	08/50	08/62	1644	04/51	10/59	1661	03/55	07/64
1609	11/49	07/62	1627	08/50	06/64	1645	04/51	10/62	1662	03/55	12/63
1610	11/49	12/59	1628	08/50	09/66	1646	05/51	12/62	1663	03/55	01/65
1611	11/49	10/65	1629	09/50	06/60	1647	05/51	04/61	1664	03/55	11/64
1612	11/49	07/65	1630	01/51	06/64	1648	05/51	05/63	1665	04/55	07/64
1613	12/49	03/65	1631	01/51	11/64	1649	05/51	12/62	1666	04/55	02/64
1614	12/49	02/64	1632	01/51	04/65	1650	11/54	02/64	1667	05/55	11/64
1615	12/49	06/61	1633	01/51	10/62	1651	12/54	10/65	1668	05/55	01/65
1616	12/49	10/59	1634	02/51	06/61	1652	12/54	01/60	1669	05/55	10/65
1617	12/49	11/63	1635	02/51	10/59						

TOTAL 70

1854   0-6-0PT

Continued from Number 907

Number	built	w/dwn	Number	built	w/dwn	Number	built	w/dwn	Number	built	w/dwn
1705	1891	11/50	1713	1891	06/48	1720	1891	12/49	1730	1892	08/48
1706	1891	06/48	1715	1891	10/49	1726	1892	04/48	1731	1892	06/49
1709	1891	11/50									

Continued with Number 1752

1501   0-6-0PT

Continued from Number 1542

Number	built	w/dwn	Number	built	w/dwn	Number	built	w/dwn	Number	built	w/dwn
1742	1892	02/50	1745	1892	08/48	1747	1892	05/50	1749	1892	10/48

Continued with Number 1773

1854   0-6-0PT

Continued from Number 1731

Number	built	w/dwn	Number	built	w/dwn	Number	built	w/dwn	Number	built	w/dwn
1752	1892	03/50	1754	1892	12/49	1760	1892	07/50	1764	1892	10/49
1753	1892	04/48	1758	1892	03/49	1762	1892	04/48	1769	1893	04/48

Continued with Number 1799

1501   0-6-0PT

Continued from Number 1749

Number	built	w/dwn	Number	built	w/dwn	Number	built	w/dwn	Number	built	w/dwn
1773	1893	03/50	1780	1893	08/48	1782	1893	11/50	1789	1894	10/50

TOTAL 12

1854   0-6-0PT

Continued from Number 1769

Number	built	w/dwn
1799	1895	12/49

Continued with Number 1855

1813   Dean   0-6-0ST

Introduced by Dean for G.W.R. in 1883. Originally a side tank design, but later rebuilt as saddle tank.
Loco Weight : 44t 8c Driving Wheels : 4' 7½" Cylinders : (I) 17" x 24" Valve Gear : Stephenson (Slide Valves)

Number	built	w/dwn
1835	1883	01/49

TOTAL 1

1854 0-6-0PT

Continued from Number 1799

Number	built	w/dwn	Number	built	w/dwn	Number	built	w/dwn	Number	built	w/dwn
1855	1890	12/50	1863	1890	09/49	1884	1890	08/49	1894	1895	02/49
1858	1890	10/50	1867	1890	11/48	1888	1891	12/49	1896	1895	12/49
1861	1890	11/51	1870	1890	10/50	1889	1891	12/48	1897	1895	01/49
1862	1890	12/50	1878	1890	11/49	1891	1891	12/49	1900	1895	04/48

TOTAL 40

1901 0-6-0PT. 0-6-0ST *

Continued from Number 992

Number	built	w/dwn	Number	built	w/dwn	Number	built	w/dwn	Number	built	w/dwn
1903	1881	06/52	1945	1887	11/49	1990	1891	11/49	2009	1894	01/51
1907	1881	01/50	1949	1888	04/50	1991	1891	01/53	2010	1894	03/53
1909	1882	11/49	1957	1888	04/51	1993	1891	04/51	2011	1894	08/56
1912	1882	12/49	1964	1889	02/52	1996	1891	01/53	2012	1894	06/58
1917	1882	03/51	1965	1889	01/50	2000	1891	12/49	2013	1894	05/50
1919	1882	11/49	1967	1890	06/51	2001	1891	08/52	2014	1894	11/51
1925 *	1883	04/51	1968	1890	09/51	2002	1892	02/52	2016	1895	01/52
1930	1884	08/49	1969	1890	08/49	2004	1892	01/52	2017	1895	03/51
1935	1884	10/53	1973	1890	12/49	2006	1892	12/49	2018	1895	12/49
1941	1886	02/51	1979	1890	08/50	2007 *	1892	12/49	2019	1895	12/49
1943	1887	03/51	1989	1891	09/50	2008	1892	03/58			

TOTAL 44

2021 Dean 0-6-0PT

Introduced 1897. Dean design for Great Western Railway, originally built as saddle tanks, all later rebuilt with pannier tanks.

Loco Weight: 39t 15c *Driving Wheels:* 4' 1½" *Cylinders:* (I) 16½" x 24" *Valve Gear:* Stephenson (Slide Valves)

Number	built	w/dwn	Number	built	w/dwn	Number	built	w/dwn	Number	built	w/dwn
2021	1897	06/51	2055	1899	01/51	2091	1901	04/50	2124	1903	07/50
2022	1897	12/49	2056	1899	03/51	2092	1901	08/55	2126	1903	09/50
2023	1897	01/52	2059	1899	11/49	2093	1901	01/52	2127	1903	09/52
2025	1897	05/52	2060	1899	12/54	2094	1901	05/52	2129	1903	03/53
2026	1897	04/51	2061	1899	04/55	2095	1901	04/51	2130	1903	05/50
2027	1897	02/57	2063	1899	05/51	2096	1901	05/50	2131	1903	11/51
2029	1897	11/49	2064	1899	11/49	2097	1901	03/55	2132	1903	08/50
2030	1897	02/52	2065	1899	11/49	2098	1901	05/51	2134	1903	05/57
2031	1897	01/53	2066	1899	09/51	2099	1901	06/54	2135	1903	01/53
2032	1897	06/51	2067	1899	11/52	2100	1901	06/52	2136	1903	04/55
2033	1897	03/51	2068	1899	01/53	2101	1902	03/56	2137	1903	12/49
2034	1898	08/55	2069	1899	04/59	2102	1902	11/49	2138	1903	05/56
2035	1898	03/55	2070	1899	08/55	2104	1902	05/51	2140	1904	05/52
2037	1898	07/50	2071	1899	06/50	2106	1902	08/52	2141	1904	10/50
2038	1898	04/53	2072	1899	07/56	2107	1902	06/56	2144	1904	05/53
2039	1898	04/50	2073	1900	06/51	2108	1902	12/54	2146	1904	03/53
2040	1898	10/56	2075	1900	03/51	2109	1902	02/52	2147	1904	03/53
2042	1898	04/53	2076	1900	10/51	2110	1902	07/50	2148	1904	02/52
2043	1898	01/55	2079	1900	11/52	2111	1902	03/51	2150	1904	01/52
2044	1898	07/51	2080	1900	03/52	2112	1902	09/54	2151	1904	05/52
2045	1898	12/49	2081	1900	09/54	2113	1902	03/50	2152	1904	11/51
2047	1898	12/49	2082	1900	06/55	2114	1902	12/49	2153	1904	12/53
2048	1898	05/52	2083	1900	11/51	2115	1902	06/52	2154	1904	01/52
2050	1898	10/51	2085	1900	08/53	2117	1902	06/51	2155	1904	11/50
2051	1898	07/51	2086	1901	05/52	2121	1903	06/52	2156	1904	02/53
2052	1898	05/50	2088	1901	08/55	2122	1903	11/52	2159	1905	08/51
2053	1898	04/54	2089	1901	09/51	2123	1903	10/52	2160	1905	02/57
2054	1898	03/51	2090	1901	03/55						

TOTAL 110

'2251' Class 3MT 0-6-0 No. 2217 at Shrewsbury. This class was built between 1930 and 1948, the last two, Nos. 3218/9, being built for British Railways. They were designed as replacements of the famous 'Dean Goods' 0-6-0s, and were good, lively runners which were equally at home on passenger, freight or shunting duties.

Photo courtesy Steve Davies

'31xx' Class 2-6-2T No. 3100 was rebuilt from '3150' Class No. 3173 in 1938 with smaller wheels and higher boiler pressure for banking work, and is seen here at Swindon Works in 1957, at the end of its fifty year life.

Photo courtesy Steve Davies

Burry Port & Gwendraeth Valley Railway — 0-6-0T

Hudswell Clark design for Burry Port & Gwendraeth Valley Railway. 2162/5/7/8 were rebuilt by the G.W.R.
Loco Weight : 37t 15c **Driving Wheels :** 3' 9" **Cylinders :** (O) 16" x 24" **Valve Gear :** Stephenson (Slide Valves)

Number	built	w/dwn	Number	built	w/dwn	Number	built	w/dwn	Number	built	w/dwn
2162	1914	03/55	2166	1916	05/55	2167	1919	02/53	2168	1916	05/56
2165	1913	03/55									TOTAL 5

Burry Port & Gwendraeth Valley Railway — 0-6-0ST

1907 Avonside design for Burry Port & Gwendraeth Railway, later rebuilt by G.W.R.
Loco Weight : 38t 5c **Driving Wheels :** 3' 6" **Cylinders :** (O) 15" x 22" **Valve Gear :** Stephenson (slide valves)

Number	built	w/dwn		
2176	1907	03/55		TOTAL 1

2181 — G.W.R. — 0-6-0PT

Introduced 1939, '2021' Class locos with increased brake power for heavy gradients.
Loco Weight : 39t 15c **Driving Wheels :** 4' 1½" **Cylinders :** (I) 16½" x 24" **Valve Gear :** Stephenson (slide valves)

New No.	Old No.	built	w/dwn	New No.	Old No.	built	w/dwn	New No.	Old No.	built	w/dwn
2181	2133	1903	02/52	2185	2149	1904	12/52	2188	2087	1901	02/52
2182	2125	1903	08/55	2186	2118	1902	04/55	2189	2105	1902	10/50
2183	2074	1899	05/55	2187	2143	1904	02/52	2190	2157	1905	04/51
2184	2145	1904	11/50								TOTAL 10

Burry Port & Gwendraeth Valley Railway — 0-6-0ST

R.A. Carr design for Burry Port & Gwendraeth Railway, introduced in 1900
Loco Weight : 38t 0c **Driving Wheels :** 3' 6" **Cylinders :** (O) 15" x 22" **Valve Gear :** Stephenson (slide valves)

Number & Name	built	w/dwn	
2192 Ashburnham	1900	04/51	TOTAL 1

Burry Port & Gwendraeth Valley Railway — 0-6-0ST

Introduced 1901, R.A. Carr design for Burry Port & Gwendraeth Railway.
Loco Weight : 35t 12c **Driving Wheels :** 3' 6" **Cylinders :** (O) 15" x 22" **Valve Gear :** Stephenson (slide valves)

Number & Name	built	w/dwn	
2193 Burry Port	1901	02/52	TOTAL 1

Burry Port & Gwendraeth Valley Railway — 0-6-0ST

Introduced 1903, Eager design (built by Avonside), for Burry Port & Gwendraeth Railway.
Loco Weight : 31t 7c **Driving Wheels :** 3' 6" **Cylinders :** (O) 15" x 20" **Valve Gear :** Stephenson (slide valves)

Number & Name	built	W/dwn	Number & Name	built	W/dwn	
2194 Kidwelly	1903	02/53	2195 Cym Mawr	1905	01/53	TOTAL 2

Burry Port & Gwendraeth Valley Railway — 0-6-0ST

Introduced 1906, Avonside Engine Company design for Burry Port & Gwendraeth Railway.
Loco Weight : 38t 0c **Driving Wheels :** 3' 6" **Cylinders :** (O) 15" x 22" **Valve Gear :** Stephenson (slide valves)

Number & Name	built	w/dwn	
2196 Gwendraeth	1906	01/56	TOTAL 1

Burry Port & Gwendraeth Valley Railway — 0-6-0ST

Hudswell Clark design for Burry Port & Gwendraeth Valley Railway, introduced 1909.
Loco Weight : 36t 8c **Driving Wheels :** 3' 9" **Cylinders :** (O) 15" x 22" **Valve Gear :** Stephenson (Slide Valves)

Number & Name	built	w/dwn	
2197 Pioneer	1906	10/52	TOTAL 1

Burry Port & Gwendraeth Valley Railway — 0-6-0ST

Hudswell Clark design for B.P. & G.V.R., introduced 1910. Later rebuilt by G.W.R.
Loco Weight : 37t 15c **Driving Wheels :** 3' 9" **Cylinders :** (O) 15" x 22" **Valve Gear :** Stephenson (Slide Valves)

Number	built	w/dwn	
2198	1910	03/59	TOTAL 1

2251   Collett   0-6-0

Mixed Traffic design by Collett, introduced 1930. Built over a period of nearly twenty years, the last two were delivered to British Railways.

Loco Weight : 43t 8c   **Driving Wheels :** 5' 2"   **Cylinders :** (I) 17½" x 24"   **Valve Gear :** Stephenson (Slide Valves)

Number	built	w/dwn	Number	built	w/dwn	Number	built	w/dwn	Number	built	w/dwn
2200	1938	09/62	2225	1940	06/59	2250	1945	08/62	2275	1934	02/60
2201	1939	06/64	2226	1940	08/59	2251	1930	12/63	2276	1934	09/62
2202	1939	10/60	2227	1940	04/61	2252	1930	12/59	2277	1934	12/63
2203	1939	09/60	2228	1940	06/59	2253	1930	03/65	2278	1934	09/59
2204	1939	12/63	2229	1940	09/62	2254	1930	01/59	2279	1934	01/59
2205	1939	06/59	2230	1940	01/62	2255	1930	05/62	2280	1934	09/59
2206	1939	12/61	2231	1944	02/65	2256	1930	09/62	2281	1936	11/59
2207	1939	04/61	2232	1944	09/64	2257	1930	09/64	2282	1936	05/60
2208	1939	06/59	2233	1944	11/61	2258	1930	12/58	2283	1936	12/63
2209	1939	08/62	2234	1944	05/62	2259	1930	04/59	2284	1936	06/59
2210	1939	06/65	2235	1944	08/59	2260	1930	11/61	2285	1936	11/59
2211	1940	11/64	2236	1944	05/65	2261	1930	09/64	2286	1930	09/64
2212	1940	12/62	2237	1944	06/59	2262	1930	12/59	2287	1930	05/65
2213	1940	11/60	2238	1944	06/59	2263	1930	01/59	2288	1930	12/61
2214	1940	05/65	2239	1944	05/62	2264	1930	09/60	2289	1930	05/64
2215	1940	10/61	2240	1944	06/62	2265	1930	09/60	2290	1930	06/59
2216	1940	01/62	2241	1945	02/64	2266	1930	10/59	2291	1938	09/64
2217	1940	11/64	2242	1945	05/65	2267	1930	11/61	2292	1938	06/62
2218	1940	11/64	2243	1945	01/63	2268	1930	05/65	2293	1938	07/59
2219	1940	03/64	2244	1945	06/65	2269	1930	01/59	2294	1938	09/62
2220	1940	12/61	2245	1945	05/63	2270	1930	09/59	2295	1938	07/62
2221	1940	11/64	2246	1945	12/63	2271	1934	09/62	2296	1938	10/59
2222	1940	05/65	2247	1945	02/64	2272	1934	08/59	2297	1938	09/60
2223	1940	05/62	2248	1945	09/64	2273	1934	12/63	2298	1938	12/63
2224	1940	09/63	2249	1945	09/64	2274	1934	09/60	2299	1938	09/59

Continued with Number 3200

2301   Dean Goods   0-6-0

Dean design introduced in 1883, later superheated. Many saw service in France during W.W.I.

Loco Weight : 36t 16c   **Driving Wheels :** 5' 2"   **Cylinders :** (I) 17½" x 24"   **Valve Gear :** Stephenson (Slide Valves)

Number	built	w/dwn	Number	built	w/dwn	Number	built	w/dwn	Number	built	w/dwn
2322	1884	06/51	2401	1891	01/53	2462	1895	01/53	2537	1897	01/53
2323	1884	06/53	2407	1891	01/52	2464	1896	12/49	2538	1897	05/57
2327	1884	04/53	2408	1891	01/53	2468	1896	01/53	2541	1897	06/54
2339	1884	03/52	2409	1891	04/53	2474	1896	04/55	2543	1897	02/53
2340	1884	06/54	2411	1891	04/54	2482	1896	12/52	2551	1897	09/53
2343	1884	02/53	2414	1892	03/53	2483	1896	09/52	2556	1897	06/53
2349	1884	03/52	2426	1893	12/53	2484	1896	05/54	2568	1898	05/53
2350	1884	01/53	2431	1893	11/51	2513	1897	07/55	2569	1898	10/48
2351	1884	02/53	2444	1893	11/52	2515	1897	02/53	2570	1898	01/49
2354	1884	04/53	2445	1893	03/53	2516	1897	05/56	2572	1898	12/52
2356	1884	07/48	2449	1893	01/53	2523	1897	09/49	2573	1898	02/53
2382	1890	04/50	2452	1895	10/52	2532	1897	05/54	2578	1899	09/53
2385	1890	10/51	2458	1895	05/54	2534	1897	01/53	2579	1899	01/54
2386	1890	12/50	2460	1895	04/54						

TOTAL 54

26xx   'Aberdare'   2-6-0

Double framed William Dean design of 1900.

Loco Weight : 56t 15c   **Driving Wheels :** 4' 7½"   **Cylinders :** (I) 18" x 26"   **Valve Gear :** Stephenson (Slide Valves)

Number	built	w/dwn	Number	built	w/dwn	Number	built	w/dwn	Number	built	w/dwn
2612	1903	01/48	2643	1901	07/48	2656	1902	03/48	2667	1902	10/49
2620	1903	08/49	2651	1901	06/49	2662	1902	07/48	2669	1902	05/48
2623	1901	02/48	2655	1902	06/49	2665	1902	01/48	2680	1902	06/48

       TOTAL 12

27xx — Dean — 0-6-0PT

Dean saddletank, introduced in 1896. Later rebuilt with pannier tanks.

Loco Weight: 45t 13c **Driving Wheels:** 4' 7½" **Cylinders:** (I) 17½" x 24" **Valve Gear:** Stephenson (Slide Valves)

Number	built	w/dwn	Number	built	w/dwn	Number	built	w/dwn	Number	built	w/dwn
2702	1896	01/50	2724	1898	02/49	2754	1899	10/50	2781	1901	06/48
2704	1896	03/50	2728	1898	04/48	2755	1899	08/48	2785	1901	04/48
2706	1896	10/48	2730	1898	04/48	2756	1899	05/49	2786	1901	12/49
2707	1896	07/50	2734	1898	08/48	2757	1899	02/50	2787	1901	12/49
2708	1896	07/49	2738	1898	12/49	2760	1899	10/50	2789	1901	05/49
2709	1896	09/48	2739	1898	05/48	2761	1900	03/50	2790	1901	06/50
2712	1896	03/50	2743	1899	10/50	2764	1900	07/48	2791	1901	04/50
2713	1896	09/49	2744	1899	11/50	2767	1900	01/49	2792	1901	06/50
2714	1896	05/48	2745	1899	01/50	2769	1900	03/49	2793	1901	01/48
2715	1896	07/50	2746	1899	07/48	2771	1900	06/50	2794	1901	11/49
2716	1896	09/50	2748	1899	04/48	2772	1900	11/49	2795	1901	01/49
2717	1896	10/48	2749	1899	04/48	2774	1900	04/48	2797	1901	06/48
2719	1896	11/50	2751	1899	04/48	2776	1900	04/48	2798	1901	11/49
2721	1897	08/50	2752	1899	03/48	2780	1900	07/50	2799	1901	03/50
2722	1897	11/50									

TOTAL 57

28xx — Churchward — 2-8-0

Introduced 1903, Churchward design for G.W.R.. Number 2884 onwards introduced by Collett in 1938, the most noticeable difference being the fitting of side window cabs. (Weight was increased to 76t 5c). In 1947 twenty were converted for oil burning and were renumbered into the 48xx series. They were renumbered back to original series between 1948 and 1949.

Loco Weight: 75t 10c **Driving Wheels:** 4' 7½" **Cylinders:** (O) 18½" x 30" **Valve Gear:** Stephenson (Slide Valves)

Number	built	w/dwn	Number	built	w/dwn	Number	built	w/dwn	Number	built	w/dwn
2800	1903	04/58	2808	1905	09/59	2816	1905	10/59	2824	1907	08/59
2801	1905	12/58	2809	1905	01/60	2817	1905	03/59	2825	1907	03/59
2802	1905	12/58	2810	1905	09/59	2818	1905	10/63	2826	1907	09/59
2803	1905	04/59	2811	1905	10/59	2819	1905	01/61	2827	1907	08/58
2804	1905	07/59	2812	1905	01/59	2820	1905	11/58	2828	1907	01/59
2805	1905	05/60	2813	1905	11/60	2821	1907	09/60	2829	1907	02/59
2806	1905	03/60	2814	1905	08/58	2822	1907	11/64	2830	1907	01/59
2807	1905	03/63	2815	1905	12/59	2823	1907	04/59	2831	1911	01/60

Number	built	w/dwn	Notes	Number	built	w/dwn	Notes
2832	1911	11/59	Renumbered from 4806 04/49	2855	1913	12/62	
2833	1911	03/59		2856	1918	04/64	
2834	1911	11/62	Renumbered from 4808 01/50	2857	1918	04/63	
2835	1911	05/60		2858	1918	01/63	
2836	1912	06/64		2859	1918	12/64	
2837	1912	05/60		2860	1918	04/62	
2838	1912	08/59		2861	1918	03/63	
2839	1912	06/64	Renumbered from 4804 10/48	2862	1918	04/64	Renumbered from 4802 09/48
2840	1912	06/59		2863	1918	06/59	Renumbered from 4805 05/49
2841	1912	12/63		2864	1918	06/59	
2842	1912	09/63		2865	1918	01/63	
2843	1912	06/59		2866	1918	03/63	
2844	1912	02/60		2867	1918	07/63	
2845	1912	07/63	Renumbered from 4809 12/49	2868	1918	06/59	
2846	1912	11/60		2869	1918	06/59	
2847	1913	03/60	Renumbered from 4811 06/49	2870	1918	06/59	
2848	1913	06/59	Renumbered from 4807 07/49	2871	1918	05/63	
2849	1913	08/62	Renumbered from 4803 04/49	2872	1918	08/63	Renumbered from 4800 09/48
2850	1913	02/60		2873	1918	12/64	
2851	1913	06/63		2874	1918	05/63	
2852	1913	10/63		2875	1918	04/64	
2853	1913	05/62	Renumbered from 4810 06/49	2876	1919	01/65	
2854	1913	10/63	Renumbered from 4801 02/49	2877	1919	01/60	

Number	built	w/dwn	Number	built	w/dwn	Number	built	w/dwn	Number	built	w/dwn
2878	1919	06/59	2881	1919	01/60	2884	1938	04/64	2886	1938	06/64
2879	1919	08/64	2882	1919	12/63	2885	1938	01/64	2887	1938	06/64
2880	1919	06/59	2883	1919	11/62						

Number	built	w/dwn	Notes
2888	1938	02/63	Renumbered from *4850 09/48*

Number	built	w/dwn	Number	built	w/dwn	Number	built	w/dwn	Number	built	w/dwn
2889	1938	04/63	2892	1938	05/63	2895	1938	04/65	2898	1938	10/64
2890	1938	04/65	2893	1938	11/64	2896	1938	06/64	2899	1938	03/65
2891	1938	10/64	2894	1938	08/63	2897	1938	03/63			

Continued with Number 3800

2900   'Saint'   4-6-0

Introduced 1903 by Churchward, design based on pioneer loco No. 100 (later 2900 Saint Martin).
Nos. 2979 - 2989 were originally built as 4-4-2, later rebuilt to 4-6-0.
Loco Weight : 72t 0c   **Driving Wheels :** 6' 8½"   **Cylinders :** (O) 18½" x 30"   **Valve Gear :** Stephenson (piston valves)

Number & Name		built	w/dwn	Number & Name		built	w/dwn
2902	Lady of the Lake	1906	08/49	2939	Croome Court	1911	12/50
2903	Lady of Lyons	1906	11/49	2940	Dorney Court	1911	01/52
2905	Lady Macbeth	1906	04/48	2941	Easton Court	1912	12/49
2906	Lady of Lynn	1906	08/52	2942	Fawley Court	1912	12/49
2908	Lady of Quality	1906	12/50	2943	Hampton Court	1912	01/51
2912	Saint Ambrose	1907	02/51	2944	Highnam Court	1912	11/51
2913	Saint Andrew	1907	05/48	2945	Hillingdon Court	1912	06/53
2915	Saint Bartholomew	1907	10/50	2946	Langford Court	1912	11/49
2916	Saint Benedict	1907	07/48	2947	Madresfield Court	1912	04/51
2920	Saint David	1907	10/53	2948	Stackpole Court	1912	11/51
2924	Saint Helena	1907	03/50	2949	Stanford Court	1912	01/52
2926	Saint Nicholas	1907	09/51	2950	Taplow Court	1913	09/52
2927	Saint Patrick	1907	12/51	2951	Tawstock Court	1913	06/52
2928	Saint Sebastian	1907	08/48	2952	Twineham Court	1913	09/51
2929	Saint Stephen	1907	12/49	2953	Titley Court	1913	02/52
2930	Saint Vincent	1907	11/49	2954	Tockenham Court	1913	06/52
2931	Arlington Court	1911	02/51	2955	Tortworth Court	1913	03/50
2932	Ashton Court	1911	06/51	2979	Quentin Durward	1905	01/51
2933	Bilbury Court	1911	01/53	2980	Cœur de Lion	1905	05/48
2934	Butleigh Court	1911	06/52	2981	Ivanhoe	1905	03/51
2935	Caynham Court	1911	12/48	2987	Bride of Lammermoor	1905	10/49
2936	Cefntilla Court	1911	04/51	2988	Rob Roy	1905	05/48
2937	Clevedon Court	1911	06/53	2989	Talisman	1905	09/48
2938	Corsham Court	1911	08/52				

TOTAL 47

ROD   Robinson G.C.R.   2-8-0

Robinson G.C.R. design built from 1917 for Railway Operating Division (Royal Engineers) for use in France and the Western Front. After war service, one hundred were purchased by G.W.R.
All subsequently received Great Western boiler fittings. *3005 swapped identity with 3033 in 1949.*

Loco Weight : 73t 11c   **Driving Wheels :** 4' 8"   **Cylinders :** (O) 21" x 26"   **Valve Gear :** Stephenson (Piston Valves)

Number	built	w/dwn	Number	built	w/dwn	Number	built	w/dwn	Number	built	w/dwn
3002	1919	04/48	3016	1919	10/56	3027	1917	05/48	3038	1919	07/56
3004	1919	02/48	3017	1919	10/56	3028	1918	08/56	3039	1919	08/48
3005	1919	08/48	3018	1919	01/57	3029	1919	05/56	3040	1919	06/56
3006	1919	06/48	3019	1919	04/48	3030	1917	07/48	3041	1919	03/58
3008	1919	09/48	3020	1919	06/54	3031	1917	05/56	3042	1917	10/56
3009	1919	06/48	3021	1919	07/48	3032	1917	10/55	3043	1919	09/56
3010	1919	03/56	3022	1919	06/56	3033	1918	05/53	3044	1919	10/56
3011	1919	10/58	3023	1919	10/55	3034	1918	02/53	3046	1919	08/48
3012	1919	05/56	3024	1919	10/58	3035	1918	08/48	3047	1917	06/53
3013	1919	09/48	3025	1918	07/54	3036	1919	03/58	3048	1919	05/56
3014	1919	10/55	3026	1917	12/54	3037	1918	08/47	3049	1917	11/48
3015	1919	10/58									

TOTAL 45

31xx   Collett Rebuild   2-6-2T

Rebuilt in 1938 by Collett, with smaller driving wheels & higher boiler pressure, from Churchward's 3150 class (see below). Former numbers in brackets.

Loco Weight : 81t 9c   *Driving Wheels :* 5' 3"   *Cylinders :* (O) 18½" x 30"   *Valve Gear :* Stephenson (Piston Valves)

Number	rebuilt	w/dwn	Number	rebuilt	w/dwn	Number	rebuilt	w/dwn
3100 (3173)	1938	05/57	3102 (3181)	1938	10/58	3104 (3179)	1938	06/57
3101 (3156)	1938	08/57	3103 (3155)	1938	01/60			

TOTAL 5

3150   Churchward   2-6-2T

Introduced in 1905 by Churchward for suburban passenger service. Developed from the original 31xx Class, but had larger boiler. All were eventually superheated.

Loco Weight : 81t 12c   *Driving Wheels :* 5' 8"   *Cylinders :* (O) 18½" x 30"   *Valve Gear :* Stephenson (Piston Valves)

Number	built	w/dwn	Number	built	w/dwn	Number	built	w/dwn	Number	built	w/dwn
3150	1906	09/57	3163	1907	06/57	3172	1907	10/57	3183	1907	10/57
3151	1907	03/52	3164	1907	03/56	3174	1907	03/58	3184	1907	07/48
3153	1907	02/53	3165	1907	07/48	3175	1907	03/49	3185	1907	02/56
3154	1907	10/50	3167	1907	08/52	3176	1907	11/57	3186	1907	06/57
3157	1907	10/52	3168	1907	09/50	3177	1907	10/57	3187	1908	11/57
3158	1907	04/48	3169	1907	07/50	3178	1907	01/51	3188	1908	11/52
3159	1907	11/49	3170	1907	08/58	3180	1907	10/57	3189	1908	09/49
3160	1907	06/53	3171	1907	07/57	3182	1907	08/49	3190	1908	03/58
3161	1907	12/52									

TOTAL 33

2251   Collett G.W.R.   0-6-0

Continued from Number 2299

Number	built	w/dwn	Number	built	w/dwn	Number	built	w/dwn	Number	built	w/dwn
3200	1946	01/65	3205	1946	05/65	3210	1947	11/64	3215	1947	01/63
3201	1946	05/65	3206	1946	12/63	3211	1947	09/62	3216	1947	12/63
3202	1946	06/60	3207	1946	12/62	3212	1947	10/63	3217	1947	11/64
3203	1946	12/63	3208	1946	05/65	3213	1947	12/63	3218	01/48	05/65
3204	1946	02/63	3209	1946	06/64	3214	1947	10/63	3219	01/48	12/63

TOTAL 120

33xx   'Bulldog'   4-4-0

Introduced by William Dean in 1898. Various series were built until 1910, all with outside frames. 3335 had curved frames, and 3441 - 3455 (named afterbirds) had deeper frames than the rest.

Loco Weight : 51t 16c   *Driving Wheels :* 5' 8"   *Cylinders :* (I) 18" x 26"   *Valve Gear :* Stephenson (slide valves)

Number & Name	built	w/dwn	Number & Name	built	w/dwn	Number & Name	built	w/dwn
3335	1900	10/48	3400	1904	05/49	3441 Blackbird	1909	02/49
3341 Blasius	1900	11/49	3401 Vancouver	1904	11/49	3442 Bullfinch	1909	07/48
3363 Alfred Baldwin	1902	10/49	3406 Calcutta	1904	01/51	3443 Chaffinch	1909	05/49
3364 Frank Bibby	1903	06/49	3407 Madras	1904	12/49	3444 Cormorant	1909	06/51
3366	1903	04/48	3408 Bombay	1904	04/48	3445 Flamingo	1909	10/48
3376 River Pym	1903	09/48	3417 Lord Mildmay of Fleet	1906	04/48	3446 Goldfinch	1909	12/48
3377	1903	03/51	3418 Sir Arthur Yorke	1906	08/49	3447 Jackdaw	1909	04/51
3379 River Fal	1903	06/48	3419	1906	08/49	3448 Kingfisher	1909	01/49
3382	1903	11/49	3421	1906	04/48	3449 Nightingale	1909	06/51
3383	1903	12/49	3426	1906	12/49	3450 Peacock	1909	12/49
3386	1903	11/49	3430 Inchcape	1906	12/48	3451 Pelican	1910	04/51
3391 Dominion of Canada	1904	05/48	3431	1906	12/48	3452 Penguin	1910	04/48
3393 Australia	1904	11/49	3432	1906	12/49	3453 Seagull	1910	11/51
3395 Tasmania	1904	08/48	3438	1906	10/49	3454 Skylark	1910	11/51
3396 Natal Colony	1904	03/48	3440	1906	06/48	3455 Starling	1901	06/50

TOTAL 45

94xx — Hawksworth — 0-6-0PT

Taper boilered shunting pannier tank introduced in 1947 by Hawksworth.

Loco Weight: 55t 7c **Driving Wheels:** 4' 7½" **Cylinders:** (I) 17½" x 24" **Valve Gear:** Stephenson (slide valves)

Number	built	w/dwn	Number	built	w/dwn	Number	built	w/dwn	Number	built	w/dwn
3400	12/55	11/64	3403	02/56	09/64	3406	05/56	11/64	3408	08/56	09/62
3401	01/56	11/64	3404	03/56	07/62	3407	08/56	10/62	3409	10/56	10/64
3402	02/56	11/64	3405	04/56	11/64						

Continued with Number 8400

3440 — 'City of Truro' — 4-4-0

G. J. Churchward design of 1903, this locomotive is reputed to be the first to travel at more than 100 mph, but there has always been controversy over this. When withdrawn in 1931 it was preserved at York Railway Museum, but was returned to operating stock in 1957 to work special trains.

Unlike the other six working preserved locos, (G.N.S.R. 49, H.R. 103, Midland 1000, C.R. 123, L.S.W.R. T9 120, and N.B.R. 256), City of Truro hauled passenger & parcel trains when not working special trains.

It was also far travelled, ending up in Glasgow for over a week during 1959, and sharing Dawsholm shed with the four Scottish preserved locos when not in use hauling special trains between Glasgow Central and Kelvin Hall Station for the Scottish Industries Exhibition.

When finally retired, she reverted to the number carried in York Museum, 3717.

Loco Weight: 55t 6c **Driving Wheels:** 6' 8½" **Cylinders:** (I) 18" x 26" **Valve Gear:** Stephenson (Slide Valves)

Number & Name	built	In service	Preseved
3440 City of Truro	1903	02/57	05/61

TOTAL 1

517 — Armstrong — 0-4-2T

G. Armstrong design for the G.W.R., dating from 1876

Loco Weight: 35t 4c **Driving Wheels:** 5' 2" **Cylinders:** (I) 16" x 24" **Valve Gear:** Stephenson (Slide Valves)

Number	built	w/dwn	Number	built	w/dwn	Number	built	w/dwn
3574	1895	12/49	3575	1895	10/49	3577	1895	05/49

TOTAL 3

35xx — Dean — 2-4-0T

Introduced by William Dean in 1899

Loco Weight: 41t 7c **Driving Wheels:** 5' 2" **Cylinders:** (I) 16" x 24" **Valve Gear:** Stephenson (Slide Valves)

Number	built	w/dwn	Number	built	w/dwn	Number	built	w/dwn	Number	built	w/dwn
3561	1894	10/49	3585	1899	11/49	3589	1899	08/48	3597	1899	08/48
3562	1894	02/49	3586	1899	12/49	3592	1899	04/49	3599	1899	10/49
3582	1899	11/49	3588	1899	12/49						

TOTAL 10

57xx — Collett Standard Pannier Tank — 0-6-0PT

*Introduced 1929 by Collett , this was numerically the largest class built for the Great Western, and was used on every type of service from shunting to local passenger. They were to be seen everywhere on the former Great Western system, and also on Southern Region metals as well. Thirteen were sold to **LONDON TRANSPORT,** and many were sold to the National Coal Board and other companies for further service.*

Numbers 3600 - 3799, 4600 - 4699, 8750 - 8799, and 9600 - 9799 all had modified cabs and were vacuum brake fitted. Numbers 9700 - 9710 were condensing locos for use on Metropolitan lines.

Numbers 6750 - 6779 were built with modified cab, but had no steam brake, and were for shunting use only. Likewise, numbers 6700 - 6749 had no steam brakes and were built with original cabs.

Loco Weight: 40t 00c - 50t 15c **Driving Wheels:** 4' 7½" **Cylinders:** (I) 17½" x 24" **Valve Gear:** Stephenson (Slide Valves)

Number	built	w/dwn	Number	built	w/dwn	Number	built	w/dwn	Number	built	w/dwn
3600	1938	12/63	3610	1939	02/65	3620	1939	06/65	3630	1939	09/62
3601	1938	10/64	3611	1939	08/62	3621	1939	11/64	3631	1939	07/65
3602	1939	02/62	3612	1939	10/64	3622	1939	09/64	3632	1939	12/62
3603	1939	07/64	3613	1939	05/64	3623	1939	09/63	3633	1939	10/63
3604	1939	12/63	3614	1939	03/62	3624	1939	05/62	3634	1939	07/64
3605	1939	10/66	3615	1939	10/65	3625	1939	07/66	3635	1939	04/65
3606	1939	12/62	3616	1939	09/65	3626	1939	08/63	3636	1939	02/62
3607	1939	10/66	3617	1939	09/64	3627	1939	02/63	3637	1939	10/62
3608	1939	06/65	3618	1939	05/64	3628	1939	01/63	3638	1939	01/61
3609	1939	08/60	3619	1939	09/66	3629	1939	01/63	3639	1939	01/63

Number	built	w/dwn	Number	built	w/dwn	Number	built	w/dwn	Number	built	w/dwn
3640	1939	05/62	3680	1940	05/64	3720	1937	12/63	3760	1937	09/62
3641	1939	08/62	3681	1940	03/66	3721	1937	04/64	3761	1937	05/64
3642	1939	04/65	3682	1940	12/65	3722	1937	05/62	3762	1937	12/63
3643	1939	11/65	3683	1940	10/64	3723	1937	04/62	3763	1937	06/65
3644	1939	06/65	3684	1940	05/62	3724	1937	05/61	3764	1937	01/63
3645	1939	05/62	3685	1940	04/64	3725	1937	01/65	3765	1938	07/63
3646	1939	05/64	3686	1940	07/65	3726	1937	01/62	3766	1938	08/63
3647	1939	06/65	3687	1941	06/65	3727	1937	04/64	3767	1938	10/65
3648	1939	12/63	3688	1941	09/62	3728	1937	04/65	3768	1938	05/64
3649	1939	01/61	3689	1941	05/64	3729	1937	03/63	3769	1938	10/62
3650	1939	09/63	3690	1941	06/65	3730	1937	11/64	3770	1938	04/65
3651	1939	04/63	3691	1941	04/65	3731	1937	05/64	3771	1938	01/63
3652	1939	10/63	3692	1941	05/64	3732	1937	05/62	3772	1938	06/65
3653	1939	10/63	3693	1941	07/64	3733	1937	12/63	3773	1938	10/62
3654	1939	08/65	3694	1941	09/62	3734	1937	04/64	3774	1938	05/62
3655	1940	12/62	3695	1941	07/64	3735	1937	09/65	3775	1938	12/65
3656	1940	02/62	3696	1941	11/65	3736	1937	03/63	3776	1938	04/66
3657	1940	05/61	3697	1941	05/62	3737	1937	09/64	3777	1938	12/63
3658	1940	09/65	3698	1941	04/64	3738	1937	08/65	3778	1938	03/64
3659	1940	10/65	3699	1941	02/65	3739	1937	10/64	3779	1938	12/63
3660	1940	04/63	3700	1936	02/65	3740	1937	01/59	3780	1938	12/62
3661	1940	04/65	3701	1936	05/64	3741	1937	09/62	3781	1938	08/63
3662	1940	08/65	3702	1936	04/64	3742	1937	11/64	3782	1938	10/66
3663	1940	12/62	3703	1936	05/62	3743	1937	05/62	3783	1938	09/62
3664	1940	05/64	3704	1936	01/61	3744	1937	08/66	3784	1938	06/65
3665	1940	01/64	3705	1936	03/65	3745	1937	12/64	3785	1938	07/62
3666	1940	12/62	3706	1936	11/63	3746	1937	07/64	3786	1938	03/63
3667	1940	05/61	3707	1936	09/64	3747	1937	02/65	3787	1938	01/63
3668	1940	07/63	3708	1936	07/65	3748	1937	05/64	3788	1938	11/65
3669	1940	09/65	3709	1936	08/66	3749	1937	11/65	3789	1938	10/65
3670	1940	05/61	3710	1936	05/63	3750	1937	09/62	3790	1938	06/65
3671	1940	07/65	3711	1936	05/63	3751	1937	09/65	3791	1938	12/63
3672	1940	04/64	3712	1936	12/63	3752	1937	07/64	3792	1938	11/65
3673	1940	05/64	3713	1936	02/62	3753	1937	01/65	3793	1938	09/58
3674	1940	12/62	3714	1936	12/63	3754	1937	11/65	3794	1938	12/64
3675	1940	12/65	3715	1937	03/65	3755	1937	10/62	3795	1938	05/63
3676	1940	05/61	3716	1937	12/63	3756	1937	03/63	3796	1938	03/65
3677	1940	12/65	3717	1937	06/65	3757	1937	05/64	3797	1938	11/64
3678	1940	12/63	3718	1937	05/62	3758	1937	03/66	3798	1938	10/64
3679	1940	03/63	3719	1937	01/63	3759	1937	12/65	3799	1938	01/61

Continued with Number 4600

28xx

2-8-0

Continued from Number 2899

Number	built	w/dwn	Number	built	w/dwn	Number	built	w/dwn	Number	built	w/dwn
3800	1938	08/64	3803	1939	07/63	3806	1939	12/63	3809	1939	10/64
3801	1938	08/64	3804	1939	07/64	3807	1939	02/65	3810	1939	11/64
3802	1938	08/65	3805	1939	09/64	3808	1939	07/65	3811	1939	09/63

Number	built	w/dwn	Notes	Number	built	w/dwn	Notes
3812	1939	06/65		3817	1940	08/65	
3813	1939	07/65	Renumbered from 4855 06/49	3818	1940	05/65	Renumbered from 4852 09/48
3814	1940	12/64		3819	1940	12/64	
3815	1940	05/64		3820	1940	07/65	Renumbered from 4836 06/49
3816	1940	07/65		3821	1940	10/64	

Number	built	w/dwn	Number	built	w/dwn	Number	built	w/dwn	Number	built	w/dwn
3822	1940	01/64	3824	1940	06/64	3826	1940	01/65	3828	1940	10/64
3823	1940	07/65	3825	1940	09/64	3827	1940	11/62	3829	1940	03/64

'28xx' Class 2-8-0 No. 3863 at Shrewsbury.

Photo courtesy Steve Davies

7P 'Castle' Class 4-6-0 No. 4082 WINDSOR CASTLE seen at Paddington in 1962. Built as No. 7013 BRISTOL CASTLE during 1948, this locomotive swapped identities with the <u>real</u> No. 4082 in February 1952 in order to haul the funeral train of the late King George VI, as No. 4082 was in Swindon Works for heavy overhaul at the time. The two engines never swapped back identities.

Photo courtesy Steve Davies

Number	built	w/dwn	Notes
3830	1940	06/65	
3831	1940	09/63	Renumbered from 4857 05/49
3832	1941	04/64	
3833	1941	07/63	
3834	1941	04/64	

Number	built	w/dwn	Notes
3835	1942	01/65	
3836	1942	11/65	
3837	1942	07/65	Renumbered from 4854 08/49
3838	1942	11/64	
3839	1942	12/63	Renumbered from 4853 11/49

Number	built	w/dwn	Number	built	w/dwn	Number	built	w/dwn	Number	built	w/dwn
3840	1942	07/65	3846	1942	10/63	3852	1942	04/64	3858	1942	09/63
3841	1942	03/64	3847	1942	03/64	3853	1942	12/63	3859	1942	05/65
3842	1942	07/65	3848	1942	07/65	3854	1942	06/65	3860	1942	08/64
3843	1942	10/63	3849	1942	05/65	3855	1942	08/65	3861	1942	07/65
3844	1942	10/65	3850	1942	08/65	3856	1942	10/64	3862	1942	02/65
3845	1942	06/64	3851	1942	07/65	3857	1942	03/64	3863	1942	10/65

Number	built	w/dwn	Notes
3864	1942	07/65	
3865	1942	03/65	Renumbered from 4851, 04/49

Number	built	w/dwn	Notes
3866	1942	07/65	

TOTAL 167

4000   'Star'   4-6-0

Introduced 1907 by G.J. Churchward. This class was the predecessor of the more famous 'Castle' class which was introduced in 1923. Fifteen 'Stars' were subsequently rebuilt as 'Castles', and six lost their names during the Second World War as the 'Monarchs' they were named after were on the Axis side - except Sweden, which had upset Britain with their neutrality.
Number 4000 'North Star', the first of the class, is preserved.

Loco Weight : 79t 17c   **Driving Wheels :** 6' 8½"   **Cylinders :** (4) 16" x 26"   **Valve Gear :** Walschaerts (piston valves)

Number & Name	built	w/dwn	Number & Name	built	w/dwn
4003 Lode Star	1907	07/51	4040 Queen Boadicea	1911	06/51
4004 Morning Star	1907	04/48	4041 Prince of Wales	1913	04/51
4007 Swallowfield Park	1907	09/51	4042 Prince Albert	1913	11/51
4012 Knight of the Thistle	1908	10/49	4043 Prince Henry	1913	01/52
4013 Knight of St. Patrick	1908	05/50	4044 Prince George	1913	02/53
4015 Knight of St. John	1908	02/51	4045 Prince John	1913	11/50
4017 Knight of Liege	1908	11/49	4046 Princess Mary	1914	11/51
4018 Knight of the Grand Cross	1908	04/51	4047 Princess Louise	1914	07/51
4019 Knight Templar	1908	10/49	4048 Princess Victoria	1914	01/53
4020 Knight Commander	1908	03/51	4049 Princess Maud	1914	06/53
4021 British Monarch	1909	10/52	4050 Princess Alice	1914	02/52
4022 Belgian Monarch (r. 05/40)	1909	02/52	4051 Princess Helena	1914	10/50
4023 Danish Monarch (r. 11/40)	1909	06/52	4052 Princess Beatrice	1914	06/53
4025 Italian Monarch (r. 06/40)	1909	08/50	4053 Princess Alexandra	1914	07/54
4026 Japanese Monarch (r. 01/41)	1909	02/50	4054 Princess Charlotte	1914	01/52
4028 Rumanian Monarch (r. 11/40)	1909	11/51	4055 Princess Sophia	1914	02/51
4030 Swedish Monarch (r. 11/40)	1909	05/50	4056 Princess Margaret	1914	10/57
4031 Queen Mary	1910	06/51	4057 Princess Elizabeth	1914	02/52
4033 Queen Victoria	1910	06/51	4058 Princess Augusta	1914	04/51
4034 Queen Adelaide	1910	09/52	4059 Princess Patricia	1914	09/52
4035 Queen Charlotte	1910	10/51	4060 Princess Eugenie	1914	10/52
4036 Queen Elizabeth	1911	03/52	4061 Glastonbury Abbey	1922	03/57
4038 Queen Berengaria	1911	04/52	4062 Malmesbury Abbey	1922	11/56
4039 Queen Matilda	1911	11/50			

TOTAL 47

4073   4-6-0

Continued from Number 111.

Number & Name	built	w/dwn	Number & Name	built	w/dwn
4000 North Star	1906	05/57	4075 Cardiff Castle	1924	11/61
4016 The Somerset Light			4076 Carmarthen Castle	1924	02/63
Infantry (Prince Albert's)	1908	09/51	4077 Chepstow Castle	1924	08/62
4032 Queen Alexandra	1910	09/51	4078 Pembroke Castle	1924	07/62
4037 The South Wales Borderers	1910	09/62	4079 Pendennis Castle	1924	05/64
4073 Caerphilly Castle	1923	05/60	4080 Powderham Castle	1924	08/64
4074 Caldicote Castle	1923	05/63	4081 Warwick Castle	1924	01/63

Number & Name	built	w/dwn	Number & Name	built	w/dwn
4082 Windsor Castle (to 4082 02/52)	1924	02/65	4091 Dudley Castle	1925	01/59
4082 Windsor Castle (ex 4082 02/52)	07/48	09/64	4092 Dunraven Castle	1925	12/61
4083 Abbotsbury Castle	1925	12/61	4093 Dunster Castle	1926	09/64
4084 Aberystwyth Castle	1925	10/60	4094 Dynevor Castle	1926	03/62
4085 Berkeley Castle	1925	05/62	4095 Harlech Castle	1926	12/62
4086 Builth Castle	1925	04/62	4096 Highclere Castle	1926	01/63
4087 Cardigan Castle	1925	10/63	4097 Kenilworth Castle	1926	05/60
4088 Dartmouth Castle	1925	05/64	4098 Kidwelly Castle	1926	12/63
4089 Donnington Castle	1925	10/64	4099 Kilgerran Castle	1926	09/62
4090 Dorchester Castle	1925	06/63			

Continued with Number 5000

51xx   Collett   2-6-2T

Developed from Churchward 31xx class of 1903, 5101 -5148 were rebuilds, rest were built new.

__Loco Weight :__ 75t 10c   __Driving Wheels :__ 5' 8"   __Cylinders :__ (O) 18" x 30"   __Valve Gear :__ Stephenson (Piston Valves)

Number	built	w/dwn	Number	built	w/dwn	Number	built	w/dwn	Number	built	w/dwn
4100	1935	11/65	4120	1937	11/64	4140	1946	11/63	4160	09/48	06/65
4101	1935	07/64	4121	1937	06/65	4141	1946	03/63	4161	09/48	11/65
4102	1935	09/62	4122	1938	06/64	4142	1946	12/63	4162	09/48	07/60
4103	1935	09/64	4123	1938	11/61	4143	1946	06/64	4163	09/48	10/62
4104	1935	05/64	4124	1938	08/64	4144	1946	06/65	4164	09/48	01/60
4105	1935	01/64	4125	1938	06/65	4145	1946	12/62	4165	10/48	10/65
4106	1935	09/62	4126	1938	01/62	4146	1946	08/62	4166	10/48	06/64
4107	1935	06/65	4127	1938	01/63	4147	1946	09/65	4167	10/48	05/64
4108	1935	10/64	4128	1938	06/64	4148	1946	09/65	4168	11/48	09/65
4109	1935	04/64	4129	1938	09/62	4149	1946	03/63	4169	11/48	05/65
4110	1935	06/65	4130	1939	07/64	4150	1947	06/65	4170	10/49	09/60
4111	1935	09/65	4131	1939	09/64	4151	1947	04/65	4171	10/49	10/64
4112	1935	08/62	4132	1939	06/64	4152	1947	09/62	4172	10/49	01/65
4113	1935	11/65	4133	1939	10/64	4153	1947	11/64	4173	10/49	12/64
4114	1936	11/63	4134	1939	05/63	4154	1947	10/65	4174	11/48	06/64
4115	1936	06/65	4135	1939	05/64	4155	1947	09/65	4175	11/48	10/65
4116	1936	09/62	4136	1939	06/64	4156	1947	06/65	4176	11/48	10/65
4117	1936	09/61	4137	1939	10/64	4157	1947	06/65	4177	11/48	05/65
4118	1936	09/62	4138	1939	07/58	4158	1947	06/65	4178	11/48	10/65
4119	1936	09/63	4139	1939	07/58	4159	1947	06/64	4179	12/49	02/65

Continued with Number 5101

5P 'Star' Class 4-6-0 No. 4022 BELGIAN MONARCH at Swindon in the 1930s.
Name removed during WWII, loco scrapped April1952.   *Photo courtesy Steve Davies*

42xx   Churchward   2-8-0T

*Introduced in 1910. **5205** onward introduced in 1923 with 19" x 30" Cylinders, and weighed 82t 2c.*
Loco Weight: 81t 12c   **Driving Wheels:** 4' 7½"   **Cylinders:** (O) 17" x 24"   **Valve Gear:** Stephenson (Piston Valves)

Number	built	w/dwn	Number	built	w/dwn	Number	built	w/dwn	Number	built	w/dwn
4200	1923	03/59	4230	1913	10/59	4258	1917	04/65	4279	1920	01/64
4201	1910	10/59	4231	1913	07/59	4259	1917	03/64	4280	1920	01/63
4203	1912	01/61	4232	1914	10/63	4260	1917	06/59	4281	1920	12/60
4206	1912	12/59	4233	1914	10/64	4261	1917	03/59	4282	1920	09/63
4207	1912	10/61	4235	1914	08/62	4262	1919	04/64	4283	1920	10/64
4208	1912	11/59	4236	1914	09/62	4263	1919	02/64	4284	1920	09/64
4211	1912	08/59	4237	1914	04/64	4264	1919	07/63	4285	1920	04/65
4212	1912	06/59	4238	1914	12/63	4265	1919	06/63	4286	1921	09/64
4213	1912	01/64	4241	1914	04/64	4266	1919	08/62	4287	1921	01/61
4214	1912	05/64	4242	1916	03/64	4267	1919	10/62	4288	1921	11/60
4215	1912	10/59	4243	1916	05/64	4268	1919	08/65	4289	1921	10/62
4217	1912	07/59	4246	1916	12/62	4269	1919	12/62	4290	1921	02/63
4218	1912	03/59	4247	1916	04/64	4270	1919	09/62	4291	1921	09/62
4221	1912	10/59	4248	1916	05/63	4271	1920	12/63	4292	1921	10/64
4222	1913	01/61	4250	1916	09/62	4272	1920	10/63	4293	1921	08/62
4223	1913	12/59	4251	1916	06/63	4273	1920	10/64	4294	1921	09/64
4224	1913	10/61	4252	1917	09/63	4274	1920	06/62	4295	1921	12/64
4225	1913	11/59	4253	1917	04/63	4275	1920	01/64	4296	1922	12/63
4226	1913	08/59	4254	1917	04/65	4276	1920	12/62	4297	1922	02/65
4227	1913	06/59	4255	1917	04/64	4277	1920	06/64	4298	1922	06/63
4228	1913	01/64	4256	1917	01/64	4278	1920	07/64	4299	1922	12/62
4229	1913	05/64	4257	1917	10/63						

Continued with Number 5200

43xx   Churchward   2-6-0

Introduced in 1911 by Churchward, various batches had different weight distribution.
9300 - 9319 had side window cabs and were renumbered 7332 - 7341(in order) during 1956 - 59

Loco Weight: 62t 0c - 65t 6c   **Driving Wheels:** 5' 8"   **Cylinders:** (O) 18½" x 30"   **Valve Gear:** Stephenson (piston valves)

Number	built	w/dwn	Number	built	w/dwn	Number	built	w/dwn	Number	built	w/dwn
4303	1911	11/52	4326	1913	03/57	4358	1914	08/59	4377	1915	01/59
4318	1911	06/52	4337	1913	11/51	4365	1915	04/48	4381	1916	05/53
4320	1911	01/49	4353	1914	11/48	4375	1915	01/58	4386	1916	04/48

Continued with Number 5300

44xx   Churchward   2-6-2T

introduced in 1904 by Churchward, designed for secondary branches.
Loco Weight: 56t 13c   **Driving Wheels:** 4' 1½"   **Cylinders:** (O) 17" x 24"   **Valve Gear:** Stephenson (piston valves)

Number	built	w/dwn	Number	built	w/dwn	Number	built	w/dwn	Number	built	w/dwn
4400	1904	04/51	4403	1905	01/53	4406	1906	08/55	4409	1906	02/51
4401	1905	09/54	4404	1905	03/52	4407	1906	03/53	4410	1906	08/55
4402	1905	12/49	4405	1906	08/55	4408	1906	01/53			TOTAL 11

4500   Churchward   2-6-2T

1906 Churchward design for G.W.R.. Developed from 4400 class. All eventually superheated.
Loco Weight: 57t 0c   **Driving Wheels:** 4' 7½"   **Cylinders:** (O) 17" x 24"   **Valve Gear:** Stephenson (Piston Valves)

Number	built	w/dwn	Number	built	w/dwn	Number	built	w/dwn	Number	built	w/dwn
4500	1906	08/53	4508	1907	10/59	4516	1908	12/52	4524	1909	06/58
4501	1906	03/53	4509	1907	06/51	4517	1908	02/53	4525	1910	06/53
4502	1906	10/51	4510	1907	03/53	4518	1908	10/52	4526	1910	01/58
4503	1907	01/51	4511	1907	11/53	4519	1908	02/59	4527	1910	03/53
4504	1907	06/52	4512	1907	02/53	4520	1909	01/53	4528	1910	12/50
4505	1907	10/57	4513	1907	10/50	4521	1909	12/55	4529	1910	03/52
4506	1907	03/55	4514	1907	02/53	4522	1909	02/55	4530	1913	03/55
4507	1907	10/63	4515	1907	04/53	4523	1909	10/55	4531	1913	02/50

Number	built	w/dwn	Number	built	w/dwn	Number	built	w/dwn	Number	built	w/dwn
4532	1913	02/55	4543	1914	08/50	4554	1915	09/58	4565	1924	10/61
4533	1913	03/55	4544	1914	09/52	4555	1924	11/63	4566	1924	04/62
4534	1913	02/55	4545	1914	09/58	4556	1924	06/60	4567	1924	09/62
4535	1913	02/55	4546	1914	01/58	4557	1924	09/62	4568	1924	02/59
4536	1913	04/59	4547	1914	02/60	4558	1924	07/62	4569	1924	07/64
4537	1913	02/55	4548	1915	11/57	4559	1924	10/60	4570	1924	01/63
4538	1913	05/57	4549	1915	12/61	4560	1924	08/59	4571	1924	03/61
4539	1913	10/55	4550	1915	10/60	4561	1924	05/62	4572	1924	12/58
4540	1914	03/59	4551	1915	02/58	4562	1924	03/60	4573	1924	08/61
4541	1914	10/55	4552	1915	09/61	4563	1924	10/61	4574	1924	02/63
4542	1914	08/55	4553	1915	12/58	4564	1924	09/62			TOTAL 75

4575   Collett   2-6-2T

1927 Collett development of 4500 class for G.W.R..
Loco Weight : 61t 0c   **Driving Wheels :** 4' 7½"   **Cylinders :** (O) 17" x 24"   **Valve Gear :** Stephenson (Piston Valves)

Number	built	w/dwn	Number	built	w/dwn	Number	built	w/dwn	Number	built	w/dwn
4575	1927	08/60	4582	1927	04/58	4588	1927	07/62	4594	1927	11/60
4576	1927	09/58	4583	1927	01/58	4589	1927	09/60	4595	1927	12/58
4577	1927	11/59	4584	1927	02/59	4590	1927	10/58	4596	1927	09/57
4578	1927	08/58	4585	1927	10/59	4591	1927	07/64	4597	1927	01/58
4579	1927	09/58	4586	1927	04/56	4592	1927	01/60	4598	1927	12/56

Continued with Number 5500

57xx   0-6-0PT

Continued from Number 3799

Number	built	w/dwn	Number	built	w/dwn	Number	built	w/dwn	Number	built	w/dwn
4600	1941	07/64	4625	1942	05/62	4650	1943	07/65	4675	1944	06/65
4601	1941	11/62	4626	1942	03/64	4651	1943	09/63	4676	1944	10/65
4602	1941	11/64	4627	1942	10/64	4652	1943	04/64	4677	1944	03/63
4603	1941	04/64	4628	1942	05/64	4653	1943	11/64	4678	1944	07/64
4604	1941	07/65	4629	1942	09/63	4654	1943	12/63	4679	1944	05/65
4605	1942	10/62	4630	1942	11/65	4655	1943	06/65	4680	1944	12/65
4606	1942	02/65	4631	1942	06/65	4656	1943	12/62	4681	1944	12/63
4607	1942	09/65	4632	1942	01/62	4657	1943	07/64	4682	1944	09/63
4608	1942	09/64	4633	1942	04/63	4658	1943	05/64	4683	1944	10/65
4609	1942	05/65	4634	1942	09/64	4659	1943	05/64	4684	1944	07/65
4610	1942	10/64	4635	1942	07/66	4660	1943	07/64	4685	1944	05/62
4611	1942	06/65	4636	1942	09/65	4661	1943	12/63	4686	1944	08/59
4612	1942	08/65	4637	1942	05/64	4662	1943	09/65	4687	1944	11/64
4613	1942	12/64	4638	1942	06/65	4663	1943	06/65	4688	1944	12/63
4614	1942	07/64	4639	1942	06/65	4664	1943	07/65	4689	1944	12/65
4615	1942	10/64	4640	1942	12/63	4665	1943	06/65	4690	1945	10/63
4616	1942	10/64	4641	1942	05/62	4666	1943	06/65	4691	1945	09/64
4617	1942	10/63	4642	1943	01/64	4667	1943	04/64	4692	1945	09/64
4618	1942	10/63	4643	1943	04/65	4668	1944	07/65	4693	1945	04/64
4619	1942	09/64	4644	1943	10/63	4669	1944	06/65	4694	1945	06/65
4620	1942	07/65	4645	1943	11/65	4670	1944	10/64	4695	1945	06/64
4621	1942	07/65	4646	1943	11/66	4671	1944	11/65	4696	1945	11/66
4622	1942	05/64	4647	1943	10/62	4672	1944	07/63	4697	1945	07/65
4623	1942	06/65	4648	1943	09/64	4673	1944	06/65	4698	1945	11/65
4624	1942	09/64	4649	1943	09/64	4674	1944	11/64	4699	1945	06/64

Continued with Number 5700

47xx   Churchward   2-8-0

Introduced by Churchward in 1919 as a mixed traffic class. Although a successful design, only nine were ever built. 4700 originally had a smaller boiler than the rest of the class.

Loco Weight : 82t 0c   **Driving Wheels :** 5' 8"   **Cylinders :** (O) 19" x 30"   **Valve Gear :** Stephenson (piston valves)

Number	built	w/dwn	Number	built	w/dwn	Number	built	w/dwn	Number	built	w/dwn
4700	1919	*10/62*	4703	1922	*05/64*	4705	1922	*12/63*	4707	1923	*05/64*
4701	1922	*09/63*	4704	1922	*05/64*	4706	1923	*02/64*	4708	1923	*10/62*
4702	1922	*06/62*									**TOTAL 9**

49xx   'Hall'   4-6-0

4900 was a 1924 rebuild by Collett of 2925 Saint Martin, with 6' 0" wheels and a side window cab. This loco weighed 72t 10c. 4901 onwards (introduced 1928}, were based on this prototype rebuild, but had modified footplating and higher pitched boilers.
As a result of the 1946 coal crisis, several 'Halls' were fitted for oil burning and renumbered into the '39xx' series. All were quickly reconverted to coal burning and renumbered back to their original numbers :

3900	03/49	4968	3903	04/50	4907	3951	11/48	5976	3954	02/50	5986
3901	04/49	4971	3904	10/48	4972	3952	03/50	6957	3955	04/49	6949
3902	09/48	4948	3950	10/48	5955	3953	09/48	6953			

Loco Weight : 75t 0c   **Driving Wheels:** 6' 0"   **Cylinders :** (o) 18½" x 30"   **Valve Gear :** Stephenson (piston valves)

Number & Name	built	w/dwn	Number & Name	built	w/dwn
4900 Saint Martin	1907	*04/59*	4940 Ludford Hall	1929	*11/59*
4901 Adderley Hall	1928	*09/60*	4941 Llangedwyn Hall	1929	*10/62*
4902 Aldenham Hall	1928	*09/63*	4942 Maindy Hall	1929	*12/63*
4903 Astley Hall	1928	*10/64*	4943 Marrington Hall	1929	*12/63*
4904 Binnegar Hall	1928	*12/63*	4944 Middleton Hall	1929	*09/62*
4905 Barton Hall	1928	*11/63*	4945 Milligan Hall	1929	*11/61*
4906 Bradfield Hall	1929	*09/62*	4946 Moseley Hall	1929	*06/63*
4907 Broughton Hall	1929	*08/63*	4947 Nanhoran Hall	1929	*09/62*
4908 Broome Hall	1929	*10/63*	4948 Northwick Hall	1929	*09/62*
4909 Blakesley Hall	1929	*09/62*	4949 Packwood Hall	1929	*09/64*
4910 Blaisdon Hall	1929	*12/63*	4950 Patshull Hall	1929	*05/64*
4912 Berrington Hall	1929	*08/62*	4951 Pendeford Hall	1929	*06/64*
4913 Baglan Hall	1929	*09/62*	4952 Peplow Hall	1929	*09/62*
4914 Cranmore Hall	1929	*12/63*	4953 Pitchford Hall	1929	*04/63*
4915 Condover Hall	1929	*02/63*	4954 Plaish Hall	1929	*11/64*
4916 Crumlin Hall	1929	*08/64*	4955 Plaspower Hall	1929	*10/63*
4917 Crosswood Hall	1929	*09/62*	4956 Plowdon Hall	1929	*07/63*
4918 Dartington Hall	1929	*06/63*	4957 Postlip Hall	1929	*03/62*
4919 Donnington Hall	1929	*10/64*	4958 Priory Hall	1929	*09/64*
4920 Dumbleton Hall	1929	*12/65*	4959 Purley Hall	1929	*12/64*
4921 Eaton Hall	1929	*09/62*	4960 Pyle Hall	1929	*09/62*
4922 Enville Hall	1929	*07/63*	4961 Pyrland Hall	1929	*12/62*
4923 Evenley Hall	1929	*05/64*	4962 Ragley Hall	1929	*10/65*
4924 Eydon Hall	1929	*10/63*	4963 Rignall Hall	1929	*06/62*
4925 Eynsham Hall	1929	*08/62*	4964 Rodwell Hall	1929	*10/63*
4926 Fairleigh Hall	1929	*09/61*	4965 Rood Ashton Hall	1929	*03/62*
4927 Farnborough Hall	1929	*09/63*	4966 Shakenhurst Hall	1929	*11/63*
4928 Gatacre Hall	1929	*12/63*	4967 Shirenewton Hall	1929	*09/62*
4929 Goytrey Hall	1929	*03/65*	4968 Shotton Hall	1929	*07/62*
4930 Hagley Hall	1929	*12/63*	4969 Shrugborough Hall	1929	*09/62*
4931 Hanbury Hall	1929	*07/62*	4970 Sketty Hall	1929	*07/63*
4932 Hatherton Hall	1929	*11/64*	4971 Stanway Hall	1930	*08/62*
4933 Himley Hall	1929	*08/64*	4972 Saint Brides Hall	1930	*02/64*
4934 Hindlip Hall	1929	*09/62*	4973 Sweeney Hall	1930	*07/62*
4935 Ketley Hall	1929	*03/63*	4974 Talgarth Hall	1930	*04/62*
4936 Kinlet Hall	1929	*01/64*	4975 Umberslade Hall	1930	*06/63*
4937 Lanelay Hall	1929	*09/62*	4976 Warfield Hall	1930	*05/64*
4938 Liddington Hall	1929	*12/62*	4977 Watcombe Hall	1930	*05/62*
4939 Littleton Hall	1929	*02/63*	4978 Westwood Hall	1930	*09/64*

Number & Name	built	w/dwn	Number & Name	built	w/dwn
4979 Wooton Hall	1930	12/63	4990 Clifton Hall	1931	04/62
4980 Wrottesley Hall	1930	07/63	4991 Cobham Hall	1931	12/63
4981 Abberley Hall	1930	10/63	4992 Crosby Hall	1931	04/65
4982 Acton Hall	1931	05/62	4993 Dalton Hall	1931	02/65
4983 Albert Hall	1931	12/63	4994 Downton Hall	1931	03/63
4984 Albrighton Hall	1931	09/62	4995 Easton Hall	1931	06/62
4985 Allesley Hall	1931	09/64	4996 Eden Hall	1931	09/63
4986 Aston Hall	1931	05/62	4997 Elton Hall	1931	10/61
4987 Brockley Hall	1931	04/62	4998 Eyton Hall	1931	10/63
4988 Bulwell Hall	1931	02/64	4999 Gopsal Hall	1931	09/62
4989 Cherwell Hall	1931	11/64			

Continued with Number 5900

4073

4-6-0

Continued from Number 4099

Number & Name	built	w/dwn	Number & Name	built	w/dwn
5000 Launceston Castle	1926	10/64	5043 Earl of Mount Edgcumbe	1936	12/63
5001 Llandovery Castle	1926	02/63	5044 Earl of Dunraven	1936	04/62
5002 Ludlow Castle	1926	09/64	5045 Earl of Dudley	1936	09/62
5003 Lulworth Castle	1927	08/62	5046 Earl Cawdor	1936	09/62
5004 Llanstephan Castle	1927	04/62	5047 Earl of Dartmouth	1936	09/62
5005 Manorbier Castle	1927	02/60	5048 Earl of Devon	1936	08/62
5006 Tregenna Castle	1927	04/62	5049 Earl of Plymouth	1936	03/63
5007 Rougemont Castle	1927	09/62	5050 Earl of St. Germans	1936	08/63
5008 Raglan Castle	1927	09/62	5051 Earl Bathurst	1936	05/63
5009 Shrewsbury Castle	1927	10/60	5052 Earl of Radnor	1936	09/62
5010 Restormel Castle	1927	10/59	5053 Earl Cairns	1936	07/62
5011 Tintagel Castle	1927	09/62	5054 Earl of Ducie	1936	10/64
5012 Berry Pomeroy Castle	1927	04/62	5055 Earl of Eldon	1936	09/64
5013 Abergavenny Castle	1932	07/62	5056 Earl of Powis	1936	11/64
5014 Goodrich Castle	1932	02/65	5057 Earl Waldegrave	1936	03/64
5015 Kingswear Castle	1932	04/63	5058 Earl of Clancarty	1937	03/63
5016 Montgomery Castle	1932	09/62	5059 Earl of St. Aldwyn	1937	06/62
5017 St Donats Castle / The Gloucester Regiment 28th 61st	1932	09/62	5060 Earl of Berkeley	1937	04/63
5018 St. Mawes Castle	1932	03/64	5061 Earl of Birkenhead	1937	09/62
5019 Treago Castle	1932	09/62	5062 Earl of Shaftesbury	1937	08/62
5020 Trematon Castle	1932	11/62	5063 Earl Baldwin	1937	02/65
5021 Whittington Castle	1932	09/62	5064 Bishop's Castle	1937	09/62
5022 Wigmore Castle	1932	06/63	5065 Newport Castle	1937	01/63
5023 Brecon Castle	1934	02/63	5066 Wardour Castle / Sir Felix Pole	1937	09/62
5024 Carew Castle	1934	05/62	5067 St. Fagans Castle	1937	07/62
5025 Chirk Castle	1934	11/63	5068 Beverston Castle	1938	09/62
5026 Criccieth Castle	1934	11/64	5069 Isambard Kingdom Brunel	1938	02/62
5027 Farleigh Castle	1934	11/62	5070 Sir Daniel Gooch	1938	03/64
5028 Llantilio Castle	1934	05/60	5071 Spitfire	1938	10/63
5029 Nunney Castle	1934	12/63	5072 Hurricane	1938	10/62
5030 Shirburn Castle	1934	09/62	5073 Blenheim	1938	02/64
5031 Totnes Castle	1934	10/63	5074 Hampden	1938	05/64
5032 Usk Castle	1934	09/62	5075 Wellington	1938	09/62
5033 Broughton Castle	1935	09/62	5076 Gladiator	1938	09/64
5034 Corfe Castle	1935	09/62	5077 Fairey Battle	1938	07/62
5035 Coity Castle	1935	05/62	5078 Beaufort	1939	11/62
5036 Lyonshall Castle	1935	09/62	5079 Lysander	1939	05/60
5037 Monmouth Castle	1935	03/64	5080 Defiant	1939	04/63
5038 Morlais Castle	1935	09/63	5081 Lockheed Hudson	1939	10/63
5039 Rhuddlan Castle	1935	06/64	5082 Swordfish	1939	07/62
5040 Stokesay Castle	1935	10/63	5083 Bath Abbey	1922	01/59
5041 Tiverton Castle	1935	12/63	5084 Reading Abbey	1922	07/62
5042 Winchester Castle	1935	06/65	5085 Evesham Abbey	1922	02/64
			5086 Viscount Horne	1922	11/58

Number & Name	built	w/dwn	Number & Name	built	w/dwn
5087 Tintern Abbey	1923	08/63	5094 Tretower Castle	1939	09/62
5088 Llanthony Abbey	1923	09/62	5095 Barbury Castle	1939	08/62
5089 Westminster Abbey	1923	11/64	5096 Bridgwater Castle	1939	06/64
5090 Neath Abbey	1923	05/62	5097 Sarum Castle	1939	03/63
5091 Cleeve Abbey	1923	10/64	5098 Clifford Castle	1946	06/64
5092 Tresco Abbey	1923	07/63	5099 Compton Castle	1946	02/63
5093 Upton Castle	1939	09/63			

Continued with Number 7000

51xx

2-6-2T

Continued from Number 4179

Number	built	w/dwn	Number	built	w/dwn	Number	built	w/dwn	Number	built	w/dwn
5101	1929	06/63	5131	1906	10/48	5156	1930	09/58	5178	1931	03/60
5102	1929	03/60	5132	1906	08/51	5157	1930	07/58	5179	1931	07/60
5103	1929	12/60	5134	1906	04/51	5158	1930	04/61	5180	1931	07/62
5104	1929	11/60	5135	1906	08/49	5159	1930	04/56	5181	1931	08/62
5105	1929	10/58	5136	1906	10/51	5160	1930	11/58	5182	1931	05/62
5106	1929	03/60	5137	1906	10/51	5161	1930	04/57	5183	1931	05/62
5107	1929	06/57	5138	1906	11/52	5162	1930	07/58	5184	1931	10/64
5108	1929	07/58	5139	1906	11/52	5163	1930	11/59	5185	1931	03/60
5109	1929	06/57	5140	1906	06/53	5164	1930	04/63	5186	1931	08/59
5110	1929	12/60	5141	1906	10/52	5165	1930	02/58	5187	1931	05/62
5111	1905	10/48	5142	1906	05/52	5166	1930	05/61	5188	1931	07/62
5112	1905	10/55	5143	1906	12/51	5167	1930	01/62	5189	1931	08/59
5113	1905	10/55	5144	1906	01/52	5168	1930	08/58	5190	1934	09/62
5114	1905	09/50	5146	1906	05/48	5169	1930	09/60	5191	1934	07/64
5117	1905	05/49	5147	1906	01/53	5170	1930	12/59	5192	1934	06/63
5119	1905	06/48	5148	1906	12/59	5171	1930	07/58	5193	1934	06/62
5121	1905	10/48	5150	1930	08/60	5172	1930	10/58	5194	1934	04/61
5122	1905	09/50	5151	1930	08/62	5173	1930	08/62	5195	1934	06/61
5125	1905	07/52	5152	1930	11/63	5174	1930	11/61	5196	1934	12/59
5127	1905	05/48	5153	1930	11/64	5175	1931	04/61	5197	1934	07/60
5128	1905	11/48	5154	1930	08/63	5176	1931	01/61	5198	1934	06/61
5129	1905	07/51	5155	1930	01/60	5177	1931	05/61	5199	1934	03/63
5130	1905	08/48									

TOTAL 169

42xx

2-8-0T

Continued from Number 4299

Number	built	w/dwn	Number	built	w/dwn	Number	built	w/dwn	Number	built	w/dwn
5200	1922	04/65	5217	1924	05/63	5233	1924	08/63	5249	1925	10/63
5201	1922	06/63	5218	1924	09/64	5234	1924	06/63	5250	1925	12/63
5202	1922	06/65	5219	1924	12/62	5235	1924	09/65	5251	1925	01/64
5203	1923	12/63	5220	1924	12/63	5236	1924	10/63	5252	1925	05/65
5204	1923	12/62	5221	1924	10/63	5237	1924	09/64	5253	1925	04/63
5205	1923	12/63	5222	1924	05/64	5238	1924	01/64	5254	1925	07/64
5206	1923	05/65	5223	1924	03/65	5239	1924	04/63	5255	1940	05/63
5207	1923	01/61	5224	1924	04/63	5240	1924	02/64	5256	1940	03/65
5208	1923	06/65	5225	1924	08/63	5241	1924	06/65	5257	1940	10/64
5209	1923	07/65	5226	1924	03/65	5242	1924	12/64	5258	1940	12/62
5210	1923	09/64	5227	1924	02/63	5243	1924	11/64	5259	1940	03/64
5211	1923	05/64	5228	1924	04/64	5244	1924	05/64	5260	1940	03/63
5212	1923	05/62	5229	1924	05/63	5245	1925	10/64	5261	1940	03/65
5213	1923	10/64	5230	1924	07/64	5246	1925	12/63	5262	1940	08/63
5214	1923	09/64	5231	1924	04/64	5247	1925	02/63	5263	1940	12/63
5215	1924	07/64	5232	1924	01/63	5248	1925	10/63	5264	1940	09/64
5216	1924	10/63									

TOTAL 151

54xx Class 0-6-0PT No. 5422 at Oswestry shows off the 5' 2" driving wheels fitted to these locos, giving them a good turn of acceleration and speed compared to other pannier tanks, most of which were fitted with 4' 7½" wheels. They were rated B.R. Power Class 2P, and were almost exclusively used for branch passenger and push - pull duties.

Photo courtesy Steve Davies

56xx Class 0-6-2T No. 5677 at Shrewsbury shortly before being taken out of service. She survived until the very end of Steam on the Western Region, being taken out of service during November 1965. The 'Hall' Class 4-6-0 in the background has lost at least one cast cabside number plate. Incidentally, B.R. were selling brass cabside number plates for £5 each in the early 1960s, or cast iron ones for £1 each!

Photo courtesy Steve Davies

43xx

Continued from Number 4386

Number	built	w/dwn	Number	built	w/dwn	Number	built	w/dwn	Number	built	w/dwn
5300	1916	01/53	5323	1917	06/58	5345	1918	06/59	5369	1919	11/63
5302	1916	05/48	5324	1917	09/60	5346	1918	05/51	5370	1919	09/60
5303	1916	05/51	5325	1917	08/57	5347	1918	04/58	5371	1919	07/58
5305	1916	06/52	5326	1917	03/62	5348	1918	01/52	5372	1919	07/58
5306	1917	06/64	5327	1917	07/56	5349	1918	05/48	5373	1919	06/50
5307	1917	11/56	5328	1917	07/58	5350	1918	12/59	5374	1919	06/48
5309	1917	01/53	5330	1917	06/64	5351	1918	06/61	5375	1919	10/59
5310	1917	07/58	5331	1917	11/60	5353	1918	05/60	5376	1919	06/62
5311	1917	10/60	5332	1917	10/61	5355	1918	04/59	5377	1919	09/58
5312	1917	10/58	5333	1917	05/60	5356	1918	10/59	5378	1919	09/59
5313	1917	05/58	5334	1917	11/57	5357	1918	09/62	5379	1919	05/58
5314	1917	07/57	5335	1917	10/58	5358	1918	07/62	5380	1920	09/63
5315	1917	02/59	5336	1917	09/64	5359	1918	10/51	5381	1920	09/59
5316	1917	06/56	5337	1917	10/60	5360	1919	09/58	5382	1920	04/59
5317	1917	11/56	5338	1918	08/58	5361	1919	01/60	5384	1920	10/60
5318	1917	09/61	5339	1918	11/60	5362	1919	07/58	5385	1920	07/62
5319	1917	11/59	5340	1918	09/48	5364	1919	07/51	5386	1920	10/58
5320	1917	09/48	5341	1918	07/59	5365	1919	03/51	5388	1920	03/59
5321	1917	08/59	5343	1918	07/48	5367	1919	09/58	5390	1920	08/58
5322	1917	04/64	5344	1918	09/58	5368	1919	09/58	5391	1920	03/57

Number	built	w/dwn	Number	built	w/dwn	Notes
5392	1920		5393	1920	10/59	Renumbered from 8393, 09/48

Number	built	w/dwn	Number	built	w/dwn	Number	built	w/dwn	Number	built	w/dwn
5394	1920	01/59	5396	1920	05/60	5398	1920	02/59	5399	1920	09/62
5395	1920	10/55	5397	1920	07/58						

Continued with Number 6300

54xx — Collett — 0-6-0PT

Introduced 1931 by Collett , this class was fitted with push - pull equipment for branch passenger work.

Loco Weight: 46t 12c   Driving Wheels: 5' 2"   Cylinders: (I) 16½" x 24"   Valve Gear: Stephenson (Slide Valves)

Number	built	w/dwn	Number	built	w/dwn	Number	built	w/dwn	Number	built	w/dwn
5400	1932	04/59	5407	1932	06/60	5413	1932	10/57	5419	1932	02/58
5401	1931	02/57	5408	1932	12/56	5414	1932	10/59	5420	1935	10/63
5402	1931	09/58	5409	1932	06/59	5415	1932	07/57	5421	1935	09/62
5403	1931	08/57	5410	1932	10/63	5416	1932	08/63	5422	1935	06/60
5404	1931	12/57	5411	1932	06/58	5417	1932	01/61	5423	1935	06/59
5405	1931	10/57	5412	1932	04/62	5418	1932	06/60	5424	1935	04/59
5406	1931	09/57									

TOTAL 25

4575 — 2-6-2T

Continued from Number 4599

Number	built	w/dwn	Number	built	w/dwn	Number	built	w/dwn	Number	built	w/dwn
5500	1927	10/59	5512	1927	02/57	5524	1927	06/60	5536	1928	12/60
5501	1927	07/58	5513	1927	06/57	5525	1928	09/62	5537	1928	08/62
5502	1927	07/58	5514	1927	11/60	5526	1928	06/62	5538	1928	10/61
5503	1927	05/61	5515	1927	11/61	5527	1928	06/60	5539	1928	04/62
5504	1927	10/60	5516	1927	08/61	5528	1928	11/59	5540	1928	08/60
5505	1927	05/57	5517	1927	12/58	5529	1928	08/60	5541	1928	07/62
5506	1927	05/58	5518	1927	05/64	5530	1928	01/60	5542	1928	12/61
5507	1927	08/58	5519	1927	06/60	5531	1928	12/64	5543	1928	07/60
5508	1927	12/64	5520	1927	09/62	5532	1928	07/62	5544	1928	09/62
5509	1927	12/61	5521	1927	04/62	5533	1928	12/59	5545	1928	11/64
5510	1927	10/60	5522	1927	03/59	5534	1928	09/60	5546	1928	09/60
5511	1927	21/61	5523	1927	06/60	5535	1928	06/57	5547	1928	02/62

Number	built	w/dwn	Number	built	w/dwn	Number	built	w/dwn	Number	built	w/dwn
5548	1928	05/63	5555	1928	07/63	5562	1928	09/62	5569	1929	12/64
5549	1928	01/62	5556	1928	12/59	5563	1928	09/64	5570	1929	09/60
5550	1928	09/62	5557	1928	10/60	5564	1928	12/64	5571	1929	01/59
5551	1928	01/60	5558	1928	10/60	5565	1929	09/60	5572	1929	04/62
5552	1928	10/60	5559	1928	01/60	5566	1929	01/59	5573	1929	01/64
5553	1928	11/61	5560	1928	04/62	5567	1929	01/60	5574	1929	12/58
5554	1928	08/63	5561	1928	07/60	5568	1929	01/63			

TOTAL 100

56xx   Collett   0-6-2T

Introduced in 1924 by Collett for service in the Welsh Valleys. Developed from Rhymney Railway designs
Loco Weight : 68t 12c - 69t 6c   **Driving Wheels :** 4' 7½"   **Cylinders :** (I) 18" x 26"   **Valve Gear :** Stephenson (piston valves)

Number	built	w/dwn	Number	built	w/dwn	Number	built	w/dwn	Number	built	w/dwn
5600	1924	07/62	5625	1925	10/63	5650	1926	06/63	5675	1926	12/64
5601	1924	01/65	5626	1925	12/63	5651	1926	12/64	5676	1926	11/65
5602	1924	09/64	5627	1925	04/63	5652	1926	09/62	5677	1926	11/65
5603	1924	09/64	5628	1925	02/63	5653	1926	01/63	5678	1926	01/64
5604	1925	12/62	5629	1925	05/64	5654	1926	12/63	5679	1926	07/63
5605	1925	05/66	5630	1925	12/62	5655	1926	06/65	5680	1926	12/63
5606	1925	11/65	5631	1925	09/62	5656	1926	02/64	5681	1926	05/65
5607	1925	12/63	5632	1925	09/64	5657	1926	07/62	5682	1926	05/62
5608	1925	08/63	5633	1925	05/65	5658	1926	11/65	5683	1926	03/64
5609	1925	10/64	5634	1925	07/64	5659	1926	11/65	5684	1926	07/65
5610	1925	12/63	5635	1925	07/64	5660	1926	10/64	5685	1927	02/64
5611	1925	01/63	5636	1925	05/62	5661	1926	07/62	5686	1927	03/65
5612	1925	04/63	5637	1925	06/64	5662	1926	11/64	5687	1927	12/63
5613	1925	05/65	5638	1925	02/64	5663	1926	08/62	5688	1927	06/65
5614	1925	08/63	5639	1925	05/62	5664	1926	08/62	5689	1927	05/65
5615	1925	07/63	5640	1925	07/63	5665	1926	06/65	5690	1927	08/63
5616	1925	09/63	5641	1925	09/64	5666	1926	07/63	5691	1927	06/65
5617	1925	09/62	5642	1925	09/62	5667	1926	07/65	5692	1927	07/65
5618	1925	03/65	5643	1925	07/63	5668	1926	09/64	5693	1927	01/63
5619	1925	06/64	5644	1925	06/63	5669	1926	09/64	5694	1927	11/64
5620	1925	07/63	5645	1925	04/63	5670	1926	10/64	5695	1927	12/62
5621	1925	06/65	5646	1925	09/62	5671	1926	01/64	5696	1927	05/65
5622	1925	06/63	5647	1925	03/64	5672	1926	09/63	5697	1927	04/63
5623	1925	02/64	5648	1925	09/64	5673	1926	03/65	5698	1927	09/62
5624	1925	06/64	5649	1925	03/63	5674	1926	04/64	5699	1927	11/64

Continued with Number 6600

57xx   0-6-0PT

Continued from Number 4699

Number	built	w/dwn	Number	built	w/dwn	Number	built	w/dwn	Number	built	w/dwn
5700	1929	03/56	5716	1929	03/58	5732	1929	01/58	5748	1929	09/60
5701	1929	01/58	5717	1929	05/60	5733	1929	08/58	5749	1929	07/63
5702	1929	05/60	5718	1929	07/58	5734	1929	05/59	5750	1929	05/60
5703	1929	02/59	5719	1929	11/58	5735	1929	11/57	5751	1929	04/58
5704	1929	05/60	5720	1929	01/62	5736	1929	01/58	5752	1929	03/57
5705	1929	08/59	5721	1929	08/59	5737	1929	10/59	5753	1929	09/59
5706	1929	09/61	5722	1929	09/58	5738	1929	09/59	5754	1929	06/60
5707	1929	03/59	5723	1929	11/57	5739	1929	08/58	5755	1929	07/60
5708	1929	04/59	5724	1929	08/57	5740	1929	06/59	5756	1929	09/61
5709	1929	03/60	5725	1929	08/58	5741	1929	06/57	5757	1929	12/60
5710	1929	08/57	5726	1929	10/59	5742	1929	09/58	5758	1929	05/62
5711	1929	01/58	5727	1929	05/60	5743	1929	01/59	5759	1929	09/60
5712	1929	10/57	5728	1929	05/62	5744	1929	04/62	5760	1929	10/57
5713	1929	01/60	5729	1929	10/57	5745	1929	11/59	5761	1929	05/62
5714	1929	01/58	5730	1929	03/58	5746	1929	09/62	5762	1929	03/56
5715	1929	08/58	5731	1929	05/60	5747	1929	09/59	5763	1929	05/60

Number	built	w/dwn	Number	built	w/dwn	Number	built	w/dwn	Number	built	w/dwn
5764	1929	05/60	5773	1929	09/62	5782	1929	11/58	5791	1930	04/61
5765	1929	03/59	5774	1929	10/62	5783	1929	03/62	5792	1930	10/56
5766	1929	05/62	5775	1929	08/63	5784	1929	06/59	5793	1930	04/62
5767	1929	09/58	5776	1929	05/60	5785	1930	12/58	5794	1930	12/59
5768	1929	03/61	5777	1929	06/58	5786	1930	04/58	5795	1930	04/60
5769	1929	05/60	5778	1929	07/62	5787	1930	10/63	5796	1930	03/59
5770	1929	12/61	5779	1929	05/62	5788	1930	10/59	5797	1930	09/58
5771	1929	03/61	5780	1929	10/61	5789	1930	05/62	5798	1930	09/62
5772	1929	06/58	5781	1929	09/58	5790	1930	03/59	5799	1930	07/59

Continued with Number 6700

58xx   Collett   0-4-2T

Introduced in 1932 by Collett. Non motor fitted version of '14xx' Class.

Loco Weight : 41t 6c   **Driving Wheels :** 5' 2"   **Cylinders :** (I) 16" x 24"   **Valve Gear :** Stephenson (Slide Valves)

Number	built	w/dwn	Number	built	w/dwn	Number	built	w/dwn	Number	built	w/dwn
5800	1933	07/58	5805	1933	03/58	5810	1933	01/59	5815	1933	04/61
5801	1933	09/58	5806	1933	06/57	5811	1933	05/57	5816	1933	07/57
5802	1933	12/58	5807	1933	06/57	5812	1933	06/57	5817	1933	06/57
5803	1933	07/57	5808	1933	02/57	5813	1933	11/57	5818	1933	09/59
5804	1933	06/59	5809	1933	08/59	5814	1933	06/57	5819	1933	06/57

TOTAL 20

49xx   'Hall'   4-6-0

Continued from Number 4999

Number & Name	built	w/dwn	Number & Name	built	w/dwn
5900 Hinderton Hall	1931	12/63	5933 Kingsway Hall	1933	08/65
5901 Hazel Hall	1931	06/64	5934 Knellor Hall	1933	05/64
5902 Howick Hall	1931	12/62	5935 Norton Hall	1933	05/62
5903 Keele Hall	1931	09/63	5936 Oakley Hall	1933	01/65
5904 Kelham Hall	1931	11/63	5937 Stanford Hall	1933	11/63
5905 Knowsley Hall	1931	07/63	5938 Stanley Hall	1933	05/63
5906 Lawton Hall	1931	05/62	5939 Tangley Hall	1933	10/64
5907 Marble Hall	1931	11/61	5940 Whitbourne Hall	1933	09/62
5908 Moreton Hall	1931	07/63	5941 Campion Hall	1935	07/62
5909 Newton Hall	1931	07/62	5942 Doldowlod Hall	1935	12/63
5910 Park Hall	1931	09/62	5943 Elmdon Hall	1935	06/63
5911 Preston Hall	1931	09/62	5944 Ickenham Hall	1935	04/63
5912 Queens Hall	1931	12/62	5945 Leckhampton Hall	1935	04/63
5913 Rushton Hall	1931	05/62	5946 Marwell Hall	1935	07/62
5914 Ripon Hall	1931	01/64	5947 Saint Benet's Hall	1935	07/62
5915 Trentham Hall	1931	01/60	5948 Siddington Hall	1935	08/63
5916 Trinity Hall	1931	07/62	5949 Trematon Hall	1935	05/61
5917 Westminster Hall	1931	09/62	5950 Wardley Hall	1935	11/64
5918 Walton Hall	1931	09/62	5951 Cliffe Hall	1935	04/64
5919 Worsley Hall	1931	08/63	5952 Cogan Hall	1935	06/64
5920 Wycliffe Hall	1931	01/62	5953 Dunley Hall	1935	10/62
5921 Bingley Hall	1933	01/62	5954 Faendre Hall	1935	10/63
5922 Caxton Hall	1933	01/64	5955 Garth Hall	1935	04/65
5923 Colston Hall	1933	12/63	5956 Horsley Hall	1935	03/63
5924 Dinton Hall	1933	12/63	5957 Hutton Hall	1935	07/64
5925 Eastcote Hall	1933	10/62	5958 Knolton Hall	1936	03/64
5926 Grotrian Hall	1933	09/62	5959 Mawley Hall	1936	09/62
5927 Guild Hall	1933	10/64	5960 Saint Edmund Hall	1936	09/62
5928 Haddon Hall	1933	05/62	5961 Toynbee Hall	1936	08/65
5929 Hanham Hall	1933	10/63	5962 Wantage Hall	1936	11/62
5930 Hannington Hall	1933	09/62	5963 Wimpole Hall	1936	06/64
5931 Hatherley Hall	1933	09/62	5964 Wolseley Hall	1936	09/62
5932 Haydon Hall	1933	10/65	5965 Woollas Hall	1936	07/62

Number & Name	built	w/dwn		Number & Name	built	w/dwn
5966 Ashford Hall	1936	09/62		5983 Henley Hall	1938	04/65
5967 Bickmarsh Hall	1936	06/64		5984 Linden Hall	1938	01/65
5968 Cory Hall	1936	09/62		5985 Mostyn Hall	1938	09/63
5969 Honington Hall	1936	08/62		5986 Arbury Hall	1939	09/63
5970 Hengrave Hall	1936	11/63		5987 Brocket Hall	1939	01/64
5971 Merevale Hall	1936	12/65		5988 Bostock Hall	1939	10/65
5972 Olton Hall	1937	12/63		5989 Cransley Hall	1939	07/62
5973 Rolleston Hall	1937	09/62		5990 Dorford Hall	1939	01/65
5974 Wallsworth Hall	1937	12/64		5991 Gresham Hall	1939	07/64
5975 Winslow Hall	1937	07/64		5992 Horton Hall	1939	08/65
5976 Ashwick Hall	1937	07/64		5993 Kirby Hall	1939	05/63
5977 Beckford Hall	1937	08/63		5994 Roydon Hall	1939	03/63
5978 Bodinnick Hall	1937	10/63		5995 Wick Hall	1940	04/63
5979 Cruckton Hall	1937	11/64		5996 Mytton Hall	1940	08/62
5980 Dingley Hall	1938	09/62		5997 Sparkford Hall	1940	07/62
5981 Frensham Hall	1938	09/62		5998 Trevor Hall	1940	03/64
5982 Harrington Hall	1938	09/62		5999 Wollaton Hall	1940	09/62

Continued with Number 6900

60xx 'King' 7P (later 8P) 4-6-0

When built, these were the most powerful locomotives in the U.K..

The largest of the G.W.R. four cylinder 4-6-0s, the 'King' Class were introduced by Collett in 1927, but because of their weight were restricted to the London to Plymouth & London to Wolverhampton main lines. They carried a special 'Double Red Circle' route restriction on their cab sides. They were the only class of ex G.W.R. locomotive to be painted in B.R. express passenger blue; a colour that actually suited them quite well!

6029 'King Stephen' was renamed 'King Edward VIII' in May 1936, and 6028 'King Henry II' was renamed 'King George VI', during January 1937, after the former king abdicated and his younger brother came to the throne late in 1936.

Very powerful and successful locomotives, they were fitted with four row superheaters from 1947 onwards, and double chimneys (DC) from 1955. When the diesel hydraulics came on stream in large numbers they were ousted from their express passenger duties on the Western Region, and since they weren't suitable for any other duties, they were withdrawn prematurely, with years of service still in them.

Loco Weight : 89t 0c Driving Wheels : 6' 6" Cylinders : (4) 16¼" x 28" Valve Gear : Walschaerts (piston valves)

Number & Name	built	w/dwn	notes		Number & Name	built	w/dwn	notes
6000 King George V	1927	12/62	DC 12/56		6015 King Richard III	1928	09/62	DC 09/55
6001 King Edward VII	1927	09/62	DC 02/56		6016 King Edward V	1928	09/62	DC 01/58
6002 King William IV	1927	09/62	DC 03/56		6017 King Edward IV	1928	07/62	DC 12/55
6003 King George IV	1927	06/62	DC 04/57		6018 King Henry VI	1928	12/62	DC 03/58
6004 King George III	1927	06/62	DC 11/56		6019 King Henry V	1928	09/62	DC 04/57
6005 King George II	1927	11/62	DC 07/56		6020 King Henry IV	1930	07/62	DC 08/56
6006 King George I	1928	02/62	DC 06/56		6021 King Richard II	1930	09/62	DC 03/57
6007 King William III	1928	09/62	DC 09/56		6022 King Edward III	1930	09/62	DC 05/56
6008 King James II	1928	06/62	DC 07/57		6023 King Edward II	1930	06/62	DC 06/57
6009 King Charles II	1928	09/62	DC 05/56		6024 King Edward I	1930	06/62	DC 03/57
6010 King Charles I	1928	06/62	DC 03/56		6025 King Henry III	1930	12/62	DC 03/57
6011 King James I	1928	12/62	DC 03/56		6026 King John	1930	09/62	DC 03/58
6012 King Edward VI	1928	09/62	DC 02/58		6027 King Richard I	1930	09/62	DC 08/56
6013 King Henry VIII	1928	06/62	DC 06/56		6028 King George VI	1930	11/62	DC 01/57
6014 King Henry VII	1928	09/62	DC 09/57		6029 King Edward VIII	1930	07/62	DC 12/57

TOTAL 30

61xx Collett 2-6-2T

Introduced 1931 by Collett for London suburban services.

Loco Weight : 78t 9c Driving Wheels : 5' 8" Cylinders : (O) 18" x 30" Valve Gear : Stephenson (Piston Valves)

Number	built	w/dwn		Number	built	w/dwn		Number	built	w/dwn		Number	built	w/dwn
6100	1931	09/58		6102	1931	08/59		6104	1931	06/60		6106	1931	12/65
6101	1931	03/62		6103	1931	12/64		6105	1931	03/60		6107	1931	11/64

Number	built	w/dwn	Number	built	w/dwn	Number	built	w/dwn	Number	built	w/dwn
6108	1931	08/65	6124	1931	06/64	6140	1932	07/64	6155	1933	10/65
6109	1931	08/62	6125	1931	01/65	6141	1932	12/65	6156	1933	12/65
6110	1931	06/65	6126	1931	12/65	6142	1932	09/64	6157	1933	05/62
6111	1931	12/65	6127	1931	03/62	6143	1932	11/65	6158	1933	06/64
6112	1931	09/65	6128	1931	03/65	6144	1932	09/64	6159	1933	06/65
6113	1931	11/65	6129	1931	09/65	6145	1932	12/65	6160	1935	12/65
6114	1931	10/64	6130	1932	07/64	6146	1932	09/62	6161	1935	10/65
6115	1931	11/64	6131	1932	09/64	6147	1933	12/65	6162	1935	03/62
6116	1931	06/65	6132	1932	10/65	6148	1933	09/64	6163	1935	10/65
6117	1931	09/65	6133	1932	12/63	6149	1933	06/64	6164	1935	11/63
6118	1931	11/63	6134	1932	12/65	6150	1933	03/65	6165	1935	12/65
6119	1931	03/63	6135	1932	12/65	6151	1933	11/63	6166	1935	01/62
6120	1931	04/62	6136	1932	12/65	6152	1933	01/62	6167	1935	10/65
6121	1931	07/60	6137	1932	11/64	6153	1933	01/62	6168	1935	03/62
6122	1931	09/64	6138	1932	09/63	6154	1933	06/65	6169	1935	11/65
6123	1931	04/62	6139	1932	11/64						

TOTAL 70

43xx

2-6-0

Continued from Number 5399

Number	built	w/dwn	Number	built	w/dwn	Number	built	w/dwn	Number	built	w/dwn
6300	1920	06/60	6326	1921	09/64	6351	1923	11/60	6376	1921	05/62
6301	1920	10/62	6327	1921	09/63	6352	1923	11/60	6377	1921	10/60
6302	1920	03/62	6328	1921	01/59	6353	1923	05/63	6378	1921	06/64
6303	1920	04/59	6329	1921	10/61	6354	1923	02/59	6379	1921	08/63
6304	1920	01/64	6330	1921	09/62	6355	1923	03/59	6380	1921	12/63
6305	1920	09/59	6331	1921	04/59	6356	1923	01/63	6381	1921	11/63
6306	1920	11/61	6332	1921	09/60	6357	1923	07/64	6382	1921	11/60
6307	1921	07/60	6333	1921	10/60	6358	1923	10/59	6383	1921	05/56
6308	1921	08/59	6334	1921	04/59	6359	1923	09/59	6384	1921	06/63
6309	1921	09/64	6335	1921	07/63	6360	1923	11/60	6385	1921	11/63
6310	1921	07/62	6336	1921	04/62	6361	1923	05/64	6386	1921	09/62
6311	1921	01/60	6337	1921	07/64	6362	1925	09/62	6387	1921	06/62
6312	1921	09/62	6338	1921	06/64	6363	1925	09/64	6388	1921	09/62
6313	1921	11/61	6339	1921	07/62	6364	1925	11/64	6389	1921	09/60
6314	1921	07/63	6340	1921	07/62	6365	1925	10/63	6390	1921	05/62
6316	1921	07/62	6341	1921	11/61	6366	1925	09/62	6391	1921	09/62
6317	1921	11/63	6342	1923	09/62	6367	1925	11/64	6392	1921	10/61
6318	1921	01/59	6343	1923	09/60	6368	1925	12/63	6393	1921	01/60
6319	1921	08/63	6344	1923	11/63	6369	1925	01/63	6394	1921	06/64
6320	1921	11/63	6345	1923	09/64	6370	1921	01/63	6395	1921	11/64
6321	1921	03/56	6346	1923	09/64	6371	1921	09/60	6396	1921	03/58
6322	1921	01/59	6347	1923	12/63	6372	1921	12/63	6397	1921	09/59
6323	1921	07/60	6348	1923	02/62	6373	1921	12/63	6398	1921	10/60
6324	1921	04/62	6349	1923	07/64	6374	1921	08/62	6399	1921	11/59
6325	1921	11/59	6350	1923	01/64	6375	1921	09/63			

Continued with Number 7300

64xx

Collett

0-6-0PT

Introduced 1932 by Collett , this class was fitted with push - pull equipment for branch passenger work.

Loco Weight : 45t 12c **Driving Wheels :** 4' 7½" **Cylinders :** (I) 16½" x 24" **Valve Gear :** Stephenson (Slide Valves)

Number	built	w/dwn	Number	built	w/dwn	Number	built	w/dwn	Number	built	w/dwn
6400	1932	04/64	6407	1932	08/58	6414	1934	06/59	6421	1935	01/63
6401	1932	06/60	6408	1932	02/62	6415	1934	11/61	6422	1935	09/62
6402	1932	06/59	6409	1932	03/59	6416	1934	09/63	6423	1935	08/58
6403	1932	12/63	6410	1934	11/62	6417	1934	06/59	6424	1935	09/64
6404	1932	06/59	6411	1934	03/61	6418	1934	11/62	6425	1935	01/61
6405	1932	06/59	6412	1934	11/64	6419	1934	12/64	6426	1935	03/61
6406	1932	06/60	6413	1934	11/61	6420	1935	11/59	6427	1935	08/58

Number	built	w/dwn	Number	built	w/dwn	Number	built	w/dwn	Number	built	w/dwn
6428	1935	03/59	6431	1937	01/63	6434	1937	09/64	6437	1937	07/63
6429	1935	03/62	6432	1937	03/59	6435	1937	10/64	6438	1937	11/62
6430	1937	10/64	6433	1937	01/63	6436	1937	09/62	6439	1937	05/60

TOTAL 20 *(40 handwritten)*

56xx 0-6-2T

Continued from Number 4179

Number	built	w/dwn	Number	built	w/dwn	Number	built	w/dwn	Number	built	w/dwn
6600	1927	08/62	6625	1928	11/65	6650	1928	05/65	6675	1928	06/63
6601	1927	12/62	6626	1928	11/65	6651	1928	10/65	6676	1928	04/63
6602	1927	10/64	6627	1928	11/63	6652	1928	12/63	6677	1928	01/63
6603	1927	03/64	6628	1928	05/65	6653	1928	12/63	6678	1928	11/64
6604	1927	10/65	6629	1928	10/62	6654	1928	06/65	6679	1928	09/65
6605	1927	01/64	6630	1928	09/62	6655	1928	03/65	6680	1928	04/64
6606	1927	01/65	6631	1928	09/63	6656	1928	09/65	6681	1928	10/65
6607	1927	03/63	6632	1928	09/63	6657	1928	06/65	6682	1928	02/64
6608	1927	06/64	6633	1928	06/65	6658	1928	04/65	6683	1928	10/65
6609	1927	09/63	6634	1928	04/64	6659	1928	10/63	6684	1928	11/64
6610	1927	01/63	6635	1928	06/64	6660	1928	06/64	6685	1928	09/64
6611	1927	11/65	6636	1928	06/63	6661	1928	06/65	6686	1928	04/64
6612	1927	05/65	6637	1928	06/64	6662	1928	04/63	6687	1928	05/62
6613	1927	10/65	6638	1928	06/64	6663	1928	06/63	6688	1928	04/64
6614	1927	06/65	6639	1928	10/63	6664	1928	12/63	6689	1928	06/65
6615	1927	05/63	6640	1928	09/62	6665	1928	10/65	6690	1928	06/64
6616	1927	09/62	6641	1928	09/62	6666	1928	07/63	6691	1928	06/65
6617	1927	09/62	6642	1928	01/63	6667	1928	11/65	6692	1928	09/65
6618	1927	11/63	6643	1928	08/65	6668	1928	12/65	6693	1928	01/63
6619	1928	03/63	6644	1928	07/65	6669	1928	12/62	6694	1928	10/63
6620	1928	12/63	6645	1928	08/62	6670	1928	10/63	6695	1928	07/64
6621	1928	12/64	6646	1928	05/64	6671	1928	10/65	6696	1928	12/63
6622	1928	12/64	6647	1928	09/62	6672	1928	07/65	6697	1928	05/66
6623	1928	06/63	6648	1928	05/65	6673	1928	03/63	6698	1928	03/63
6624	1928	06/64	6649	1928	02/65	6674	1928	07/63	6699	1928	12/63

TOTAL 200

57xx 0-6-0PT

Continued from Number 5799   6700 - 6779 were not fitted with vacuum brakes.

Number	built	w/dwn	Number	built	w/dwn	Number	built	w/dwn	Number	built	w/dwn
6700	1930	06/61	6720	1930	07/61	6740	1930	01/58	6760	11/48	12/63
6701	1930	06/59	6721	1930	02/59	6741	1930	12/63	6761	11/48	01/61
6702	1930	07/60	6722	1930	01/58	6742	1930	12/63	6762	11/48	03/63
6703	1930	01/58	6723	1930	02/59	6743	1930	04/59	6763	11/48	12/63
6704	1930	03/58	6724	1930	11/63	6744	1930	07/58	6764	11/48	12/63
6705	1930	01/58	6725	1930	10/59	6745	1930	06/59	6765	12/48	05/64
6706	1930	01/58	6726	1930	07/58	6746	1930	08/58	6766	01/49	08/60
6707	1930	06/59	6727	1930	04/58	6747	1930	07/58	6767	01/49	12/62
6708	1930	12/57	6728	1930	06/60	6748	1930	01/58	6768	01/49	01/64
6709	1930	01/58	6729	1930	06/59	6749	1931	10/62	6769	01/49	12/63
6710	1930	08/57	6730	1930	09/57	6750	1947	01/60	6770	10/50	10/62
6711	1930	06/59	6731	1930	05/58	6751	1947	08/60	6771	10/50	03/58
6712	1930	07/60	6732	1930	07/58	6752	1947	01/61	6772	11/50	12/63
6713	1930	09/57	6733	1930	05/58	6753	1947	01/61	6773	11/50	10/59
6714	1930	12/62	6734	1930	02/59	6754	1947	12/62	6774	11/50	12/59
6715	1930	05/58	6735	1930	06/59	6755	1947	06/62	6775	11/50	08/60
6716	1930	02/59	6736	1930	02/59	6756	1947	07/60	6776	11/50	01/61
6717	1930	02/59	6737	1930	07/57	6757	1947	12/62	6777	12/50	05/64
6718	1930	05/58	6738	1930	10/62	6758	1947	06/62	6778	12/50	05/62
6719	1930	07/60	6739	1930	06/62	6759	1947	04/60	6779	12/50	06/59

    Continued with Number 7700

68xx   'Grange'   5MT 4-6-0

Introduced 1936 by Collett. Variation of 'Hall' with smaller wheels & recycled parts from 43xx 2-6-0s
Loco Weight : 47t 0c   **Driving Wheels :** 5' 8"   **Cylinders :** (O) 18½" x 30"   **Valve Gear :** Stephenson (piston valves)

Number & Name	built	w/dwn	Number & Name	built	w/dwn
6800 Arlington Grange	1936	06/64	6840 Hazeley Grange	1937	02/65
6801 Aylburton Grange	1936	10/60	6841 Marlas Grange	1937	06/65
6802 Bampton Grange	1936	08/61	6842 Nunhold Grange	1937	11/64
6803 Bucklebury Grange	1936	09/65	6843 Poulton Grange	1937	02/64
6804 Brockington Grange	1936	08/64	6844 Penhydd Grange	1937	04/64
6805 Broughton Grange	1936	03/61	6845 Paviland Grange	1937	09/64
6806 Blackwell Grange	1936	10/64	6846 Ruckley Grange	1937	09/64
6807 Birchwood Grange	1936	12/63	6847 Tidmarsh Grange	1937	12/65
6808 Beenham Grange	1936	08/64	6848 Toddington Grange	1937	12/65
6809 Burghclere Grange	1936	07/63	6849 Walton Grange	1937	12/65
6810 Blakemere Grange	1936	10/64	6850 Cleeve Grange	1937	12/64
6811 Cranbourne Grange	1936	07/64	6851 Hurst Grange	1937	08/65
6812 Chesford Grange	1936	02/65	6852 Headbourne Grange	1937	01/64
6813 Eastbury Grange	1936	09/65	6853 Morehampton Grange	1937	10/65
6814 Enborne Grange	1936	12/63	6854 Roundhill Grange	1937	09/65
6815 Frilford Grange	1936	11/65	6855 Saighton Grange	1937	10/65
6816 Frankton Grange	1936	07/65	6856 Stowe Grange	1937	11/65
6817 Gwenddwr Grange	1936	04/65	6857 Tudor Grange	1937	10/65
6818 Hardwick Grange	1936	04/64	6858 Woolston Grange	1937	10/65
6819 Highnam Grange	1936	11/65	6859 Yiewsley Grange	1937	11/65
6820 Kingstone Grange	1937	07/65	6860 Aberporth Grange	1939	02/65
6821 Leaton Grange	1937	11/64	6861 Crynant Grange	1939	10/65
6822 Manton Grange	1937	09/64	6862 Derwent Grange	1939	06/65
6823 Oakley Grange	1937	06/65	6863 Dolhywel Grange	1939	11/64
6824 Ashley Grange	1937	04/64	6864 Dymock Grange	1939	10/65
6825 Llanvair Grange	1937	06/64	6865 Hopton Grange	1939	05/62
6826 Nannerth Grange	1937	05/65	6866 Morfa Grange	1939	05/65
6827 Llanfrechfa Grange	1937	09/65	6867 Peterston Grange	1939	08/64
6828 Trellech Grange	1937	07/63	6868 Penrhos Grange	1939	10/65
6829 Burmington Grange	1937	11/65	6869 Resolven Grange	1939	07/65
6830 Buckenhill Grange	1937	10/65	6870 Bodicote Grange	1939	09/65
6831 Bearley Grange	1937	10/65	6871 Bourton Grange	1939	10/65
6832 Brockton Grange	1937	01/64	6872 Crawley Grange	1939	12/65
6833 Calcot Grange	1937	10/65	6873 Caradoc Grange	1939	06/64
6834 Dummer Grange	1937	06/64	6874 Haughton Grange	1939	09/65
6835 Eastham Grange	1937	05/63	6875 Hindford Grange	1939	03/64
6836 Estervarney Grange	1937	08/65	6876 Kingsland Grange	1939	11/65
6837 Forthampton Grange	1937	07/65	6877 Llanfair Grange	1939	03/65
6838 Goodmoor Grange	1937	11/65	6878 Longford Grange	1939	11/64
6839 Hewell Grange	1937	05/64	6879 Overton Grange	1939	10/65

TOTAL 80

49xx   'Hall'   4-6-0

Continued from Number 5999

Number & Name	built	w/dwn	Number & Name	built	w/dwn
6900 Abney Hall	1940	10/64	6912 Helmster Hall	1941	02/64
6901 Arley Hall	1940	06/64	6913 Levens Hall	1941	06/64
6902 Butler Hall	1940	05/61	6914 Langton Hall	1941	04/64
6903 Belmont Hall	1940	09/65	6915 Mursley Hall	1941	02/65
6904 Charfield Hall	1940	02/65	6916 Misterton Hall	1941	08/65
6905 Claughton Hall	1940	06/64	6917 Oldsland Hall	1941	09/65
6906 Chicheley Hall	1940	04/65	6918 Sandon Hall	1941	09/65
6907 Davenham Hall	1940	02/65	6919 Tylney Hall	1941	08/63
6908 Downham Hall	1940	07/65	6920 Barnigham Hall	1941	12/63
6909 Frewin Hall	1940	06/64	6921 Borwick Hall	1941	10/65
6910 Gossington Hall	1940	10/65	6922 Burton Hall	1941	04/65
6911 Holker Hall	1941	04/65	6923 Croxteth Hall	1941	12/65

'Grange' Class 4-6-0 No. 6849 TODDINGTON GRANGE has lost her nameplates by the time this photo was taken at Shrewsbury Station in the 1960s. Note the new B.R. standard platform lighting and the brown enamel station sign. Behind her three coach train on the same platform is a two car D.M.U., with another one on the adjacent platform to her left.

Photo courtesy Steve Davies

'Modified Hall' Class 4-6-0 No. 6964 'Thornbridge Hall' near Kidderminster on the second of July 1963. Of particular interest is the 'Palethorpes Pork Sausages' van immediately behind the locomotive.

Photo courtesy Steve Davies

Number & Name	built	w/dwn	Number & Name	built	w/dwn
6924 Grantley Hall	1941	10/65	6942 Eshton Hall	1942	12/64
6925 Hackness Hall	1941	11/64	6943 Farnley Hall	1942	12/63
6926 Holkham Hall	1941	06/65	6944 Fledborough Hall	1942	12/65
6927 Lilford Hall	1941	10/65	6945 Glasfryn Hall	1942	09/64
6928 Underley Hall	1941	06/65	6946 Heatherden Hall	1942	06/64
6929 Whorlton Hall	1941	10/63	6947 Helmingham Hall	1942	10/65
6930 Aldersley Hall	1941	10/65	6948 Holbrooke Hall	1942	12/63
6931 Aldborough Hall	1941	10/65	6949 Haberfield Hall	1942	05/61
6932 Burwarton Hall	1941	12/65	6950 Kingsthorpe Hall	1942	12/65
6933 Birtles Hall	1941	11/64	6951 Impney Hall	1943	12/65
6934 Beachamwell Hall	1941	10/65	6952 Kimberley Hall	1943	12/65
6935 Browsholme Hall	1941	02/65	6953 Leighton Hall	1943	12/65
6936 Breccles Hall	1941	11/64	6954 Lotherton Hall	1943	05/64
6937 Conyngham Hall	1941	12/65	6955 Lydcott Hall	1943	02/65
6938 Corndean Hall	1942	03/65	6956 Mottram Hall	1943	12/65
6939 Calveley Hall	1942	10/63	6957 Norcliffe Hall	1943	10/65
6940 Didlington Hall	1942	05/64	6958 Oxburgh Hall	1943	06/65
6941 Fillongley Hall	1942	04/64			

TOTAL 258

6959   'Modified Hall'   4-6-0

1944 Introduction by Hawksworth with one piece frames & modified bogies.

Loco Weight: 75t 16c   **Driving Wheels:** 6' 0"   **Cylinders:** (o) 18½" x 30"   **Valve Gear:** Stephenson (piston valves)

Number & Name	built	w/dwn	Number & Name	built	w/dwn
6959 Peatling Hall	1944	12/65	6980 Llanrumney Hall	1947	10/65
6960 Raveningham Hall	1944	06/64	6981 Marbury Hall	02/48	03/64
6961 Stedham Hall	1944	09/65	6982 Melmerby Hall	01/48	08/64
6962 Soughton Hall	1944	01/63	6983 Otterington Hall	02/48	08/65
6963 Throwley Hall	1944	07/65	6984 Owsden Hall	02/48	12/65
6964 Thornbridge Hall	1944	09/65	6985 Otterington Hall	02/48	09/64
6965 Thirlestaine Hall	1944	10/65	6986 Rydal Hall	03/48	04/65
6966 Witchingham Hall	1944	09/64	6987 Shervington Hall	03/48	09/64
6967 Willesley Hall	1944	12/65	6988 Swithland Hall	03/48	09/64
6968 Woodcock Hall	1944	09/63	6989 Whightwick Hall	03/48	06/64
6969 Wraysbury Hall	1944	02/65	6990 Witherslack Hall	04/48	12/65
6970 Whaddon Hall	1944	06/64	6991 Acton Burnell Hall	11/48	12/65
6971 Athelhampton Hall	1947	10/64	6992 Arborfield Hall	11/48	06/64
6972 Beningborough Hall	1947	03/64	6993 Arthog Hall	12/48	12/65
6973 Bricklehampton Hall	1947	08/65	6994 Baggrave Hall	12/48	11/64
6974 Bryngwyn Hall	1947	05/65	6995 Benthall Hall	12/48	03/65
6975 Capesthorne Hall	1947	12/63	6996 Blackwell Hall	01/49	10/64
6976 Graythwaite Hall	1947	10/65	6997 Bryn-Ivor Hall	01/49	11/64
6977 Grundisburgh Hall	1947	12/63	6998 Burton Agnes Hall	01/49	12/65
6978 Haroldstone Hall	1947	07/65	6999 Capel Dewi Hall	02/49	12/65
6979 Helperly Hall	1947	02/65			

Continued with Number 7900

4073   'Castle'   4-6-0

Continued from Number 5099

Number & Name	built	w/dwn	Number & Name	built	w/dwn
7000 Viscount Portal	1946	12/63	7007 Ogmore Castle / Great Western (ren 01/48. dc 03/61)	1946	02/64
7001 Denbigh Castle / Sir James Milne (ren 01/48. dc 09/60)	1946	09/63	7008 Swansea Castle	05/48	09/64
7002 Devizes Castle	1946	03/64	7009 Athelney Castle	05/48	03/63
7003 Elmley Castle	1946	08/64	7010 Avondale Castle	06/48	03/64
7004 Eastnor Castle	1946	01/64	7011 Banbury Castle	06/48	02/65
7005 Lamphey Castle / Sir Edward Elgar (ren 08/57)	1946	09/64	7012 Barry Castle	06/48	11/64
7006 Lydford Castle	1946	12/63	7013 Bristol Castle (to 4082 02/52)	07/48	09/64
			7013 Bristol Castle (ex 4082 02/52)	1924	02/65
			7014 Caerhays Castle	07/48	02/65

Number & Name	built	w/dwn	Number & Name	built	w/dwn
7015 Carn Brae Castle	07/48	04/63	7027 Thornbury Castle	08/49	12/63
7016 Chester Castle	08/48	11/62	7028 Cadbury Castle	05/50	12/63
7017 G J Churchward	09/48	02/63	7029 Clun Castle	05/50	12/65
7018 Drysllwyn Castle	05/49	09/63	7030 Cranbrook Castle	06/50	02/63
7019 Fowey Castle	05/49	02/65	7031 Cromwell's Castle	06/50	07/63
7020 Gloucester Castle	05/49	09/64	7032 Denbigh Castle	06/50	09/64
7021 Haverfordwest Castle	06/49	09/63	7033 Hartlebury Castle	07/50	01/63
7022 Hereford Castle	06/49	06/65	7034 Ince Castle	08/50	06/65
7023 Penrice Castle	06/49	02/65	7035 Ogmore Castle	08/50	06/64
7024 Powis Castle	06/49	02/65	7036 Taunton Castle	08/50	09/63
7025 Sudeley Castle	08/49	09/64	7037 Swindon	08/50	03/63
7026 Tenby Castle	08/49	10/64			
					TOTAL 179

72xx — Collett — 2-8-2T

1934 Introduction by Collett. Rebuild of Churchward 2-8-0Ts with trailing bogie and larger bunker.
Loco Weight : 92t 2c ***Driving Wheels :*** 4' 7½" ***Cylinders :*** (O) 19" x 30" ***Valve Gear :*** Stephenson (piston valves)

Number	rebuilt	w/dwn	Number	rebuilt	w/dwn	Number	rebuilt	w/dwn	Number	rebuilt	w/dwn
7200	1934	07/63	7214	1934	12/63	7228	1935	07/63	7241	1937	12/62
7201	1934	04/65	7215	1934	06/63	7229	1935	07/64	7242	1937	06/64
7202	1934	06/64	7216	1934	10/63	7230	1935	07/64	7243	1937	07/64
7203	1934	12/63	7217	1934	07/64	7231	1935	10/64	7244	1937	02/65
7204	1934	02/64	7218	1934	08/64	7232	1935	05/65	7245	1937	09/64
7205	1934	06/65	7219	1934	01/64	7233	1935	09/64	7246	1937	09/63
7206	1934	07/64	7220	1935	09/64	7234	1935	10/63	7247	1937	03/63
7207	1934	11/64	7221	1935	11/64	7235	1936	04/64	7248	1937	06/65
7208	1934	04/64	7222	1935	01/65	7236	1936	11/63	7249	1937	06/65
7209	1934	07/64	7223	1935	11/64	7237	1936	06/63	7250	1937	09/64
7210	1934	04/65	7224	1935	12/62	7238	1936	04/64	7251	1937	01/64
7211	1934	05/64	7225	1935	05/64	7239	1936	10/63	7252	1937	06/65
7212	1934	02/64	7226	1935	11/64	7240	1937	09/64	7253	1937	04/65
7213	1934	09/64	7227	1935	06/63						
											TOTAL 54

43xx — 2-6-0

Continued from Number 6399

Number	built	w/dwn	Number	built	w/dwn	Number	built	w/dwn	Number	built	w/dwn
7300	1921	09/62	7306	1921	09/64	7312	1921	12/63	7317	1921	12/63
7301	1921	09/62	7307	1921	05/64	7313	1921	07/62	7318	1921	11/64
7302	1921	08/62	7308	1921	06/64	7314	1921	02/63	7319	1922	10/64
7303	1921	09/64	7309	1921	09/62	7315	1921	12/63	7320	1925	11/64
7304	1921	11/63	7310	1921	06/64	7316	1921	09/62	7321	1925	09/62
7305	1921	09/62	7311	1921	09/62						

Number	built	w/dwn	Notes	Number	built	w/dwn	Notes
7322	1932	11/61	Renumbered from 9300, 04/57	7332	1932	04/64	Renumbered from 9310, 09/58
7323	1932	08/62	Renumbered from 9301, 09/56	7333	1932	10/63	Renumbered from 9311, 06/57
7324	1932	10/62	Renumbered from 9302, 02/57	7334	1932	04/62	Renumbered from 9312, 01/59
7325	1932	04/64	Renumbered from 9303, 06/58	7335	1932	09/63	Renumbered from 9313, 08/58
7326	1932	09/63	Renumbered from 9304, 06/58	7336	1932	09/62	Renumbered from 9314, 06/58
7327	1932	11/64	Renumbered from 9305, 01/59	7337	1932	09/64	Renumbered from 9315, 05/59
7328	1932	04/62	Renumbered from 9306, 05/58	7338	1932	08/62	Renumbered from 9316, 03/58
7329	1932	01/63	Renumbered from 9307, 12/56	7339	1932	06/64	Renumbered from 9317, 09/56
7330	1932	09/62	Renumbered from 9308, 06/57	7340	1932	06/64	Renumbered from 9318, 12/57
7331	1932	09/62	Renumbered from 9309, 05/59	7341	1932	09/62	Renumbered from 9319, 06/57

Continued with Number 8393

74xx — Collett — 0-6-0PT

Introduced 1936 by Collett , this class was designed for light branch passenger work. Unlike the Identical 64xx Class, these locos were not fitted with push - pull control equipment
Loco Weight : 45t 12c ***Driving Wheels :*** 4' 7½" ***Cylinders :*** (I) 16½" x 24" ***Valve Gear :*** Stephenson (Slide Valves)

Number	built	w/dwn	Number	built	w/dwn	Number	built	w/dwn	Number	built	w/dwn
7400	1936	06/60	7413	1936	09/64	7426	1937	07/63	7438	10/48	02/59
7401	1936	08/59	7414	1936	09/64	7427	1937	06/64	7439	10/48	04/65
7402	1936	07/62	7415	1936	02/59	7428	1937	10/62	7440	01/50	10/62
7403	1936	01/64	7416	1936	01/59	7429	1937	02/61	7441	01/50	12/63
7404	1936	06/64	7417	1937	09/61	7430	08/48	12/63	7442	02/50	12/63
7405	1936	12/63	7418	1937	08/64	7431	08/48	09/64	7443	02/50	09/64
7406	1936	03/62	7419	1937	07/60	7432	08/48	09/64	7444	02/50	07/64
7407	1936	12/63	7420	1937	07/59	7433	08/48	02/61	7445	03/50	03/64
7408	1936	08/62	7421	1937	11/61	7434	08/48	10/62	7446	03/50	07/64
7409	1936	08/61	7422	1937	03/62	7435	09/48	07/64	7447	03/50	04/59
7410	1936	01/61	7423	1937	07/64	7436	09/48	06/64	7448	04/50	04/63
7411	1936	05/59	7424	1937	09/64	7437	09/48	03/65	7449	04/50	06/63
7412	1936	07/63	7425	1937	06/62						

TOTAL 50

57xx   0-6-0PT

Continued from Number 6779

Number	built	w/dwn	Number	built	w/dwn	Number	built	w/dwn	Number	built	w/dwn
7700	1930	05/61	7725	1929	08/60	7750	1930	01/59	7775	1930	11/60
7701	1930	02/60	7726	1929	08/60	7751	1930	10/59	7776	1930	01/61
7702	1930	09/60	7727	1929	01/60	7752	1930	12/59	7777	1930	11/60
7703	1930	03/60	7728	1929	05/60	7753	1930	04/62	7778	1930	12/59
7704	1930	12/60	7729	1929	07/62	7754	1930	01/59	7779	1930	10/59
7705	1930	08/59	7730	1929	03/59	7755	1930	05/62	7780	1930	07/63
7706	1930	03/60	7731	1929	04/59	7756	1930	06/61	7781	1930	07/60
7707	1930	11/60	7732	1929	10/62	7757	1930	09/60	7782	1930	10/64
7708	1930	06/60	7733	1929	05/60	7758	1930	06/60	7783	1930	09/62
7709	1930	08/60	7734	1929	04/59	7759	1930	03/60	7784	1930	03/62
7710	1930	09/58	7735	1929	05/59	7760	1930	12/61	7785	1930	05/62
7711	1930	12/56	7736	1929	05/62	7761	1930	01/61	7786	1930	05/62
7712	1930	07/60	7737	1929	03/60	7762	1931	05/62	7787	1930	06/61
7713	1930	08/62	7738	1930	02/59	7763	1931	11/59	7788	1930	07/62
7714	1930	01/59	7739	1930	12/62	7764	1931	05/62	7789	1930	11/59
7715	1930	05/63	7740	1930	12/60	7765	1931	07/62	7790	1930	12/62
7716	1930	12/59	7741	1930	12/61	7766	1931	11/60	7791	1930	12/59
7717	1930	03/60	7742	1930	07/59	7767	1931	03/60	7792	1930	11/57
7718	1930	04/62	7743	1930	08/59	7768	1931	11/59	7793	1930	04/60
7719	1930	09/60	7744	1930	09/62	7769	1931	08/59	7794	1930	11/60
7720	1930	05/62	7745	1930	03/61	7770	1931	04/59	7795	1930	05/58
7721	1930	07/62	7746	1930	10/59	7771	1931	11/61	7796	1930	02/62
7722	1930	11/60	7747	1930	02/61	7772	1931	11/61	7797	1930	10/59
7723	1930	08/60	7748	1930	04/61	7773	1931	12/59	7798	1930	05/61
7724	1930	09/62	7749	1930	12/62	7774	1931	11/59	7799	1930	05/62

Continued with Number 8700

78xx   'Manor'   4-6-0

Introduced in 1938 by Collett, these locos were designed for lighter, secondary lines, and most incorporated parts from 43xx 2-6-0s which had been selectively withdrawn for the purpose.

Loco Weight : 68t 18c   Driving Wheels : 5' 8"   Cylinders : (o) 18" x 30"   Valve Gear : Stephenson (piston valves)

Number & Name	built	w/dwn	Number & Name	built	w/dwn
7800 Torquay Manor	1938	08/64	7809 Childrey Manor	1938	04/63
7801 Anthony Manor	1938	07/65	7810 Draycott Manor	1938	09/64
7802 Bradley Manor	1938	11/65	7811 Dunley Manor	1938	07/65
7803 Barcote Manor	1938	04/65	7812 Erlestoke Manor	1939	11/65
7804 Baydon Manor	1938	09/65	7813 Freshford Manor	1939	05/65
7805 Broome Manor	1938	12/64	7814 Fringford Manor	1939	09/65
7806 Cockington Manor	1938	11/64	7815 Fritwell Manor	1939	10/65
7807 Compton Manor	1938	11/64	7816 Frilsham Manor	1939	11/65
7808 Cookham Manor	1938	12/65	7817 Garsington Manor	1939	06/64

Number & Name	built	w/dwn	Number & Name	built	w/dwn
7818 Granville Manor	1939	01/65	7824 Iford Manor	12/50	11/64
7819 Hinton Manor	1939	11/65	7825 Lechlade Manor	12/50	05/64
7820 Dinmore Manor	11/50	11/65	7826 Longworth Manor	12/50	04/65
7821 Ditcheat Manor	11/50	11/65	7827 Lydham Manor	12/50	10/65
7822 Foxcote Manor	12/50	11/65	7828 Odney Manor	12/50	10/65
7823 Hook Norton Manor	12/50	07/64	7829 Ramsbury Manor	12/50	12/65

TOTAL 30

6959 'Modified Hall' 4-6-0

Continued from Number 6999

Number & Name	built	w/dwn	Number & Name	built	w/dwn
7900 Saint Peter's Hall	04/49	12/64	7915 Mere Hall	03/50	10/65
7901 Dodington Hall	03/49	02/64	7916 Mobberley Hall	04/50	12/64
7902 Eaton Mascot Hall	03/49	06/64	7917 North Aston Hall	04/50	08/65
7903 Foremarke Hall	04/49	06/64	7918 Rhose Wood Hall	05/50	02/65
7904 Fountains Hall	04/49	12/65	7919 Runter Hall	05/50	12/65
7905 Fowey Hall	04/49	05/64	7920 Coney Hall	09/50	06/65
7906 Fron Hall	12/49	03/65	7921 Edstone Hall	09/50	12/63
7907 Hart Hall	01/50	12/65	7922 Salford Hall	09/50	12/65
7908 Henshall Hall	01/50	10/65	7923 Speke Hall	09/50	05/65
7909 Heveningham Hall	01/50	11/65	7924 Thornycroft Hall	09/50	12/65
7910 Hown Hall	01/50	02/65	7925 Westol Hall	10/50	12/65
7911 Lady Margaret Hall	02/50	12/63	7926 Willey Hall	10/50	12/64
7912 Little Linford Hall	03/50	10/65	7927 Willington Hall	10/50	12/65
7913 Little Wyrly Hall	03/50	03/65	7928 Wolf Hall	10/50	03/65
7914 Lleweni Hall	03/50	12/65	7929 Wyke Hall	11/50	08/65

TOTAL 71

81xx Collett Rebuild 2-6-2T

Rebuilt in 1938 by Collett from 51xx Class with smaller wheels and higher boiler pressure.
Former numbers in brackets.

Loco Weight : 76t 11c Driving Wheels : 5' 6" Cylinders : (O) 18" x 30" Valve Gear : Stephenson (piston valves)

Number	rebuilt	w/dwn	Number	rebuilt	w/dwn	Number	rebuilt	w/dwn
8100 (5100)	1938	10/62	8104 (5124)	1938	12/64	8107 (5116)	1939	05/62
8101 (5123)	1938	03/61	8105 (5126)	1939	06/57	8108 (5133)	1939	11/60
8102 (5118)	1938	05/64	8106 (5120)	1939	12/63	8109 (5115)	1939	06/65
8103 (5145)	1938	11/63						

TOTAL 10

43xx 2-6-0

Continued from Number 7341

8393 For details see No. 5393

Continued with Number 9300

94xx 0-6-0PT

Continued from Number 3409

Number	built	w/dwn	Number	built	w/dwn	Number	built	w/dwn	Number	built	w/dwn
8400	08/49	09/64	8410	01/50	01/60	8420	07/50	06/65	8430	01/53	05/63
8401	08/49	09/64	8411	01/50	06/60	8421	07/50	12/59	8431	01/53	08/64
8402	09/49	11/64	8412	01/50	07/59	8422	10/50	07/62	8432	02/53	07/59
8403	09/49	06/65	8413	01/50	01/61	8423	10/50	12/59	8433	03/53	06/65
8404	09/49	11/61	8414	01/50	04/64	8424	12/50	01/61	8434	02/53	06/59
8405	12/49	09/64	8415	03/50	06/65	8425	02/51	11/63	8435	04/53	02/62
8406	12/49	01/61	8416	03/50	10/62	8426	01/51	11/63	8436	05/53	06/65
8407	12/49	10/62	8417	03/50	03/59	8427	02/51	09/60	8437	05/53	11/64
8408	01/50	09/59	8418	03/50	08/64	8428	02/51	10/62	8438	06/53	10/62
8409	01/50	08/64	8419	04/50	01/60	8429	03/51	01/60	8439	06/53	10/62

Number	built	w/dwn	Number	built	w/dwn	Number	built	w/dwn	Number	built	w/dwn
8440	03/54	07/62	8455	01/50	01/60	8470	05/51	01/62	8485	06/52	06/59
8441	04/54	12/61	8456	02/50	10/63	8471	05/51	06/65	8486	06/52	06/65
8442	03/54	06/59	8457	03/50	01/61	8472	07/51	03/63	8487	07/52	11/63
8443	03/54	06/59	8458	04/50	08/63	8473	08/51	01/61	8488	07/52	05/65
8444	04/54	07/63	8459	05/50	06/65	8474	10/51	05/65	8489	07/52	02/62
8445	06/54	09/62	8460	06/50	01/61	8475	11/51	09/64	8490	07/52	10/62
8446	06/54	09/64	8461	06/50	11/63	8476	03/52	01/61	8491	08/52	07/63
8447	06/54	06/59	8462	07/50	08/59	8477	03/52	07/62	8492	08/52	06/59
8448	06/54	08/59	8463	09/50	01/60	8478	05/52	01/63	8493	09/52	11/64
8449	06/54	09/62	8464	10/50	12/63	8479	06/52	10/64	8494	09/52	01/62
8450	08/49	06/59	8465	11/50	11/63	8480	03/52	07/64	8495	10/52	11/64
8451	09/49	11/61	8466	11/50	07/64	8481	03/52	06/65	8496	10/52	07/63
8452	10/49	04/64	8467	02/51	02/62	8482	04/52	09/62	8497	11/52	07/64
8453	11/49	10/62	8468	02/51	05/60	8483	05/52	02/62	8498	11/52	06/65
8454	12/49	01/61	8469	03/51	11/64	8484	05/52	06/65	8499	11/52	06/62

Continued with Number 9400

57xx   0-6-0PT

Continued from Number 7799

Number	built	w/dwn	Number	built	w/dwn	Number	built	w/dwn	Number	built	w/dwn
8700	1934	02/62	8725	1930	10/62	8750	1933	05/62	8775	1934	12/61
8701	1931	03/63	8726	1930	04/61	8751	1933	12/62	8776	1934	12/62
8702	1931	05/64	8727	1930	04/62	8752	1933	01/63	8777	1934	04/61
8703	1931	01/58	8728	1930	07/63	8753	1933	02/62	8778	1934	08/60
8704	1931	02/60	8729	1931	12/62	8754	1933	11/60	8779	1934	02/62
8705	1931	04/61	8730	1931	07/62	8755	1933	12/57	8780	1934	07/62
8706	1931	07/61	8731	1931	07/62	8756	1933	10/62	8781	1934	12/62
8707	1931	07/64	8732	1931	04/64	8757	1933	09/62	8782	1934	11/61
8708	1931	05/60	8733	1931	02/62	8758	1933	01/59	8783	1934	06/63
8709	1931	09/62	8734	1931	03/62	8759	1933	01/63	8784	1934	04/62
8710	1931	03/63	8735	1931	01/62	8760	1933	01/62	8785	1934	12/63
8711	1931	03/62	8736	1931	03/62	8761	1933	05/62	8786	1934	07/63
8712	1931	01/63	8737	1931	12/62	8762	1933	08/61	8787	1934	08/61
8713	1931	03/62	8738	1931	03/63	8763	1933	08/62	8788	1934	05/62
8714	1931	11/64	8739	1931	11/64	8764	1933	05/62	8789	1934	06/61
8715	1931	04/62	8740	1931	02/61	8765	1933	09/62	8790	1934	05/62
8716	1931	04/64	8741	1931	05/62	8766	1933	07/63	8791	1934	03/63
8717	1931	07/64	8742	1931	09/62	8767	1933	07/66	8792	1934	02/62
8718	1931	07/66	8743	1931	06/64	8768	1933	09/64	8793	1934	12/64
8719	1931	05/62	8744	1931	10/62	8769	1933	04/61	8794	1934	07/63
8720	1931	09/64	8745	1931	08/65	8770	1934	12/62	8795	1934	07/65
8721	1931	07/61	8746	1931	12/62	8771	1934	07/62	8796	1934	04/61
8722	1931	04/61	8747	1931	05/64	8772	1934	08/61	8797	1934	04/62
8723	1931	07/64	8748	1931	09/62	8773	1934	10/62	8798	1934	06/61
8724	1931	07/62	8749	1931	10/64	8774	1934	08/61	8799	1934	11/62

Continued with Number 9600

90xx   Collett 'Dukedog'   4-4-0

Introduced by Collett in 1936, these locomotives were a combination of 'Duke' class boilers and 'Bulldog' frames, being designed for use on secondary lines.

Loco Weight : 49t 00c   Driving Wheels : 5' 8"   Cylinders : (I) 18" x 26"   Valve Gear : Stephenson (Slide Valves)

Number	rebuilt	w/dwn	Number	rebuilt	w/dwn	Number	rebuilt	w/dwn	Number	rebuilt	w/dwn
9000	1936	03/55	9005	1936	07/59	9010	1936	07/57	9015	1936	06/60
9001	1936	04/54	9006	1936	08/48	9011	1936	07/57	9016	1936	07/57
9002	1936	05/54	9007	1936	07/48	9012	1936	07/57	9017	1936	10/60
9003	1936	10/55	9008	1936	07/57	9013	1936	12/58	9018	1936	06/60
9004	1936	06/60	9009	1936	07/57	9014	1936	10/60	9019	1936	11/48

Number	built	w/dwn	Number	built	w/dwn	Number	built	w/dwn	Number	built	w/dwn
9020	1936	07/57	9023	1936	07/57	9025	1936	08/57	9027	1936	08/57
9021	1936	12/58	9024	1936	08/57	9026	1936	08/57	9028	1936	08/57
9022	1936	08/57									

TOTAL 20 28

3252   Dean 'Duke'   4-4-0

Dean design from 1895, these locos were previously numbered, until 1946, from 3254 to 3291 in order. The survivors were long lived but anachronistic looking, as were the 'Dukedogs' (see above).

Loco Weight : 47t 6c   **Driving Wheels :** 5' 8"   **Cylinders :** (I) 18" x 26"   **Valve Gear :** Stephenson (Slide Valves)

Number & Name		built	w/dwn	Number & Name		built	w/dwn
9054	Cornubia	1895	06/50	9083	Comet	1899	12/50
9064	Trevithick	1896	12/49	9084	Isle of Jersey	1899	04/51
9065	Tre Pol and Pen	1896	12/49	9087	Mercury	1899	07/49
9072		1897	06/49	9089		1899	07/51
9073	Mounts Bay	1897	12/49	9091	Thames	1899	02/49
9076		1897	11/49				

TOTAL 11

43xx   2-6-0

Continued from Number 7341

9300 - 9319   *For details see No. 7322 - 7341*

TOTAL 241

94xx   0-6-0PT

Continued from Number 8499

Number	built	w/dwn	Number	built	w/dwn	Number	built	w/dwn	Number	built	w/dwn
9400	1947	12/59	9425	09/50	11/63	9450	06/51	06/64	9475	06/52	05/65
9401	1947	07/63	9426	09/50	05/65	9451	07/51	07/62	9476	06/52	06/62
9402	1947	08/59	9427	09/50	06/59	9452	07/51	05/65	9477	07/52	06/65
9403	1947	06/59	9428	09/50	06/60	9453	07/51	11/64	9478	07/52	07/62
9404	1947	06/65	9429	10/50	12/63	9454	09/51	01/62	9479	07/52	07/63
9405	1947	06/65	9430	10/50	06/65	9455	09/51	04/63	9480	08/52	04/65
9406	1947	09/64	9431	11/50	04/64	9456	09/51	04/64	9481	08/52	01/61
9407	1947	07/62	9432	11/50	11/59	9457	10/51	07/64	9482	09/52	11/63
9408	1947	05/63	9433	12/50	07/62	9458	10/51	01/61	9483	10/52	07/63
9409	1947	05/62	9434	01/51	06/60	9459	11/51	09/59	9484	10/52	04/64
9410	02/50	07/62	9435	01/51	09/64	9460	11/51	02/62	9485	10/52	07/64
9411	02/50	06/65	9436	01/51	07/60	9461	12/51	05/65	9486	11/52	07/62
9412	03/50	03/63	9437	01/51	06/65	9462	12/51	11/60	9487	11/52	07/62
9413	03/50	11/63	9438	02/51	06/59	9463	01/52	06/65	9488	12/52	04/65
9414	04/50	08/60	9439	02/51	06/59	9464	01/52	06/65	9489	01/53	04/64
9415	05/50	06/65	9440	02/51	07/63	9465	01/52	02/62	9490	02/54	12/64
9416	05/50	01/62	9441	03/51	11/63	9466	02/52	07/64	9491	03/54	06/59
9417	05/50	06/59	9442	03/51	07/64	9467	02/52	05/62	9492	05/54	06/59
9418	05/50	06/65	9443	03/51	06/59	9468	02/52	08/60	9493	06/54	09/64
9419	06/50	03/63	9444	04/51	03/63	9469	03/52	03/62	9494	08/54	11/64
9420	06/50	03/64	9445	04/51	01/60	9470	03/52	09/64	9495	10/54	06/65
9421	07/50	02/62	9446	05/51	05/65	9471	04/52	09/64	9496	10/54	12/59
9422	07/50	12/63	9447	05/51	01/61	9472	04/52	05/65	9497	12/54	05/62
9423	07/50	02/63	9448	05/51	07/62	9473	05/52	07/64	9498	03/55	09/64
9424	08/50	12/62	9449	06/51	06/60	9474	05/52	11/61	9499	07/55	09/59

TOTAL 210

57xx   0-6-0PT

Continued from Number 8799

Number	built	w/dwn	Number	built	w/dwn	Number	built	w/dwn	Number	built	w/dwn
9600	1945	09/65	9603	1945	12/63	9606	1945	11/64	9609	1945	10/65
9601	1945	12/64	9604	1945	12/62	9607	1945	04/64	9610	1945	09/66
9602	1945	03/65	9605	1945	09/65	9608	1945	07/66	9611	1945	04/65

Number	built	w/dwn	Number	built	w/dwn	Number	built	w/dwn	Number	built	w/dwn
9612	1945	12/63	9655	1946	05/64	9715	1934	07/63	9758	1935	05/62
9613	1945	10/65	9656	1946	11/65	9716	1934	06/65	9759	1935	10/62
9614	1945	07/66	9657	1946	04/66	9717	1934	12/62	9760	1935	12/63
9615	1945	07/65	9658	1946	10/66	9718	1934	05/62	9761	1935	10/62
9616	1945	08/65	9659	1946	06/65	9719	1934	07/62	9762	1935	05/61
9617	1945	06/65	9660	1946	11/64	9720	1934	11/61	9763	1935	09/63
9618	1945	12/63	9661	1946	11/64	9721	1934	06/62	9764	1935	08/63
9619	1945	07/65	9662	04/48	09/65	9722	1934	07/62	9765	1935	12/61
9620	1945	07/64	9663	04/48	09/64	9723	1934	07/62	9766	1935	07/64
9621	1945	10/64	9664	04/48	05/64	9724	1934	01/66	9767	1935	06/61
9622	1945	07/65	9665	04/48	02/63	9725	1934	12/62	9768	1935	12/64
9623	1945	07/65	9666	04/48	09/65	9726	1934	06/65	9769	1935	03/63
9624	1945	01/65	9667	05/48	05/65	9727	1934	12/62	9770	1936	12/63
9625	1945	06/65	9668	05/48	12/63	9728	1934	05/62	9771	1936	05/61
9626	1945	12/65	9669	05/48	01/66	9729	1934	10/64	9772	1936	01/59
9627	1945	07/62	9670	05/48	05/64	9730	1935	05/64	9773	1936	12/65
9628	1945	03/63	9671	06/48	03/65	9731	1935	05/63	9774	1936	11/66
9629	1945	10/64	9672	06/48	12/65	9732	1935	04/64	9775	1936	12/62
9630	1945	09/66	9673	02/49	05/60	9733	1935	09/65	9776	1936	04/66
9631	1945	06/65	9674	03/49	04/64	9734	1935	07/64	9777	1936	05/64
9632	1945	11/64	9675	03/49	10/65	9735	1935	03/61	9778	1936	11/64
9633	1946	10/63	9676	03/49	06/65	9736	1935	06/61	9779	1936	02/64
9634	1946	05/64	9677	03/49	11/64	9737	1935	12/60	9780	1936	07/65
9635	1946	06/64	9678	04/49	06/65	9738	1935	01/62	9781	1936	05/61
9636	1946	10/63	9679	04/49	11/64	9739	1935	07/61	9782	1936	11/64
9637	1946	09/64	9680	04/49	12/65	9740	1935	02/62	9783	1936	05/62
9638	1946	12/63	9681	05/49	08/65	9741	1935	08/62	9784	1936	05/63
9639	1946	09/65	9682	05/49	08/65	9742	1935	09/64	9785	1936	09/62
9640	1946	07/66	9700 c	1931	10/63	9743	1935	05/64	9786	1936	05/64
9641	1946	10/66	9701 c	1933	01/61	9744	1935	01/61	9787	1936	09/64
9642	1946	11/64	9702 c	1933	05/62	9745	1935	06/61	9788	1936	04/64
9643	1946	05/62	9703 c	1933	12/61	9746	1935	04/64	9789	1936	12/65
9644	1946	06/65	9704 c	1933	11/63	9747	1935	01/63	9790	1936	09/65
9645	1946	10/63	9705 c	1933	10/61	9748	1935	01/64	9791	1936	01/64
9646	1946	05/65	9706 c	1933	11/64	9749	1935	11/60	9792	1936	04/62
9647	1946	06/65	9707 c	1933	09/64	9750	1935	05/62	9793	1936	08/63
9648	1946	07/64	9708 c	1933	01/59	9751	1935	06/61	9794	1936	09/64
9649	1946	07/65	9709 c	1933	05/62	9752	1935	12/63	9795	1936	11/60
9650	1946	12/64	9710 c	1933	10/64	9753	1935	05/65	9796	1936	02/65
9651	1946	07/65	9711	1934	07/65	9754	1935	06/65	9797	1936	09/62
9652	1946	01/63	9712	1934	09/62	9755	1935	05/63	9798	1936	10/64
9653	1946	07/65	9713	1934	07/63	9756	1935	09/62	9799	1936	10/63
9654	1946	10/64	9714	1934	11/61	9757	1935	08/62			

TOTAL 863

c = 9700 - 9710 *fitted with Condensing Apparatus*

The end of this chapter on ex G.W.R. designed locomotives is marked by this photo of 57xx Class 0-6-0PT No. 9682 at Barry Scrapyard. Built in May 1949, it lasted in B.R. service until August 1965, and was the last of this class of 863 engines to be built. Happily, it was rescued from Barry, and is now preserved.

Photo courtesy Steve Davies

Southern Railway Class 'H15' No. 490 (built by Urie for the London & South Western Railway in 1914) is seen here between the wars, but lasted until July 1955 as B.R. No. 30490. With their large cabs and boilers, and their chunky cylinders, the Urie 'H15s' were massive looking locomotives.

Modelmaster Collection

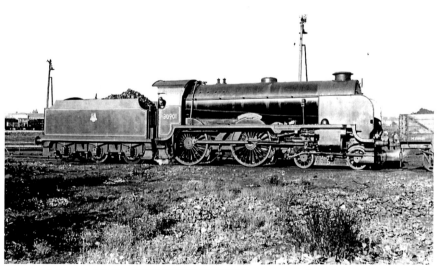

'Schools' Class 4-4-0 No. 30901 WINCHESTER was a member of the most powerful class of 4-4-0s ever to run in Europe, as well as being the last class of that wheel arrangement to be built in Great Britain. Built for the South Eastern section of the Southern Railway, they were displaced by electrification in 1959 - 60, and were then put to work between Waterloo and Bournemouth and Waterloo - Portsmouth, where they held their own against larger 4-6-0s. An outstanding design; all were withdrawn by the end of 1962, although three are preserved.

Modelmaster Collection

SECTION TWO
Ex - Southern Railway

Part One - listed in wheel arrangement order

'Merchant Navy'   Bulleid S.R.   4-6-2

Introduced 1941 by O.V.S. Bulleid. Air smoothed casing, high pressure boiler and chain valve gear. Rebuilt with multiple-jet blastpipe, wide chimney and Walschaerts valve gear. The air smoothed boiler casing was also removed.

Loco Weight : 94t 15c **Driving Wheels :** 6' 2" **Cylinders :** (3) 18" x 24" **Valve Gear :** Bulleid (Piston Valves)

Details when rebuilt:

Loco Weight : 97t 18c **Driving Wheels :** 6' 2" **Cylinders :** (3) 18" x 24" **Valve Gear :** Walschaerts (Piston Valves)

Number Series

35001 - 35030 (formerly S.R. 21C001 - 21C030)   **Total 30**

'West Country' / 'Battle of Britain'   Bulleid S.R.   4-6-2

Introduced 1945 ('West Country' Class for Western Section), and 1946 ('Battle of Britain' Class for Eastern Section), this was a lightweight development of Bulleid's 'Merchant Navy' Class.

Loco Weight : 86t 0c **Driving Wheels :** 6' 2" **Cylinders :** (3) 16⅜" x 24" **Valve Gear :** Bulleid (Piston Valves)

Introduced 1957. Sixty out of the one hundred and ten locos were rebuilt with multiple-jet blastpipe, wide chimney and Walschaerts valve gear. The air smoothed boiler casing was also removed.

Loco Weight : 90t 1c **Driving Wheels :** 6' 2" **Cylinders :** (3) 16⅜" x 24" **Valve Gear :** Walschaerts (Piston Valves)

Number Series

34001 - 34110 (34001 - 34070 formerly S.R. 21C101 - 21C170), rest built new in B.R. days.   Total 110

LN 'Lord Nelson'   Maunsell S.R.   4-6-0

Built between 1926 - 1929, these four cylinder 4-6-0s were later fitted with smoke deflectors, double blast pipes, and wide chimneys. 30859 had 6' 3" Driving Wheels instead of the usual 6' 7", and 30860 had a longer boiler. 30865 had the crank setting adjusted to give four exhausts per revolution instead of the eight exhausts per revolution of the rest of the class. 30859 weighed 83t 10c.

Loco Weight : 84t 16c **Driving Wheels :** 6' 7" **Cylinders :** (4) 16½" x 26" **Valve Gear :** Walschaerts (Piston Valves)

Number Series

30850 - 30865   Total 16

N15 'King Arthur'   L.S.W.R. Urie / Maunsell   4-6-0

Built between 1918 and 1926, these 74 locomotives were the backbone of Southern Railway main line steam power until the introduction of Bulleid's 4-6-2s in the 1940s. The later Maunsell locos had modified cabs to suit the Eastern Section loading gauge, and the class members were fitted with either eight wheeled inside bearing tenders, bogie tenders, or, (for the Central Section), six wheeled tenders. The naming of the class after the 'King Arthur' legend was a Public Relations coup for the Southern, and when withdrawn, 20 names were perpetuated on B.R. 5MT 4-6-0s.

Loco Weight : 79t 18c - 81t 17c **Driving Wheels :** 6' 7" **Cylinders :** (O) 20½" x 28" - 22" x 28"
Valve Gear : Walschaerts (Piston Valves)

Number Series

30448 - 30457, 30736 - 30755, 30763 - 30806   Total 74

N15X   Maunsell Rebuild   4-6-0

Originally built by Billinton for London, Brighton & South Coast Railway as 'L' Class 4-6-4Ts, and rebuilt by Maunsell from 1934 as 4-6-0s. No. 32333 was the official L.B. & S.C.R. WW1 War Memorial loco., as No. 333 REMEMBRANCE.

Loco Weight : 73t 2c **Driving Wheels :** 6' 9" **Cylinders :** (O) 21" x 28" **Valve Gear :** Walschaerts (Piston Valves)

Number Series

32327 - 32333   Total 7

H15   L.S.W.R. Urie / Maunsell   4-6-0

Originally introduced by Urie in 1914 for the L.S.W.R., further additions were made by rebuilding the four cylinder E14 Class in 1915, and later by Maunsell as both new construction and the rebuilding of the four cylinder F13 Class.

Loco Weight : 79t 19c - 82t 1c   **Driving Wheels :** 6' 0"   **Cylinders :** (O) 21" x 28"   **Valve Gear :** Walschaerts (Piston Valves)

Number Series

30330 - 30335, 30473 - 30478, 30482 - 30491, 30521 - 30524   Total 26

S15   L.S.W.R. Urie / Maunsell   4-6-0

Originally introduced by Urie in 1920 as a mixed traffic version of the N15s (later King Arthurs) for the L.S.W.R., further additions, with modifications, were made by Maunsell from 1927.

Loco Weight : 79t 5c - 80t 14c   **Driving Wheels :** 5' 7"   **Cylinders :** (O) 20½" x 28" - 21" x 28"   **Valve Gear :** Walschaerts (P Vs)

Number Series

30496 - 30515, 30823 - 30847   Total 45

T14   L.S.W.R. Drummond   4-6-0

Introduced in 1911 by Drummond for the L.S.W.R., rebuilt both by Urie and Maunsell.

Loco Weight : 76t 10c   **Driving Wheels :** 6' 7"   **Cylinders :** (4) 15" x 26"   **Valve Gear :** Walschaerts (Slide Valves)

Number Series

30443 - 30447, 30459 - 30462   Total 9

H1   L.B.S.C.R. Marsh   4-4-2

Introduced in 1905 by Marsh. **32039** *was rebuilt with Bulleid sleeve valves in 1947*

Loco Weight : 68t 5c   **Driving Wheels :** 6' 7½"   **Cylinders :** (O) 19" x 26"   **Valve Gear :** Stephenson (Slide Valves)

Number Series

32037 - 32039   Total 3

H2   L.B.S.C.R. Marsh   4-4-2

Introduced in 1911 by Marsh. Superheated development of Class H1 with larger cylinders.

Loco Weight : 68t 5c   **Driving Wheels :** 6' 7½"   **Cylinders :** (O) 21" x 26"   **Valve Gear :** Stephenson (Piston Valves)

Number Series

32421 - 32426   Total 6

B1   S.E.C.R. Wainwright   4-4-0

South Eastern Railway Class 'B', rebuilt from 1910 by Wainwright for the South Eastern & Chatham Rly.

Loco Weight : 45t 2c   **Driving Wheels :** 7' 0"   **Cylinders :** (I) 18" x 26"   **Valve Gear :** Stephenson (Slide Valves)

Number Series

31013, 31217, 31440/3/5/6/8-55/7/9   Total 16

B4 & B4X   L.B.S.C.R. Billinton   4-4-0

B4 : *R.J. Billinton L.B.S.C. design, introduced 1899*

Loco Weight : 51t 10c   **Driving Wheels :** 6' 9"   **Cylinders :** (I) 19" x 26"   **Valve Gear :** Stephenson (Slide Valves)

B4X : *L.B. Billinton L.B.S.C. design, introduced 1922, incorporating parts from B4 class*

Loco Weight : 51t 10c   **Driving Wheels :** 6' 9"   **Cylinders :** (I) 19" x 26"   **Valve Gear :** Stephenson (Slide Valves)

Number Series

B4 : 32044/51/54/62/63/68/74   Total 7
B4 X : 32043/45/50/52/55/56/60/67/70-73   Total 12

D & D1   S.E.C.R. Wainwright / Maunsell   4-4-0

D : *1901 Wainwright design for S.E.C.R.*

Loco Weight : 50t 0c   **Driving Wheels :** 6' 8"   **Cylinders :** (I) 19" x 26"   **Valve Gear :** Stephenson (Slide Valves)

D1 : *Maunsell 1921 rebuild of D Class with superheated Belpaire firebox and long travel valves.*

Loco Weight : 52t 4c   **Driving Wheels :** 6' 8"   **Cylinders :** (I) 19" x 26"   **Valve Gear :** Stephenson (Slide Valves)

Number Series

D : 31057/75/92, 31477/88/90/3/6, 31501/49/74/7/86/91, 31728 - 31734, 31737/8/40/4/6/8/50   Total 28
D1 : 31145, 31246/7, 31470/87/9/92/4, 31502/5/9/45, 31727/35/6/9/41/3/5/9   Total 20

D15   L.S.W.R. Drummond   4-4-0

Introduced by Drummond in 1912 for L.S.W.R., later fitted with superheaters by Urie.
(30)463 was converted to oil burning in 1947, but was soon reconverted to coal burning.
Loco Weight: 61t 11c *Driving Wheels:* 6' 7" *Cylinders:* (I) 20" x 26" *Valve Gear:* Walschaerts (Piston Valves)

Number Series

30463 - 30472	Total 10

E & E1   S.E.C.R. Wainwright / Maunsell   4-4-0

E : 1905 Wainwright design for S.E.C.R.
Loco Weight: 52t 5c *Driving Wheels:* 6' 6" *Cylinders:* (I) 19" x 26" *Valve Gear:* Stephenson (Slide Valves)

E1 : Maunsell 1919 rebuild of E Class with larger superheated Belpaire firebox & long travel valves.
Loco Weight: 53t 9c *Driving Wheels:* 6' 6" *Cylinders:* (I) 19" x 26" *Valve Gear:* Stephenson (Piston Valves)

Number Series

E : 31036, 31157/9/66/75/6, 31273/5, 31315, 31491, 31514 - 31516, 31447/87	Total 15
E1: 31019/67, 31160/3/5/79, 31497, 31504/6/7/11	Total 11

F1   S.E.C.R. Wainwright   4-4-0

1903 Wainwright rebuild of Stirling Class F, originally built for South Eastern Railway.
Loco Weight: 45t 2c *Driving Wheels:* 7' 0" *Cylinders:* (I) 18" x 26" *Valve Gear:* Stephenson (Slide Valves)

Number Series

31002/28/31/42/78, 31105/51, 31215/31	Total 9

K10   L.S.W.R Drummond   4-4-0

Introduced in 1901 by Drummond for L.S.W.R.
Loco Weight: 46t 14c *Driving Wheels:* 5' 7" *Cylinders:* (I) 18½" x 26" *Valve Gear:* Stephenson (Slide Valves)

Number Series

30135/7/9, 30140 - 30146, 30150 - 30153, 30329, 30340/1/3/5, 30380/2 - 30386, 30389 - 94	Total 31

L   S.E.C.R. Wainwright   4-4-0

Introduced in 1914 by Wainwright for South Eastern & Chatham Railway. 31772— 31781 were built by
Borsig of Berlin, and delivered just before the outbreak of the First World War in 1914.
Loco Weight: 57t 9c *Driving Wheels:* 6' 8" *Cylinders:* (I) 19½" x 26" *Valve Gear:* Stephenson (Piston Valves)

Number Series

31760 - 31781	Total 22

L1   S.R. Maunsell   4-4-0

Maunsell design for the Southern Railway, introduced in 1926. Very similar to the 'D1' and 'E1' classes in
appearance, the 'L1s' were a development of Class L (above)
Loco Weight: 57t 16c *Driving Wheels:* 6' 8" *Cylinders:* (I) 19½" x 26" *Valve Gear:* Stephenson (Piston Valves)

Number Series

31753 - 31759, 31782 - 31789	Total 15

L11   L.S.W.R Drummond   4-4-0

1903 introduction by Drummond, a development of his K10 class with T9 boiler & larger firebox.
Loco Weight: 50t 11c *Driving Wheels:* 5' 7" *Cylinders:* (I) 18½" x 26" *Valve Gear:* Stephenson (Slide Valves)

Number Series

30134, 30148, 30154 - 30159, 30161, 30163 - 30175, 30405 - 30414, 30435 - 30447	Total 45

L12   L.S.W.R Drummond   4-4-0

Drummond development of T9 with larger boiler, superheated by Urie from 1915
Loco Weight: 55t 5c *Driving Wheels:* 6' 7" *Cylinders:* (I) 10" x 26" *Valve Gear:* Stephenson (Slide Valves)

Number Series

30415 - 30434	Total 20

S11   L.S.W.R Drummond   4-4-0

Introduced in 1903 by Drummond as a smaller wheeled development of the T9 Class (see below)
Loco Weight : 53t 15c **Driving Wheels :** 6' 0" **Cylinders :** (I) 19" x 26" **Valve Gear :** Stephenson (Slide Valves)

<u>Number Series</u>

30395 - 30404	Total 10

T9   L.S.W.R Drummond   4-4-0

Introduced in 1899 by Drummond, fitted with larger cylinders & superheater by Urie from 1922. Nos
30300-305/7/10-14/36-8 *were introduced in 1900 with full width splashers and cab. Locos were either fitted with eight wheeled tenders with inside bearings (nicknamed 'watercarts'), or with more conventional six wheeled tenders. The 'Watercart' tenders were also used on other L.S.W.R. 4-4-0s and 4-6-0s including some of the 'King Arthur' class.*
Loco Weight : 51t 7c - 51t 18c **Driving Wheels :** 6' 7" **Cylinders :** (I)19" x 26" **Valve Gear :** Stephenson (Slide Valves)

<u>Number Series</u>

30113 - 30122, 30280 - 30289, 30300 - 30305, 30307, 30310 - 30314, 30336 - 30338, 30702 - 30719,	
30721 - 30733	Total 66

V 'Schools'   S.R. Maunsell   4-4-0

An extremely powerful 4-4-0, introduced by Maunsell in 1930. Bulleid modified nos. **30900/1/7/13 -15/7-21/4/9 -31/3/4/7-9** *with multiple jet blastpipes & larger diameter chimneys from 1938 onwards.*
Loco Weight : 67t 2c **Driving Wheels :** 6' 7" **Cylinders :** (3) 16½" x 26" **Valve Gear :** Walschaerts (Piston Valves)

<u>Number Series</u>

30900 - 30939	Total 40

K   L.B.S.C.R. Billinton   2-6-0

L.B. Billinton design for L.B.S.C.R., introduced 1913.
Loco Weight : 63t 15c **Driving Wheels :** 5' 7" **Cylinders :** (O) 21" x 26" **Valve Gear :** Stephenson (Piston Valves)

<u>Number Series</u>

32337 - 32353	Total 17

N & N1   S.E.C.R. Maunsell   2-6-0

N : *Introduced by Maunsell in 1917 for the S.E.C.R. as a mixed traffic design.*
Loco Weight : 61t 4c **Driving Wheels :** 5' 6" **Cylinders :** (O) 19" x 28" **Valve Gear :** Walschaerts (Piston Valves)

N1 : *Three cylinder development of Class N, introduced 1922.*
Loco Weight : 64t 5c **Driving Wheels :** 5' 6" **Cylinders :** (3) 16" x 28" **Valve Gear :** Walschaerts (Piston Valves)

<u>Number Series</u>

N : 31400 - 31414, 31810 - 31821, 31823 - 31875	Total 80
N1 : 31822, 31876 - 31880	Total 6

U & U1   S.R. Maunsell   2-6-0

U : *Introduced by Maunsell in 1928; Some were rebuilt from 'River' Class 2-6-4Ts* **(31790 - 31809)**
Loco Weight : 63t 0c **Driving Wheels :** 6' 0" **Cylinders :** (O) 19" x 28" **Valve Gear :** Walschaerts (Piston Valves)

U1 : *1928 three cylinder rebuild of Class U 2-6-4T, originally introduced 1925.* **31891 - 31910** *were Introduced in 1928 to the same design as the rebuilds, but with smaller splashers.*
Loco Weight : 65t 6c **Driving Wheels :** 6' 0" **Cylinders :** (3) 16" x 28" **Valve Gear :** Walschaerts (Piston Valves)

<u>Number Series</u>

U : 31610 - 31639, 31790 - 31809	Total 50
U1 : 31890 - 31910	Total 21

C   S.E.C.R. Wainwright   0-6-0

Wainwright design for S.E.C.R., introduced 1900.
Loco Weight : 43t 16c **Driving Wheels :** 5' 2" **Cylinders :** (I) 18½" x 26" **Valve Gear :** Stephenson (Slide Valves)

<u>Number Series</u>

31004/18/33/7/8/54/9/61/3/8/71/86/90, 31102/12/3/50/91, 31218/9/21/3/5/7/9/34/42-5/52/3/5-7/60/7/8/7/	
91/3/4/7/8, 31317, 31460/1/80/1/6/95/8, 31508/10/3/72/3/5/6/8-85/8-90/2/3, 31681-4/6-95,	
31711 - 31725	Total 106

C2   L.B.S.C.R. Billinton   0-6-0

Introduced 1893, R.J. Billinton design for L.B.S.C.R.
Loco Weight : 39t 10c **Driving Wheels :** 5' 0" **Cylinders :** (I) 17½" x 26" **Valve Gear :** Stephenson (Slide Valves)

Number Series

32435/6, 32533	Total 3

C2X   L.B.S.C.R. Marsh   0-6-0

Marsh design for L.B.S.C.R., introduced in 1908. Rebuild of C2 with larger C3 boiler
Loco Weight : 45t 5c **Driving Wheels :** 5' 0" **Cylinders :** (I) 17½" x 26" **Valve Gear :** Stephenson (Slide Valves)

Number Series

32434/7/8, 32440 - 32451, 32521 - 32529, 32532, 32534 - 32541, 32543 - 32554	Total 45

C3   L.B.S.C.R. Marsh   0-6-0

Marsh design for L.B.S.C.R., introduced in 1906.
Loco Weight : 47t 10c **Driving Wheels :** 5' 0" **Cylinders :** (I) 17½" x 26" **Valve Gear :** Stephenson (Slide Valves)

Number Series

32300 - 32303, 32306 - 32309	Total 8

O1   S.E.C.R. Wainwright   0-6-0

Introduced by Wainwright in 1903, these engines were a rebuild of Stirling's S.E.R. 'O' Class.
Loco Weight : 41t 1c **Driving Wheels :** 5' 2" **Cylinders :** (I) 18" x 26" **Valve Gear :** Stephenson (Slide Valves)

Number Series

31003/7/14/39/41/4/6/8/51/64/5/6/80/93, 31106/8/9/23, 31238/48/58, 31316/69/70-4/7-81/3-6/8-91/5-8,	
31425/6/8-30/2/4/7-9	Total 55

Q   S.R. Maunsell   0-6-0

Maunsell design for Southern Railway, introduced in 1938. Only 20 were built, as the design was
superseded by Bulleid's much more powerful class Q1 (see below)
Loco Weight : 49t 10c **Driving Wheels :** 5' 1" **Cylinders :** (I) 19" x 26" **Valve Gear :** Stephenson (Piston Valves)

Number Series

30530 - 30549	Total 20

Q1   S.R. Bulleid   0-6-0

Bulleid wartime austerity design for Southern Railway.
Loco Weight : 49t 10c **Driving Wheels :** 5' 1" **Cylinders :** (I) 19" x 26" **Valve Gear :** Stephenson (Piston Valves)

Number Series

33001 - 33040 (formerly S.R. C1 - C40)	Total 40

700   L.S.W.R. Drummond   0-6-0

1897 Drummond design, fitted with superheaters from 1921
Loco Weight : 46t 14c **Driving Wheels :** 5' 1" **Cylinders :** (I) 19" x 26" **Valve Gear :** Stephenson (Slide Valves)

Number Series

30306/8/9/15-7/39/46/50/2/5/68, 30687 - 30701	Total 30

0395   L.S.W.R. Adams   0-6-0

Introduced in 1881 by Adams for the London & South Western Railway.
Loco Weight : 37t 12c - 38t 14c **Driving Wheels :** 5' 1" **Cylinders :** (I) 19" x 26" **Valve Gear :** Stephenson (Slide Valves)

Number Series

30564 - 30581	Total 18

A12   L.S.W.R. Adams   0-4-2

1887 design by Adams for the London & South Western Railway
Loco Weight : 42t 7c **Driving Wheels :** 6' 0" **Cylinders :** (I) 18" x 26" **Valve Gear :** Stephenson (Slide Valves)

Number Series

30612/8/27/9/36	Total 5

'Leader'   S.R. Bulleid   0-6-6-0

One of the most unconventional steam locomotives ever built, this double ended design with central boiler was designed by O.V. Bulleid for the Southern Railway, but the first one wasn't completed until after Nationalisation, and ran trials for almost 18 months. These showed major problems, not the least being the high temperatures and cramped conditions the fireman had to work in.
*Six locomotives were ordered, but only two were completed and only one (**36001**) was steamed.*

Number Series

36001 - 36006   Total 6

G16   L.S.W.R. Urie   4-8-0T

1921 Urie design for 'hump' shunting.
Loco Weight : 95t 2c *Driving Wheels :* 5' 1" *Cylinders :* (O) 22" x 28" *Valve Gear :* Walschaerts (Piston Valves)

Number Series

30492 - 30495   Total 4

H16   L.S.W.R. Urie   4-6-2T

Introduced by Urie in 1921 for heavy transfer freight work.
Loco Weight : 96t 8c *Driving Wheels :* 5' 7" *Cylinders :* (O) 21" x 28" *Valve Gear :* Walschaerts (Piston Valves)

Number Series

30516 - 30520   Total 5

J1   L.B.S.C.R. Marsh   4-6-2T

1910 design by Marsh for L.B.S.C.R.
Loco Weight : 89t 0c *Driving Wheels :* 6' 7½" *Cylinders :* (O) 21" x 26" *Valve Gear :* Stephenson (Piston Valves)

Number Series

32325   Total 1

J2   L.B.S.C.R. Billinton   4-6-2T

1912 design by Marsh for L.B.S.C.R.
Loco Weight : 89t 0c *Driving Wheels :* 6' 7½" *Cylinders :* (O) 21" x 26" *Valve Gear :* Walschaerts (Piston Valves)

Number Series

32326   Total 1

I1X   Maunsell Rebuild   4-4-2T

Maunsell 1925 rebuild of Marsh LBSCR I1 Class. (3)2001 - (3)2010 rebuilt 1929 with shorter wheelbase.
Loco Weight : 71t 18c *Driving Wheels :* 5' 6" *Cylinders :* (I) 17½" x 26" *Valve Gear :* Stephenson (Slide Valves)

Number Series

32001 - 32010, 32595/6/8/9, 32601 - 32604   Total 18

I3   L.B.S.C.R. Marsh / Billinton   4-4-2T

32021 *was introduced in 1907 by Marsh, later rebuilt with superheater & extended smokebox.*
Loco Weight : 75t 10c *Driving Wheels :* 6' 9" *Cylinders :* (I) 19" x 26" *Valve Gear :* Stephenson (Slide Valves)

32022/3/5-30/75-81 *Marsh design of 1908 with smaller wheels and piston valves. Later superheated.*
Loco Weight : 76t 0c *Driving Wheels :* 6' 7½" *Cylinders :* (I) 20" x 26" *Valve Gear :* Stephenson (Piston Valves)

32082 - 32091 *introduced in 1912 by L.B. Billinton. They were superheated and had larger cylinders.*
Loco Weight : 76t 0c *Driving Wheels :* 6' 7½" *Cylinders :* (I) 21" x 26" *Valve Gear :* Stephenson (Piston Valves)

Number Series

32021-3/5-30/75-91   Total 26

0415   L.S.W.R. Adams   4-4-2T

Adams design of 1882 for L.S.W.R.
Loco Weight : 55t 2c *Driving Wheels :* 5' 7" *Cylinders :* (O) 17½" x 24" *Valve Gear :* Stephenson (Slide Valves)

Number Series

30582 - 30584   Total 3

W   S.R. Maunsell   2-6-4T

Maunsell tank version of N1 class 2-6-0, introduced 1931
Loco Weight : 90t 14c **Driving Wheels :** 5' 6" **Cylinders :** (3) 16½" x 28" **Valve Gear :** Walschaerts (Piston Valves)

Number Series

31911 - 31925   Total 25

0298   L.S.W.R. Beattie   2-4-0WT

1863 Beattie design for L.S.W.R., rebuilt by Adams, Urie, and Maunsell, over the years.
Loco Weight : 37t 16c **Driving Wheels :** 5' 7" **Cylinders :** (O) 16½" x 20" **Valve Gear :** Stephenson (Slide Valves)

Number Series

30585 - 30587   Total 3

Hawthorn Leslie   K. & E.S.R.   0-8-0T

Hawthorn Leslie design for Kent & East Sussex Railway, built 1904. Obtained in 1932 by Southern Railway, and later rebuilt with L.B.S.C.R. boiler.
Loco Weight : 47t 10c **Driving Wheels :** 4' 3" **Cylinders :** (O) 16" x 24" **Valve Gear :** Stephenson (Slide Valves)

Number Series

30949   Total 1

Z   S.R. Maunsell   0-8-0T

Introduced in 1929 by Maunsell for heavy shunting work.
Loco Weight : 71t 12c **Driving Wheels:** 4' 8½" **Cylinders :** (3) 16" x 28" **Valve Gear :** Walschaerts (Piston Valves)

Number Series

30950 - 30957   Total 8

J   S.E.C.R. Wainwright   0-6-4T

Introduced by Wainwright in 1913.
Loco Weight : 70t 4c **Driving Wheels :** 5' 6" **Cylinders :** (O) 19½" x 26" **Valve Gear :** Stephenson (Piston Valves)

Number Series

31595 - 31599   Total 5

E1R   Maunsell Rebuild   0-6-2T

Introduced in 1927. Maunsell rebuild of Class E1 0-6-0T with trailing axle and larger bunker, for service in the West of England.
Loco Weight : 50t 5c **Driving Wheels :** 4' 6" **Cylinders :** (I) 17" x 24" **Valve Gear :** Stephenson (Slide Valves)

Number Series

32094 - 6, 32124/35, 32608/10/95 - 7   Total 10

E3   L.B.S.C.R. Billinton   0-6-2T

Introduced in 1894 by R.J. Billinton. Reboilered and fitted with extended smokeboxes from 1918.
Loco Weight : 56t 10c **Driving Wheels :** 4' 6" **Cylinders :** (I) 17½" x 26" **Valve Gear :** Stephenson (Slide Valves)

Number Series

32165 - 32170, 32453 - 32462   Total 16

E4   L.B.S.C.R. Billinton   0-6-2T

1897 design by R.J. Billinton, fitted with new boilers & extended smokeboxes from 1910.
Loco Weight : 57t 10c **Driving Wheels :** 5' 0" **Cylinders :** (I) 17½" x 26" **Valve Gear :** Stephenson (Slide Valves)

Number Series

32463-5/7-76/9-82/4-8/90-9, 32500-20/56-66/77-82   Total 70

E4X   L.B.S.C.R. Marsh   0-6-2T

Introduced in 1909 by Marsh, these locos were reboilered E4s with I2 class boilers.
Loco Weight : 59t 5c **Driving Wheels :** 5' 0" **Cylinders :** (I) 17½" x 26" **Valve Gear :** Stephenson (Slide Valves)

Number Series

32466/77/8/89   Total 4

Class M7 0-4-4T No. 30670 standing in the summer sun. This was one of the class built with a short overhang at the front, and not fitted for push pull working. This particular engine was built during 1897, and withdrawn during March 1963.

Modelmaster Collection

Class D1 4-4-0 No. 31749 was rebuilt by Maunsell from Wainwright's Class D No. 749 (built 1903), and was withdrawn in November 1961. Classes D1 and E1 were virtually identical (D1 had plain coupling rods, and E1 were fluted), and both were very similar to the later Class L1 built new for the Southern Railway.

Modelmaster Collection

E5   L.B.S.C.R. Billinton   0-6-2T

Introduced in 1902. R.J. Billinton design
Loco Weight: 60t 0c **Driving Wheels:** 5' 6" **Cylinders:** (I) 17½" x 26" **Valve Gear:** Stephenson (Slide Valves)

Number Series

32399, 32400/2/4 - 6, 32567/8/71 - 5/83 - 5/7 - 94	Total 24

E5X   L.B.S.C.R. Marsh   0-6-2T

Introduced in 1911. L.B. Billinton rebuild of Class E5 with larger boiler.
Loco Weight: 64t 5c **Driving Wheels:** 5' 6" **Cylinders:** (I) 17½" x 26" **Valve Gear:** Stephenson (Slide Valves)

Number Series

32401, 32570/6/86	Total 4

E6   L.B.S.C.R. Billinton   0-6-2T

Introduced 1904 by R.J. Billinton
Loco Weight: 61t 0c **Driving Wheels:** 4' 6" **Cylinders:** (I) 18" x 26" **Valve Gear:** Stephenson (Slide Valves)

Number Series

32408 - 10/2 - 8	Total 10

E6X   L.B.S.C.R. Marsh   0-6-2T

Class E6X rebuilt from 1911 with 'C3' boiler
Loco Weight: 63t 0c **Driving Wheels:** 4' 6" **Cylinders:** (I) 18" x 26" **Valve Gear:** Stephenson (Slide Valves)

Number Series

32407/11	Total 2

Hawthorn Leslie   P.D.S.W.J.R.   0-6-2T

Introduced in 1907 by Hawthorn Leslie & Co. for P.D.S.W.J.R.
Loco Weight: 49t 19c **Driving Wheels:** 4' 0" **Cylinders:** (O) 16" x 24" **Valve Gear:** Stephenson (Slide Valves)

Number Series

30757/8	Total 2

A1 & A1X   L.B.S.C.R. Stroudley   0-6-0T

Fifty locos introduced by William Stroudley in 1872, originally Class A1, most were rebuilt with extended smokeboxes as class A1X, and the only A1 to survive into B.R. days was DS680. Several were sold to other railways before the 1923 grouping, and two which were sold to the W.C.P.R. are dealt with in SECTION ONE of this book, as they became G.W.R. Nos. 4 & 5.   32636 had larger cylinders. Some were used over the years on the Isle of Wight, and others became Departmental locomotives

Number Series

DS680, DS377 (renumbered 32635), 32636, DS515 (renumbered 32650), 32640/4/7/55, 32659 (renumbered DS681), 32661/2, 32662, 32678, W8 (renumbered 32646), W13 (renumbered 32677), Kent & East Sussex 3 (renumbered 32670)	Total 15

E1   L.B.S.C.R. Stroudley   0-6-0T

1874 design for L.B.S.C., later rebuilt by Marsh. W1 - W4 are fitted with Westinghouse brake gear.
Loco Weight: 44t 3c **Driving Wheels:** 4' 6" **Cylinders:** (I) 17" x 24" **Valve Gear:** Stephenson (Slide Valves)

Number Series

W1 - W4, 32097, 32112/3/22/22/7 - 9/33/8/9/41/2/5/7/51/3/6/60/2/4, 32606/9/89-91/4	Total 30

E2   L.B.S.C.R. Billinton   0-6-0T

Introduced in 1913 by L.B. Billinton. Locos nos. 32105 - 32109 had extended side tanks.
Loco Weight: 52t 15c **Driving Wheels:** 4' 6" **Cylinders:** (I) 17½" x 26" **Valve Gear:** Stephenson (Slide Valves)
(Numbers **32105 - 32109** weighed 15c more because of the extended side tanks.)

Number Series

32100 - 32109	Total 10

0330   K.E.S.R. (ex L.S.W.R.)   0-6-0ST

1876 design for L.S.W.R., built by Beyer Peacock. No. 0335 to K.E.S.R. in 1932 in exchange for (30)949
Loco Weight: 34t 19½c **Driving Wheels:** 4' 3" **Cylinders:** (I) 17" x 24" **Valve Gear:** Stephenson (Slide Valves)

Number Series

K.E.S.R. 4 (B.R. Number not allocated)	Total 1

Kerr Stuart   East Kent Railway   0-6-0T

Kerr Stuart design for East Kent Railway, built in 1917. Became EKR Number 4 and passed to British Railways on Nationalisation.
Loco Weight : 40t 0c   **Driving Wheels :** 5' 7"   **Cylinders :** (I) 17" x 24"   **Valve Gear :** Stephenson (Slide Valves)

Number Series

30948 (EKR 4)   Total 1

G6   L.S.W.R. Adams   0-6-0T

Introduced 1894 by Adams for L.S.W.R.
*Numbers (30)**160**, (30)**259** & (30)**274** were fitted with Drummond type boilers from 1925 onwards.*
Loco Weight : 47t 13c   **Driving Wheels :** 4' 10"   **Cylinders :** (I) 17½" x 24"   **Valve Gear :** Stephenson (Slide Valves)

Number Series

30160/2, 30237 - 30240, 30257 - 30279, 30348/9/51/3/4.   Total 34

P   S.E.C.R. Wainwright   0-6-0T

Originally introduced by Wainwright as Auto Train locos in 1909, these extremely small engines were later used for shunting, particularly on light track and sharp curves.
Loco Weight : 28t 10c   **Driving Wheels :** 3' 9"   **Cylinders :** (I) 12" x 18"   **Valve Gear :** Stephenson (Slide Valves)

Number Series

31027, 31178, 31323/5, 31555 - 31558   Total 8

R1   S.E.C.R. Stirling   0-6-0T

Stirling design for South Eastern Railway, introduced in 1888.
Loco Weight : 46t 15c   **Driving Wheels :** 5' 2"   **Cylinders :** (I) 18" x 26"   **Valve Gear :** Stephenson (Slide Valves)

From 1938 nos.(3)1010/69, (3)1107/47 & (3)1339 were fitted with cut down cab, chimney and boiler fittings for use on the Canterbury and Whitstable branch.
Loco Weight : 46t 8c   **Driving Wheels :** 5' 1"   **Cylinders :** (I) 18" x 26"   **Valve Gear :** Stephenson (Slide Valves)

Number Series

31010/47/69, 31107/27/8/47/54/74, 31335/7/9/40   Total 13

S   S.E.C.R. Wainwright   0-6-0ST

1917 rebuild by Maunsell of Wainwright Class C 0-6-0
Loco Weight : 53t 10c   **Driving Wheels :** 5' 2"   **Cylinders :** (I) 18½" x 26"   **Valve Gear :** Stephenson (Slide Valves)

Number Series

31685   Total 1

T   S.E.C.R. Kirtley   0-6-0T

Introduced in 1879 by Kirtley for the London, Chatham & Dover Railway
Loco Weight : 40t 15c   **Driving Wheels :** 4' 6"   **Cylinders :** (I) 17½" x 24"   **Valve Gear :** Stephenson (Slide Valves)

Number Series

500S, 31602/4   Total 3

USA   Southern Railway   0-6-0T

Typically American design of switcher (shunter), brought to this country by the United States Transportation Corps for eventual war service in Europe. Fourteen were purchased by the Southern Railway for shunting at Southampton Docks, and were fitted with modified cabs, bunkers, and British style buffers and drawgear. A fifteenth loco was purchased for spares but wasn't taken into stock. They were powerful and sturdy locos, and several were transferred to departmental service when displaced at Southampton by diesel shunters.
Loco Weight : 46t 10c   **Driving Wheels :** 4' 6"   **Cylinders :** (O) 16½" x 24"   **Valve Gear :** Walschaerts (Piston Valves)

Number Series

30061 - 30074   **Total 14**

Hawthorn Leslie   P.D.S.W.J.R.   0-6-0T

Hawthorn Leslie design for Plymouth, Devonport and South Western Junction Railway. Built 1907
Loco Weight : 35t 15c   **Driving Wheels :** 3' 10"   **Cylinders :** (O) 14" x 22"   **Valve Gear :** Stephenson (Slide Valves)

Number Series

30756   **Total 1**

D3 & D3X   L.B.S.C.R. Billinton   0-4-4T

D3 Class introduced in 1892 by R.J. Billinton, later reboilered and fitted with push pull equipment. 32397 was Class D3X, rebuilt from Class D3 by Marsh in 1909, and weighed 53t 0c
Loco Weight : 52t 0c **Driving Wheels :** 5' 6" **Cylinders :** (I) 17½" x 26" **Valve Gear :** Stephenson (Slide Valves)

Number Series

32364-8/70-4/6-80/3-91/3-5/7/8	Total 29

H   S.E.C.R. Wainwright   0-4-4T

Wainwright design, introduced in 1904
Loco Weight : 54t 8c **Driving Wheels :** 5' 6" **Cylinders :** (I) 18" x 26" **Valve Gear :** Stephenson (Slide Valves)

Number Series

31005/16/158/61/2/4/77/82/4/93/239/59/61/3/5/6/69/74/6/8/9/95, 31305 - 31311, 31319 - 31322/4, 31326 - 31329, 31500/3/12/17 - 23/30 - 3/40 - 44/6/8/50 - 54	Total 64

M7   L.S.W.R. Drummond   0-4-4T

The original 'M7' design was introduced by Drummond in1897, and was added to in 1903 with the 'X14' class, which had steam reversers and increased overhangs. The 'X14' class was later incorporated into 'M7'. After 1925, many were fitted with push pull equipment. Nos 30031 & 30128 swapped identities in January 1960, and 30106 & 30667 swapped identities during February 1961. 30031 & 30106 were both withdrawn at the time, but their frames were used to repair the other two, hence the change of identities.
Loco Weight : 60t 4c - 62t 0c **Driving Wheels :** 5' 7" **Cylinders :** (I) 18½" x 26" **Valve Gear :** Stephenson (Slide Valves)

Number Series

30021 - 30060, 30104 - 30112, 30123 - 30133, 30241 - 30256, 30318 - 30324/8/56/7, 30374 - 30379, 30479/80/1, 30667 - 30676	Total 104

O2   L.S.W.R. Adams   0-4-4T

Adams design for L.S.W.R., introduced in 1889. After 1923, some were rebuilt with larger bunkers and fitted with Westinghouse air brakes for service on the Isle of Wight.
Loco Weight : 46t 18c - 48t 8c **Driving Wheels :** 4' 10" **Cylinders :** (I) 17½" x 24" **Valve Gear :** Stephenson (Slide Valves)

Number Series

30177/9/81 (later W35), 30182/3/92/3/7/8 (later W36), 30199, 30200/3/4/7/12/3/6/21/3/4/5, 30229 - 30233, 30236, W14 - W36	Total 48

R   S.E.C.R. Kirtley   0-4-4T

Introduced during 1891 by Kirtley for the London, Chatham and Dover Railway. Later rebuilt with 'H' Class boilers.
Loco Weight : 48t 15c **Driving Wheels :** 5' 6" **Cylinders :** (I) 17½" x 24" **Valve Gear :** Stephenson (Slide Valves)

Number Series

31658 - 31663, 31665 - 31667, 31670 - 31675	Total 15

R1   S.E.C.R. Kirtley   0-4-4T

A 1900 development of Class 'R' (above) with enlarged bunkers, delivered to the newly formed South Eastern & Chatham Railway. All later rebuilt with 'H' Class boilers.
Loco Weight : 52t 3c **Driving Wheels :** 5' 6" **Cylinders :** (I) 17½" x 24" **Valve Gear :** Stephenson (Slide Valves)

Number Series

31696 - 31700, 31703 - 31710	Total 13

T1   L.S.W.R. Adams   0-4-4T

Introduced by Adams in 1894. Originally Class 'F6', but later incorporated into 'T1' Class.
Loco Weight : 57t 2c **Driving Wheels :** 5' 7" **Cylinders :** (I) 18" x 26" **Valve Gear :** Stephenson (Slide Valves)

Number Series

30001/2/3/5/7 - 10/3/20, 30361/3/6/7	Total 14

D1 & D1M   L.B.S.C.R. Stroudley   0-4-2T

D1 :   Stroudley 1873 design for the L.B.S.C.R.   *D1M :*   Fitted with Push pull equipment from 1909.
Loco Weight : 43t 10c **Driving Wheels :** 5' 6" **Cylinders :** (I) 17" x 24" **Valve Gear :** Stephenson (Slide Valves)

Number Series

D1 : 32286, 32359	Total 2
D1M : 32215/34/5/9/52/3/9/69/74/83/9/99, 32358/61, 32605/99, 700S, 701S	Total 18

B4   L.S.W.R. Adams   0-4-0T

*Introduced in 1891 for the L.& S.W.R. by Adams. Originally designed for dock shunting, many were used at Southampton Docks until displaced by the 'USA' class 0-6-0Ts purchased from the United States Army after the Second World War. **30082-4 & 30101** were originally Class K14 with smaller boiler & altered fittings, and many of the class were named after French Ports until Nationalisation.*
Loco Weight : 79t 5c **Driving Wheels :** 5' 7" **Cylinders :** (O) 20½" x 28" **Valve Gear :** Stephenson (Slide Valves)

Number Series

30081 - 30103, 30147, 30176	Total 25

C14   L.S.W.R. Drummond / Urie   0-4-0T

Originally introduced by Drummond as 2-2-0Ts for motor train working, rebuilt in 1913 by Urie as 0-4-0Ts.
Loco Weight : 25t 15c **Driving Wheels :** 3' 0" **Cylinders :** (O) 14" x 14" **Valve Gear :** Stephenson (Slide Valves)

Number Series

77S, 30588/9	Total 3

Crane Tank   S.E.C.R.   0-4-0CT

Neilson crane tank design for London, Chatham & Dover Railway
Loco Weight : 17t 17c **Driving Wheels :** 3' 3" **Cylinders :** (I) 11" x 20" **Valve Gear :** Stephenson (Slide Valves)

Number Series

31302	Total 1

Hawthorn Leslie   Southampton Docks Co.   0-4-0ST

1890 design by Hawthorn Leslie for Southampton Docks Co., taken over by L.S.W.R. in 1892.
Loco Weight : 21t 2c **Driving Wheels :** 3' 2" **Cylinders :** (O) 12" x 20" **Valve Gear :** Stephenson (Slide Valves)

Number Series

30458	Total 1

Part Two - listed in numerical order

Number	Cl.	W.Arrgt.	built	w/dwn	notes	Number	Class	W.Arrgt.	built	w/dwn	notes
30001	T1	0-4-4T	1894	*07/49*		30040	M7	0-4-4T	1898	*06/61*	
30002	T1	0-4-4T	1894	*03/49*		30041	M7	0-4-4T	1899	*08/57*	
30003	T1	0-4-4T	1894	*10/48*		30042	M7	0-4-4T	1899	*06/57*	
30005	T1	0-4-4T	1894	*01/50*		30043	M7	0-4-4T	1899	*05/61*	
30007	T1	0-4-4T	1894	*06/51*		30044	M7	0-4-4T	1899	*09/61*	
30008	T1	0-4-4T	1894	*05/49*		30045	M7	0-4-4T	1905	*12/62*	
30009	T1	0-4-4T	1894	*07/48*		30046	M7	0-4-4T	1905	*02/59*	
30010	T1	0-4-4T	1894	*08/48*		30047	M7	0-4-4T	1905	*02/60*	
30013	T1	0-4-4T	1895	*03/49*		30048	M7	0-4-4T	1905	*01/64*	
30020	T1	0-4-4T	1895	*06/51*		30049	M7	0-4-4T	1905	*05/62*	
30021	M7	0-4-4T	1904	*03/64*		30050	M7	0-4-4T	1905	*01/62*	
30022	M7	0-4-4T	1899	*05/58*		30051	M7	0-4-4T	1905	*09/62*	
30023	M7	0-4-4T	1899	*10/61*		30052	M7	0-4-4T	1905	*05/64*	
30024	M7	0-4-4T	1899	*03/63*		30053	M7	0-4-4T	1905	*05/64*	
30025	M7	0-4-4T	1899	*05/54*		30054	M7	0-4-4T	1905	*01/59*	
30026	M7	0-4-4T	1899	*04/59*		30055	M7	0-4-4T	1905	*09/63*	
30027	M7	0-4-4T	1904	*11/59*		30056	M7	0-4-4T	1906	*12/63*	
30028	M7	0-4-4T	1904	*09/62*		30057	M7	0-4-4T	1906	*06/63*	
30029	M7	0-4-4T	1904	*05/64*		30058	M7	0-4-4T	1906	*09/60*	
30030	M7	0-4-4T	1904	*10/59*		30059	M7	0-4-4T	1906	*02/61*	
30031	M7	0-4-4T	1898	*01/60*	*to 30128 01/60*	30060	M7	0-4-4T	1906	*07/61*	
30031 (2)	M7	0-4-4T	1911	*05/63*	*ex 30128 01/61*	30061	USA	0-6-0T	1942	*11/62*	*to DS233 10/62*
30032	M7	0-4-4T	1898	*07/63*		30062	USA	0-6-0T	1942	*11/62*	*to DS234 11/62*
30033	M7	0-4-4T	1898	*12/62*		30063	USA	0-6-0T	1942	*05/62*	
30034	M7	0-4-4T	1898	*02/63*		30064	USA	0-6-0T	1943	*07/67*	
30035	M7	0-4-4T	1898	*02/63*		30065	USA	0-6-0T	1943	*10/62*	*to DS237 11/63*
30036	M7	0-4-4T	1898	*01/64*		30066	USA	0-6-0T	1942	*12/62*	*to DS235 03/63*
30037	M7	0-4-4T	1898	*05/58*		30067	USA	0-6-0T	1942	*07/67*	
30038	M7	0-4-4T	1898	*02/58*		30068	USA	0-6-0T	1943	*03/64*	
30039	M7	0-4-4T	1898	*02/63*							

Number	Class	W.Arrgt.	built	w/dwn	notes
30069	USA	0-6-0T	1943	07/67	
30070	USA	0-6-0T	1943	10/62	to DS238 08/63
30071	USA	0-6-0T	1943	07/67	
30072	USA	0-6-0T	1943	07/67	
30073	USA	0-6-0T	1943	01/67	
30074	USA	0-6-0T	1943	03/63	to DS236 04/63
30081	B4	0-4-0T	1893	02/49	ex - Jersey
30082	B4	0-4-0T	1908	07/57	
30083	B4	0-4-0T	1908	10/59	
30084	B4	0-4-0T	1908	08/59	
30085	B4	0-4-0T	1891	02/49	ex - Alderney
30086	B4	0-4-0T	1891	02/59	ex - Havre
30087	B4	0-4-0T	1891	12/58	
30088	B4	0-4-0T	1892	07/59	
30089	B4	0-4-0T	1892	03/63	ex - Trouville
30090	B4	0-4-0T	1892	05/48	ex - Caen
30091	B4	0-4-0T	1892	08/48	
30092	B4	0-4-0T	1892	04/49	
30093	B4	0-4-0T	1892	04/60	ex - St. Malo
30094	B4	0-4-0T	1892	03/57	
30095	B4	0-4-0T	1893	04/49	ex - Honfleur
30096	B4	0-4-0T	1893	10/63	ex - Normandy
30097	B4	0-4-0T	1893	03/49	ex - Brittany
30098	B4	0-4-0T	1893	02/49	ex - Cherbourg
30099	B4	0-4-0T	1893	02/49	
30100	B4	0-4-0T	1893	02/49	
30101	B4	0-4-0T	1893	11/48	ex - Dinan
30102	B4	0-4-0T	1893	09/63	ex - Granville
30103	B4	0-4-0T	1893	04/49	
30104	M7	0-4-4T	1905	05/61	
30105	M7	0-4-4T	1905	05/63	
30106	M7	0-4-4T	1905	11/60	to 30667 02/61
30107	M7	0-4-4T	1905	05/64	
30108	M7	0-4-4T	1904	05/64	
30109	M7	0-4-4T	1904	06/61	
30110	M7	0-4-4T	1904	05/63	
30111	M7	0-4-4T	1904	01/64	
30112	M7	0-4-4T	1900	02/63	
30113	T9	4-4-0	1899	05/51	
30114	T9	4-4-0	1899	05/51	
30115	T9	4-4-0	1899	05/51	
30116	T9	4-4-0	1899	05/51	
30117	T9	4-4-0	1899	07/61	
30118	T9	4-4-0	1899	05/51	
30119	T9	4-4-0	1899	12/52	
30120	T9	4-4-0	1899	03/62	preserved
30121	T9	4-4-0	1899	04/51	
30122	T9	4-4-0	1899	04/51	
30123	M7	0-4-4T	1903	06/59	
30124	M7	0-4-4T	1903	05/61	
30125	M7	0-4-4T	1911	12/62	
30127	M7	0-4-4T	1911	11/63	
30128	M7	0-4-4T	1911	01/60	to 30031 01/60
30128 (2)	M7	0-4-4T	1898	01/61	ex 30031 01/61
30129	M7	0-4-4T	1911	11/63	
30130	M7	0-4-4T	1903	12/59	
30131	M7	0-4-4T	1911	11/62	
30132	M7	0-4-4T	1903	11/62	
30133	M7	0-4-4T	1903	03/64	
30134	L11	4-4-0	1904	03/51	
30135	K10	4-4-0	1902	03/49	
30137	K10	4-4-0	1902	08/49	
30139	K10	4-4-0	1902	09/48	
30140	K10	4-4-0	1902	01/50	
30141	K10	4-4-0	1902	10/49	
30142	K10	4-4-0	1902	01/50	
30143	K10	4-4-0	1902	09/48	
30144	K10	4-4-0	1902	07/49	
30145	K10	4-4-0	1902	10/48	
30146	K10	4-4-0	1902	02/48	
30147	B4	0-4-0T	1908	02/49	ex - Dinard
30148	L11	4-4-0	1904	03/52	
30150	K10	4-4-0	1902	02/48	
30151	K10	4-4-0	1902	02/50	
30152	K10	4-4-0	1902	02/49	
30153	K10	4-4-0	1902	03/49	
30154	L11	4-4-0	1903	04/51	
30155	L11	4-4-0	1903	04/51	
30156	L11	4-4-0	1903	05/51	
30157	L11	4-4-0	1903	03/52	
30158	L11	4-4-0	1903	12/50	
30159	L11	4-4-0	1903	03/51	
30160	G6	0-6-0T	1900	04/59	
30161	L11	4-4-0	1903	02/50	
30162	G6	0-6-0T	1900	03/58	
30163	L11	4-4-0	1903	12/51	
30164	L11	4-4-0	1903	10/51	
30165	L11	4-4-0	1903	04/51	
30166	L11	4-4-0	1904	07/50	
30167	L11	4-4-0	1904	09/49	
30168	L11	4-4-0	1904	02/50	
30169	L11	4-4-0	1904	07/49	
30170	L11	4-4-0	1904	06/52	
30171	L11	4-4-0	1904	09/51	
30172	L11	4-4-0	1904	06/52	
30173	L11	4-4-0	1904	05/51	
30174	L11	4-4-0	1906	09/51	
30175	L11	4-4-0	1906	12/51	
30176	B4	0-4-0T	1893	06/48	ex - Guernsey
30177	O2	0-4-4T	1889	09/59	
30179	O2	0-4-4T	1890	12/59	
30181	O2	0-4-4T	1890	04/49	to W35 04/49
30182	O2	0-4-4T	1890	01/60	
30183	O2	0-4-4T	1890	09/61	
30192	O2	0-4-4T	1890	08/61	
30193	O2	0-4-4T	1890	04/62	
30197	O2	0-4-4T	1891	02/53	
30198	O2	0-4-4T	1891	04/49	to W36 04/49
30199	O2	0-4-4T	1891	12/62	
30200	O2	0-4-4T	1891	08/62	
30203	O2	0-4-4T	1891	12/55	
30204	O2	0-4-4T	1891	02/53	
30207	O2	0-4-4T	1891	06/57	
30212	O2	0-4-4T	1892	11/59	
30213	O2	0-4-4T	1892	02/53	
30216	O2	0-4-4T	1892	11/57	
30221	O2	0-4-4T	1892	08/53	
30223	O2	0-4-4T	1892	10/61	
30224	O2	0-4-4T	1892	02/58	
30225	O2	0-4-4T	1892	12/62	
30229	O2	0-4-4T	1894	03/61	

Number	Class	W.Arrgt.	built	w/dwn	notes		Number	Class	W.Arrgt.	built	w/dwn	notes
30230	O2	0-4-4T	1894	08/56			30301	T9	4-4-0	1900	08/59	
30231	O2	0-4-4T	1894	03/53			30302	T9	4-4-0	1900	10/52	
30232	O2	0-4-4T	1895	09/59			30303	T9	4-4-0	1900	05/51	
30233	O2	0-4-4T	1895	02/58			30304	T9	4-4-0	1900	09/57	
30236	O2	0-4-4T	1895	01/60			30305	T9	4-4-0	1901	05/51	
30237	G6	0-6-0T	1898	03/49			30306	700	0-6-0	1901	04/62	
30238	G6	0-6-0T	1898	11/60	DS682 11/60		30307	T9	4-4-0	1901	12/52	
30239	G6	0-6-0T	1898	10/48			30308	700	0-6-0	1897	09/61	
30240	G6	0-6-0T	1898	03/49			30309	700	0-6-0	1901	12/62	
30241	M7	0-4-4T	1899	07/63			30310	T9	4-4-0	1901	05/59	
30242	M7	0-4-4T	1897	06/58			30311	T9	4-4-0	1901	07/52	
30243	M7	0-4-4T	1897	09/58			30312	T9	4-4-0	1901	03/52	
30244	M7	0-4-4T	1897	10/57			30313	T9	4-4-0	1901	07/61	
30245	M7	0-4-4T	1897	11/62			30314	T9	4-4-0	1901	05/51	
30246	M7	0-4-4T	1897	10/61			30315	700	0-6-0	1897	12/62	
30247	M7	0-4-4T	1897	10/61			30316	700	0-6-0	1897	12/62	
30248	M7	0-4-4T	1897	07/61			30317	700	0-6-0	1897	07/61	
30249	M7	0-4-4T	1897	07/63			30318	M7	0-4-4T	1900	12/59	
30250	M7	0-4-4T	1897	08/57			30319	M7	0-4-4T	1900	01/60	
30251	M7	0-4-4T	1897	07/63			30320	M7	0-4-4T	1900	02/63	
30252	M7	0-4-4T	1897	02/59			30321	M7	0-4-4T	1900	09/62	
30253	M7	0-4-4T	1897	10/61			30322	M7	0-4-4T	1900	11/58	
30254	M7	0-4-4T	1897	05/64			30323	M7	0-4-4T	1900	12/59	
30255	M7	0-4-4T	1897	09/60			30324	M7	0-4-4T	1900	09/59	
30256	M7	0-4-4T	1897	05/59			30325	700	0-6-0	1897	12/62	
30257	G6	0-6-0T	1894	02/49			30326	700	0-6-0	1897	02/62	
30258	G6	0-6-0T	1894	07/61			30327	700	0-6-0	1897	05/61	
30259	G6	0-6-0T	1894	12/50			30328	M7	0-4-4T	1901	03/63	
30260	G6	0-6-0T	1894	11/58			30329	K10	4-4-0	1911	04/50	
30261	G6	0-6-0T	1894	11/48			30330	H15	4-6-0	1905	05/57	
30262	G6	0-6-0T	1894	11/49			30331	H15	4-6-0	1905	03/61	
30263	G6	0-6-0T	1894	09/49			30332	H15	4-6-0	1905	11/56	
30264	G6	0-6-0T	1894	02/49			30333	H15	4-6-0	1905	10/58	
30265	G6	0-6-0T	1894	08/49			30334	H15	4-6-0	1905	06/58	
30266	G6	0-6-0T	1894	06/60			30335	H15	4-6-0	1907	06/59	
30267	G6	0-6-0T	1896	02/49			30336	T9	4-4-0	1901	02/53	
30268	G6	0-6-0T	1896	12/50			30337	T9	4-4-0	1901	11/58	
30269	G6	0-6-0T	1896	10/49			30338	T9	4-4-0	1901	04/61	
30270	G6	0-6-0T	1896	01/59			30339	700	0-6-0	1897	05/62	
30271	G6	0-6-0T	1897	09/48			30340	K10	4-4-0	1901	06/48	
30272	G6	0-6-0T	1898	06/50	DS3152 06/50		30341	K10	4-4-0	1901	12/49	
30273	G6	0-6-0T	1898	03/49			30343	K10	4-4-0	1901	02/48	
30274	G6	0-6-0T	1898	10/60			30345	K10	4-4-0	1902	09/49	
30275	G6	0-6-0T	1898	12/49			30346	700	0-6-0	1897	11/62	
30276	G6	0-6-0T	1898	10/49			30348	G6	0-6-0T	1900	08/48	
30277	G6	0-6-0T	1900	11/61			30349	G6	0-6-0T	1900	07/61	
30278	G6	0-6-0T	1900	12/48			30350	700	0-6-0	1897	03/62	
30279	G6	0-6-0T	1898	12/48			30351	G6	0-6-0T	1900	03/49	
30280	T9	4-4-0	1899	05/51			30352	700	0-6-0	1897	06/59	
30281	T9	4-4-0	1899	12/51			30353	G6	0-6-0T	1900	03/51	
30282	T9	4-4-0	1899	03/54			30354	G6	0-6-0T	1900	11/49	
30283	T9	4-4-0	1899	12/57			30355	700	0-6-0	1897	02/61	
30284	T9	4-4-0	1899	04/58			30356	M7	0-4-4T	1900	12/58	
30285	T9	4-4-0	1900	06/58			30357	M7	0-4-4T	1900	04/61	
30286	T9	4-4-0	1900	04/51			30361	T1	0-4-4T	1896	02/49	
30287	T9	4-4-0	1900	09/61			30363	T1	0-4-4T	1896	06/48	
30288	T9	4-4-0	1900	12/60			30366	T1	0-4-4T	1896	10/48	
30289	T9	4-4-0	1900	11/59								
30300	T9	4-4-0	1900	03/61								

Number	Class	W.Arrgt.	built	w/dwn	notes
30367	T1	0-4-4T	1896	06/51	
30368	700	0-6-0	1897	12/62	
30374	M7	0-4-4T	1903	10/59	
30375	M7	0-4-4T	1903	09/62	
30376	M7	0-4-4T	1903	01/59	
30377	M7	0-4-4T	1903	08/62	
30378	M7	0-4-4T	1903	12/62	
30379	M7	0-4-4T	1904	10/63	
30380	K10	4-4-0	1902	06/49	
30382	K10	4-4-0	1902	08/50	
30383	K10	4-4-0	1902	05/49	
30384	K10	4-4-0	1902	06/51	
30385	K10	4-4-0	1902	02/49	
30386	K10	4-4-0	1902	08/49	
30389	K10	4-4-0	1902	07/51	
30390	K10	4-4-0	1902	11/50	
30391	K10	4-4-0	1902	10/49	
30392	K10	4-4-0	1902	10/48	
30393	K10	4-4-0	1902	02/49	
30394	K10	4-4-0	1902	05/49	
30395	S11	4-4-0	1903	10/51	
30396	S11	4-4-0	1903	11/51	
30397	S11	4-4-0	1903	12/51	
30398	S11	4-4-0	1903	12/51	
30399	S11	4-4-0	1903	12/51	
30400	S11	4-4-0	1903	11/54	
30401	S11	4-4-0	1903	09/51	
30402	S11	4-4-0	1903	03/51	
30403	S11	4-4-0	1903	10/51	
30404	S11	4-4-0	1903	10/51	
30405	L11	4-4-0	1906	02/51	
30406	L11	4-4-0	1906	06/51	
30407	L11	4-4-0	1906	11/50	
30408	L11	4-4-0	1906	03/51	
30409	L11	4-4-0	1906	06/51	
30410	L11	4-4-0	1906	12/49	
30411	L11	4-4-0	1906	06/52	

Number	Class	W.Arrgt.	built	w/dwn	notes
30412	L11	4-4-0	1906	12/50	
30413	L11	4-4-0	1906	03/51	
30414	L11	4-4-0	1906	05/51	
30415	L12	4-4-0	1904	02/53	
30416	L12	4-4-0	1904	06/51	
30417	L12	4-4-0	1904	12/51	
30418	L12	4-4-0	1904	06/51	
30419	L12	4-4-0	1904	12/51	
30420	L12	4-4-0	1904	09/51	
30421	L12	4-4-0	1904	09/51	
30422	L12	4-4-0	1904	09/51	
30423	L12	4-4-0	1904	07/51	
30424	L12	4-4-0	1904	07/51	
30425	L12	4-4-0	1904	09/51	
30426	L12	4-4-0	1904	11/51	
30427	L12	4-4-0	1904	11/51	
30428	L12	4-4-0	1905	04/51	
30429	L12	4-4-0	1905	10/51	
30430	L12	4-4-0	1905	03/51	
30431	L12	4-4-0	1905	10/51	
30432	L12	4-4-0	1905	10/51	
30433	L12	4-4-0	1905	12/51	
30434	L12	4-4-0	1905	03/55	
30435	L11	4-4-0	1906	12/49	
30436	L11	4-4-0	1906	07/51	
30437	L11	4-4-0	1906	06/52	
30438	L11	4-4-0	1907	10/51	
30439	L11	4-4-0	1907	05/49	
30440	L11	4-4-0	1907	05/49	
30441	L11	4-4-0	1907	04/51	
30442	L11	4-4-0	1907	12/51	
30443	T14	4-4-0	1911	05/49	
30444	T14	4-4-0	1911	02/50	
30445	T14	4-4-0	1911	11/48	
30446	T14	4-4-0	1911	05/51	
30447	T14	4-4-0	1911	12/49	

Number & Name		W.Arrgt.	built	w/dwn
30448	Sir Tristram	N15 4-6-0	1925	08/60
30449	Sir Torre	N15 4-6-0	1925	12/59
30450	Sir Kay	N15 4-6-0	1925	09/60
30451	Sir Lamorak	N15 4-6-0	1925	06/62
30452	Sir Meliagrance	N15 4-6-0	1925	08/59
30453	King Arthur	N15 4-6-0	1925	07/61

Number & Name		W.Arrgt.	built	w/dwn
30454	Queen Guinevere	N15 4-6-0	1925	10/58
30455	Sir Launcelot	N15 4-6-0	1925	04/59
30456	Sir Galahad	N15 4-6-0	1925	05/60
30457	Sir Bedivere	N15 4-6-0	1925	05/61
30458	Ironside	0-4-0ST	1890	06/54

Number	Class	W.Arrgt.	built	w/dwn	notes
30459	T14	4-6-0	1912	11/48	
30460	T14	4-6-0	1912	11/48	
30461	T14	4-6-0	1912	06/51	
30462	T14	4-6-0	1912	02/50	
30463	D15	4-4-0	1912	12/51	
30464	D15	4-4-0	1912	11/54	
30465	D15	4-4-0	1912	01/56	
30466	D15	4-4-0	1912	10/52	
30467	D15	4-4-0	1912	09/55	
30468	D15	4-4-0	1912	03/52	
30469	D15	4-4-0	1912	12/51	
30470	D15	4-4-0	1912	12/52	
30471	D15	4-4-0	1912	03/54	

Number	Class	W.Arrgt.	built	w/dwn	notes
30472	D15	4-4-0	1912	03/52	
30473	H15	4-6-0	1924	07/59	
30474	H15	4-6-0	1924	04/60	
30475	H15	4-6-0	1924	12/61	
30476	H15	4-6-0	1924	12/61	
30477	H15	4-6-0	1924	07/59	
30478	H15	4-6-0	1924	04/59	
30479	M7	0-4-4T	1911	04/61	
30480	M7	0-4-4T	1911	05/64	
30481	M7	0-4-4T	1911	05/59	
30482	H15	4-6-0	1914	05/59	
30483	H15	4-6-0	1914	06/57	
30484	H15	4-6-0	1914	05/59	

Class C2X 0-6-0 No. 32535 was fitted with a second dome on the boiler for sanding, but this was unused for many years, although retained until withdrawal during 1962. Several other ex L.B.S.C. engines were similarly fitted.

Modelmaster Collection

Class A1x 0-6-0T No. 32670 was almost ninety one years old when withdrawn during November 1963. As No. 70 POPLAR it was sold by the L.B.S.C.R. to the Kent & East Sussex Railway as their number three as early as 1901, and became No. 32670 on Nationalisation. This loco was therefore never owned by the Southern Railway, and is now preserved.

Modelmaster Collection

Number	Class	W.Arrgt.	built	w/dwn	notes	Number	Class	W.Arrgt.	built	w/dwn	notes
30485	H15	4-6-0	1914	04/55		30564	0395	0-6-0	1885	04/58	ex S.R. 3029
30486	H15	4-6-0	1914	07/59		30565	0395	0-6-0	1885	02/53	ex S.R. 3083
30487	H15	4-6-0	1914	11/57		30566	0395	0-6-0	1885	02/59	ex S.R. 3101
30488	H15	4-6-0	1914	04/59		30567	0395	0-6-0	1883	09/59	ex S.R. 3154
30489	H15	4-6-0	1914	01/61		30568	0395	0-6-0	1883	04/58	ex S.R. 3155
30490	H15	4-6-0	1914	07/55		30569	0395	0-6-0	1883	06/56	ex S.R. 3163
30491	H15	4-6-0	1914	01/61		30570	0395	0-6-0	1883	12/56	ex S.R. 3167
30492	G16	4-8-0T	1921	02/59		30571	0395	0-6-0	1881	07/53	ex S.R. 3397
30493	G16	4-8-0T	1921	12/59		30572	0395	0-6-0	1882	01/57	ex S.R. 3400
30494	G16	4-8-0T	1921	12/62		30573	0395	0-6-0	1883	11/56	ex S.R. 3433
30495	G16	4-8-0T	1921	12/62		30574	0395	0-6-0	1883	01/57	ex S.R. 3436
30496	S15	4-6-0	1921	06/63		30575	0395	0-6-0	1883	12/58	ex S.R. 3439
30497	S15	4-6-0	1920	07/63		30576	0395	0-6-0	1883	12/50	ex S.R. 3440
30498	S15	4-6-0	1920	06/63		30577	0395	0-6-0	1883	02/56	ex S.R. 3441
30499	S15	4-6-0	1920	01/64		30578	0395	0-6-0	1883	08/57	ex S.R. 3442
30500	S15	4-6-0	1920	06/63		30579	0395	0-6-0	1883	01/56	ex S.R. 3496
30501	S15	4-6-0	1920	06/63		30580	0395	0-6-0	1885	06/57	ex S.R. 3506
30502	S15	4-6-0	1920	11/62		30581	0395	0-6-0	1885	03/53	ex S.R. 3509
30503	S15	4-6-0	1920	06/63		30582	0415	4-4-2T	1885	07/61	ex S.R. 3125
30504	S15	4-6-0	1920	11/62		30583	0415	4-4-2T	1885	07/61	ex S.R. 3488
30505	S15	4-6-0	1920	11/62		30584	0415	4-4-2T	1885	02/61	ex S.R. 3520
30506	S15	4-6-0	1920	01/64		30585	0298	2-4-0WT	1874	12/62	ex S.R. 3314
30507	S15	4-6-0	1920	12/63		30586	0298	2-4-0WT	1875	12/62	ex S.R. 3329
30508	S15	4-6-0	1920	12/63		30587	0298	2-4-0WT	1874	12/62	ex S.R. 3298
30509	S15	4-6-0	1920	07/63		30588	C14	0-4-0T	1906	12/57	ex S.R. 3741
30510	S15	4-6-0	1921	06/63		30589	C14	0-4-0T	1907	06/57	ex S.R. 3744
30511	S15	4-6-0	1921	07/63		30618	A12	0-4-2	1892	02/48	
30512	S15	4-6-0	1921	03/64		30627	A12	0-4-2	1893	12/48	
30513	S15	4-6-0	1921	03/63		30629	A12	0-4-2	1893	12/48	
30514	S15	4-6-0	1921	07/63		30636	A12	0-4-2	1893	10/48	
30515	S15	4-6-0	1921	07/63		30667	0-4-4T		1897	02/61	
30516	H16	4-6-2T	1921	11/62		30667 (2)	M7	0-4-4T	1905	05/64	ex 30106 02/61
30517	H16	4-6-2T	1921	11/62		30668	M7	0-4-4T	1897	09/61	
30518	H16	4-6-2T	1921	11/62		30669	M7	0-4-4T	1897	07/61	
30519	H16	4-6-2T	1922	11/62		30670	M7	0-4-4T	1897	03/63	
30520	H16	4-6-2T	1922	11/62		30671	M7	0-4-4T	1897	07/59	
30521	H15	4-6-0	1922	12/61		30672	M7	0-4-4T	1897	05/48	
30522	H15	4-6-0	1922	10/61		30673	M7	0-4-4T	1897	08/60	
30523	H15	4-6-0	1922	09/61		39674	M7	0-4-4T	1897	08/61	
30524	H15	4-6-0	1922	02/61		30675	M7	0-4-4T	1897	03/58	
30530	Q	0-6-0	1938	12/64		30676	M7	0-4-4T	1897	07/61	
30531	Q	0-6-0	1938	07/64		30687	700	0-6-0	1897	09/60	
30532	Q	0-6-0	1938	01/64		30688	700	0-6-0	1897	09/57	
30533	Q	0-6-0	1938	03/63		30689	700	0-6-0	1897	11/62	
30534	Q	0-6-0	1938	12/62		30690	700	0-6-0	1897	12/62	
30535	Q	0-6-0	1938	04/65		30691	700	0-6-0	1897	07/61	
30536	Q	0-6-0	1938	01/64		30692	700	0-6-0	1897	01/62	
30537	Q	0-6-0	1938	12/62		30693	700	0-6-0	1897	07/61	
30538	Q	0-6-0	1938	07/63		30694	700	0-6-0	1897	06/61	
30539	Q	0-6-0	1938	01/63		30695	700	0-6-0	1897	12/62	
30540	Q	0-6-0	1939	11/62		30696	700	0-6-0	1897	08/61	
30541	Q	0-6-0	1939	11/64		30697	700	0-6-0	1897	11/62	
30542	Q	0-6-0	1939	12/64		30698	700	0-6-0	1897	05/62	
30543	Q	0-6-0	1939	12/64		30699	700	0-6-0	1897	07/61	
30544	Q	0-6-0	1939	01/64		30700	700	0-6-0	1897	11/62	
30545	Q	0-6-0	1939	04/65		30701	700	0-6-0	1897	07/61	
30546	Q	0-6-0	1939	05/64		30702	T9	4-4-0	1899	10/59	
30547	Q	0-6-0	1939	01/64		30703	T9	4-4-0	1899	10/52	
30548	Q	0-6-0	1939	03/65		30704	T9	4-4-0	1899	10/51	
30549	Q	0-6-0	1939	07/63		30705	T9	4-4-0	1899	01/58	
						30706	T9	4-4-0	1899	05/59	

Number	Class	W.Arrgt.	built	w/dwn	notes	Number	Class	W.Arrgt.	built	w/dwn	notes
30707	T9	4-4-0	1899	03/61		30721	T9	4-4-0	1899	01/58	
30708	T9	4-4-0	1899	12/57		30722	T9	4-4-0	1899	04/51	
30709	T9	4-4-0	1899	07/61		30723	T9	4-4-0	1899	06/51	
30710	T9	4-4-0	1899	03/59		30724	T9	4-4-0	1899	05/59	
30711	T9	4-4-0	1899	08/59		30725	T9	4-4-0	1899	12/52	
30712	T9	4-4-0	1899	11/58		30726	T9	4-4-0	1899	08/59	
30713	T9	4-4-0	1899	04/51		30727	T9	4-4-0	1899	09/58	
30714	T9	4-4-0	1899	04/51		30728	T9	4-4-0	1899	10/56	
30715	T9	4-4-0	1899	07/61		30729	T9	4-4-0	1899	03/61	
30716	T9	4-4-0	1899	10/51		30730	T9	4-4-0	1899	08/57	
30717	T9	4-4-0	1899	07/61		30731	T9	4-4-0	1899	05/51	
30718	T9	4-4-0	1899	03/61		30732	T9	4-4-0	1899	10/59	
30719	T9	4-4-0	1899	03/61		30733	T9	4-4-0	1901	06/52	

Number & Name		W.Arrgt.	built	w/dwn	Number & Name		W.Arrgt.	built	w/dwn
30736	Excalibur	N15 4-6-0	1918	10/56	30773	Sir Lavaine	N15 4-6-0	1925	02/62
30737	King Uther	N15 4-6-0	1918	08/56	30774	Sir Gaheris	N15 4-6-0	1925	01/60
30738	King Pellinore	N15 4-6-0	1919	03/58	30775	Sir Agravaine	N15 4-6-0	1925	02/60
30739	King Leodegrance	N15 4-6-0	1919	05/57	30776	Sir Galagars	N15 4-6-0	1925	01/59
30740	Merlin	N15 4-6-0	1919	12/55	30777	Sir Lamiel	N15 4-6-0	1925	10/61
30741	Joyous Gard	N15 4-6-0	1919	02/56	30778	Sir Pelleas	N15 4-6-0	1925	05/59
30742	Camelot	N15 4-6-0	1919	02/57	30779	Sir Colgrevance	N15 4-6-0	1925	07/59
30743	Lyonnesse	N15 4-6-0	1919	10/55	30780	Sir Colgrevance	N15 4-6-0	1925	07/59
30744	Maid of Astolat	N15 4-6-0	1919	01/56	30781	Sir Persant	N15 4-6-0	1925	05/62
30745	Tintagel	N15 4-6-0	1919	02/56	30782	Sir Brian	N15 4-6-0	1925	09/62
30746	Pendragon	N15 4-6-0	1922	11/55	30783	Sir Gillemere	N15 4-6-0	1925	02/61
30747	Elaine	N15 4-6-0	1922	10/56	30784	Sir Nerovens	N15 4-6-0	1925	10/59
30748	Vivien	N15 4-6-0	1922	09/57	30785	Sir Mador de la Port	N15 4-6-0	1925	10/59
30749	Iseult	N15 4-6-0	1922	06/57	30786	Sir Lionel	N15 4-6-0	1925	08/59
30750	Morgan le Fay	N15 4-6-0	1922	07/57	30787	Sir Menadeuke	N15 4-6-0	1925	02/59
30751	Etarre	N15 4-6-0	1922	06/57	30788	Sir Urre of the Mount	N15 4-6-0	1925	02/62
30752	Linette	N15 4-6-0	1922	12/55	30789	Sir Guy	N15 4-6-0	1925	12/59
30753	Melisande	N15 4-6-0	1923	03/57	30790	Sir Villiars	N15 4-6-0	1925	10/61
30754	The Green Knight	N15 4-6-0	1923	02/53	30791	Sir Uwaine	N15 4-6-0	1925	05/60
30755	The Red Knight	N15 4-6-0	1923	05/57	30792	Sir Hervis de Revel	N15 4-6-0	1925	02/59
30756	A.S. Harris	0-6-0T	1907	11/51	30793	Sir Ontzlake	N15 4-6-0	1926	08/62
30757	Earl of Mount Edgcumbe	0-6-2T	1907	12/57, 12/56	30794	Sir Ector de Maris	N15 4-6-0	1926	08/60
30758	Lord St. Levan	0-6-2T	1907	09/60	30795	Sir Dinadan	N15 4-6-0	1926	07/62
30763	Sir Bors de Ganis	N15 4-6-0	1925	07/61	30796	Sir Dodinas le Savage	N15 4-6-0	1926	02/62
30764	Sir Gawain	N15 4-6-0	1925	09/62	30797	Sir Blamor de Ganis	N15 4-6-0	1926	06/59
30765	Sir Gareth	N15 4-6-0	1925	12/58	30798	Sir Hectimere	N15 4-6-0	1926	06/62
30766	Sir Geraint	N15 4-6-0	1925	06/59	30799	Sir Ironside	N15 4-6-0	1926	02/61
30767	Sir Valence	N15 4-6-0	1925	10/61	30800	Sir Meleaus de Lile	N15 4-6-0	1926	08/61
30768	Sir Balin	N15 4-6-0	1925	02/60	30801	Sir Meliot de Logres	N15 4-6-0	1926	04/59
30769	Sir Balan	N15 4-6-0	1925	11/62	30802	Sir Durnore	N15 4-6-0	1926	07/61
30770	Sir Prianus	N15 4-6-0	1925	03/61	30803	Sir Harry le Fisk Lake	N15 4-6-0	1926	08/61
30771	Sir Sagramore	N15 4-6-0	1925	09/61	30804	Sir Cador of Cornwall	N15 4-6-0	1926	02/62
30772	Sir Percivale	N15 4-6-0	1925	02/62	30805	Sir Constantine	N15 4-6-0	1927	11/59
					30806	Sir Galleron	N15 4-6-0	1927	04/61

Number	Class	W.Arrgt.	built	w/dwn	notes	Number	Class	W.Arrgt.	built	w/dwn	notes
30823	S15	4-6-0	1927	11/64		30832	S15	4-6-0	1927	01/64	
30824	S15	4-6-0	1927	09/65		30833	S15	4-6-0	1927	05/65	
30825	S15	4-6-0	1927	01/64		30834	S15	4-6-0	1927	11/64	
30826	S15	4-6-0	1927	11/62		30835	S15	4-6-0	1927	11/64	
30827	S15	4-6-0	1927	01/64		30836	S15	4-6-0	1927	06/64	
30828	S15	4-6-0	1927	01/64		30837	S15	4-6-0	1928	09/65	
30829	S15	4-6-0	1927	11/63		30838	S15	4-6-0	1936	09/65	
30830	S15	4-6-0	1927	07/64		30839	S15	4-6-0	1936	09/65	
30831	S15	4-6-0	1927	11/63		30840	S15	4-6-0	1936	09/64	

Number	Class	W.Arrgt.	built	w/dwn	notes
30841	S15	4-6-0	1936	01/64	
30842	S15	4-6-0	1936	09/65	
30843	S15	4-6-0	1936	09/64	
30844	S15	4-6-0	1936	06/64	
30845	S15	4-6-0	1936	07/63	
30846	S15	4-6-0	1936	01/63	
30847	S15	4-6-0	1936	01/64	

Number & Name	W.Arrgt.	built	w/dwn
30850 Lord Nelson	LN 4-6-0	1926	08/62
30851 Sir Francis Drake	LN 4-6-0	1928	12/61
30852 Sir Walter Raleigh	LN 4-6-0	1928	02/62
30853 Sir Richard Grenville	LN 4-6-0	1928	02/62
30854 Howard of Effingham	LN 4-6-0	1928	09/61
30855 Robert Blake	LN 4-6-0	1928	09/61
30856 Lord St Vincent	LN 4-6-0	1928	09/62
30857 Lord Howe	LN 4-6-0	1928	09/62
30858 Lord Duncan	LN 4-6-0	1929	08/61
30859 Lord Hood	LN 4-6-0	1929	12/61
30860 Lord Hawke	LN 4-6-0	1929	08/62
30861 Lord Anson	LN 4-6-0	1929	10/62
30862 Lord Collingwood	LN 4-6-0	1929	10/62
30863 Lord Rodney	LN 4-6-0	1929	02/62
30864 Sir Martin Frobisher	LN 4-6-0	1929	01/62
30865 Sir John Hawkins	LN 4-6-0	1929	05/61
30900 Eton	V 4-4-0	1930	02/62
30901 Winchester	V 4-4-0	1930	12/62
30902 Wellington	V 4-4-0	1930	12/62
30903 Charterhouse	V 4-4-0	1930	12/62
30904 Lancing	V 4-4-0	1930	07/61
30905 Tonbridge	V 4-4-0	1930	12/61
30906 Sherbourne	V 4-4-0	1930	12/62
30907 Dulwich	V 4-4-0	1930	09/61
30908 Westminster	V 4-4-0	1930	09/61
30909 St Pauls	V 4-4-0	1930	02/62
30910 Merchant Taylors	V 4-4-0	1932	11/61
30911 Dover	V 4-4-0	1932	12/62
30912 Downside	V 4-4-0	1932	11/62
30913 Christ's Hospital	V 4-4-0	1932	01/62
30914 Eastbourne	V 4-4-0	1932	07/61
30915 Brighton	V 4-4-0	1933	12/62
30916 Whitgift	V 4-4-0	1933	12/62
30917 Ardingly	V 4-4-0	1933	11/62
30918 Hurstpierpoint	V 4-4-0	1933	10/61
30919 Harrow	V 4-4-0	1933	02/61
30920 Rugby	V 4-4-0	1933	11/61
30921 Shrewsbury	V 4-4-0	1933	12/62
30922 Marlborough	V 4-4-0	1933	11/61
30923 Bradfield	V 4-4-0	1933	12/62
30924 Haileybury	V 4-4-0	1933	01/62
30925 Cheltenham	V 4-4-0	1934	12/62
30926 Repton	V 4-4-0	1934	12/62
30927 Clifton	V 4-4-0	1934	01/62
30928 Stowe	V 4-4-0	1934	11/62
30929 Malvern	V 4-4-0	1934	12/62
30930 Radley	V 4-4-0	1934	12/62
30931 King's Wimbledon	V 4-4-0	1934	09/61
30932 Blundells	V 4-4-0	1935	02/61
30933 King's Canterbury	V 4-4-0	1935	11/61
30934 St Lawrence	V 4-4-0	1935	12/62
30935 Sevenoaks	V 4-4-0	1935	12/62
30936 Cranleigh	V 4-4-0	1935	12/62
30937 Epsom	V 4-4-0	1935	12/62
30938 St Olave's	V 4-4-0	1935	07/61
30939 Leatherhead	V 4-4-0	1935	06/61
30948	EKR 0-6-0T	1917	02/49
30949 Hecate	KES 0-8-0T	1905	03/50

Number	Class	W.Arrgt.	built	w/dwn	notes
30950	Z	0-8-0T	1929	11/62	
30951	Z	0-8-0T	1929	11/62	
30952	Z	0-8-0T	1929	11/62	
30953	Z	0-8-0T	1929	12/62	
30954	Z	0-8-0T	1929	12/62	
30955	Z	0-8-0T	1929	12/62	
30956	Z	0-8-0T	1929	12/62	
30957	Z	0-8-0T	1929	11/62	
31002	F1	4-4-0	1886	06/48	
31003	O1	0-6-0	1896	01/49	
31004	C	0-6-0	1901	11/61	
31005	H	0-4-4T	1907	09/63	
31007	O1	0-6-0	1899	05/49	
31010	R1	0-6-0T	1890	08/59	
31013	B1	4-4-0	1898	09/48	
31014	O1	0-6-0	1893	06/48	
31016	H	0-4-4T	1915	07/51	
31018	C	0-6-0	1900	01/59	
31019	E1	4-4-0	1908	04/61	
31027	P	0-6-0T	1910	03/61	
31028	F1	4-4-0	1889	05/48	
31031	F1	4-4-0	1894	05/48	
31033	C	0-6-0	1900	03/60	
31036	E	4-4-0	1908	03/51	
31037	C	0-6-0	1901	02/61	
31038	C	0-6-0	1901	03/54	
31039	O1	0-6-0	1897	08/49	
31041	O1	0-6-0	1893	05/51	
31042	F1	4-4-0	1896	02/48	
31044	O1	0-6-0	1898	06/51	
31046	O1	0-6-0	1894	10/48	
31047	R1	0-6-0T	1895	03/60	
31048	O1	0-6-0	1893	10/60	
31051	O1	0-6-0	1898	08/48	
31054	C	0-6-0	1901	08/60	
31057	D	4-4-0	1902	04/51	
31059	C	0-6-0	1902	02/58	
31061	C	0-6-0	1901	07/61	
31063	C	0-6-0	1900	04/56	
31064	O1	0-6-0	1896	05/58	
31065	O1	0-6-0	1896	06/61	
31066	O1	0-6-0	1897	06/51	
31067	E1	4-4-0	1908	11/61	
31068	C	0-6-0	1903	10/61	
31069	R1	0-6-0T	1898	06/58	
31071	C	0-6-0	1901	09/59	

Number	Class	W.Arrgt.	built	w/dwn	notes
31075	D	4-4-0	1903	12/56	
31078	F1	4-4-0	1886	03/49	
31080	O1	0-6-0	1897	08/49	
31086	C	0-6-0	1900	10/60	
31090	C	0-6-0	1903	08/53	
31092	D	4-4-0	1903	06/51	
31093	O1	0-6-0	1897	05/51	
31102	C	0-6-0	1900	05/60	
31105	F1	4-4-0	1896	02/49	
31106	O1	0-6-0	1894	01/49	
31107	R1	0-6-0T	1898	08/59	
31108	O1	0-6-0	1897	07/51	
31109	O1	0-6-0	1896	01/49	
31112	C	0-6-0	1900	04/62	
31113	C	0-6-0	1902	07/61	
31123	O1	0-6-0	1896	01/50	
31127	R1	0-6-0T	1895	01/49	
31128	R1	0-6-0T	1892	08/59	
31145	D1	4-4-0	1903	10/61	
31147	R1	0-6-0T	1890	09/58	
31150	C	0-6-0	1902	10/61	
31151	F1	4-4-0	1899	03/49	
31154	R1	0-6-0T	1892	09/55	
31157	E	4-4-0	1907	03/51	
31158	H	0-4-4T	1909	04/55	
31159	E	4-4-0	1908	12/51	
31160	E1	4-4-0	1907	02/51	
31161	H	0-4-4T	1909	11/61	
31162	H	0-4-4T	1909	07/61	
31163	E1	4-4-0	1909	05/49	
31164	H	0-4-4T	1909	10/59	
31165	E1	4-4-0	1907	05/59	
31166	E	4-4-0	1907	05/55	
31174	R1	0-4-4T	1892	08/59	
31175	E	4-4-0	1908	10/51	
31176	E	4-4-0	1907	10/51	
31177	H	0-4-4T	1909	10/61	
31178	P	0-6-0T	1910	06/58	
31179	E1	4-4-0	1908	10/50	
31182	H	0-4-4T	1909	07/51	
31184	H	0-4-4T	1915	03/58	
31191	C	0-6-0	1900	09/59	
31193	H	0-4-4T	1909	03/61	
31215	F1	4-4-0	1891	05/48	
31217	B1	4-4-0	1898	06/50	
31218	C	0-6-0	1900	04/62	
31219	C	0-6-0	1900	10/59	
31221	C	0-6-0	1901	08/59	
31223	C	0-6-0	1901	05/60	
31225	C	0-6-0	1900	06/55	
31227	C	0-6-0	1900	10/59	
31229	C	0-6-0	1900	10/61	
31231	F1	4-4-0	1893	03/49	
31234	C	0-6-0	1901	08/53	
31238	O1	0-6-0	1893	07/49	
31239	H	0-4-4T	1909	01/60	
31242	C	0-6-0	1902	09/61	
31243	C	0-6-0	1902	10/59	
31244	C	0-6-0	1902	10/61	
31245	C	0-6-0	1902	08/59	
31246	D1	4-4-0	1902	03/61	
31247	D1	4-4-0	1903	07/61	
31248	O1	0-6-0	1896	06/51	
31252	C	0-6-0	1902	07/59	
31253	C	0-6-0	1903	10/59	
31255	C	0-6-0	1900	09/61	
31256	C	0-6-0	1900	07/61	
31257	C	0-6-0	1900	08/49	
31258	OI	0-6-0	1894	02/61	
31259	H	0-4-4T	1905	11/59	
31260	C	0-6-0	1904	05/53	
31261	H	0-4-4T	1905	10/61	
31263	H	0-4-4T	1905	01/64	
31265	H	0-4-4T	1905	08/60	
31266	H	0-4-4T	1905	10/60	
31267	C	0-6-0	1904	06/62	
31268	C	0-6-0	1904	04/62	
31269	H	0-4-4T	1905	12/59	
31270	C	0-6-0	1904	06/59	
31271	C	0-6-0	1904	07/63	to DS240 07/63
31272	C	0-6-0	1904	08/59	
31273	E	4-4-0	1906	12/51	
31274	H	0-4-4T	1905	11/57	
31275	E	4-4-0	1906	03/51	
31276	H	0-4-4T	1905	02/61	
31277	C	0-6-0	1904	09/55	
31278	H	0-4-4T	1905	10/62	
31279	H	0-4-4T	1909	09/59	
31280	C	0-6-0	1908	07/63	
31287	C	0-6-0	1908	10/60	
31291	C	0-6-0	1908	05/53	
31293	C	0-6-0	1908	04/62	
31294	C	0-6-0	1908	10/55	
31295	H	0-4-4T	1909	05/59	
31297	C	0-6-0	1908	09/59	
31298	C	0-6-0	1908	11/60	
31302	1302	0-4-0CT	1881	07/49	
31305	H	0-4-4T	1906	11/62	
31306	H	0-4-4T	1906	12/61	
31307	H	0-4-4T	1906	08/61	
31308	H	0-4-4T	1906	12/62	
31309	H	0-4-4T	1906	06/55	
31310	H	0-4-4T	1906	05/60	
31311	H	0-4-4T	1907	12/54	
31315	E	4-4-0	1909	03/54	
31316	O1	0-6-0	1882	06/49	
31317	C	0-6-0	1908	02/62	
31319	H	0-4-4T	1909	01/60	
31320	H	0-4-4T	1907	12/55	
31321	H	0-4-4T	1906	11/57	
31322	H	0-4-4T	1909	04/61	
31323	P	0-6-0T	1910	07/60	preserved
31324	H	0-4-4T	1907	07/62	
31325	P	0-6-0T	1910	03/60	
31326	H	0-4-4T	1906	10/61	
31327	H	0-4-4T	1907	11/59	
31328	H	0-4-4T	1906	02/61	
31329	H	0-4-4T	1906	11/59	
31335	R1	0-6-0T	1888	07/55	
31337	R1	0-6-0T	1888	02/60	

Number	Class	W.Arrgt.	built	w/dwn	notes	Number	Class	W.Arrgt.	built	w/dwn	notes
31339	R1	0-6-0T	1889	06/58		31454	B1	4-4-0	1898	11/48	
31340	R1	0-6-0T	1889	02/59		31455	B1	4-4-0	1898	06/49	
31369	O1	0-6-0	1891	09/51		31457	B1	4-4-0	1898	02/49	
31370	O1	0-6-0	1891	02/60		31459	B1	4-4-0	1898	02/48	
31371	O1	0-6-0	1891	01/49		31460	C	0-6-0	1902	02/49	
31372	O1	0-6-0	1891	02/49		31461	C	0-6-0	1902	08/58	
31373	O1	0-6-0	1891	07/51		31470	D1	4-4-0	1906	06/59	
31374	O1	0-6-0	1891	09/49		31477	D	4-4-0	1907	02/51	
31377	O1	0-6-0	1891	01/50		31480	C	0-6-0	1904	07/61	
31378	O1	0-6-0	1891	11/48		31481	C	0-6-0	1904	11/61	
31379	O1	0-6-0	1893	05/51		31486	C	0-6-0	1902	05/53	
31380	O1	0-6-0	1893	11/49		31487	D1	4-4-0	1902	02/61	
31381	O1	0-6-0	1893	05/51		31488	D	4-4-0	1902	02/56	
31383	O1	0-6-0	1893	04/51		31489	D1	4-4-0	1903	11/61	
31384	O1	0-6-0	1893	12/49		31490	D	4-4-0	1902	09/51	
31385	O1	0-6-0	1893	09/49		31491	E	4-4-0	1907	02/53	
31386	O1	0-6-0	1893	10/48		31492	D1	4-4-0	1903	01/60	
31388	O1	0-6-0	1893	07/48		31493	D	4-4-0	1903	02/54	
31389	O1	0-6-0	1893	02/49		31494	D1	4-4-0	1903	08/60	
31390	O1	0-6-0	1893	05/51		31495	C	0-6-0	1904	03/61	
31391	O1	0-6-0	1893	06/51		31496	D	4-4-0	1907	09/55	
31395	O1	0-6-0	1893	06/51		31497	E1	4-4-0	1907	10/60	
31396	O1	0-6-0	1893	08/48		31498	C	0-6-0	1904	07/61	
31397	O1	0-6-0	1893	06/48		31500	H	0-4-4T	1905	06/61	
31398	O1	0-6-0	1893	05/49		31501	D	4-4-0	1903	05/53	
31400	N	2-6-0	1932	06/64		31502	D1	4-4-0	1903	03/51	
31401	N	2-6-0	1932	07/65		31503	H	0-4-4T	1905	08/59	
31402	N	2-6-0	1932	08/63		31504	E1	4-4-0	1905	02/58	
31403	N	2-6-0	1932	06/63		31505	D1	4-4-0	1907	09/61	
31404	N	2-6-0	1932	12/63		31506	E1	4-4-0	1905	09/58	
31405	N	2-6-0	1932	06/66		31507	E1	4-4-0	1908	07/61	
31406	N	2-6-0	1933	09/64		31508	C	0-6-0	1904	09/57	
31407	N	2-6-0	1932	07/63		31509	D1	4-4-0	1906	05/60	
31408	N	2-6-0	1933	06/66		31510	C	0-6-0	1904	06/62	
31409	N	2-6-0	1933	10/62		31511	E1	4-4-0	1905	12/50	
31410	N	2-6-0	1933	11/64		31512	H	0-4-4T	1909	06/61	
31411	N	2-6-0	1933	04/66		31513	C	0-6-0	1908	03/55	
31412	N	2-6-0	1933	08/64		31514	E	4-4-0	1907	12/51	
31413	N	2-6-0	1934	06/64		31515	E	4-4-0	1907	07/51	
31414	N	2-6-0	1934	11/62		31516	E	4-4-0	1908	10/51	
31425	O1	0-6-0	1897	08/59		31517	H	0-4-4T	1909	05/61	
31426	O1	0-6-0	1897	08/48		31518	H	0-4-4T	1909	01/64	
31428	O1	0-6-0	1897	03/49		31519	H	0-4-4T	1909	02/61	
31429	O1	0-6-0	1897	09/49		31520	H	0-4-4T	1909	08/60	
31430	O1	0-6-0	1897	05/59		31521	H	0-4-4T	1909	05/62	
31432	O1	0-6-0	1897	06/51		31522	H	0-4-4T	1909	01/63	
31434	O1	0-6-0	1897	08/59		31523	H	0-4-4T	1909	01/59	
31437	O1	0-6-0	1897	10/48		31530	H	0-4-4T	1905	03/62	
31438	O1	0-6-0	1897	11/48		31531	H	0-4-4T	1905	04/55	
31439	O1	0-6-0	1897	05/49		31532	H	0-4-4T	1905	03/51	
31440	B1	4-4-0	1898	11/48		31533	H	0-4-4T	1905	09/62	
31443	B1	4-4-0	1898	03/51		31540	H	0-4-4T	1904	02/60	
31445	B1	4-4-0	1898	02/48		31541	H	0-4-4T	1904	04/51	
31446	B1	4-4-0	1898	07/49		31542	H	0-4-4T	1904	11/62	
31448	B1	4-4-0	1898	08/49		31543	H	0-4-4T	1909	07/63	
31449	B1	4-4-0	1898	03/49		31544	H	0-4-4T	1904	09/63	
31450	B1	4-4-0	1898	04/48		31545	D1	4-4-0	1906	03/61	
31451	B1	4-4-0	1898	12/49		31546	H	0-4-4T	1904	02/51	
31452	B1	4-4-0	1898	04/50		31547	E	4-4-0	1908	02/51	
31453	B1	4-4-0	1898	10/48		31548	H	0-4-4T	1904	08/59	

Number	Class	W.Arrgt.	built	w/dwn	notes
31549	D	4-4-0	1906	10/56	
31550	H	0-4-4T	1904	02/61	
31551	H	0-4-4T	1905	01/64	
31552	H	0-4-4T	1905	11/61	
31553	H	0-4-4T	1905	06/61	
31554	H	0-4-4T	1909	05/59	
31555	P	0-6-0T	1910	02/55	
31556	P	0-6-0T	1909	06/61	
31557	P	0-6-0T	1909	09/57	
31558	P	0-6-0T	1910	02/60	
31572	C	0-6-0	1903	03/54	
31573	C	0-6-0	1903	11/61	
31574	D	4-4-0	1907	10/56	
31575	C	0-6-0	1903	07/61	
31576	C	0-6-0	1903	11/59	
31577	D	4-4-0	1906	12/56	
31578	C	0-6-0	1903	06/61	
31579	C	0-6-0	1903	10/61	
31580	C	0-6-0	1903	08/53	
31581	C	0-6-0	1903	03/60	
31582	C	0-6-0	1903	06/58	
31583	C	0-6-0	1903	07/61	
31584	C	0-6-0	1903	02/62	
31585	C	0-6-0	1903	02/59	
31586	D	4-4-0	1907	09/55	
31587	E	4-4-0	1907	07/51	
31588	C	0-6-0	1908	06/62	
31589	C	0-6-0	1908	11/61	
31590	C	0-6-0	1908	02/61	
31591	D	4-4-0	1907	06/55	
31592	C	0-6-0	1902	07/63	to DS239 07/63 (P)
31593	C	0-6-0	1902	02/58	
31595	J	0-6-4T	1913	05/51	
31596	J	0-6-4T	1913	10/51	
31597	J	0-6-4T	1913	11/50	
31598	J	0-6-4T	1913	12/50	
31599	J	0-6-4T	1913	10/49	
31602	T	0-6-0T	1893	07/51	
31604	T	0-6-0T	1891	12/50	
31610	U	2-6-0	1928	12/62	
31611	U	2-6-0	1928	10/63	
31612	U	2-6-0	1928	05/63	
31613	U	2-6-0	1928	01/64	
31614	U	2-6-0	1928	11/63	
31615	U	2-6-0	1928	10/63	
31616	U	2-6-0	1928	06/64	
31617	U	2-6-0	1928	01/64	
31618	U	2-6-0	1928	01/64	
31619	U	2-6-0	1928	12/65	
31620	U	2-6-0	1928	04/65	
31621	U	2-6-0	1928	06/64	
31622	U	2-6-0	1929	01/64	
31623	U	2-6-0	1929	12/63	
31624	U	2-6-0	1929	06/64	
31625	U	2-6-0	1929	01/64	
31626	U	2-6-0	1929	01/64	
31627	U	2-6-0	1929	10/65	
31628	U	2-6-0	1929	06/64	
31629	U	2-6-0	1929	01/64	
31630	U	2-6-0	1931	11/62	
31631	U	2-6-0	1931	09/63	
31632	U	2-6-0	1931	09/64	
31633	U	2-6-0	1931	12/63	
31634	U	2-6-0	1931	12/63	
31635	U	2-6-0	1931	12/63	
31636	U	2-6-0	1931	06/63	
31637	U	2-6-0	1931	09/63	
31638	U	2-6-0	1931	01/64	
31639	U	2-6-0	1931	06/66	
31658	R	0-4-4T	1891	12/52	
31659	R	0-4-4T	1891	09/51	
31660	R	0-4-4T	1891	12/53	
31661	R	0-4-4T	1891	09/55	
31662	R	0-4-4T	1891	10/53	
31663	R	0-4-4T	1891	07/53	
31665	R	0-4-4T	1891	10/52	
31666	R	0-4-4T	1891	12/55	
31667	R	0-4-4T	1891	04/51	
31670	R	0-4-4T	1891	04/51	
31671	R	0-4-4T	1891	11/54	
31672	R	0-4-4T	1891	12/49	
31673	R	0-4-4T	1891	10/52	
31674	R	0-4-4T	1891	06/52	
31675	R	0-4-4T	1891	12/52	
31681	C	0-6-0	1900	02/59	
31682	C	0-6-0	1900	10/61	
31683	C	0-6-0	1900	06/59	
31684	C	0-6-0	1900	10/61	
31685	S	0-6-0ST	1900	10/51	
31686	C	0-6-0	1900	04/62	
31687	C	0-6-0	1900	04/55	
31688	C	0-6-0	1900	02/60	
31689	C	0-6-0	1900	03/62	
31690	C	0-6-0	1900	06/62	
31691	C	0-6-0	1900	10/61	
31692	C	0-6-0	1900	04/60	
31693	C	0-6-0	1900	06/61	
31694	C	0-6-0	1900	03/61	
31695	C	0-6-0	1900	06/61	
31696	R1	0-4-4T	1900	03/51	
31697	R1	0-4-4T	1900	03/53	
31698	R1	0-4-4T	1900	10/55	
31699	R1	0-4-4T	1900	01/50	
31700	R1	0-4-4T	1900	10/52	
31703	R1	0-4-4T	1900	03/54	
31704	R1	0-4-4T	1900	04/56	
31705	R1	0-4-4T	1900	06/51	
31706	R1	0-4-4T	1900	12/52	
31707	R1	0-4-4T	1900	02/49	
31708	R1	0-4-4T	1900	10/52	
31709	R1	0-4-4T	1900	10/49	
31710	R1	0-4-4T	1900	06/51	
31711	C	0-6-0	1900	01/57	
31712	C	0-6-0	1900	02/57	
31713	C	0-6-0	1900	04/55	
31714	C	0-6-0	1900	07/61	
31715	C	0-6-0	1900	11/61	
31716	C	0-6-0	1901	10/61	
31717	C	0-6-0	1901	02/62	
31718	C	0-6-0	1901	09/55	

Number	Class	W.Arrgt.	built	w/dwn	notes	Number	Class	W.Arrgt.	built	w/dwn	notes
31719	C	0-6-0	1901	05/62		31784	L1	4-4-0	1926	02/60	
31720	C	0-6-0	1901	10/61		31785	L1	4-4-0	1926	01/60	
31721	C	0-6-0	1901	03/62		31786	L1	4-4-0	1926	02/62	
31722	C	0-6-0	1901	04/62		31787	L1	4-4-0	1926	01/61	
31723	C	0-6-0	1901	01/62		31788	L1	4-4-0	1926	01/60	
31724	C	0-6-0	1901	04/62		31789	L1	4-4-0	1926	11/61	
31725	C	0-6-0	1901	08/60		31790	U	2-6-0	1917	05/65	
31727	D1	4-4-0	1901	03/61		31791	U	2-6-0	1928	06/66	
31728	D	4-4-0	1901	05/53		31792	U	2-6-0	1928	09/64	
31729	D	4-4-0	1901	05/54		31793	U	2-6-0	1928	05/64	
31730	D	4-4-0	1901	03/51		31794	U	2-6-0	1928	06/63	
31731	D	4-4-0	1901	06/51		31795	U	2-6-0	1928	06/63	
31732	D	4-4-0	1901	09/51		31796	U	2-6-0	1928	01/64	
31733	D	4-4-0	1901	12/53		31797	U	2-6-0	1928	01/64	
31734	D	4-4-0	1901	11/55		31798	U	2-6-0	1928	09/64	
31735	D	4-4-0	1901	04/61		31799	U	2-6-0	1928	02/65	
31736	D1	4-4-0	1901	12/50		31800	U	2-6-0	1928	10/65	
31737	D	4-4-0	1901	10/56		31801	U	2-6-0	1928	06/64	
31738	D	4-4-0	1901	10/50		31802	U	2-6-0	1928	09/64	
31739	D1	4-4-0	1902	11/61		31803	U	2-6-0	1928	03/66	
31740	D	4-4-0	1901	03/51		31804	U	2-6-0	1928	06/64	
31741	D1	4-4-0	1903	09/59		31805	U	2-6-0	1928	08/63	
31743	D1	4-4-0	1903	02/60		31806	U	2-6-0	1928	01/64	
31744	D	4-4-0	1903	05/53		31807	U	2-6-0	1928	01/64	
31745	D1	4-4-0	1903	03/51		31808	U	2-6-0	1928	01/64	
31746	D	4-4-0	1903	12/54		31809	U	2-6-0	1928	01/66	
31748	D	4-4-0	1903	03/51		31810	N	2-6-0	1917	03/64	
31749	D1	4-4-0	1903	11/61		31811	N	2-6-0	1920	07/65	
31750	D	4-4-0	1903	02/53		31812	N	2-6-0	1920	07/64	
31753	L1	4-4-0	1926	10/61		31813	N	2-6-0	1920	10/63	
31754	L1	4-4-0	1926	11/61		31814	N	2-6-0	1920	07/64	
31755	L1	4-4-0	1926	08/59		31815	N	2-6-0	1920	05/63	
31756	L1	4-4-0	1926	10/61		31816	N	2-6-0	1922	01/66	
31757	L1	4-4-0	1926	12/61		31817	N	2-6-0	1922	01/64	
31758	L1	4-4-0	1926	10/59		31818	N	2-6-0	1922	09/63	
31759	L1	4-4-0	1926	11/61		31819	N	2-6-0	1922	01/64	
31760	L	4-4-0	1914	06/61		31820	N	2-6-0	1922	09/63	
31761	L	4-4-0	1914	12/56		31821	N	2-6-0	1922	05/64	
31762	L	4-4-0	1914	02/60		31822	N1	2-6-0	1923	11/62	
31763	L	4-4-0	1914	04/60		31823	N	2-6-0	1923	09/63	
31764	L	4-4-0	1914	02/61		31824	N	2-6-0	1923	10/63	
31765	L	4-4-0	1914	02/61		31825	N	2-6-0	1924	09/63	
31766	L	4-4-0	1914	02/61		31826	N	2-6-0	1924	09/63	
31767	L	4-4-0	1914	10/58		31827	N	2-6-0	1924	06/64	
31768	L	4-4-0	1914	12/61		31828	N	2-6-0	1924	09/64	
31769	L	4-4-0	1914	04/56		31829	N	2-6-0	1924	01/64	
31770	L	4-4-0	1914	11/59		31830	N	2-6-0	1924	01/64	
31771	L	4-4-0	1914	12/61		31831	N	2-6-0	1924	04/65	
31772	L	4-4-0	1914	02/59		31832	N	2-6-0	1924	01/64	
31773	L	4-4-0	1914	08/59		31833	N	2-6-0	1924	02/64	
31774	L	4-4-0	1914	12/58		31834	N	2-6-0	1924	09/64	
31775	L	4-4-0	1914	08/59		31835	N	2-6-0	1924	09/64	
31776	L	4-4-0	1914	02/61		31836	N	2-6-0	1924	12/63	
31777	L	4-4-0	1914	09/59		31837	N	2-6-0	1924	09/64	
31778	L	4-4-0	1914	08/59		31838	N	2-6-0	1924	02/64	
31779	L	4-4-0	1914	07/59		31839	N	2-6-0	1924	12/63	
31780	L	4-4-0	1914	07/61		31840	N	2-6-0	1924	09/64	
31781	L	4-4-0	1914	06/59		31841	N	2-6-0	1924	03/64	
31782	L1	4-4-0	1926	02/61		31842	N	2-6-0	1924	09/65	
31783	L1	4-4-0	1926	11/61		31843	N	2-6-0	1924	09/64	

'Battle of Britain' Class 4-6-2 No. 34057 BIGGIN HILL was built during March 1947, and was withdrawn during May 1967 without being rebuilt. The 'Battle of Britain' and 'West Country' Classes were identical, the only difference being in the nameplates. The original idea by the Southern Railway publicity department was that the 'Battle of Britain' class would be used on the Central and Eastern sections, as names like 'Clovelly' and 'Bodmin' would mean nothing to the passengers that travelled on these lines. There is no doubt that the naming of these locos after squadrons, airfields, and personalities associated with the Battle of Britain, especially so soon after the actual event, was inspirational.

Modelmaster Collection

Rebuilt 'West Country' Class 4-6-2 No 34022 EXMOOR was built in January 1946 and survived until April 1965. She was rebuilt during December 1957.

Modelmaster Collection

Number	Class	W.Arrgt.	built	w/dwn	notes	Number	Class	W.Arrgt.	built	w/dwn	notes
31844	N	2-6-0	1924	12/63		31899	U1	2-6-0	1931	12/62	
31845	N	2-6-0	1924	09/64		31900	U1	2-6-0	1931	12/62	
31846	N	2-6-0	1924	09/64		31901	U1	2-6-0	1931	06/63	
31847	N	2-6-0	1925	10/63		31902	U1	2-6-0	1931	11/62	
31848	N	2-6-0	1925	02/64		31903	U1	2-6-0	1931	12/62	
31849	N	2-6-0	1925	07/64		31904	U1	2-6-0	1931	11/62	
31850	N	2-6-0	1925	01/64		31905	U1	2-6-0	1931	12/62	
31851	N	2-6-0	1925	09/63		31906	U1	2-6-0	1931	12/62	
31852	N	2-6-0	1925	09/63		31907	U1	2-6-0	1931	12/62	
31853	N	2-6-0	1925	09/64		31908	U1	2-6-0	1931	12/62	
31854	N	2-6-0	1925	06/64		31909	U1	2-6-0	1931	12/62	
31855	N	2-6-0	1925	09/64		31910	U1	2-6-0	1931	07/63	
31856	N	2-6-0	1925	07/64		31911	W	2-6-4T	1932	10/63	
31857	N	2-6-0	1925	01/64		31912	W	2-6-4T	1932	08/64	
31858	N	2-6-0	1925	12/65		31913	W	2-6-4T	1932	03/64	
31859	N	2-6-0	1925	09/64		31914	W	2-6-4T	1932	08/64	
31860	N	2-6-0	1925	11/63		31915	W	2-6-4T	1932	10/63	
31861	N	2-6-0	1925	05/63		31916	W	2-6-4T	1935	07/63	
31862	N	2-6-0	1925	04/65		31917	W	2-6-4T	1935	01/64	
31863	N	2-6-0	1925	07/63		31918	W	2-6-4T	1935	08/63	
31864	N	2-6-0	1925	01/64		31919	W	2-6-4T	1935	11/63	
31865	N	2-6-0	1925	09/63		31920	W	2-6-4T	1935	07/63	
31866	N	2-6-0	1925	01/66		31921	W	2-6-4T	1935	06/63	
31867	N	2-6-0	1925	07/63		31922	W	2-6-4T	1935	08/63	
31868	N	2-6-0	1925	01/64		31923	W	2-6-4T	1936	01/63	
31869	N	2-6-0	1925	08/64		31924	W	2-6-4T	1936	07/64	
31870	N	2-6-0	1925	04/64		31925	W	2-6-4T	1936	11/63	
31871	N	2-6-0	1925	11/63		32001	I1X	4-4-2T	1907	07/48	
31872	N	2-6-0	1925	05/63		32002	I1X	4-4-2T	1907	07/51	
31873	N	2-6-0	1925	01/66		32003	I1X	4-4-2T	1907	07/48	
31874	N	2-6-0	1925	03/64		32004	I1X	4-4-2T	1907	11/48	
31875	N	2-6-0	1925	08/64		32005	I1X	4-4-2T	1907	06/51	
31876	N1	2-6-0	1923	11/62		32006	I1X	4-4-2T	1907	07/48	
31877	N1	2-6-0	1930	10/62		32007	I1X	4-4-2T	1907	09/48	
31878	N1	2-6-0	1930	10/62		32008	I1X	4-4-2T	1907	06/51	
31879	N1	2-6-0	1930	10/62		32009	I1X	4-4-2T	1907	05/51	
31880	N1	2-6-0	1930	11/62		32010	I1X	4-4-2T	1907	07/48	
31890	U1	2-6-0	1928	06/63		32021	I3	4-4-2T	1907	10/51	
31891	U1	2-6-0	1931	03/63		32022	I3	4-4-2T	1908	05/51	
31892	U1	2-6-0	1931	11/62		32023	I3	4-4-2T	1909	07/51	
31893	U1	2-6-0	1931	12/62		32025	I3	4-4-2T	1909	01/50	
31894	U1	2-6-0	1931	12/62		32026	I3	4-4-2T	1909	09/51	
31895	U1	2-6-0	1931	12/62		32027	I3	4-4-2T	1909	02/51	
31896	U1	2-6-0	1931	12/62		32028	I3	4-4-2T	1909	10/51	
31897	U1	2-6-0	1931	10/62		32029	I3	4-4-2T	1909	03/51	
31898	U1	2-6-0	1931	12/62		32030	I3	4-4-2T	1910	09/51	

Number & Name		W.Arrgt.	built	w/dwn	Number & Name		W.Arrgt.	built	w/dwn
32037 Selsey Bill		H1 4-4-2	1905	07/51	32039 Hartland Point		H1 4-4-2	1906	03/51
32038 Portland Bill		H1 4-4-2	1905	07/51					

Number	Class	W.Arrgt.	built	w/dwn	notes	Number	Class	W.Arrgt.	built	w/dwn	notes
32043	B4X	4-4-0	1903	12/51		32056	B4X	4-4-0	1901	11/51	
32044	B4	4-4-0	1900	09/48		32060	B4X	4-4-0	1901	12/51	
32045	B4X	4-4-0	1902	12/51		32062	B4	4-4-0	1901	05/51	
32050	B4X	4-4-0	1901	10/51		32063	B4	4-4-0	1901	06/51	
32051	B4	4-4-0	1901	03/49		32067	B4X	4-4-0	1901	10/51	
32052	B4X	4-4-0	1899	12/51		32068	B4	4-4-0	1901	06/51	
32054	B4	4-4-0	1900	06/51		32070	B4X	4-4-0	1901	09/51	
32055	B4X	4-4-0	1901	12/51		32071	B4X	4-4-0	1901	12/51	

Number	Class	W.Arrgt.	built	w/dwn	notes
32072	B4X	4-4-0	1901	12/51	
32073	B4X	4-4-0	1901	09/51	
32074	B4	4-4-0	1901	02/50	
32075	I3	4-4-2T	1910	12/51	
32076	I3	4-4-2T	1910	12/50	
32077	I3	4-4-2T	1910	03/51	
32078	I3	4-4-2T	1910	02/51	
32079	I3	4-4-2T	1910	11/50	
32080	I3	4-4-2T	1910	03/50	
32081	I3	4-4-2T	1910	09/51	
32082	I3	4-4-2T	1912	06/51	
32083	I3	4-4-2T	1912	06/51	
32084	I3	4-4-2T	1912	03/51	
32085	I3	4-4-2T	1912	06/50	
32086	I3	4-4-2T	1912	10/51	
32087	I3	4-4-2T	1912	11/50	
32088	I3	4-4-2T	1912	11/50	
32089	I3	4-4-2T	1912	04/51	
32090	I3	4-4-2T	1913	12/50	
32091	I3	4-4-2T	1913	06/52	
32094	E1R	0-6-2T	1883	05/55	
32095	E1R	0-6-2T	1883	11/56	
32096	E1R	0-6-2T	1883	11/56	
32097	E1	0-6-0T	1883	12/49	
32100	E2	0-6-0T	1913	11/61	
32101	E2	0-6-0T	1913	09/62	
32102	E2	0-6-0T	1913	10/61	
32103	E2	0-6-0T	1913	10/62	
32104	E2	0-6-0T	1914	04/63	
32105	E2	0-6-0T	1915	09/62	
32106	E2	0-6-0T	1915	10/62	
32107	E2	0-6-0T	1916	02/61	
32108	E2	0-6-0T	1916	06/61	
32109	E2	0-6-0T	1916	04/63	
32112	E1	0-6-0T	1877	12/49	
32113	E1	0-6-0T	1877	09/58	
32122	E1	0-6-0T	1878	05/48	
32124	E1R	0-6-2T	1878	01/59	
32127	E1	0-6-0T	1878	12/49	
32128	E1	0-6-0T	1878	03/52	
32129	E1	0-6-0T	1878	06/51	
32133	E1	0-6-0T	1878	12/52	

Number	Class	W.Arrgt.	built	w/dwn	notes
32135	E1R	0-6-2T	1879	02/59	
32138	E1	0-6-0T	1879	11/56	
32139	E1	0-6-0T	1879	01/59	
32141	E1	0-6-0T	1879	10/49	
32142	E1	0-6-0T	1879	11/50	
32145	E1	0-6-0T	1879	06/51	
32147	E1	0-6-0T	1879	12/51	
32151	E1	0-6-0T	1880	01/60	
32153	E1	0-6-0T	1881	05/49	
32156	E1	0-6-0T	1881	05/51	
32160	E1	0-6-0T	1891	12/51	
32162	E1	0-6-0T	1891	11/49	
32164	E1	0-6-0T	1891	06/48	
32165	E3	0-6-2T	1894	11/59	
32166	E3	0-6-2T	1894	09/59	
32167	E3	0-6-2T	1894	10/55	
32168	E3	0-6-2T	1894	01/56	
32169	E3	0-6-2T	1894	08/55	
32170	E3	0-6-2T	1894	07/57	
32215	D1M	0-4-2T	1875	02/50	
32234	D1M	0-4-2T	1881	02/50	
32235	D1M	0-4-2T	1881	05/49	
32239	D1M	0-4-2T	1882	03/48	
32252	D1M	0-4-2T	1882	09/50	
32253	D1M	0-4-2T	1882	09/49	
32259	D1M	0-4-2T	1882	03/48	
32269	D1M	0-4-2T	1880	07/48	
32274	D1M	0-4-2T	1879	02/50	
32283	D1M	0-4-2T	1879	11/48	
32286	D1	0-4-2T	1879	07/48	
32289	D1M	0-4-2T	1879	07/48	
32299	D1M	0-4-2T	1874	05/49	
32300	C3	0-6-0	1906	07/51	
32301	C3	0-6-0	1906	03/51	
32302	C3	0-6-0	1906	01/52	
32303	C3	0-6-0	1906	10/51	
32306	C3	0-6-0	1906	12/51	
32307	C3	0-6-0	1906	05/49	
32308	C3	0-6-0	1906	11/48	
32309	C3	0-6-0	1906	01/49	
32325	J1	4-6-2T	1910	06/51	
32326	J2	4-6-2T	1912	06/51	

Number & Name		W.Arrgt.	built	w/dwn
32327	Trevithick	N15X 4-6-0	1914	01/56
32328	Hackworth	N15X 4-6-0	1914	02/55
32329	Stephenson	N15X 4-6-0	1921	08/56
32330	Cudworth	N15X 4-6-0	1921	08/55
32331	Beattie	N15X 4-6-0	1921	07/57
32332	Stroudley	N15X 4-6-0	1922	01/56
32333	Remembrance	N15X 4-6-0	1922	04/56

Number	Class	W.Arrgt.	built	w/dwn	notes
32337	K	2-6-0	1913	12/62	
32338	K	2-6-0	1913	12/62	
32339	K	2-6-0	1914	11/62	
32340	K	2-6-0	1914	12/62	
32341	K	2-6-0	1914	12/62	
32342	K	2-6-0	1916	12/62	
32343	K	2-6-0	1916	12/62	
32344	K	2-6-0	1916	11/62	
32345	K	2-6-0	1916	12/62	
32346	K	2-6-0	1916	11/62	

Number	Class	W.Arrgt.	built	w/dwn	notes
32347	K	2-6-0	1920	12/62	
32348	K	2-6-0	1920	11/62	
32349	K	2-6-0	1920	11/62	
32350	K	2-6-0	1920	11/62	
32351	K	2-6-0	1921	11/62	
32352	K	2-6-0	1921	11/62	
32353	K	2-6-0	1921	11/62	
32358	D1M	0-4-2T	1886	11/48	
32359	D1	0-4-2T	1886	07/51	
32361	D1M	0-4-2T	1887	03/48	

Number	Class	W.Arrgt.	built	w/dwn	notes		Number	Class	W.Arrgt.	built	w/dwn	notes
32364	D3	0-4-4T	1892	10/52			32393	D3	0-4-4T	1896	10/51	
32365	D3	0-4-4T	1892	12/52			32394	D3	0-4-4T	1896	12/51	
32366	D3	0-4-4T	1892	03/49			32395	D3	0-4-4T	1896	06/49	
32367	D3	0-4-4T	1892	02/49			32397	D3X	0-4-4T	1896	07/48	
32368	D3	0-4-4T	1892	03/53			32398	D3	0-4-4T	1896	03/49	
32370	D3	0-4-4T	1892	09/48			32399	E5	0-6-2T	1904	07/53	
32371	D3	0-4-4T	1892	10/48			32400	E5	0-6-2T	1904	12/51	
32372	D3	0-4-4T	1892	05/53			32401	E5X	0-6-2T	1904	08/54	
32373	D3	0-4-4T	1892	11/48			32402	E5	0-6-2T	1904	03/51	
32374	D3	0-4-4T	1892	02/49			32404	E5	0-6-2T	1904	12/51	
32376	D3	0-4-4T	1893	05/53			32405	E5	0-6-2T	1904	12/51	
32377	D3	0-4-4T	1893	09/48			32406	E5	0-6-2T	1904	09/51	
32378	D3	0-4-4T	1893	08/52			32407	E6X	0-6-2T	1904	11/57	
32379	D3	0-4-4T	1893	12/52			32408	E6	0-6-2T	1904	12/62	
32380	D3	0-4-4T	1893	05/53			32409	E6	0-6-2T	1904	01/58	
32383	D3	0-4-4T	1893	12/48			32410	E6	0-6-2T	1905	06/61	
32384	D3	0-4-4T	1893	11/53			32411	E6X	0-6-2T	1905	02/59	
32385	D3	0-4-4T	1893	07/53			32412	E6	0-6-2T	1905	09/57	
32386	D3	0-4-4T	1893	06/52			32413	E6	0-6-2T	1905	02/58	
32387	D3	0-4-4T	1894	03/49			32414	E6	0-6-2T	1905	06/58	
32388	D3	0-4-4T	1894	12/51			32415	E6	0-6-2T	1905	09/61	
32389	D3	0-4-4T	1894	03/49			32416	E6	0-6-2T	1905	02/62	
32390	D3	0-4-4T	1894	10/55			32417	E6	0-6-2T	1905	12/62	
32391	D3	0-4-4T	1894	12/52			32418	E6	0-6-2T	1905	12/62	

Number & Name		W.Arrgt.	built	w/dwn		Number & Name		W.Arrgt.	built	w/dwn
32421	South Foreland	H2 4-4-2	1911	08/56		32424	Beachy Head	H2 4-4-2	1911	04/58
32422	North Foreland	H2 4-4-2	1911	10/56		32425	Trevose Head	H2 4-4-2	1911	10/56
32423	The Needles	H2 4-4-2	1911	05/49		32426	St Albans Head	H2 4-4-2	1912	08/56

Number	Class	W.Arrgt.	built	w/dwn	notes		Number	Class	W.Arrgt.	built	w/dwn	notes
32434	C2X	0-6-0	1893	03/57			32465	E4	0-6-2T	1898	04/55	
32435	C2	0-6-0	1893	05/48			32466	E4X	0-6-2T	1898	12/58	
32436	C2	0-6-0	1893	01/50			32467	E4	0-6-2T	1898	04/58	
32437	C2X	0-6-0	1893	06/59			32468	E4	0-6-2T	1898	01/63	
32438	C2X	0-6-0	1893	12/61			32469	E4	0-6-2T	1898	10/61	
32440	C2X	0-6-0	1893	10/58			32470	E4	0-6-2T	1898	06/62	
32441	C2X	0-6-0	1893	10/61			32471	E4	0-6-2T	1898	09/59	
32442	C2X	0-6-0	1893	03/60			32472	E4	0-6-2T	1898	06/62	
32443	C2X	0-6-0	1893	09/60			32473	E4	0-6-2T	1898	11/62	
32444	C2X	0-6-0	1893	03/60			32474	E4	0-6-2T	1898	05/63	
32445	C2X	0-6-0	1894	11/61			32475	E4	0-6-2T	1898	06/61	
32446	C2X	0-6-0	1894	11/60			32476	E4	0-6-2T	1898	04/57	
32447	C2X	0-6-0	1894	02/60			32477	E4X	0-6-2T	1898	01/59	
32448	C2X	0-6-0	1894	10/61			32478	E4X	0-6-2T	1898	08/56	
32449	C2X	0-6-0	1894	06/61			32479	E4	0-6-2T	1898	06/63	
32450	C2X	0-6-0	1894	10/61			32480	E4	0-6-2T	1898	11/59	
32451	C2X	0-6-0	1894	11/61			32481	E4	0-6-2T	1898	04/58	
32453	E3	0-6-2T	1895	08/55			32482	E4	0-6-2T	1898	11/55	
32454	E3	0-6-2T	1895	03/58			32484	E4	0-6-2T	1899	09/60	
32455	E3	0-6-2T	1895	02/58			32485	E4	0-6-2T	1899	12/57	
32456	E3	0-6-2T	1895	08/59			32486	E4	0-6-2T	1899	01/59	
32457	E3	0-6-2T	1895	05/49			32487	E4	0-6-2T	1899	12/62	
32458	E3	0-6-2T	1895	03/57			32488	E4	0-6-2T	1899	06/57	
32459	E3	0-6-2T	1895	06/56			32489	E4X	0-6-2T	1899	05/55	
32460	E3	0-6-2T	1895	04/56			32490	E4	0-6-2T	1899	12/55	
32461	E3	0-6-2T	1895	04/57			32491	E4	0-6-2T	1899	01/61	
32462	E3	0-6-2T	1895	05/57			32492	E4	0-6-2T	1899	05/57	
32463	E4	0-6-2T	1897	09/59			32493	E4	0-6-2T	1899	02/58	
32464	E4	0-6-2T	1897	02/56			32494	E4	0-6-2T	1899	09/59	

Number	Class	W.Arrgt	built	w/dwn	notes
32495	E4	0-6-2T	1899	09/60	
32496	E4	0-6-2T	1899	11/55	
32497	E4	0-6-2T	1900	11/59	
32498	E4	0-6-2T	1900	11/61	
32499	E4	0-6-2T	1900	06/57	
32500	E4	0-6-2T	1900	01/62	
32501	E4	0-6-2T	1900	08/55	
32502	E4	0-6-2T	1900	02/58	
32503	E4	0-6-2T	1900	04/63	
32504	E4	0-6-2T	1900	11/61	
32505	E4	0-6-2T	1900	03/61	
32506	E4	0-6-2T	1900	06/61	
32507	E4	0-6-2T	1900	04/59	
32508	E4	0-6-2T	1900	01/60	
32509	E4	0-6-2T	1900	03/62	
32510	E4	0-6-2T	1900	09/62	
32511	E4	0-6-2T	1901	10/56	
32512	E4	0-6-2T	1901	05/61	
32513	E4	0-6-2T	1901	01/56	
32514	E4	0-6-2T	1901	10/56	
32515	E4	0-6-2T	1901	05/61	
32516	E4	0-6-2T	1901	10/55	
32517	E4	0-6-2T	1901	06/59	
32518	E4	0-6-2T	1901	06/55	
32519	E4	0-6-2T	1901	09/59	
32520	E4	0-6-2T	1901	01/57	
32521	C2X	0-6-0	1900	12/61	
32522	C2X	0-6-0	1900	10/61	
32523	C2X	0-6-0	1900	02/62	
32524	C2X	0-6-0	1900	02/58	
32525	C2X	0-6-0	1900	01/62	
32526	C2X	0-6-0	1900	02/60	
32527	C2X	0-6-0	1900	11/60	
32528	C2X	0-6-0	1900	03/61	
32529	C2X	0-6-0	1900	10/59	
32532	C2X	0-6-0	1900	06/60	
32533	C2	0-6-0	1900	02/50	
32534	C2X	0-6-0	1900	10/61	
32535	C2X	0-6-0	1900	02/62	
32536	C2X	0-6-0	1900	03/61	
32537	C2X	0-6-0	1900	04/57	
32538	C2X	0-6-0	1900	12/61	
32539	C2X	0-6-0	1900	11/61	
32540	C2X	0-6-0	1900	03/58	
32541	C2X	0-6-0	1901	02/61	
32542	C2X	0-6-0	1901	09/60	
32543	C2X	0-6-0	1901	11/61	
32544	C2X	0-6-0	1901	11/61	
32545	C2X	0-6-0	1901	12/61	
32546	C2X	0-6-0	1902	04/61	
32547	C2X	0-6-0	1902	11/61	
32548	C2X	0-6-0	1902	11/61	
32549	C2X	0-6-0	1902	11/61	
32550	C2X	0-6-0	1902	12/61	
32551	C2X	0-6-0	1902	02/60	
32552	C2X	0-6-0	1902	06/61	
32553	C2X	0-6-0	1902	08/61	
32554	C2X	0-6-0	1902	02/60	
32556	E4	0-6-2T	1901	09/61	
32557	E4	0-6-2T	1901	12/62	
32558	E4	0-6-2T	1901	11/56	
32559	E4	0-6-2T	1901	06/60	
32560	E4	0-6-2T	1901	08/58	
32561	E4	0-6-2T	1901	06/56	
32562	E4	0-6-2T	1901	08/60	
32563	E4	0-6-2T	1901	08/61	
32564	E4	0-6-2T	1901	09/61	
32565	E4	0-6-2T	1902	06/61	
32566	E4	0-6-2T	1902	04/59	
32567	E5	0-6-2T	1902	11/49	
32568	E5	0-6-2T	1902	02/55	
32570	E5X	0-6-2T	1902	01/56	
32571	E5	0-6-2T	1902	01/56	
32572	E5	0-6-2T	1902	03/49	
32573	E5	0-6-2T	1903	08/53	
32574	E5	0-6-2T	1903	06/51	
32575	E5	0-6-2T	1903	12/51	
32576	E5X	0-6-2T	1903	07/55	
32577	E4	0-6-2T	1903	10/59	
32578	E4	0-6-2T	1903	04/61	
32579	E4	0-6-2T	1903	11/59	
32580	E4	0-6-2T	1903	04/62	
32581	E4	0-6-2T	1903	04/62	
32582	E4	0-6-2T	1903	10/56	
32583	E5	0-6-2T	1903	01/56	
32584	E5	0-6-2T	1903	02/51	
32585	E5	0-6-2T	1903	06/54	
32586	E5X	0-6-2T	1903	04/55	
32587	E5	0-6-2T	1903	11/54	
32588	E5	0-6-2T	1903	12/53	
32589	E5	0-6-2T	1904	01/49	
32590	E5	0-6-2T	1904	09/51	
32591	E5	0-6-2T	1904	12/54	
32592	E5	0-6-2T	1904	05/53	
32593	E5	0-6-2T	1904	01/56	
32594	E5	0-6-2T	1904	03/51	
32595	I1X	4-4-2T	1906	06/51	
32596	I1X	4-4-2T	1906	06/51	
32598	I1X	4-4-2T	1906	07/48	
32599	I1X	4-4-2T	1907	09/48	
32601	I1X	4-4-2T	1907	02/48	
32602	I1X	4-4-2T	1907	06/51	
32603	I1X	4-4-2T	1907	04/51	
32604	I1X	4-4-2T	1907	09/48	
32605	D1M	0-4-2T	1874	11/48	
32606	E1	0-6-0T	1876	08/56	
32608	E1R	0-6-2T	1876	05/57	
32609	E1	0-6-0T	1877	06/48	
32610	E1R	0-6-2T	1874	04/56	
32635*	A1X	0-6-0T	1878	03/63	ex DS377 03/59
32636	A1X	0-6-0T	1872	11/63	
32640	A1X	0-6-0T	1878	09/63	
32644	A1X	0-6-0T	1877	04/51	
32646	A1X	0-6-0T	1877	11/63	ex W8 09/49
32647	A1X	0-6-0T	1876	10/51	
32650	A1X	0-6-0T	1876	11/63	ex DS515 11/53
32655	A1X	0-6-0T	1875	05/60	
32659	A1X	0-6-0T	1875	08/53	to DS681 08/53
32661	A1X	0-6-0T	1875	04/63	
32662	A1X	0-6-0T	1875	11/63	
32670	A1X	0-6-0T	1872	11/63	

* 32635 Painted Stroudley Yellow & named 'BRIGHTON WORKS'

Number	Class	W.Arrgt.	built	w/dwn	notes
32677	A1X	0-6-0T	1880	09/59	ex KESR 3
32678	A1X	0-6-0T	1880	10/63	ex W13 09/49
32689	E1	0-6-0T	1883	02/60	
32690	E1	0-6-0T	1883	01/50	
32691	E1	0-6-0T	1883	12/51	
32694	E1	0-6-0T	1875	07/61	
32695	E1R	0-6-2T	1876	04/57	
32696	E1R	0-6-2T	1876	01/56	
32697	E1R	0-6-2T	1876	11/59	
32699	D1M	0-4-2T	1878	02/48	
33001	Q1	0-6-0	1942	05/64	
33002	Q1	0-6-0	1942	07/63	
33003	Q1	0-6-0	1942	06/64	
33004	Q1	0-6-0	1942	01/65	
33005	Q1	0-6-0	1942	06/63	
33006	Q1	0-6-0	1942	01/66	
33007	Q1	0-6-0	1942	01/64	
33008	Q1	0-6-0	1942	08/63	
33009	Q1	0-6-0	1942	09/65	
33010	Q1	0-6-0	1942	01/64	
33011	Q1	0-6-0	1942	08/63	
33012	Q1	0-6-0	1942	11/64	
33013	Q1	0-6-0	1942	07/63	
33014	Q1	0-6-0	1942	01/64	
33015	Q1	0-6-0	1942	11/64	
33016	Q1	0-6-0	1942	08/63	
33017	Q1	0-6-0	1942	01/64	
33018	Q1	0-6-0	1942	07/65	
33019	Q1	0-6-0	1942	12/63	
33020	Q1	0-6-0	1942	01/66	
33021	Q1	0-6-0	1942	08/63	
33022	Q1	0-6-0	1942	01/64	
33023	Q1	0-6-0	1942	06/64	
33024	Q1	0-6-0	1942	08/63	
33025	Q1	0-6-0	1942	07/63	
33026	Q1	0-6-0	1942	09/65	
33027	Q1	0-6-0	1942	01/66	
33028	Q1	0-6-0	1942	02/63	
33029	Q1	0-6-0	1942	01/64	
33030	Q1	0-6-0	1942	06/64	
33031	Q1	0-6-0	1942	09/63	
33032	Q1	0-6-0	1942	01/64	
33033	Q1	0-6-0	1942	06/64	
33034	Q1	0-6-0	1942	01/64	
33035	Q1	0-6-0	1942	06/64	
33036	Q1	0-6-0	1942	06/64	
33037	Q1	0-6-0	1942	10/63	
33038	Q1	0-6-0	1942	01/64	
33039	Q1	0-6-0	1942	06/64	
33040	Q1	0-6-0	1942	06/64	

Number & Name	Class	W.Arrgt.	built	rebuilt	w/dwn	notes
34001 Exeter	WC	4-6-2	1945	11/57	07/67	
34002 Salisbury	WC	4-6-2	1945		04/67	
34003 Plymouth	WC	4-6-2	1945	09/57	09/64	
34004 Yeovil	WC	4-6-2	1945	02/58	07/67	
34005 Barnstaple	WC	4-6-2	1945	06/57	10/66	
34006 Bude	WC	4-6-2	1945		03/67	
34007 Wadebridge	WC	4-6-2	1945		10/65	
34008 Padstow	WC	4-6-2	1945	07/60	06/67	
34009 Lyme Regis	WC	4-6-2	1945	01/61	10/66	
34010 Sidmouth	WC	4-6-2	1945	02/59	03/65	
34011 Tavistock	WC	4-6-2	1945		11/63	
34012 Launceston	WC	4-6-2	1945	01/58	12/66	
34013 Okehampton	WC	4-6-2	1945	10/57	07/67	
34014 Budleigh Saltern	WC	4-6-2	1945	03/58	03/65	
34015 Exmouth	WC	4-6-2	1945		04/67	
34016 Bodmin	WC	4-6-2	1945	04/58	06/64	
34017 Ilfracombe	WC	4-6-2	1945	11/57	10/66	
34018 Axminster	WC	4-6-2	1945	10/58	07/67	
34019 Bideford	WC	4-6-2	1945		03/67	
34020 Seaton	WC	4-6-2	1945		09/64	
34021 Dartmoor	WC	4-6-2	1946	01/58	07/67	
34022 Exmoor	WC	4-6-2	1946	12/57	04/65	
34023 Blackmoor Vale	WC	4-6-2	1946		07/67	
34024 Tamar Valley	WC	4-6-2	1946	02/61	07/67	
34025 Whimple	WC	4-6-2	1946	11/57	07/67	
34026 Yes Tor	WC	4-6-2	1946	02/58	09/66	
34027 Taw Valley	WC	4-6-2	1946	09/57	08/64	
34028 Eddystone	WC	4-6-2	1946	08/58	05/64	
34029 Lundy	WC	4-6-2	1946	12/58	09/64	
34030 Watersmeet	WC	4-6-2	1946		09/64	
34031 Torrington	WC	4-6-2	1946	12/58	02/65	
34032 Camelford	WC	4-6-2	1946	10/60	10/66	
34033 Chard	WC	4-6-2	1946		12/65	

Number & Name	Class	W.Arrgt.	built	rebuilt	w/dwn	notes
34034 Honiton	WC	4-6-2	1946	08/60	07/67	
34035 Shaftesbury	WC	4-6-2	1946		06/63	
34036 Westward Ho	WC	4-6-2	1946	09/60	07/67	
34037 Clovelly	WC	4-6-2	1946	03/58	07/67	
34038 Lynton	WC	4-6-2	1946		06/66	
34039 Boscastle	WC	4-6-2	1946	01/59	05/65	
34040 Crewkerne	WC	4-6-2	1946	10/60	07/67	
34041 Wilton	WC	4-6-2	1946		01/66	
34042 Dorchester	WC	4-6-2	1946	01/59	10/65	
34043 Coombe Martin	WC	4-6-2	1946		06/63	
34044 Woolacombe	WC	4-6-2	1946	05/60	05/67	
34045 Ottery St. Mary	WC	4-6-2	1946	10/58	06/64	
34046 Braunton	WC	4-6-2	1946	02/59	10/65	
34047 Callington	WC	4-6-2	1946	10/58	06/67	
34048 Crediton	WC	4-6-2	1946	03/59	03/66	
34049 Anti Aircraft Command	BB	4-6-2	1946		11/63	
34050 Royal Observer Corps	BB	4-6-2	1946	08/58	08/65	
34051 Winston Churchill	BB	4-6-2	1946		09/65	
34052 Lord Dowding	BB	4-6-2	1946	09/58	07/67	
34053 Sir Keith Park	BB	4-6-2	1947	11/58	10/65	
34054 Lord Beaverbrook	BB	4-6-2	1947		09/64	
34055 Fighter Pilot	BB	4-6-2	1947		06/63	
34056 Croydon	BB	4-6-2	1947	12/60	05/67	
34057 Biggin Hill	BB	4-6-2	1947		05/67	
34058 Sir Frederick Pile	BB	4-6-2	1947	11/60	10/64	
34059 Sir Archibald Sinclair	BB	4-6-2	1947	03/60	05/66	
34060 25 Squadron	BB	4-6-2	1947	11/60	07/67	
34061 73 Squadron	BB	4-6-2	1947		08/64	
34062 17 Squadron	BB	4-6-2	1947	04/59	06/64	
34063 229 Squadron	BB	4-6-2	1947		08/65	
34064 Fighter Command	BB	4-6-2	1947		05/66	
34065 Hurricane	BB	4-6-2	1947		04/64	
34066 Spitfire	BB	4-6-2	1947		09/66	
34067 Tangmere	BB	4-6-2	1947		11/63	
34068 Kenley	BB	4-6-2	1947		12/63	
34069 Hawkinge	BB	4-6-2	1947		11/63	
34070 Manston	BB	4-6-2	1947		08/64	
34071 601 Squadron	BB	4-6-2	04/48	05/60	04/67	
34072 257 Squadron	BB	4-6-2	04/48		10/64	
34073 249 Squadron	BB	4-6-2	05/48		06/64	
34074 46 Squadron	BB	4-6-2	05/48		06/63	
34075 264 Squadron	BB	4-6-2	06/48		04/64	
34076 41 Squadron	BB	4-6-2	06/48		01/66	
34077 603 Squadron	BB	4-6-2	07/48	07/60	03/67	
34078 222 Squadron	BB	4-6-2	07/48		09/64	
34079 141 Squadron	BB	4-6-2	07/48		02/66	
34080 74 Squadron	BB	4-6-2	08/48		09/64	
34081 92 Squadron	BB	4-6-2	09/48		08/64	
34082 615 Squadron	BB	4-6-2	09/48	04/60	04/66	
34083 605 Squadron	BB	4-6-2	10/48		07/64	
34084 253 Squadron	BB	4-6-2	11/48		10/65	
34085 501 Squadron	BB	4-6-2	11/48	06/60	09/65	
34086 219 Squadron	BB	4-6-2	12/48		06/66	
34087 145 Squadron	BB	4-6-2	12/48	12/60	07/67	
34088 213 Squadron	BB	4-6-2	12/48	04/60	03/67	
34089 602 Squadron	BB	4-6-2	12/48	11/60	07/67	
34090 Sir Eustace Missenden, Southern Railway	WC	4-6-2	01/49	08/60	07/67	
34091 Weymouth	WC	4-6-2	09/49		09/64	
34092 City of Wells	WC	4-6-2	09/49		11/64	

Number & Name		Class	W.Arrgt.	built	rebuilt	w/dwn	notes
34093	Saunton	WC	4-6-2	10/49	05/60	07/67	
34094	Mortehoe	WC	4-6-2	10/49		08/64	
34095	Brentor	WC	4-6-2	10/49	01/61	07/67	
34096	Trevone	WC	4-6-2	11/49	04/61	09/64	
34097	Holsworthy	WC	4-6-2	11/49	03/61	04/66	
34098	Templecombe	WC	4-6-2	12/49	02/61	06/67	
34099	Lynmouth	WC	4-6-2	12/49		11/64	
34100	Appledore	WC	4-6-2	12/49	09/60	07/67	
34101	Hartland	WC	4-6-2	02/50	09/60	07/66	
34102	Lapford	WC	4-6-2	03/50		07/67	
34103	Calstock	WC	4-6-2	02/50		09/65	
34104	Bere Alston	WC	4-6-2	04/50	05/61	06/67	
34105	Swanage	WC	4-6-2	03/50		10/64	
34106	Lydford	WC	4-6-2	03/50		09/64	
34107	Blandford Forum	WC	4-6-2	04/50		09/64	
34108	Wincanton	WC	4-6-2	04/50	05/61	06/67	
34109	Sir Trafford Leigh Mallory	BB	4-6-2	05/50	03/61	09/64	
34110	66 Squadron	BB	4-6-2	01/51		11/63	
35001	Channel Packet	MN	4-6-2	1941	08/59	11/64	
35002	Union Castle	MN	4-6-2	1941	05/58	02/64	
35003	Royal Mail	MN	4-6-2	1941	09/59	07/67	
35004	Cunard White Star	MN	4-6-2	1941	07/58	10/65	
35005	Canadian Pacific	MN	4-6-2	1942	06/59	10/65	
35006	Peninsular & Oriental S.N. Co.	MN	4-6-2	1942	10/59	08/64	
35007	Aberdeen Commonwealth	MN	4-6-2	1942	06/58	07/67	
35008	Orient Line	MN	4-6-2	1942	06/57	07/67	
35009	Shaw Savill	MN	4-6-2	1942	03/57	09/64	
35010	Blue Star	MN	4-6-2	1942	01/57	09/66	
35011	General Steam Navigation	MN	4-6-2	1944	07/59	02/66	
35012	United States Lines	MN	4-6-2	1945	03/57	04/67	
35013	Blue Funnel	MN	4-6-2	1945	05/56	07/67	
35014	Nederland Line	MN	4-6-2	1945	07/56	03/67	
35015	Rotterdam Lloyd	MN	4-6-2	1945	06/58	02/64	
35016	Elders Fyffes	MN	4-6-2	1945	04/57	08/65	
35017	Belgian Marine	MN	4-6-2	1945	04/57	07/66	
35018	British India Line	MN	4-6-2	1945	02/56	08/64	
35019	French Line CGT	MN	4-6-2	1945	05/59	09/65	
35020	Bibby Line	MN	4-6-2	1945	04/56	02/65	
35021	New Zealand Line	MN	4-6-2	09/48	06/59	08/65	
35022	Holland America Line	MN	4-6-2	10/48	06/56	05/66	
35023	Holland Afrika Line	MN	4-6-2	11/48	02/57	07/67	
35024	East Asiatic Company	MN	4-6-2	11/48	05/59	01/65	
35025	Brocklebank Line	MN	4-6-2	11/48	12/56	09/64	
35026	Lamport & Holt Line	MN	4-6-2	12/48	01/57	03/67	
35027	Port Line	MN	4-6-2	12/48	05/57	09/66	
35028	Clan Line	MN	4-6-2	12/48	11/59	07/67	
35029	Ellerman Lines	MN	4-6-2	02/49	09/59	09/66	
35030	Elder Dempster Lines	MN	4-6-2	04/49	04/58	07/67	

Number	Class	W.Arrgt.	built	w/drawn	Notes
36001	Leader	0-6-6-0	06/49	11/50	Withdrawn & broken up after trials. Not allocated to a Depot.
36002	"	"	07/49	n/a	Completed, but never used.
36003	"	"	-	n/a	Part built
36004	"	"	-	n/a	Part built
36005	"	"	-	n/a	Frames laid
36006	"	"	-	n/a	Preparatory work done

Number	Class		W.Arrgt.	built	w/drawn	Notes
K.E.S.R. No.4	L.S.W.R. 0330		0-6-0ST	1876	08/48	Not allocated a B.R. Number

ISLE OF WIGHT LOCOMOTIVES

Number & Name		Class	W. A.	built	w/dwn	Notes
W1	Medina	E1	0-6-0T	1879	04/57	
W2	Yarmouth	E1	0-6-0T	1880	10/56	
W3	Ryde	E1	0-6-0T	1881	07/59	
W4	Wroxall	E1	0-6-0T	1878	11/60	
W8	Freshwater	A1X	0-6-0T	1877	09/49	became 32646 09/49
W13	Carisbrooke	A1X	0-6-0T	1880	09/49	became 32677 09/49
W14	Fishbourne	O2	0-4-4T	1890	01/67	
W15	Cowes	O2	0-4-4T	1890	06/56	
W16	Ventnor	O2	0-4-4T	1892	01/67	
W17	Seaview	O2	0-4-4T	1891	01/67	
W18	Ningwood	O2	0-4-4T	1892	12/65	
W19	Osborne	O2	0-4-4T	1891	12/55	
W20	Shanklin	O2	0-4-4T	1892	01/67	
W21	Sandown	O2	0-4-4T	1891	05/66	
W22	Brading	O2	0-4-4T	1892	01/67	
W23	Totland	O2	0-4-4T	1890	09/55	
W24	Calbourne	O2	0-4-4T	1891	03/67	preserved
W25	Godshill	O2	0-4-4T	1890	12/62	
W26	Whitwell	O2	0-4-4T	1891	05/66	
W27	Merstone	O2	0-4-4T	1890	01/67	
W28	Ashey	O2	0-4-4T	1890	01/67	
W29	Alverstone	O2	0-4-4T	1891	05/66	
W30	Shorwell	O2	0-4-4T	1892	09/65	
W31	Chale	O2	0-4-4T	1890	03/67	
W32	Bonchurch	O2	0-4-4T	1892	10/64	
W33	Bembridge	O2	0-4-4T	1892	01/67	
W34	Newport	O2	0-4-4T	1891	09/55	
W35	Freshwater	O2	0-4-4T	1890	10/66	was 30181 until 04/49
W36	Carisbrooke	O2	0-4-4T	1891	06/64	was 30198 until 04/49

SOUTHERN REGION DEPARTMENTAL LOCOMOTIVES

Number	Class	W.Arrgt.	Normal Location	w/dwn	Notes
77S	C14	0-4-0T	Redbridge Sleeper Works	04/59	built 1907
DS233	USA	0-6-0T	Redbridge Sleeper Works	03/67	renumbered from 30061 10/62
DS234	USA	0-6-0T	Meldon Quarry	03/67	renumbered from 30062 12/62
DS235	USA	0-6-0T	Lancing Carriage Works	08/65	renumbered from 30066 03/63
DS236	USA	0-6-0T	Lancing Carriage Works	08/65	renumbered from 30074 03/63
DS237	USA	0-6-0T	Ashford Wagon Works	09/67	named MAUNSELL - renumbered from 30065 11/63
DS238	USA	0-6-0T	Ashford Wagon Works	09/67	named WAINWRIGHT - renumbered from 30070 08/63
DS239	C	0-6-0	Ashford Wagon Works	10/66	renumbered from 31592 07/63
DS240	C	0-6-0	Ashford Wagon Works	10/66	renumbered from 31271 07/63
DS377	A1X	0-6-0T	Brighton Works	05/62	became 32635 03/59 Stroudley Yellow Livery
DS515	A1X	0-6-0T	Lancing Carriage Works	11/53	became 32650 11/53
DS680	A1	0-6-0T	Lancing Carriage Works	06/62	built 1876. preserved
DS681	A1X	0-6-0T	Lancing Carriage Works	06/63	renumbered from 32659 08/53
DS682	G6	0-6-0T	Meldon Quarry	12/62	renumbered from 30238 11/60
DS3152	G6	0-6-0T	Meldon Quarry	08/60	renumbered from 30272 06/50
DS3191	A12	0-4-2	Eastleigh	11/51	renumbered from (30)612 04/51
500S	T	0-6-0T	Meldon Quarry	11/49	built 1890
700S	D1M	0-4-2T	built 1881. Eastleigh	05/49	700S & 701S were fitted with oil pumping
701S	D1M	0-4-2T	built 1879. Fratton	12/51	equipment for fuelling locos temporarily converted in the late 1940s to oil burners.

SECTION THREE
Ex - London, Midland & Scottish Railway

PRESERVED   Caledonian Railway   4-2-2

Introduced in 1886, this was a Neilson & Co. design for the Caledonian Railway which incorporated some of Dugald Drummond's ideas. It was used in the famous 'Railway Race to the North' in 1895, when the East Coast companies competed with West Coast companies to determine which was the faster between London and Aberdeen. **No. 123** *(her first Caledonian Railway number) was also used as the Royal Train Pilot, and later, as* **No. 1123**, *was absorbed into the L.M.S. at the Grouping. The L.M.S. renumbered her as* **No.14010**, *and she worked until 1935 hauling trains between Parth and Dundee. Put aside for preservation, she was restored to working order as C.R.* **No.123** *during 1958, and worked special trains on the Scottish Region until 1965. She visited the Bluebell Railway in the 1960s, and when finally retired, went to the Glasgow Museum of Transport. On a personal note I travelled on the footplate of* **123** *between Glasgow Queen Street and Eastfield M.P.D. during my 'induction' training shortly after I joined B.R. in 1964, and when the driver asked me if I'd like to pull the whistle cord as we emerged from Cowlairs tunnel, I didn't need asking twice -I think I must have awakened the whole of Springburn that morning!*

Loco Weight : 41t 7c   **Driving Wheels :** 7' 0"   **Cylinders :** (I) 18" x 26"   **Valve Gear :** Stephenson

Company	Number	built	B.R. sevice	w/dwn
Caledonian Railway	123	1886	1958	*1965*

PRESERVED   Highland Railway   4-6-0

In 1894 the Highland Railway put into service a class of fifteen 4-6-0s for goods service, and **No.103** *was the first of these. She was the first 4-6-0 to be built in this country, and was withdrawn as L.M.S. No. 17916 in 1934, being preserved in H.R. Green Livery. However, during 1959, she was returned to working order and repainted into Stroudley Yellow livery. After six years she was retired to the Glasgow Museum of Transport, along with Caledonian Railway 4-2-2 No. 123, North British Railway 4-4-0 No. 256 GLEN DOUGLAS, and Great North of Scotland Railway No. 49 GORDON HIGHLANDER.*

Loco Weight : 41t 7c   **Driving Wheels :** 7' 0"   **Cylinders :** (I) 18" x 26"   **Valve Gear :** Stephenson

Company	Number	built	B.R. sevice	w/dwn
Highland Railway	103	1896	1959	*1965*

Class 3P   Fowler L.M.S.   2-6-2T

Parallel boiler 2-6-2T designed for the L.M.S. by Henry Fowler. 40022 - 40 were fitted with Condensing Gear for use on the tunnel line to Moorgate in London, and weighed one ton more than the standard locos. They were originally numbered 15500 - 15569 by the L.M.S., but later became 1 - 70.
* Some were fitted for push pull working.

Loco Weight : 70t 10c   **Driving Wheels :** 5' 3"   **Cylinders :** (O) 17½" x 26"   **Valve Gear :** Walschaerts (piston valves)

B.R. No	built	w/dwn	B.R. No	built	w/dwn	B.R. No	built	w/dwn	B.R. No	built	w/dwn
40001	1930	*01/61*	40019	1930	*12/59*	40037	1931	*08/61*	40055	1931	*11/59*
40002	1930	*11/59*	40020 *	1930	*07/61*	40038	1931	*08/61*	40056 *	1931	*11/59*
40003	1930	*02/61*	40021	1930	*09/59*	40039	1931	*12/59*	40057 *	1931	*03/60*
40004	1930	*11/59*	40022	1931	*12/62*	40040	1931	*12/59*	40058	1931	*11/59*
40005	1930	*02/59*	40023	1931	*11/59*	40041	1931	*09/60*	40059 *	1931	*11/59*
40006	1930	*10/62*	40024	1931	*02/62*	40042	1931	*08/61*	40060 *	1931	*12/59*
40007	1930	*08/61*	40025	1931	*12/59*	40043 *	1931	*11/59*	40061 *	1932	*12/59*
40008	1930	*11/59*	40026	1931	*11/62*	40044	1931	*11/59*	40062	1932	*11/60*
40009	1930	*05/62*	40027	1931	*11/59*	40045 *	1931	*11/59*	40063	1932	*08/62*
40010 *	1930	*08/61*	40028	1931	*11/60*	40046	1931	*11/59*	40064	1932	*08/61*
40011	1930	*08/60*	40029	1931	*08/61*	40047	1931	*11/59*	40065	1932	*11/59*
40012 *	1930	*11/60*	40030	1931	*08/59*	40048	1931	*11/59*	40066	1932	*11/59*
40013	1930	*12/59*	40031	1931	*11/62*	40049	1931	*08/61*	40067	1932	*12/59*
40014	1930	*05/60*	40032	1931	*08/61*	40050	1931	*06/61*	40068	1932	*12/59*
40015	1930	*03/61*	40033	1931	*09/61*	40051	1931	*04/61*	40069	1932	*12/59*
40016	1930	*07/61*	40034	1931	*08/61*	40052	1931	*09/59*	40070	1932	*03/60*
40017 *	1930	*11/59*	40035	1931	*08/61*	40053	1931	*08/61*			
40018	1930	*08/61*	40036	1931	*06/60*	40054	1931	*02/61*			**TOTAL 70**

*Introduced 1935. Stanier development of Fowler design. Some rebuilt 1941 with larger boiler (72t 5c) ***
Loco Weight : 71t 5c   **Driving Wheels :** 5' 3"   **Cylinders :** (O) 17½" x 26"   **Valve Gear :** Walschaerts (piston valves)

B.R. No	built	w/dwn	B.R. No	built	w/dwn	B.R. No	built	w/dwn	B.R. No	built	w/dwn
40071	1935	12/61	40094	1935	03/62	40117	1935	12/62	40140	1935	11/61
40072	1935	08/62	40095	1935	10/61	40118	1935	09/61	40141	1935	10/61
40073	1935	08/62	40096	1935	11/59	40119	1935	09/62	40142 *	1935	08/61
40074	1935	11/61	40097	1935	08/61	40120	1935	10/62	40143	1935	10/61
40075	1935	07/61	40098	1935	11/62	40121	1935	10/61	40144	1935	12/61
40076	1935	10/61	40099	1935	10/62	40122	1935	06/62	40145	1937	09/62
40077	1935	07/61	40100	1935	08/62	40123	1935	10/61	40146	1937	08/62
40078	1935	11/62	40101	1935	10/61	40124	1935	09/61	40147	1937	12/62
40079	1935	10/61	40102	1935	10/61	40125	1935	11/59	40148 *	1937	09/62
40080	1935	08/62	40103	1935	10/61	40126	1935	05/61	40149	1937	10/61
40081	1935	10/61	40104	1935	09/62	40127	1935	11/59	40150	1937	12/62
40082	1935	03/62	40105	1935	07/62	40128	1935	07/62	40151	1937	12/62
40083	1935	12/61	40106	1935	11/62	40129	1935	10/61	40152	1937	01/62
40084	1935	08/62	40107	1935	08/61	40130	1935	10/61	40153	1937	12/62
40085	1935	08/62	40108	1935	11/61	40131	1935	10/61	40154	1937	01/62
40086	1935	11/61	40109	1935	07/62	40132	1935	10/61	40155	1937	05/61
40087	1935	07/61	40110	1935	05/62	40133	1935	10/61	40156	1937	10/61
40088	1935	10/61	40111	1935	10/61	40134	1935	10/61	40157	1937	11/62
40089	1935	07/61	40112	1935	12/62	40135	1935	11/62	40158	1937	01/62
40090	1935	11/62	40113	1935	07/62	40136	1935	10/61	40159	1937	12/62
40091	1935	10/61	40114	1935	12/62	40137	1935	11/62	40160	1937	11/59
40092	1935	08/62	40115	1935	10/61	40138	1935	09/62	40161	1937	12/60
40093	1935	10/61	40116	1935	11/62	40139	1935	11/59	40162	1937	10/61

The only successful turbo driven steam locomotive in this country was Stanier's No. 6202, which was built in 1935. At Nationalisation, she became No. 46202, and was fitted with smoke deflectors. In 1952, No. 46202 was rebuilt as a conventional steam locomotive and named PRINCESS ANNE. However, a couple of months after rebuilding, she was written off in the infamous Harrow & Wealdstone accident, and B.R. Standard Class 8P No. 71000 DUKE OF GLOUCESTER was built to replace her. Strangely enough, No. 46242 CITY OF GLASGOW sustained more serious damage than No. 46202, but she was rebuilt - or, more likely, renewed, as the only parts not seriously damaged were her wheels.   *Modelmaster Collection*

B.R. No	built	w/dwn	B.R. No	built	w/dwn	B.R. No	built	w/dwn	B.R. No	built	w/dwn
40163 *	1937	11/59	40175	1938	10/61	40187	1937	12/62	40199	1938	10/61
40164	1937	10/62	40176	1938	12/62	40188	1937	12/62	40200	1938	12/62
40165	1937	10/61	40177	1938	12/62	40189	1937	12/62	40201	1938	07/62
40166	1937	10/61	40178	1938	10/61	40190	1937	12/62	40202	1938	09/62
40167 *	1937	10/61	40179	1938	03/62	40191	1937	09/62	40203 *	1938	07/62
40168	1937	10/61	40180	1938	01/62	40192	1937	12/61	40204	1938	11/59
40169 *	1937	11/59	40181	1938	04/62	40193	1937	09/62	40205	1938	11/62
40170	1937	01/62	40182	1938	10/61	40194	1937	10/61	40206	1938	02/62
40171	1937	05/61	40183	1938	10/61	40195	1937	11/61	40207	1938	02/62
40172	1937	11/59	40184	1938	10/61	40196	1938	12/62	40208	1938	10/61
40173	1938	07/62	40185	1937	02/62	40197	1938	07/62	40209	1938	10/61
40174	1938	06/62	40186	1937	12/62	40198	1938	07/62			TOTAL 139

Class 2P — Midland Railway — 4-4-0

Johnson design for Midland Railway introduced in 1882, and rebuilt by Fowler from 1909. Superheated
Loco Weight : 53t 7c **Driving Wheels :** 7' 0½" **Cylinders :** (I) 20½" x 26" **Valve Gear :** Stephenson (piston valves)

*40383/5/91 were not superheated.
Loco Weight : 53t 7c **Driving Wheels :** 6' 6½" **Cylinders :** (I) 18" x 26" **Valve Gear :** Stephenson (slide valves)

B.R. No	built	w/dwn	B.R. No	built	w/dwn	B.R. No	built	w/dwn	B.R. No	built	w/dwn
40322	1914	02/53	40420	1892	11/58	40482	1900	07/57	40524	1898	07/54
40323	1914	09/56	40421	1892	01/61	40483	1896	08/49	40525	1898	05/57
40324	1921	01/53	40422	1892	10/53	40484	1896	08/53	40526	1898	07/56
40325	1921	10/51	40423	1896	12/52	40485	1898	08/57	40527	1898	01/56
40326	1921	05/56	40424	1896	04/51	40486	1901	02/57	40528	1898	12/52
40332	1882	09/59	40425	1896	12/53	40487	1898	01/61	40529	1898	05/54
40337	1882	04/58	40426	1896	11/57	40488	1896	12/50	40530	1898	01/51
40351	1883	12/53	40427	1896	05/50	40489	1901	08/60	40531	1898	08/56
40353	1883	07/53	40430	1893	04/52	40490	1901	01/50	40532	1898	01/52
40356	1883	08/57	40432	1893	10/53	40491	1898	10/60	40533	1899	01/50
40359	1885	02/54	40433	1893	11/57	40492	1901	12/48	40534	1899	07/59
40362	1885	12/56	40434	1893	11/56	40493	1897	07/59	40535	1899	09/55
40364	1886	06/56	40436	1893	09/54	40494	1897	12/48	40536	1899	05/59
40370	1886	01/51	40437	1893	05/49	40495	1897	07/57	40537	1899	09/62
40377	1886	09/55	40438	1893	08/54	40496	1897	02/49	40538	1899	05/59
40383*	1888	07/52	40439	1893	01/61	40497	1897	10/51	40539	1899	08/54
40385*	1888	08/49	40443	1894	01/61	40498	1897	08/50	40540	1899	02/62
40391*	1888	08/49	40444	1894	07/53	40499	1897	08/52	40541	1899	03/58
40394	1891	03/49	40446	1894	06/50	40500	1897	07/49	40542	1899	08/59
40395	1891	09/54	40447	1894	05/58	40501	1897	08/60	40543	1901	01/61
40396	1891	02/61	40448	1894	11/55	40502	1897	02/61	40544	1901	10/49
40397	1891	03/51	40450	1894	03/57	40503	1899	10/52	40545	1901	12/48
40400	1891	01/49	40452	1894	01/61	40504	1899	01/61	40546	1901	06/51
40401	1891	08/53	40453	1894	10/62	40505	1899	10/53	40547	1901	01/53
40402	1891	09/60	40454	1894	09/60	40506	1899	11/49	40548	1901	01/61
40403	1892	06/50	40455	1894	07/54	40507	1899	07/52	40549	1901	05/57
40404	1892	07/57	40456	1894	10/49	40508	1899	07/51	40550	1901	06/59
40405	1892	03/55	40458	1894	02/57	40509	1899	06/57	40551	1901	10/53
40406	1892	01/51	40459	1894	12/49	40510	1899	05/49	40552	1901	06/60
40407	1892	06/58	40461	1894	02/59	40511	1899	01/61	40553	1901	11/58
40408	1892	12/48	40462	1894	04/51	40512	1899	01/50	40554	1901	08/49
40409	1892	07/57	40463	1895	07/56	40513	1899	10/59	40555	1901	04/49
40410	1892	02/53	40464	1895	03/58	40514	1899	01/52	40556	1901	04/56
40411	1892	02/61	40466	1895	03/49	40515	1899	08/50	40557	1901	03/61
40412	1892	05/59	40468	1895	05/50	40516	1899	03/50	40558	1901	03/52
40413	1892	01/59	40470	1895	05/51	40517	1899	06/49	40559	1901	12/57
40414	1892	01/57	40471	1895	01/52	40518	1899	08/56	40560	1901	12/52
40415	1892	06/52	40472	1895	09/55	40519	1899	12/57	40561	1901	03/50
40416	1892	05/59	40477	1900	02/51	40520	1899	10/57	40562	1901	11/55
40417	1892	02/52	40478	1900	10/50	40521	1899	03/56			
40418	1892	01/57	40479	1900	11/49	40522	1899	10/55			
40419	1892	09/55	40480	1900	02/54	40523	1898	10/52			TOTAL 165

Class 2P — Fowler L.M.S. — 4-4-0

Fowler development of Midland design introduced in 1928. 40633 - 5 were originally built for S. & D.J.R.. 40633 was subsequently fitted with a Dabeg water heater in 1933.
Loco Weight : 54t 1c   **Driving Wheels :** 6' 9"   **Cylinders :** (I) 19" x 26"   **Valve Gear :** Stephenson (piston valves)

B.R. No	built	w/dwn	B.R. No	built	w/dwn	B.R. No	built	w/dwn	B.R. No	built	w/dwn
40563	1928	05/62	40598	1928	11/59	40632	1930	02/61	40667	1932	11/59
40564	1928	02/62	40599	1928	05/59	40633	1928	11/59	40668	1932	10/61
40565	1928	11/59	40600	1928	04/59	40634	1928	05/62	40669	1932	09/61
40566	1928	09/61	40601	1928	12/59	40635	1928	02/61	40670	1932	12/62
40567	1928	08/59	40602	1928	10/61	40636	1931	11/59	40671	1932	11/60
40568	1928	11/59	40603	1928	07/61	40637	1931	09/61	40672	1932	10/62
40569	1928	11/61	40604	1928	06/61	40638	1931	05/62	40673	1932	11/59
40570	1928	08/61	40605	1928	10/59	40640	1931	09/61	40674	1932	11/59
40571	1928	07/61	40606	1928	05/59	40641	1931	10/61	40675	1932	08/59
40572	1928	07/61	40607	1928	07/61	40642	1931	10/61	40676	1932	08/57
40573	1928	05/59	40608	1928	09/59	40643	1931	10/61	40677	1932	11/59
40574	1928	04/61	40609	1928	10/61	40644	1931	11/59	40678	1932	07/61
40575	1929	08/61	40610	1928	05/59	40645	1931	10/61	40679	1932	11/59
40576	1929	11/59	40611	1928	09/59	40646	1931	05/62	40680	1932	11/59
40577	1928	07/61	40612	1928	10/61	40647	1931	10/61	40681	1932	08/62
40578	1928	11/61	40613	1929	10/61	40648	1931	09/61	40682	1932	02/61
40579	1928	07/61	40614	1929	10/61	40649	1931	11/59	40683	1932	03/61
40580	1929	02/61	40615	1929	10/61	40650	1931	09/61	40684	1932	07/61
40581	1928	10/60	40616	1929	07/59	40651	1931	11/61	40685	1932	07/61
40582	1928	12/59	40617	1929	11/59	40652	1931	05/60	40686	1932	10/61
40583	1928	09/60	40618	1929	09/61	40653	1931	11/59	40687	1932	10/61
40584	1928	11/60	40619	1929	10/61	40654	1931	12/59	40688	1932	07/59
40585	1928	02/61	40620	1929	10/61	40655	1931	11/59	40689	1932	10/61
40586	1928	04/61	40621	1929	10/61	40656	1931	11/59	40690	1932	10/60
40587	1928	08/59	40622	1929	05/61	40657	1931	10/62	40691	1932	02/61
40588	1928	10/60	40623	1929	08/61	40658	1931	11/59	40692	1932	08/61
40589	1928	11/59	40624	1929	08/61	40659	1931	08/61	40693	1932	07/59
40590	1928	05/59	40625	1929	10/61	40660	1931	11/59	40694	1932	11/62
40592	1928	12/61	40626	1929	10/61	40661	1931	11/61	40695	1932	03/61
40593	1928	08/61	40627	1929	01/61	40662	1931	09/54	40696	1932	06/62
40594	1928	11/59	40628	1929	01/61	40663	1931	09/61	40697	1932	02/62
40595	1928	06/61	40629	1930	04/61	40664	1931	09/62	40698	1932	08/60
40596	1928	09/61	40630	1930	10/60	40665	1931	06/62	40699	1932	12/59
40597	1928	08/61	40631	1930	09/60	40666	1932	07/59	40700	1932	09/62

TOTAL 136

Class 3P — Johnson Midland — 4-4-0

Originally designed by Johnson in 1901, rebuilt by Fowler from 1916 with superheater and larger cylinders.
Loco Weight : 55t 7c   **Driving Wheels :** 6' 9"   **Cylinders :** (I) 20½" x 26"   **Valve Gear :** Stephenson (piston valves)

B.R. No	built	w/dwn	B.R. No	built	w/dwn	B.R. No	built	w/dwn	B.R. No	built	w/dwn
40711	1902	03/49	40729	1902	06/51	40740	1903	11/49	40756	1904	05/49
40715	1902	01/48	40731	1903	12/48	40741	1903	09/51	40757	1904	05/48
40720	1902	07/49	40734	1903	10/49	40743	1903	07/52	40758	1904	03/51
40726	1902	09/52	40735	1903	02/49	40745	1904	03/50	40762	1905	02/51
40727	1902	05/50	40736	1903	01/48	40747	1904	06/51			
40728	1902	07/52	40739	1903	11/49	40748	1904	06/48			

TOTAL 22

Class 4P — L.M.S. Compound — 4-4-0

Fowler development of Midland Railway Compound with detail differences. Introduced 1924.
Loco Weight : 61t 14c   **Driving Wheels :** 6' 9"   **Cylinders :** Three, (O) 21" x 26" (two, low pressure, & (I) 19" x 26" (one, high pressure)   **Valve Gear :** Stephenson (l. p.: slide valves, h. p.: piston valves)

B.R. No	built	w/dwn	B.R. No	built	w/dwn	B.R. No	built	w/dwn	B.R. No	built	w/dwn
40900	1927	04/56	40902	1927	07/56	40904	1927	03/57	40906	1927	01/55
40901	1927	06/54	40903	1927	08/55	40905	1927	11/53	40907	1927	10/60

B.R. No	built	w/dwn	B.R. No	built	w/dwn	B.R. No	built	w/dwn	B.R. No	built	w/dwn
40908	1927	07/55	41060	1924	03/58	41107	1925	09/55	41154	1925	07/55
40909	1927	07/56	41061	1924	06/55	41108	1925	01/57	41155	1925	02/57
40910	1927	06/56	41062	1924	05/59	41109	1925	12/52	41156	1925	09/58
40911	1927	12/52	41063	1924	10/60	41110	1925	08/54	41157	1925	05/60
40912	1927	04/55	41064	1924	01/57	41111	1925	05/58	41158	1925	08/59
40913	1927	08/55	41065	1924	03/56	41112	1925	11/57	41159	1925	04/58
40914	1927	09/54	41066	1924	05/58	41113	1925	12/58	41160	1925	09/56
40915	1927	12/55	41067	1924	02/55	41114	1925	05/58	41161	1925	11/55
40916	1927	07/55	41068	1924	12/58	41115	1925	05/54	41162	1925	06/60
40917	1927	12/56	41069	1924	11/55	41116	1925	11/57	41163	1925	11/58
40918	1927	12/52	41070	1924	11/55	41117	1925	05/55	41164	1925	11/58
40919	1927	01/54	41071	1924	03/58	41118	1925	01/58	41165	1925	03/59
40920	1927	05/58	41072	1924	10/55	41119	1925	12/58	41166	1925	09/56
40921	1927	11/55	41073	1924	08/57	41120	1925	06/59	41167	1925	10/58
40922	1927	12/52	41074	1924	08/54	41121	1925	02/59	41168	1925	07/61
40923	1927	10/54	41075	1924	04/57	41122	1925	12/58	41169	1925	07/55
40924	1927	03/55	41076	1924	05/55	41123	1925	12/59	41170	1925	04/56
40925	1927	11/59	41077	1924	04/57	41124	1925	01/55	41171	1925	12/52
40926	1927	08/57	41078	1924	09/58	41125	1925	01/53	41172	1925	08/57
40927	1927	07/57	41079	1924	10/56	41126	1925	12/56	41173	1925	02/59
40928	1927	03/58	41080	1924	01/54	41127	1925	08/55	41174	1925	02/54
40929	1927	07/56	41081	1924	11/55	41128	1925	03/56	41175	1925	04/55
40930	1927	04/57	41082	1924	04/54	41129	1925	05/55	41176	1925	01/55
40931	1927	10/58	41083	1924	12/58	41130	1925	08/55	41177	1925	11/55
40932	1927	08/56	41084	1924	06/54	41131	1925	04/56	41178	1925	12/53
40933	1927	04/58	41085	1925	01/57	41132	1925	10/56	41179	1925	11/57
40934	1927	03/57	41086	1925	05/58	41133	1925	09/54	41180	1925	03/57
40935	1932	04/58	41087	1925	10/54	41134	1925	09/54	41181	1925	11/57
40936	1932	01/61	41088	1925	12/56	41135	1925	08/55	41182	1925	12/52
40937	1932	04/58	41089	1925	07/57	41136	1925	09/55	41183	1925	02/55
40938	1932	07/56	41090	1925	12/58	41137	1925	04/56	41184	1925	06/53
40939	1932	12/56	41091	1925	04/55	41138	1925	12/54	41185	1927	11/57
41045	1924	06/57	41092	1925	07/53	41139	1925	09/54	41186	1927	09/57
41046	1924	01/53	41093	1925	09/58	41140	1925	05/57	41187	1927	07/56
41047	1924	02/54	41094	1925	01/59	41141	1925	09/54	41188	1927	11/55
41048	1924	10/57	41095	1925	02/58	41142	1925	07/56	41189	1927	07/58
41049	1924	03/59	41096	1925	05/54	41143	1925	03/59	41190	1927	01/58
41050	1924	06/56	41097	1925	05/56	41144	1925	03/58	41191	1927	03/56
41051	1924	10/54	41098	1925	06/57	41145	1925	09/53	41192	1927	06/57
41052	1924	04/53	41099	1925	11/53	41146	1925	10/54	41193	1927	11/58
41053	1924	06/56	41100	1925	03/59	41147	1925	03/56	41194	1927	09/57
41054	1924	09/54	41101	1925	08/59	41148	1925	03/53	41195	1927	11/57
41055	1924	02/53	41102	1925	12/58	41149	1925	08/55	41196	1927	07/58
41056	1924	10/53	41103	1925	11/57	41150	1925	09/57	41197	1927	05/57
41057	1924	05/53	41104	1925	07/55	41151	1925	01/57	41198	1927	11/55
41058	1924	02/54	41105	1925	09/57	41152	1925	03/58	41199	1927	01/58
41059	1924	11/55	41106	1925	07/58	41153	1925	11/57			TOTAL 195

Class 4P   Midland Compound   4-4-0

Originally introduced in 1902, the class was rebuilt from 1914 with superheaters.
No 41000 is now preserved as Midland Railway No. 1000

Loco Weight : 61t 14c   **Driving Wheels :** 6' 9"   **Cylinders :** Three, (O) 21" x 26" (two, low pressure, & (I) 19" x 26" (one, high pressure) **Valve Gear :** Stephenson (l. p.: slide valves, h. p.: piston valves)

B.R. No	built	w/dwn	B.R. No	built	w/dwn	B.R. No	built	w/dwn	B.R. No	built	w/dwn
41000	1902	09/51	41005	1905	06/51	41010	1905	07/49	41015	1906	01/51
41001	1902	10/51	41006	1905	05/51	41011	1905	02/51	41016	1906	01/51
41002	1903	06/48	41007	1905	05/52	41012	1905	01/51	41017	1906	08/50
41003	1903	03/51	41008	1905	06/49	41013	1905	06/49	41018	1906	07/48
41004	1903	02/52	41009	1905	11/51	41014	1905	05/52	41019	1906	10/51

B.R. No	built	w/dwn	B.R. No	built	w/dwn	B.R. No	built	w/dwn	B.R. No	built	w/dwn
41020	1906	05/51	41027	1906	09/48	41033	1906	08/48	41039	1908	06/50
41021	1906	09/52	41028	1906	09/52	41034	1906	04/50	41040	1909	05/52
41022	1906	04/50	41029	1906	06/48	41035	1908	05/52	41041	1909	11/51
41023	1906	08/51	41030	1906	08/51	41036	1908	09/48	41042	1909	05/49
41024	1906	10/48	41031	1906	11/49	41037	1908	03/51	41043	1909	12/51
41025	1906	01/53	41032	1906	03/52	41038	1908	08/52	41044	1909	09/52
41026	1906	08/48									TOTAL 45

Class 2MT   Ivatt L.M.S.   2-6-2T

Designed by H.A. Ivatt, these 2-6-2Ts were a tank version of the '464xx' class 2-6-0. Only ten were built by the L.M.S., the rest appearing after Nationalisation. Intended for branch line & cross country working, **41210 - 41229** & **41270 - 41289** were motor fitted for push pull working. Allocated mainly to the L.M. & Southern Regions, they were perpetuated as a Standard Design by B.R. ('84xxx' class).
41290 - 41329 had larger cylinders. (16½" x 26")
Loco Weight : 63t 5c   **Driving Wheels :** 5' 0"   **Cylinders :** (O) 16" x 26"   **Valve Gear :** Walschaerts (piston valves)

B.R. No	built	w/dwn	B.R. No	built	w/dwn	B.R. No	built	w/dwn	B.R. No	built	w/dwn
41200	1946	07/65	41233	08/49	11/66	41266	08/50	10/62	41299	11/51	10/66
41201	1946	07/65	41234	08/49	11/66	41267	08/50	12/62	41300	03/52	10/64
41202	1946	11/63	41235	08/49	11/62	41268	08/50	07/64	41301	03/52	10/66
41203	1946	10/63	41236	09/49	10/62	41269	08/50	12/62	41302	03/52	11/63
41204	1946	11/66	41237	09/49	09/64	41270	09/50	05/65	41303	03/52	10/64
41205	1946	03/64	41238	09/49	05/65	41271	09/50	10/62	41304	03/52	11/66
41206	1946	03/66	41239	09/49	06/64	41272	09/50	11/65	41305	04/52	06/65
41207	1946	11/66	41240	09/49	10/63	41273	09/50	12/63	41306	04/52	12/63
41208	1946	07/65	41241	09/49	12/66	41274	09/50	02/63	41307	04/52	03/66
41209	1946	07/65	41242	09/49	05/65	41275	10/50	06/65	41308	04/52	02/65
41210	08/48	05/64	41243	10/49	07/65	41276	10/50	12/63	41309	05/52	12/63
41211	08/48	09/66	41244	10/49	11/66	41277	10/50	11/62	41310	05/52	10/64
41212	08/48	11/65	41245	10/49	12/63	41278	10/50	11/62	41311	05/52	01/64
41213	09/48	12/63	41246	10/49	09/62	41279	10/50	12/63	41312	05/52	07/67
41214	09/48	07/65	41247	10/49	10/62	41280	10/50	12/62	41313	05/52	11/65
41215	09/48	01/65	41248	11/49	11/64	41281	10/50	11/63	41314	05/52	07/65
41216	09/48	03/66	41249	11/49	03/66	41282	10/50	11/63	41315	05/52	07/64
41217	09/48	12/66	41250	11/49	11/63	41283	11/50	03/66	41316	06/52	10/66
41218	09/48	07/65	41251	11/49	11/66	41284	11/50	03/67	41317	06/52	12/64
41219	09/48	10/65	41252	11/49	12/62	41285	11/50	12/66	41318	06/52	10/63
41220	09/48	11/66	41253	11/49	05/64	41286	11/50	11/66	41319	06/52	07/67
41221	09/48	07/65	41254	11/49	12/62	41287	11/50	07/66	41320	01/52	07/67
41222	09/48	12/66	41255	11/49	07/62	41288	12/50	10/62	41321	02/52	07/65
41223	10/48	03/66	41256	12/49	07/62	41289	12/50	01/63	41322	02/52	07/64
41224	10/48	07/67	41257	12/49	07/62	41290	09/51	03/66	41323	03/52	07/64
41225	10/48	09/64	41258	12/49	10/62	41291	09/51	02/66	41324	03/52	10/65
41226	10/48	09/64	41259	12/49	07/62	41292	09/51	10/63	41325	03/52	06/65
41227	10/48	09/64	41260	06/50	09/64	41293	10/51	03/65	41326	04/52	05/64
41228	10/48	09/64	41261	07/50	07/65	41294	10/51	09/66	41327	04/52	05/64
41229	10/48	11/64	41262	07/50	04/67	41295	10/51	04/67	41328	05/52	07/64
41230	08/49	04/67	41263	07/50	12/62	41296	10/51	03/66	41329	05/52	07/64
41231	08/49	05/64	41264	07/50	12/66	41297	10/51	10/63			
41232	08/49	08/65	41265	08/50	12/62	41298	10/51	07/67			TOTAL 130

Class 0F   Johnson Midland   0-4-0ST

1883** & 1897* ^ design for Midland Railway.
Loco Weight : 23t 3c **   32t 3c * ^   **Driving Wheels :** 3' 10"   **Cylinders :** (I) 13" x 20" **   (I) 15" x 20" * ^
Valve Gear : Stephenson (slide valves)

B.R. No	built	w/dwn	B.R. No	built	w/dwn	B.R. No	built	w/dwn	B.R. No	built	w/dwn
41509**	1890	10/49	41516**	1897	10/55	41518*	1897	02/58	41523^	1903	03/55
											TOTAL 4

Class 0F   Deeley Midland   0-4-0T

Introduced 1907 by Deeley for Midland Railway
Loco Weight : 32t 16c   Driving Wheels : 3' 9¾"   Cylinders : (O) 15" x 22"   Valve Gear : Walschaerts (slide valves)

B.R. No	built	w/dwn	B.R. No	built	w/dwn	B.R. No	built	w/dwn	B.R. No	built	w/dwn
41528	1907	12/66	41531	1907	06/63	41534	1921	06/57	41536	1922	03/61
41529	1907	04/61	41532	1907	03/61	41535	1922	10/64	41537	1922	10/63
41530	1907	05/57	41533	1921	12/66						TOTAL 10

Class 1F   Johnson Midland   0-6-0T

Introduced 1878 by Johnson for the Midland Railway.
Loco Weight : 39t 11c   Driving Wheels : 4' 7"   Cylinders : (I) 18" x 24"   Valve Gear : Stephenson (slide valves)

B.R. No	built	w/dwn	B.R. No	built	w/dwn	B.R. No	built	w/dwn	B.R. No	built	w/dwn
41660	1878	05/53	41724	1883	06/58	41780	1890	02/53	41846	1895	10/53
41661	1878	07/59	41725	1883	08/55	41781	1890	07/51	41847	1895	03/60
41664	1878	11/53	41726	1883	07/59	41788	1890	04/49	41852	1895	04/51
41666	1878	06/53	41727	1883	03/52	41793	1890	10/51	41853	1895	10/54
41668	1878	02/48	41734	1884	12/66	41794	1890	05/52	41854	1895	04/51
41671	1878	11/55	41739	1884	06/63	41795	1890	05/59	41855	1895	05/60
41672	1878	12/55	41745	1884	04/51	41797	1890	09/59	41856	1895	06/51
41674	1878	05/48	41747	1884	12/54	41803	1890	11/57	41857	1895	05/59
41676	1878	03/49	41748	1884	09/57	41804	1890	12/66	41859	1895	12/55
41682	1879	01/55	41749	1884	07/55	41805	1891	04/56	41860	1899	03/57
41686	1879	09/56	41752	1884	01/58	41811	1891	09/54	41865	1899	06/55
41690	1879	05/51	41753	1884	02/57	41813	1891	05/54	41869	1899	01/53
41695	1879	04/53	41754	1884	12/59	41814	1891	03/56	41870	1899	04/48
41699	1879	02/57	41756	1885	05/49	41818	1891	06/48	41873	1899	01/50
41702	1880	06/62	41759	1885	01/48	41820	1891	08/52	41874	1899	02/49
41706	1880	04/57	41762	1889	09/48	41824	1891	02/51	41875	1899	07/63
41708	1880	12/66	41763	1889	12/66	41826	1892	06/56	41878	1899	05/59
41710	1882	07/57	41767	1890	09/51	41829	1892	01/52	41879	1899	03/60
41711	1882	10/54	41768	1890	12/49	41833	1892	12/53	41885	1899	10/56
41712	1882	10/64	41769	1890	03/62	41835	1892	12/66	41889	1899	04/55
41713	1882	08/55	41770	1890	07/53	41838	1892	05/56	41890	1899	03/52
41714	1882	05/48	41773	1890	07/60	41839	1892	06/56	41893	1899	09/48
41718	1882	08/48	41777	1890	03/56	41842	1892	05/48	41895	1899	03/50
41720	1883	11/56	41779	1890	07/57	41844	1892	05/64			TOTAL 95

Class 2P   Stanier L.M.S.   0-4-4T

Introduced 1932 by William Stanier for the L.M.S. Push - Pull Fitted.
Loco Weight : 58t 1c   Driving Wheels : 5' 7"   Cylinders : (I) 18" x 26"   Valve Gear : Stephenson (slide valves)

Number	built	w/dwn	Number	built	w/dwn	Number	built	w/dwn	Number	built	w/dwn
41900	1932	03/62	41903	1932	11/59	41906	1932	11/59	41908	1932	11/59
41901	1932	11/59	41904	1932	11/59	41907	1932	11/59	41909	1933	11/59
41902	1932	11/59	41905	1932	11/59						TOTAL 10

Class 2P   Whitelegg L.T.S.R. '51'   4-4-2T

Introduced in 1900 for the London, Tilbury & Southend Railway by Thomas Whitelegg.
Renumbered from L.M.S. 2092 - 2104/6-9.
Loco Weight : 57t 15c   Driving Wheels : 6' 6"   Cylinders : (O) 19" x 26"   Valve Gear : Stephenson (slide valves)

L.M.S.	B.R.	built	w/dwn	L.M.S.	B.R.	built	w/dwn	L.M.S.	B.R.	built	w/dwn
2092	41910	1900	09/48	2098	41916	1900	03/51	2104	41922	1903	03/53
2093	41911	1900	03/53	2099	41917	1900	03/51	2106	41923	1903	12/49
2094	41912	1900	08/49	2100	41918	1900	12/49	2107	41924	1903	12/49
2095	41913	1900	06/49	2101	41919	1900	03/51	2108	41925	1903	05/52
2096	41914	1900	05/50	2102	41920	1900	06/49	2109	41926	1903	03/51
2097	41915	1900	04/51	2103	41921	1900	03/51				TOTAL 17

Class 4F 0-6-0 No. 44345 was one of 772 locomotives built by the Midland Railway and the L.M.S. to the same basic design. This particular locomotive was an L.M.S. example, built by Kerr Stuart and Company in 1927, and withdrawn during 1963.
Modelmaster Collection

Class G2a 0-8-0 No. 48907 was a 1936 rebuild of Class G1 with a Class G2 boiler, and lasted in service until October 1957, having been built in 1902. The G2 & G2a 0-8-0s were the only L.N.W.R. locomotives to survive into B.R. days in any quantity.
Modelmaster Collection

Class 3P — Whitelegg L.T.S.R. '37' & '79' — 4-4-2T

'37' class introduced in 1897 for the L.T.S.R., rebuilt from 1905.   * '79' class introduced in 1909.
^ Development of '79' class built by L.M.S.   Renumbered from L.M.S. 2110 - 2160.
Loco Weight : 70t 15c * ^ 71t 15c *Driving Wheels :* 6' 6" *Cylinders :* (O) 19" x 26" *Valve Gear :* Stephenson (slide valves)

Number	built	w/dwn	Number	built	w/dwn	Number	built	w/dwn	Number	built	w/dwn
41928^	1923	02/59	41941^	1925	02/59	41954	1897	08/51	41967*	1909	11/52
41929^	1923	09/51	41942^	1925	12/56	41955	1897	02/51	41968*	1909	02/51
41930^	1923	08/52	41943^	1927	02/56	41956	1897	09/51	41969^	1930	04/60
41931^	1923	03/51	41944^	1927	12/56	41957	1897	09/51	41970^	1930	12/56
41932^	1923	09/51	41945^	1927	02/59	41958	1897	12/51	41971^	1930	02/55
41933^	1923	08/51	41946^	1927	02/59	41959	1898	09/51	41972^	1930	02/55
41934^	1923	09/51	41947^	1927	11/60	41960	1898	02/51	41973^	1930	02/55
41935^	1923	09/51	41948^	1927	02/59	41961	1898	10/52	41974^	1930	02/55
41936^	1923	09/58	41949^	1927	04/60	41962	1898	02/51	41975^	1930	11/59
41937^	1923	03/52	41950^	1927	02/59	41963	1899	02/51	41976^	1930	12/56
41938^	1925	02/55	41951^	1927	12/56	41964	1899	02/51	41977^	1930	02/59
41939^	1925	02/59	41952^	1927	12/56	41965*	1909	02/51	41978^	1930	02/59
41940^	1925	04/56	41953	1897	08/51	41966*	1909	03/56			TOTAL 51

Class 3F — Whitelegg L.T.S.R. '69' — 0-6-2T

Introduced in 1903 for the London, Tilbury & Southend Railway by Thomas Whitelegg.
(41990 - 41993 were introduced by the Midland Railway in 1912)
Loco Weight : 64t 13c *Driving Wheels :* 5' 3" *Cylinders :* (I) 18" x 26" *Valve Gear :* Stephenson (slide valves)

Number	built	w/dwn	Number	built	w/dwn	Number	built	w/dwn	Number	built	w/dwn
41980	1903	05/58	41984	1903	02/59	41988	1908	04/58	41991	1912	02/59
41981	1903	06/62	41985	1903	02/59	41989	1908	04/58	41992	1912	02/59
41982	1903	02/59	41986	1908	02/59	41990	1912	02/59	41993	1912	02/59
41983	1903	02/59	41987	1908	02/59						TOTAL 14

Class 4P — Fairburn L.M.S. — 2-6-4T

1945 Fairburn development of Stanier's L.M.S. Passenger Tank, with shorter wheelbase.
Loco Weight : 85t 5c *Driving Wheels :* 5' 9" *Cylinders :* (O) 19⅝" x 26" *Valve Gear :* Walschaerts (piston valves)

Number	built	w/dwn	Number	built	w/dwn	Number	built	w/dwn	Number	built	w/dwn
42050	09/50	04/65	42076	12/50	03/67	42102	09/50	12/66	42128	11/49	11/66
42051	09/50	07/65	42077	12/50	06/64	42103	09/50	05/65	42129	12/49	09/65
42052	09/50	05/67	42078	12/50	06/66	42104	09/50	09/65	42130	12/49	12/62
42053	10/50	06/65	42079	01/51	05/67	42105	09/50	12/66	42131	12/49	08/65
42054	10/50	07/64	42080	01/51	01/67	42106	10/50	05/65	42132	12/49	06/66
42055	10/50	07/67	42081	01/51	05/67	42107	03/49	03/66	42133	01/50	04/67
42056	11/50	10/64	42082	01/51	06/65	42108	03/49	12/66	42134	01/50	04/67
42057	11/50	07/64	42083	02/51	10/67	42109	04/49	07/65	42135	01/50	02/64
42058	11/50	08/66	42084	02/51	12/64	42110	05/49	06/66	42136	02/50	01/63
42059	11/50	06/64	42085	02/51	10/67	42111	06/49	12/62	42137	02/50	01/64
42060	12/50	04/65	42086	03/51	04/67	42112	06/49	07/65	42138	03/50	09/67
42061	12/50	09/65	42087	03/51	10/66	42113	06/49	07/65	42139	03/50	12/65
42062	12/50	05/65	42088	03/51	10/62	42114	06/49	06/65	42140	04/50	07/63
42063	12/50	10/63	42089	04/51	10/64	42115	07/49	11/66	42141	04/50	10/67
42064	12/50	06/65	42090	04/51	06/64	42116	07/49	06/67	42142	05/50	06/66
42065	12/50	07/65	42091	04/51	10/63	42117	08/49	12/62	42143	05/50	10/64
42066	10/50	09/67	42092	05/51	08/64	42118	08/49	09/65	42144	06/50	12/62
42067	10/50	02/63	42093	05/51	10/67	42119	08/49	08/65	42145	06/50	09/67
42068	10/50	12/63	42094	05/51	10/62	42120	08/49	10/63	42146	08/50	10/62
42069	10/50	11/66	42095	06/51	06/66	42121	09/49	07/66	42147	04/48	05/65
42070	11/50	07/65	42096	07/50	12/66	42122	09/49	11/62	42148	05/48	12/64
42071	11/50	03/67	42097	07/50	12/62	42123	10/49	02/64	42149	05/48	07/67
42072	11/50	10/67	42098	07/50	02/63	42124	10/49	01/67	42150	05/48	12/66
42073	11/50	10/67	42099	08/50	12/64	42125	10/49	12/66	42151	05/48	09/63
42074	11/50	09/66	42100	08/50	03/63	42126	11/49	10/64	42152	05/48	10/67
42075	11/50	05/65	42101	09/50	02/63	42127	11/49	10/64	42153	06/48	08/64

Number	built	w/dwn	Number	built	w/dwn	Number	built	w/dwn	Number	built	w/dwn
42154	06/48	01/67	42198	03/48	05/65	42241	1946	11/65	42284	1947	12/64
42155	06/48	05/65	42199	03/48	09/65	42242	1946	07/64	42285	1947	09/65
42156	06/48	02/66	42200	1945	06/64	42243	1946	08/65	42286	1947	12/64
42157	06/48	07/63	42201	1945	07/64	42244	1946	06/64	42287	1947	07/67
42158	07/48	04/65	42202	1945	05/65	42245	1946	10/64	42288	1947	10/63
42159	07/48	07/66	42203	1945	12/62	42246	1946	06/64	42289	1947	05/65
42160	07/48	05/65	42204	1945	12/66	42247	1946	08/65	42290	1947	12/62
42161	08/48	12/66	42205	1945	12/62	42248	1946	12/62	42291	1947	12/64
42162	08/48	12/62	42206	1945	04/63	42249	1946	07/66	42292	1947	05/64
42163	08/48	06/64	42207	1945	12/62	42250	1946	12/64	42293	1947	04/63
42164	08/48	12/62	42208	1945	07/64	42251	1946	10/67	42294	1947	05/63
42165	09/48	02/65	42209	1945	02/65	42252	1946	10/67	42295	1947	10/65
42166	09/48	10/63	42210	1945	05/67	42253	1946	07/63	42296	1947	07/65
42167	09/48	06/64	42211	1945	12/62	42254	1946	06/62	42297	1947	05/67
42168	09/48	03/64	42212	1945	08/65	42255	1946	06/62	42298	1947	11/62
42169	09/48	02/66	42213	1945	01/66	42256	1946	06/64	42299	1947	03/65
42170	10/48	10/65	42214	1945	02/65	42257	1946	06/62	42673	1947	08/65
42171	10/48	06/64	42215	1945	12/62	42258	1946	12/62	42674	1947	11/62
42172	10/48	12/62	42216	1945	07/66	42259	1946	10/65	42675	1947	09/65
42173	10/48	12/62	42217	1945	10/61	42260	1946	05/66	42676	1947	06/66
42174	10/48	08/65	42218	1946	10/64	42261	1946	02/64	42677	1947	06/62
42175	11/48	12/62	42219	1946	06/62	42262	1946	10/64	42678	1947	06/62
42176	11/48	06/66	42220	1946	12/61	42263	1946	07/64	42679	1947	06/62
42177	11/48	12/66	42221	1946	10/64	42264	1946	07/66	42680	1947	03/65
42178	11/48	07/63	42222	1946	05/65	42265	1947	10/65	42681	1947	07/63
42179	12/48	03/65	42223	1946	06/62	42266	1947	03/66	42682	1947	08/64
42180	12/48	11/63	42224	1946	01/67	42267	1947	05/67	42683	1947	10/61
42181	12/48	10/66	42225	1946	06/66	42268	1947	12/62	42684	1947	06/62
42182	12/48	04/63	42226	1946	06/64	42269	1947	07/67	42685	1947	10/62
42183	01/49	09/66	42227	1946	10/62	42270	1947	01/63	42686	1947	05/64
42184	01/49	10/66	42228	1946	10/63	42271	1947	12/66	42687	1947	06/62
42185	02/49	05/64	42229	1946	01/64	42272	1947	12/62	42688	1947	05/65
42186	02/49	06/64	42230	1946	08/65	42273	1947	09/66	42689	1947	10/67
42187	1947	05/67	42231	1946	07/63	42274	1947	05/67	42690	1947	12/66
42188	1947	05/63	42232	1946	01/66	42275	1947	05/64	42691	1947	09/66
42189	1947	09/67	42233	1946	05/67	42276	1947	12/62	42692	1947	12/62
42190	01/48	06/64	42234	1946	02/64	42277	1947	08/66	42693	1947	10/66
42191	01/48	12/62	42235	1946	07/67	42278	1947	05/64	42694	1947	12/66
42192	01/48	05/64	42236	1946	05/67	42279	1947	07/63	42695	1947	06/64
42193	01/48	12/62	42237	1946	12/62	42280	1947	03/64	42696	1947	09/64
42194	02/48	08/65	42238	1946	10/63	42281	1947	05/63	42697	1947	01/67
42195	02/48	04/66	42239	1946	06/64	42282	1947	09/64	42698	1947	10/63
42196	02/48	05/67	42240	1946	04/66	42283	1947	09/67	42699	1947	05/67
42197	03/48	05/66									TOTAL 277

Class 4P   Fowler L.M.S.   2-6-4T

Introduced in 1927 by Sir Henry Fowler - the first in a long line of Passenger Tanks, which culminated in the B.R. Standard 80xxx class. 42395 to 42424 were fitted with side windows. Parallel boilers.

Loco Weight : 86t 5c   *Driving Wheels :* 5' 9"   *Cylinders :* (O) 19⅝ x 26"   *Valve Gear :* Walschaerts (piston valves)

Number	built	w/dwn	Number	built	w/dwn	Number	built	w/dwn	Number	built	w/dwn
42300	1927	11/60	42310	1928	03/63	42320	1928	11/62	42330	1929	12/61
42301	1927	10/63	42311	1928	04/64	42321	1928	11/59	42331	1929	08/62
42302	1927	10/61	42312	1928	12/59	42322	1928	07/65	42332	1929	10/61
42303	1927	10/62	42313	1928	11/63	42323	1928	06/62	42333	1929	05/63
42304	1928	08/62	42314	1928	12/62	42324	1928	10/62	42334	1929	12/65
42305	1928	09/62	42315	1928	12/62	42325	1929	10/61	42335	1929	05/64
42306	1928	12/62	42316	1928	02/63	42326	1929	07/60	42336	1929	10/62
42307	1928	08/61	41317	1928	09/65	41327	1929	08/65	41337	1929	12/63
42308	1928	08/59	42318	1928	08/62	42328	1929	09/61	42338	1929	01/64
42309	1928	09/64	42319	1928	10/63	42329	1929	10/61	42339	1929	10/63

Number	built	w/dwn	Number	built	w/dwn	Number	built	w/dwn	Number	built	w/dwn
42340	1929	06/62	42362	1929	06/62	42383	1932	10/61	42404	1933	10/61
42341	1929	10/59	42363	1929	12/61	42384	1932	08/63	42405	1933	10/64
42342	1929	06/62	42364	1929	10/61	42385	1933	08/62	42406	1933	09/65
42343	1929	10/65	42365	1929	09/60	42386	1933	10/61	42407	1933	10/62
42344	1929	06/61	42366	1929	04/64	42387	1933	04/62	42408	1933	04/64
42345	1929	05/60	42367	1929	08/62	42388	1933	10/62	42409	1933	01/64
42346	1929	09/60	42368	1929	06/65	42389	1933	03/63	42410	1933	09/66
42347	1929	09/62	42369	1929	05/65	42390	1933	09/60	42411	1933	08/64
42348	1929	10/61	42370	1929	06/62	42391	1933	03/63	42412	1933	01/64
42349	1929	08/61	42371	1929	05/62	42392	1933	02/63	42413	1933	05/64
42350	1929	02/65	42372	1929	12/62	42393	1933	06/62	42414	1933	10/64
42351	1929	08/62	42373	1929	11/60	42394	1933	06/66	42415	1933	12/62
42352	1929	05/62	42374	1929	09/65	42395	1933	11/61	42416	1933	06/64
42353	1929	06/64	42375	1932	02/62	42396	1933	07/62	42417	1933	04/64
42354	1929	11/59	42376	1932	11/62	42397	1933	01/61	42418	1933	04/60
42355	1929	11/63	42377	1932	05/61	42398	1933	11/60	42419	1933	11/63
42356	1929	10/61	42378	1932	04/64	42399	1933	09/60	42420	1933	05/62
42357	1929	03/63	42379	1932	08/64	42400	1933	01/65	42421	1933	09/64
42358	1929	10/62	42380	1932	12/60	42401	1933	07/63	42422	1933	12/62
42359	1929	10/64	42381	1932	05/65	42402	1933	10/62	42423	1933	10/61
42360	1929	09/61	42382	1932	10/61	42403	1933	12/62	42424	1934	09/64
42361	1929	02/64									TOTAL 125

Class 4P   Stanier L.M.S.   2-6-4T

Introduced in 1935 by William Stanier - this was his two cylinder passenger tank for service throughout the L.M.S. system - probably ranking with 'Black 5s' as one of the best British locos ever built.
Loco Weight : 87t 17c   **Driving Wheels :** 5' 9"   **Cylinders :** (O) 19½ x 26"   **Valve Gear :** Walschaerts (piston valves)

Number	built	w/dwn	Number	built	w/dwn	Number	built	w/dwn	Number	built	w/dwn
42425	1936	09/63	42456	1936	04/65	42487	1937	09/63	42560	1936	04/64
42426	1936	12/65	42457	1936	11/62	42488	1937	02/65	42561	1936	11/63
42427	1936	10/61	42458	1936	10/63	42489	1937	11/64	42562	1936	01/64
42428	1936	10/61	42459	1936	01/65	42490	1937	05/60	42563	1936	11/63
42429	1936	10/62	42460	1936	08/65	42491	1937	10/63	42564	1936	05/65
42430	1936	03/65	42461	1936	04/64	42492	1937	06/65	42565	1936	11/64
42431	1936	05/66	42462	1936	05/66	42493	1937	05/64	42566	1936	05/65
42432	1936	08/65	42463	1936	01/64	42494	1937	05/65	42567	1936	03/65
42433	1936	05/62	42464	1936	08/65	42537	1935	09/62	42568	1936	12/62
42434	1936	04/64	42465	1936	02/65	42538	1935	06/62	42569	1936	01/64
42435	1936	04/65	42466	1936	01/63	42539	1935	02/61	42570	1936	10/61
42436	1936	06/66	42467	1936	10/61	42540	1935	10/62	42571	1936	11/63
42437	1936	06/64	42468	1936	09/65	42541	1935	12/62	42572	1936	01/64
42438	1936	02/61	42469	1936	05/63	42542	1935	07/65	42573	1936	11/64
42439	1936	08/65	42470	1936	10/62	42543	1935	05/63	42574	1936	10/67
42440	1936	10/63	42471	1936	10/61	42544	1935	11/62	42575	1936	10/62
42441	1936	01/64	42472	1936	10/62	42545	1936	10/61	42576	1936	06/62
42442	1936	08/65	42473	1936	10/62	42546	1936	04/67	42577	1936	01/67
42443	1936	11/62	42474	1936	10/64	42547	1936	05/63	42578	1936	10/62
42444	1936	05/64	42475	1936	10/61	42548	1936	02/67	42579	1936	06/62
42445	1936	10/64	42476	1937	10/62	42549	1936	11/61	42580	1936	11/62
42446	1936	05/64	42477	1937	07/65	42550	1936	04/64	42581	1936	03/64
42447	1936	03/65	42478	1937	02/65	42551	1936	12/64	42582	1936	05/63
42448	1936	01/62	42479	1937	10/61	42552	1936	10/61	42583	1936	10/66
42449	1936	11/64	42480	1937	01/63	42553	1936	10/62	42584	1936	08/64
42450	1936	06/60	42481	1937	09/64	42554	1936	04/65	42585	1936	11/62
42451	1936	10/64	42482	1937	04/65	42555	1936	05/65	42586	1936	11/64
42452	1936	03/62	42483	1937	10/62	42556	1936	07/63	42587	1936	06/67
42453	1936	05/64	42484	1937	01/66	42557	1936	10/63	42588	1936	10/64
42454	1936	12/62	42485	1937	06/63	42558	1936	04/65	42589	1936	09/64
42455	1936	04/66	42486	1937	09/63	42559	1936	09/64	42590	1936	02/65

Number	built	w/dwn	Number	built	w/dwn	Number	built	w/dwn	Number	built	w/dwn
42591	1936	10/62	42612	1937	01/64	42633	1938	01/64	42653	1940	10/62
42592	1936	05/63	42613	1937	04/67	42634	1938	01/65	42654	1941	11/64
42593	1936	06/62	42614	1937	05/64	42635	1938	10/61	42655	1941	01/63
42594	1936	05/64	42615	1937	10/62	42636	1938	05/63	42656	1941	05/67
42595	1936	10/63	42616	1937	10/67	42637	1938	10/61	42657	1941	11/64
42596	1936	08/62	42617	1937	11/63	42638	1938	12/62	42658	1941	10/62
42597	1936	10/65	42618	1938	07/65	42639	1938	09/64	42659	1941	04/63
42598	1936	11/63	42619	1938	06/64	42640	1938	09/64	42660	1941	04/65
42599	1936	10/62	42620	1938	09/64	42641	1938	10/62	42661	1941	10/62
42600	1936	11/62	42621	1938	10/62	42642	1938	10/62	42662	1941	12/64
42601	1936	04/65	42622	1938	02/67	42643	1938	12/63	42663	1942	03/67
42602	1936	12/64	42623	1938	02/64	42644	1938	03/67	42664	1942	12/66
42603	1936	05/63	42624	1938	11/62	42645	1938	09/65	42665	1942	06/67
42604	1936	05/65	42625	1938	05/66	42646	1938	10/62	42666	1942	10/62
42605	1936	12/64	42626	1938	07/65	42647	1938	05/67	42667	1942	02/65
42606	1936	10/66	42627	1938	10/61	42648	1938	10/61	42668	1942	09/63
42607	1936	02/64	42628	1938	01/64	42649	1938	02/65	42669	1942	10/61
42608	1936	09/64	42629	1938	10/64	42650	1938	06/67	42670	1942	12/64
42609	1936	02/65	42630	1938	09/64	42651	1938	09/64	42671	1943	12/62
42610	1937	04/66	42631	1938	09/64	42652	1939	05/64	42672	1943	06/62
42611	1937	05/67	42632	1938	06/63						TOTAL 206

Class 4P   Stanier L.T.S.   2-6-4T

Three cylinder passenger tank introduced in 1934 by Stanier for the L.T. & S Section.
Loco Weight: 92t 5c   **Driving Wheels:** 5' 9"   **Cylinders:** (3) 16" x 26"   **Valve Gear:** Walschaerts (piston valves)

Number	built	w/dwn	Number	built	w/dwn	Number	built	w/dwn	Number	built	w/dwn
42500	1934	06/62	42510	1934	09/61	42519	1934	06/62	42528	1934	06/62
42501	1934	06/62	42511	1934	06/62	42520	1934	06/62	42529	1934	06/62
42502	1934	06/62	42512	1934	12/60	42521	1934	11/61	42530	1934	06/62
42503	1934	06/62	42513	1934	06/62	42522	1934	06/62	42531	1934	09/61
42504	1934	06/62	42514	1934	04/62	42523	1934	06/62	42532	1934	06/62
42505	1934	06/62	42515	1934	05/62	42524	1934	09/61	42533	1934	06/62
42506	1934	09/61	42516	1934	06/62	42525	1934	06/62	42534	1934	12/61
42507	1934	05/61	42517	1934	06/62	42526	1934	06/62	42535	1934	06/62
42508	1934	06/62	42518	1934	06/62	42527	1934	06/62	42536	1934	06/62
42509	1934	06/62									TOTAL 37

Class 5F   Hughes Fowler 'Crab'   2-6-0

1926 design by Hughes for L.M.S. A very distinctive, powerful & reliable design, built under Fowler's supervision. 42822/4/5/9 rebuilt in 1931 with Lentz rotary cam poppet valves; rebuilt again in 1953 with Reidinger rotary poppet valve gear.
Loco Weight: 66t 0c   **Driving Wheels:** 5' 6"   **Cylinders:** (O) 21" x 26"   **Valve Gear:** Walschaerts (piston valves) except 42822/4/5/9 (see introduction)

Number	built	w/dwn	Number	built	w/dwn	Number	built	w/dwn	Number	built	w/dwn
42700	1926	03/66	42714	1927	10/62	42728	1927	02/63	42742	1927	09/62
42701	1926	12/64	42715	1927	02/66	42729	1927	11/63	42743	1927	12/62
42702	1926	01/66	42716	1927	04/65	42730	1926	07/65	42744	1927	12/62
42703	1926	09/64	42717	1927	10/64	42731	1926	02/64	42745	1927	12/62
42704	1926	10/63	42718	1927	07/63	42732	1926	06/65	42746	1927	11/63
42705	1926	12/64	42719	1927	02/64	42733	1926	02/65	42747	1927	03/63
42706	1926	11/63	42720	1927	12/62	42734	1926	03/66	42748	1927	10/64
42707	1927	09/64	42721	1927	11/63	42735	1926	11/63	42749	1927	07/62
42708	1927	07/64	42722	1927	01/65	42736	1927	12/66	42750	1927	09/63
42709	1927	04/64	42723	1927	09/63	42737	1927	12/66	42751	1927	04/65
42710	1927	08/65	42724	1927	09/62	42738	1927	06/64	42752	1927	12/62
42711	1927	09/63	42725	1927	10/64	42739	1927	12/66	42753	1927	08/65
42712	1927	02/66	42726	1927	10/62	42740	1927	01/66	42754	1927	11/64
42713	1927	12/62	42727	1927	01/67	42741	1927	05/65	42755	1927	10/64

Number	built	w/dwn	Number	built	w/dwn	Number	built	w/dwn	Number	built	w/dwn
42756	1927	06/64	42804	1928	12/62	42851	1930	07/64	42898	1930	09/65
42757	1927	06/64	42805	1928	11/63	42852	1930	07/63	42899	1930	12/62
42758	1927	11/63	42806	1928	12/63	42853	1930	06/63	42900	1930	10/65
42759	1927	01/63	42807	1928	12/62	42854	1930	11/63	42901	1930	05/65
42760	1927	09/64	42808	1929	12/62	42855	1930	09/64	42902	1930	03/64
42761	1927	06/64	42809	1929	12/62	42856	1930	11/64	42903	1930	09/62
42762	1927	11/63	42810	1929	12/63	42857	1930	12/62	42904	1930	05/65
42763	1927	06/64	42811	1929	07/62	42858	1930	05/64	42905	1930	07/65
42764	1927	01/62	42812	1929	07/66	42859	1930	12/66	42906	1930	12/62
42765	1927	12/66	42813	1929	11/63	42860	1930	09/64	42907	1930	10/64
42766	1927	12/62	42814	1929	08/65	42861	1930	07/66	42908	1930	08/66
42767	1927	03/63	42815	1929	09/64	42862	1930	12/62	42909	1930	01/66
42768	1927	12/63	42816	1929	09/64	42863	1930	08/66	42910	1930	11/63
42769	1927	02/64	42817	1929	04/65	42864	1930	08/61	42911	1930	11/63
42770	1927	10/63	42818	1929	05/62	42865	1930	10/63	42912	1930	09/65
42771	1927	10/63	42819	1929	09/65	42866	1930	11/62	42913	1930	07/66
42772	1927	05/65	42820	1929	04/64	42867	1930	06/64	42914	1930	12/63
42773	1927	11/62	42821	1929	03/63	42868	1930	06/62	42915	1930	12/62
42774	1927	10/63	42822	1929	06/62	42869	1930	07/62	42916	1930	06/65
42775	1927	10/62	42823	1929	02/64	42870	1930	03/63	42917	1930	08/66
42776	1927	07/64	42824	1929	07/62	42871	1930	10/63	42918	1930	12/62
42777	1927	08/65	42825	1929	06/62	42872	1930	12/63	42919	1930	11/66
42778	1927	04/65	42826	1929	09/64	42873	1930	09/63	42920	1930	12/64
42779	1927	05/62	42827	1929	08/65	42874	1930	10/62	42921	1930	03/63
42780	1927	10/65	42828	1929	11/65	42875	1930	12/62	42922	1930	04/64
42781	1927	11/62	42829	1929	06/62	42876	1930	12/62	42923	1930	01/64
42782	1927	12/66	42830	1930	11/62	42877	1930	12/62	42924	1930	02/66
42783	1927	08/65	42831	1930	12/65	42878	1930	09/65	42925	1931	11/64
42784	1927	12/62	42832	1930	03/65	42879	1930	09/65	42926	1931	10/64
42785	1927	11/63	42833	1930	12/62	42880	1930	11/64	42927	1931	07/62
42786	1927	10/62	42834	1930	12/62	42881	1930	11/62	42928	1931	02/63
42787	1927	04/65	42835	1930	12/62	42882	1930	12/62	42929	1931	08/62
42788	1927	09/64	42836	1930	12/62	42883	1930	12/62	42930	1931	08/61
42789	1927	12/66	42837	1930	12/62	42884	1930	12/62	42931	1931	09/64
42790	1927	07/63	42838	1930	05/63	42885	1930	12/63	42932	1931	05/65
42791	1927	01/65	42839	1930	06/64	42886	1930	04/65	42933	1931	05/63
42792	1927	11/63	42840	1930	09/64	42887	1930	10/62	42934	1931	10/64
42793	1927	12/64	42841	1930	03/65	42888	1930	02/64	42935	1932	01/63
42794	1927	11/63	42842	1930	06/64	42889	1930	05/62	42936	1932	07/65
42795	1927	12/66	42843	1930	05/63	42890	1930	04/63	42937	1932	05/65
42796	1927	11/63	42844	1930	08/65	42891	1930	10/62	42938	1932	09/65
42797	1927	03/62	42845	1930	09/64	42892	1930	05/65	42939	1932	06/62
42798	1927	10/63	42846	1930	09/64	42893	1930	08/61	42940	1932	09/65
42799	1927	01/65	42847	1930	06/62	42894	1930	12/64	42941	1932	05/65
42800	1928	10/65	42848	1930	03/65	42895	1930	01/63	42942	1932	01/67
42801	1928	07/66	42849	1930	07/65	42896	1930	03/65	42943	1932	05/64
42802	1928	06/64	42850	1930	07/62	42897	1930	04/64	42944	1932	04/63
42803	1928	12/66									

TOTAL 245

Class 5F   Stanier L.M.S.   2-6-0

1933 design by Stanier for L.M.S.
Loco Weight : 69t 2c **Driving Wheels :** 5' 6" **Cylinders :** (O) 18" x 28" **Valve Gear :** Walschaerts (piston valves)

Number	built	w/dwn	Number	built	w/dwn	Number	built	w/dwn	Number	built	w/dwn
42945	1933	03/66	42951	1933	03/66	42957	1933	01/66	42963	1933	07/66
42946	1933	11/65	42952	1933	09/64	42958	1934	11/65	42964	1934	11/65
42947	1933	12/65	42953	1933	01/66	42959	1933	12/65	42965	1934	08/64
42948	1933	11/65	42954	1933	02/67	42960	1933	01/66	42966	1934	08/64
42949	1933	11/63	42955	1933	04/66	42961	1934	08/65	42967	1934	05/66
42950	1983	11/65	42956	1933	09/64	42962	1934	02/64	42968	1934	12/66

Number	built	w/dwn	Number	built	w/dwn	Number	built	w/dwn	Number	built	w/dwn
42969	1934	11/64	42973	1934	11/63	42977	1934	06/66	42981	1934	05/66
42970	1934	10/64	42974	1934	09/65	42978	1934	05/66	42982	1934	11/65
42971	1934	12/64	42975	1934	03/66	42979	1934	12/64	42983	1934	01/66
42972	1934	04/65	42976	1934	07/63	42980	1934	01/66	42984	1934	10/63

TOTAL 40

Class 4F   Ivatt L.M.S.   2-6-0

1947 design by Ivatt for L.M.S., only (4)3000/1/2 delivered before Nationalisation.
Loco Weight : 59t 2c Driving Wheels : 5' 3" Cylinders : (O) 17½" x 26" Valve Gear : Walschaerts (piston valves)

Number	built	w/dwn	Number	built	w/dwn	Number	built	w/dwn	Number	built	w/dwn
43000	1947	09/67	43041	08/49	08/67	43082	11/50	11/65	43123	08/51	07/67
43001	1947	09/67	43042	08/49	02/66	43083	11/50	12/63	43124	09/51	12/66
43002	1947	12/67	43043	09/49	10/67	43084	11/50	09/67	43125	09/51	09/67
43003	01/48	09/67	43044	09/49	09/67	43085	11/50	01/65	43126	09/51	04/66
43004	01/48	09/67	43045	10/49	09/66	43086	11/50	12/64	43127	10/51	01/65
43005	01/48	11/65	43046	10/49	11/67	43087	11/50	12/64	43128	10/51	07/65
43006	01/48	03/68	43047	11/49	12/67	43088	12/50	12/67	43129	11/51	07/67
43007	01/48	09/67	43048	11/49	05/67	43089	12/50	11/65	43130	11/51	07/67
43008	01/48	03/68	43049	11/49	08/67	43090	12/50	04/65	43131	11/51	12/63
43009	03/48	12/66	43050	07/50	09/67	43091	12/50	06/65	43132	12/51	12/66
43010	03/48	12/67	43051	08/50	01/67	43092	12/50	04/65	43133	12/51	12/66
43011	03/48	02/67	43052	08/50	10/66	43093	12/50	01/65	43134	12/51	02/65
43012	04/48	05/67	43053	08/50	04/64	43094	12/50	01/64	43135	12/51	11/66
43013	04/48	11/65	43054	08/50	12/66	43095	12/50	12/66	43136	01/52	07/64
43014	04/48	04/66	43055	09/50	07/67	43096	12/50	03/67	43137	07/51	09/67
43015	05/48	07/67	43056	09/50	12/66	43097	01/51	01/67	43138	07/51	04/67
43016	05/48	02/66	43057	09/50	12/66	43098	02/51	06/67	43139	07/51	09/67
43017	05/48	11/67	43058	09/50	12/64	43099	02/51	12/66	43140	08/51	06/67
43018	05/48	11/66	43059	09/50	01/65	43100	02/51	02/67	43141	08/51	11/66
43019	06/48	05/68	43060	09/50	12/64	43101	02/51	04/67	43142	08/51	10/63
43020	12/48	10/66	43061	09/50	01/64	43102	03/51	12/66	43143	08/51	06/65
43021	12/48	09/67	43062	11/50	06/65	43103	03/51	12/66	43144	09/51	04/65
43022	12/48	12/66	43063	11/50	09/67	43104	03/51	01/64	43145	09/51	01/65
43023	01/49	12/67	43064	11/50	06/65	43105	03/51	06/67	43146	09/51	01/65
43024	01/49	06/67	43065	11/50	01/65	43106	04/51	06/68	43147	10/51	12/64
43025	01/49	09/65	43066	12/50	01/67	43107	05/51	12/63	43148	10/51	04/65
43026	02/49	09/66	43067	12/50	04/65	43108	05/51	11/65	43149	10/51	11/65
43027	02/49	05/68	43068	12/50	01/64	43109	06/51	11/65	43150	11/51	01/65
43028	03/49	11/67	43069	12/50	09/66	43110	06/51	12/63	43151	11/51	02/67
43029	03/49	09/67	43070	08/50	09/67	43111	07/51	06/65	43152	11/51	01/64
43030	03/49	11/66	43071	09/50	03/67	43112	03/51	09/67	43153	12/51	06/65
43031	04/49	03/66	43072	09/50	12/64	43113	04/51	09/66	43154	12/51	12/64
43032	04/49	01/65	43073	09/50	08/67	43114	05/51	11/63	43155	12/51	01/65
43033	05/49	03/68	43074	09/50	07/66	43115	05/51	06/67	43156	01/52	01/65
43034	05/49	06/67	43075	09/50	05/65	43116	06/51	06/66	43157	07/52	01/65
43035	05/49	11/65	43076	10/50	09/67	43117	06/51	07/67	43158	07/52	01/65
43036	06/49	05/66	43077	10/50	05/67	43118	06/51	11/67	43159	08/52	06/65
43037	06/49	04/65	43078	10/50	12/66	43119	06/51	08/67	43160	08/52	01/65
43038	06/49	05/64	43079	10/50	12/66	43120	07/51	08/67	43161	09/52	06/65
43039	07/49	12/66	43080	10/50	06/65	43121	08/51	11/67			
43040	07/49	12/66	43081	10/50	01/65	43122	08/51	03/67			

TOTAL 162

Class 3F   Johnson Midland   0-6-0

1885 design by Johnson, rebuilt from 1916 with larger boilers, and from 1920 with Belpaire boilers.
Loco Weight : 43t 17c Driving Wheels : 4' 11" Cylinders : (i) 18" x 26" Valve Gear : Stephenson (slide valves)

Number	Renumbered	built	w/dwn	Number	built	w/dwn	Number	Renumbered	built	w/dwn
43137	43750 (1952)	1885	10/59	43178	1887	03/60	43181		1887	04/57
43174		1887	02/60	43180	1887	01/59	43183		1887	07/59

Number	Renumbered	built	w/dwn	Number	built	w/dwn	Number	Renumbered	built	w/dwn
43185		1887	09/61	43187	1887	09/60	43189		1887	11/6
43186		1887	01/59	43188	1887	04/60	43750	Ex 43137	1887	10/5

TOTAL 1

Class 3F — Johnson Midland — 0-6-0

1885 design by Johnson, rebuilt from 1916 with Belpaire boilers by Henry Fowler.
* Former S.D. & J.R. Locos, taken into L.M.S. stock in 1930.
Loco Weight : 43t 7c Driving Wheels : 5' 3" Cylinders : (i) 18" x 26" Valve Gear : Stephenson (slide valves)

Number	built	w/dwn	Number	built	w/dwn	Number	built	w/dwn	Number	built	w/dwn
43191	1888	05/54	43259	1890	02/57	43327	1892	12/59	43411	1892	06/6
43192	1888	08/59	43260*	1902	10/49	43329	1892	06/60	43419	1892	09/5
43193	1888	03/58	43261	1891	12/62	43330	1892	09/61	43427	1892	07/6
43194*	1896	12/60	43263	1891	06/62	43331	1892	11/55	43428	1892	12/6
43200	1890	05/61	43265	1891	05/48	43332	1892	05/58	43429	1892	04/6
43201*	1896	04/57	43266	1891	03/61	43333	1892	01/61	43431	1893	02/6
43203	1890	10/60	43267	1891	04/61	43334	1892	03/56	43433	1893	12/5
43204*	1896	09/56	43268	1891	06/61	43335	1892	08/59	43435	1893	04/6
43205	1890	12/59	43269	1891	05/48	43336	1892	08/52	43436	1893	06/6
43207	1890	05/60	43271	1891	12/59	43337	1892	02/60	43439	1893	06/4
43208	1890	08/58	43273	1891	10/55	43338	1892	03/48	43440	1893	12/5
43210	1890	08/59	43274	1891	01/59	43339	1892	08/59	43441	1893	11/5
43211*	1896	07/61	43275	1891	01/56	43340	1891	10/60	43443	1893	12/5
43212	1890	07/60	43277	1891	07/61	43341	1891	10/57	43444	1893	12/6
43213	1890	05/62	43278	1891	12/59	43342	1891	09/63	43446	1893	04/6
43214	1890	06/61	43281	1891	12/56	43344	1891	05/60	43448	1893	01/5
43216*	1902	09/62	43282	1891	10/62	43351	1891	12/55	43449	1893	09/6
43218*	1902	05/60	43283	1891	08/53	43355	1891	05/59	43453	1893	03/6
43219	1890	11/59	43284	1891	06/61	43356	1891	07/58	43454	1893	02/5
43222	1890	07/59	43286	1891	09/57	43357	1891	02/59	43456	1893	04/6
43223	1890	06/59	43287	1891	12/59	43359	1891	09/60	43457	1893	06/6
43224	1890	11/57	43290	1891	12/57	43361	1891	11/60	43458	1893	04/4
43225	1890	05/61	43292	1891	03/59	43364	1891	12/53	43459	1893	04/6
43226	1890	09/56	43293	1891	12/53	43367	1891	01/58	43462	1894	04/5
43228*	1902	10/52	43294	1891	11/59	43368	1891	11/61	43463	1894	02/5
43231	1890	10/58	43295	1891	10/61	43369	1891	08/59	43464	1894	04/6
43232	1890	08/56	43296	1891	03/54	43370	1892	11/59	43468	1894	06/6
43233	1890	11/59	43297	1891	06/50	43371	1892	09/61	43469	1894	03/5
43234	1890	01/61	43298	1891	11/55	43373	1892	08/60	43474	1896	03/6
43235	1890	09/60	43299	1891	08/54	43374	1892	07/61	43476	1896	05/5
43237	1890	06/59	43300	1891	12/58	43378	1892	12/59	43482	1896	04/6
43239	1890	12/57	43301	1891	11/58	43379	1892	11/59	43484	1896	07/6
43240	1890	10/62	43305	1891	04/60	43381	1892	07/59	43490	1896	12/5
43241	1890	07/59	43306	1891	03/61	43386	1892	04/61	43491	1896	02/5
43242	1890	08/62	43307	1891	08/60	43387	1892	12/59	43494	1896	11/5
43243	1890	08/60	43308	1892	10/59	43388	1892	09/59	43496	1896	08/6
43244	1890	01/59	43309	1892	04/61	43389	1892	08/62	43497	1896	11/5
43245	1890	04/61	43310	1892	12/55	43392	1892	01/58	43499	1896	08/6
43246	1890	10/56	43312	1892	01/58	43394	1892	07/60	43502	1896	12/5
43247	1890	11/59	43313	1892	04/56	43395	1892	03/61	43506	1897	05/5
43248*	1902	08/59	43314	1892	04/60	43396	1892	08/57	43507	1897	09/6
43249	1890	12/59	43315	1892	08/59	43398	1892	12/59	43509	1897	03/6
43250	1890	05/61	43317	1892	10/55	43399	1892	09/60	43510	1897	05/6
43251	1890	12/59	43318	1892	08/59	43400	1893	03/62	43514	1897	10/6
43252	1890	06/55	43319	1892	12/50	43401	1893	05/57	43515	1897	03/6
43253	1890	05/59	43321	1892	02/61	43402	1893	04/57	43520	1897	12/5
43254	1890	08/62	43323	1892	06/58	43405	1893	02/61	43521	1897	07/6
43256	1890	02/60	43324	1892	04/59	43406	1893	02/60	43522	1897	10/5
43257	1890	10/62	43325	1892	02/61	43408	1893	04/50	43523	1897	09/6
43258	1890	08/59	43326	1892	08/60	43410	1892	03/62	43524	1897	10/5

Class 4MT Fowler 2-6-4T No. 42399 having a rest before starting another shift. Built in September 1933, she was withdrawn during September 1960 and cut up by the end of November of the same year.

Modelmaster Collection

Class 2MT Ivatt 2-6-0 No. 46517 shows off her lined green livery, as given to her by Swindon Works. Like most of her class, she had a very short life; in her case from January 1953 until withdrawal during December 1966. When she was cut up during April 1967, she probably had at least another thirty years of life left in her.

Modelmaster Collection

Number	built	w/dwn	Number	built	w/dwn	Number	built	w/dwn	Number	built	w/dwn
43529	1897	09/61	43599	1900	12/62	43658	1900	10/63	43721	1901	03/62
43531	1897	10/59	43600	1899	05/55	43660	1900	12/59	43723	1901	09/55
43538	1897	12/59	43604	1899	12/53	43661	1900	11/54	43724	1901	12/52
43540	1897	02/53	43605	1899	05/61	43662	1900	07/53	43727	1901	07/59
43544	1897	11/55	43607	1899	06/56	43664	1900	03/60	43728	1901	12/59
43546	1897	11/56	43608	1899	08/62	43665	1900	11/59	43729	1901	05/61
43548	1897	03/61	43612	1899	01/59	43667	1900	04/54	43731	1901	05/59
43550	1897	12/56	43615	1899	10/62	43668	1900	08/62	43734	1901	09/62
43553	1897	02/59	43618	1899	03/62	43669	1900	02/64	43735	1901	09/60
43558	1897	08/59	43619	1899	08/59	43673	1901	09/61	43737	1901	02/61
43562	1897	02/61	43620	1899	02/64	43674	1901	08/59	43742	1902	08/58
43565	1897	06/62	43621	1899	04/62	43675	1901	12/59	43745	1902	11/58
43568	1897	05/55	43622	1899	12/59	43676	1901	10/55	43747	1902	11/51
43570	1899	06/60	43623	1899	08/59	43678	1901	12/59	43748	1902	10/56
43572	1899	11/60	43624	1899	05/61	43679	1901	01/62	43749	1902	03/60
43573	1899	01/48	43627	1899	06/60	43680	1901	08/62	43751	1902	09/61
43574	1899	11/60	43629	1899	04/59	43681	1901	10/61	43753	1902	12/59
43575	1899	05/58	43630	1900	09/59	43682	1901	09/62	43754	1902	10/62
43578	1899	02/59	43631	1900	08/58	43683	1901	10/54	43755	1902	11/55
43579	1899	12/60	43633	1900	05/56	43684	1901	06/57	43756	1902	09/62
43580	1899	04/61	43634	1900	11/60	43686	1901	11/55	43757	1902	07/58
43581	1899	07/55	43636	1900	11/55	43687	1901	08/62	43759	1902	11/59
43582	1899	05/51	43637	1900	02/64	43690	1901	08/57	43760	1902	04/62
43583	1899	08/62	43638	1900	12/59	43693	1901	12/59	43762	1902	03/61
43584	1899	06/59	43639	1900	09/60	43698	1901	08/56	43763	1902	03/62
43585	1899	09/62	43644	1900	10/60	43705	1901	12/60	43765	1903	05/51
43586	1899	08/62	43645	1900	10/62	43709	1901	08/62	43766	1903	08/62
43587	1899	10/59	43650	1900	10/60	43710	1901	03/58	43767	1903	09/53
43593	1900	10/62	43651	1900	08/59	43711	1901	12/59	43769	1903	06/48
43594	1900	11/60	43652	1900	09/60	43712	1901	01/59	43770	1903	02/56
43595	1990	03/57	43653	1900	07/53	43714	1901	01/62	43771	1903	02/59
43596	1900	05/57	43656	1900	04/58	43715	1901	02/61	43772	1903	03/50
43598	1900	08/56	43657	1900	10/62	43717	1901	06/57	43773	1903	05/60

TOTAL 332

Class 3F — Deeley Midland — 0-6-0

Deeley Midland design of 1906, rebuilt from 1916 with Belpaire boilers.
Loco Weight : 46t 3c Driving Wheels : 5' 3" Cylinders : (I) 18½" x 26" Valve Gear : Stephenson (slide valves)

Number	built	w/dwn	Number	built	w/dwn	Number	built	w/dwn	Number	built	w/dwn
43775	1903	11/55	43791	1904	11/55	43806	1906	11/57	43821	1908	04/54
43776	1903	11/57	43792	1904	05/53	43807	1906	09/52	43822	1908	08/62
43777	1903	09/51	43793	1904	03/62	43808	1906	09/62	43823	1908	03/58
43778	1903	03/61	43795	1904	04/57	43809	1906	04/61	43824	1908	08/51
43779	1903	03/54	43796	1904	09/48	43810	1906	04/55	43825	1908	04/62
43781	1903	11/55	43797	1904	06/53	43811	1906	02/51	43826	1908	11/61
43782	1903	01/54	43798	1904	07/58	43812	1906	06/61	43827	1908	12/50
43783	1903	02/49	43799	1904	12/59	43813	1907	01/50	43828	1908	01/60
43784	1903	10/60	43800	1904	01/61	43814	1907	11/60	43829	1908	11/59
43785	1904	11/59	43801	1904	09/51	43815	1908	09/58	43830	1908	01/50
43786	1904	11/57	43802	1904	11/50	43817	1908	09/55	43831	1908	05/48
43787	1904	01/59	43803	1904	09/55	43818	1908	05/50	43832	1908	11/61
43789	1904	06/62	43804	1904	12/52	43819	1908	02/54	43833	1908	08/53
43790	1904	06/56	43805	1906	06/50	43820	1908	07/52			

TOTAL 55

Fowler Midland

1911 Fowler design for the Midland Railway. With detail differences, this class was perpetuated in L.M.S. days (44027 - 44606) to form one of the largest classes built in this country.

Loco Weight : 48t 15c   **Driving Wheels :** 5' 3"   **Cylinders :** (I) 20" x 26"   **Valve Gear :** Stephenson (piston valves)

Number	built	w/dwn	Number	built	w/dwn	Number	built	w/dwn	Number	built	w/dwn
43835	1911	10/55	43883	1919	09/61	43931	1920	08/64	43979	1922	11/64
43836	1911	07/59	43884	1919	12/61	43932	1920	09/62	43980	1922	07/57
43837	1917	10/57	43885	1919	02/64	43933	1920	11/62	43981	1922	08/65
43838	1917	07/56	43886	1919	11/59	43934	1920	11/59	43982	1922	07/65
43839	1917	03/60	43887	1919	02/65	43935	1921	10/63	43983	1922	08/65
43840	1917	09/60	43888	1919	09/64	43936	1921	02/56	43984	1922	01/59
43841	1917	11/59	43889	1919	03/57	43937	1921	07/63	43985	1922	04/62
43842	1917	11/59	43890	1919	02/59	43938	1921	04/62	43986	1922	02/64
43843	1917	05/60	43891	1919	01/57	43939	1921	06/59	43987	1921	07/63
43844	1917	06/62	43892	1919	02/58	43940	1921	10/64	43988	1921	10/64
43845	1917	07/63	43893	1919	05/65	43941	1921	09/57	43989	1921	04/60
43846	1917	07/61	43894	1919	09/55	43942	1921	12/63	43990	1921	12/59
43847	1917	06/57	43895	1919	07/56	43943	1921	09/56	43991	1921	05/65
43848	1917	06/62	43896	1919	11/59	43944	1921	04/61	43992	1921	02/57
43849	1917	02/62	43897	1919	01/60	43945	1921	04/63	43993	1921	07/57
43850	1917	12/64	43898	1919	07/57	43946	1921	02/59	43994	1921	03/65
43851	1917	08/57	43899	1919	10/62	43947	1921	10/64	43995	1921	06/63
43852	1918	05/57	43900	1919	07/61	43948	1921	04/61	43996	1921	02/62
43853	1918	06/63	43901	1919	09/57	43949	1921	12/64	43997	1921	12/59
43854	1918	06/64	43902	1920	06/62	43950	1921	01/65	43998	1921	11/59
43855	1918	02/63	43903	1920	05/64	43951	1921	09/64	43999	1921	05/65
43856	1918	09/64	43904	1920	07/59	43952	1921	03/65	44000	1921	12/59
43857	1918	04/57	43905	1920	08/61	43953	1921	11/65	44001	1921	03/62
43858	1918	12/59	43906	1920	11/65	43954	1921	11/64	44002	1921	09/61
43859	1918	03/62	43907	1920	12/59	43955	1921	01/64	44003	1921	05/65
43860	1918	09/59	43908	1920	11/64	43956	1921	05/56	44004	1921	12/62
43861	1918	05/63	43909	1920	08/55	43957	1921	05/64	44005	1921	12/59
43862	1918	08/54	43910	1920	12/59	43958	1921	09/64	44006	1921	10/55
43863	1918	09/61	43911	1920	06/61	43959	1921	01/57	44007	1921	07/64
43864	1918	11/59	43912	1920	02/57	43960	1921	11/64	44008	1921	09/62
43865	1918	05/65	43913	1920	04/65	43961	1921	12/59	44009	1921	06/64
43866	1918	12/59	43914	1920	09/62	43962	1921	05/61	44010	1921	10/63
43867	1918	01/55	43915	1920	02/63	43963	1921	11/64	44011	1921	10/62
43868	1918	11/60	43916	1920	11/57	43964	1921	09/65	44012	1921	11/63
43869	1918	06/62	43917	1920	08/64	43965	1921	12/59	44013	1921	10/63
43870	1918	10/63	43918	1920	02/65	43966	1921	12/59	44014	1922	12/59
43871	1918	12/64	43919	1920	12/59	43967	1922	08/65	44015	1922	09/63
43872	1918	09/61	43920	1920	08/61	43968	1922	11/65	44016	1922	07/62
43873	1918	06/59	43921	1920	06/61	43969	1922	10/63	44017	1922	08/57
43874	1918	03/56	43922	1920	07/61	43970	1922	02/59	44018	1922	12/59
43875	1918	05/56	43923	1920	02/64	43971	1922	04/64	44019	1922	06/60
43876	1918	12/62	43924	1920	06/65	43972	1922	03/64	44020	1922	09/62
43877	1918	09/59	43925	1920	06/64	43973	1922	07/60	44021	1922	12/59
43878	1918	12/59	43926	1920	08/59	43974	1922	07/56	44022	1922	11/63
43879	1918	04/58	43927	1920	11/57	43975	1922	01/65	44023	1922	12/64
43880	1919	05/64	43928	1920	09/64	43976	1922	04/64	44024	1922	01/57
43881	1919	12/59	43929	1920	11/64	43977	1922	11/63	44025	1922	11/64
43882	1919	07/63	43930	1920	12/59	43978	1922	01/58	44026	1922	07/63

TOTAL 192

1924 Fowler Design for the L.M.S. Perpetuation of previous class, originally introduced in 1911.
44557 - 44561 *were ex S.D.J.R. locos taken over by L.M.S. in 1930.*
Loco Weight : 48t 15c *Driving Wheels :* 5' 3" *Cylinders :* (I) 20" x 26" *Valve Gear :* Stephenson (piston valves)

Number	built	w/dwn	Number	built	w/dwn	Number	built	w/dwn	Number	built	w/dwn
44027	1924	11/64	44082	1925	09/61	44137	1925	02/65	44192	1925	04/65
44028	1924	11/65	44083	1925	12/63	44138	1925	07/62	44193	1925	10/62
44029	1924	07/60	44084	1925	12/59	44139	1925	08/65	44194	1925	12/62
44030	1924	04/64	44085	1925	10/63	44140	1925	12/59	44195	1925	03/65
44031	1924	05/60	44086	1925	11/65	44141	1925	07/61	44196	1925	01/62
44032	1924	11/59	44087	1925	03/62	44142	1925	12/59	44197	1925	09/64
44033	1924	10/61	44088	1925	12/61	44143	1925	10/62	44198	1925	05/63
44034	1924	07/63	44089	1925	12/63	44144	1925	08/59	44199	1925	12/62
44035	1925	02/65	44090	1925	10/61	44145	1925	02/59	44200	1925	07/65
44036	1925	06/62	44091	1925	02/64	44146	1925	11/64	44201	1925	09/59
44037	1925	09/61	44092	1925	09/64	44147	1925	09/61	44202	1925	09/63
44038	1925	04/64	44093	1925	03/60	44148	1925	05/61	44203	1925	03/66
44039	1925	06/64	44094	1925	05/63	44149	1925	11/64	44204	1925	12/59
44040	1925	11/64	44095	1925	12/59	44150	1925	01/63	44205	1925	03/63
44041	1925	06/64	44096	1925	10/64	44151	1925	12/63	44206	1925	06/61
44042	1925	10/64	44097	1925	05/63	44152	1925	09/61	44207	1925	11/63
44043	1925	07/65	44098	1925	12/63	44153	1925	04/63	44208	1925	10/63
44044	1925	07/65	44099	1925	02/65	44154	1925	04/62	44209	1925	06/63
44045	1925	11/64	44100	1925	04/63	44155	1925	10/65	44210	1925	10/65
44046	1925	09/63	44101	1925	05/63	44156	1925	02/64	44211	1925	03/65
44047	1925	10/63	44102	1925	09/64	44157	1925	07/65	44212	1925	12/63
44048	1925	08/64	44103	1925	12/59	44158	1925	07/62	44213	1925	06/64
44049	1925	12/64	44104	1925	06/62	44159	1926	10/62	44214	1925	12/64
44050	1925	11/59	44105	1925	10/61	44160	1926	12/65	44215	1925	02/65
44051	1925	12/64	44106	1926	02/64	44161	1926	12/59	44216	1925	09/62
44052	1925	06/60	44107	1924	09/61	44162	1926	12/63	44217	1926	12/59
44053	1925	03/63	44108	1925	12/59	44163	1926	07/60	44218	1926	03/66
44054	1925	12/64	44109	1925	05/64	44164	1926	07/63	44219	1926	11/63
44055	1925	11/63	44110	1925	04/64	44165	1926	08/64	44220	1926	09/64
44056	1925	11/65	44111	1925	09/61	44166	1926	01/62	44221	1926	05/64
44057	1925	11/65	44112	1925	01/63	44167	1926	01/64	44222	1926	11/64
44058	1925	11/59	44113	1925	01/66	44168	1926	10/63	44223	1926	11/63
44059	1925	08/64	44114	1925	05/63	44169	1926	08/65	44224	1926	02/62
44060	1925	03/64	44115	1925	07/65	44170	1926	11/65	44225	1926	11/59
44061	1925	06/65	44116	1925	11/59	44171	1926	05/64	44226	1926	09/64
44062	1925	09/62	44117	1925	09/64	44172	1926	05/64	44227	1926	12/59
44063	1925	06/65	44118	1925	05/65	44173	1926	12/59	44228	1926	12/62
44064	1925	11/59	44119	1925	12/63	44174	1926	12/63	44229	1926	11/64
44065	1925	01/65	44120	1925	11/59	44175	1926	12/59	44230	1926	12/59
44066	1925	10/63	44121	1925	01/65	44176	1926	07/63	44231	1926	06/63
44067	1925	04/61	44122	1925	09/62	44177	1924	11/64	44232	1926	11/63
44068	1925	10/63	44123	1925	06/65	44178	1924	11/64	44233	1926	11/64
44069	1925	10/63	44124	1925	05/64	44179	1925	12/64	44234	1926	10/62
44070	1925	07/62	44125	1925	03/65	44180	1925	04/64	44235	1926	12/64
44071	1925	05/63	44126	1925	09/63	44181	1925	08/64	44236	1926	10/64
44072	1925	11/59	44127	1925	01/65	44182	1925	09/64	44237	1926	10/63
44073	1925	11/59	44128	1925	12/62	44183	1925	10/63	44238	1926	12/63
44074	1925	09/63	44129	1925	09/62	44184	1925	10/63	44239	1926	10/63
44075	1925	11/65	44130	1925	12/64	44185	1925	11/64	44240	1926	09/64
44076	1925	07/65	44131	1925	11/64	44186	1925	10/63	44241	1926	07/63
44077	1925	03/60	44132	1925	08/63	44187	1925	07/62	44242	1926	05/64
44078	1925	04/64	44133	1925	11/63	44188	1925	11/65	44243	1926	09/65
44079	1925	11/64	44134	1925	11/64	44189	1925	12/62	44244	1926	10/64
44080	1925	07/64	44135	1925	04/65	44190	1925	09/63	44245	1926	05/62
44081	1925	09/65	44136	1925	12/59	44191	1925	08/64	44246	1926	12/64

Number	built	w/dwn	Number	built	w/dwn	Number	built	w/dwn	Number	built	w/dwn
44247	1926	12/65	44307	1926	10/62	44367	1927	09/64	44427	1927	03/60
44248	1926	09/64	44308	1926	10/63	44368	1927	09/62	44428	1927	02/64
44249	1926	12/61	44309	1926	07/63	44369	1927	12/59	44429	1927	05/65
44250	1926	05/65	44310	1926	02/66	44370	1927	09/63	44430	1927	03/60
44251	1926	10/62	44311	1926	07/66	44371	1927	06/61	44431	1927	09/64
44252	1926	05/63	44312	1927	10/62	44372	1927	11/59	44432	1927	10/63
44253	1926	10/62	44313	1927	12/59	44373	1927	12/64	44433	1927	12/64
44254	1926	10/62	44314	1927	08/62	44374	1927	03/63	44434	1927	09/63
44255	1926	12/62	44315	1927	05/64	44375	1927	10/60	44435	1927	10/62
44256	1926	04/62	44316	1927	12/59	44376	1927	12/64	44436	1927	04/64
44257	1926	10/62	44317	1927	12/59	44377	1927	10/66	44437	1927	12/63
44258	1926	05/62	44318	1928	10/62	44378	1927	04/63	44438	1927	03/60
44259	1926	08/64	44319	1928	11/61	44379	1927	09/64	44439	1927	04/64
44260	1926	10/64	44320	1928	10/62	44380	1928	08/64	44440	1927	04/64
44261	1926	10/63	44321	1928	04/64	44381	1928	09/64	44441	1927	09/64
44262	1926	09/63	44322	1928	07/63	44382	1926	11/59	44442	1927	07/63
44263	1926	03/65	44323	1928	10/62	44383	1926	11/59	44443	1927	08/65
44264	1926	11/65	44324	1928	11/61	44384	1926	10/64	44444	1927	09/63
44265	1926	12/63	44325	1928	10/62	44385	1926	08/59	44445	1927	06/63
44266	1926	03/65	44326	1928	12/59	44386	1926	05/65	44446	1927	11/65
44267	1926	06/62	44327	1928	05/64	44387	1926	10/63	44447	1928	07/63
44268	1926	03/63	44328	1928	12/62	44388	1926	12/62	44448	1928	11/63
44269	1926	12/65	44329	1928	08/62	44389	1926	07/65	44449	1928	08/65
44270	1926	11/63	44330	1928	10/62	44390	1926	11/65	44450	1928	05/65
44271	1926	12/65	44331	1928	05/63	44391	1926	03/60	44451	1928	12/65
44272	1926	06/63	44332	1926	09/64	44392	1926	06/64	44452	1928	06/64
44273	1926	09/62	44333	1926	05/64	44393	1926	10/62	44453	1928	03/60
44274	1926	12/63	44334	1926	06/65	44394	1926	07/66	44454	1928	10/63
44275	1926	10/64	44335	1926	02/63	44395	1926	12/63	44455	1928	03/63
44276	1926	05/65	44336	1926	12/63	44396	1926	06/64	44456	1928	03/65
44277	1926	05/65	44337	1926	05/64	44397	1926	04/62	44457	1928	12/63
44278	1926	01/66	44338	1926	09/62	44398	1926	07/63	44458	1928	11/65
44279	1926	01/64	44339	1926	12/65	44399	1926	02/64	44459	1928	03/60
44280	1926	12/63	44340	1926	12/62	44400	1927	11/65	44460	1928	10/64
44281	1926	12/62	44341	1926	02/63	44401	1927	06/65	44461	1928	09/64
44282	1926	07/63	44342	1926	10/63	44402	1927	01/65	44462	1928	11/65
44283	1926	07/63	44343	1927	03/60	44403	1927	06/64	44463	1928	09/64
44284	1926	08/64	44344	1927	12/64	44404	1927	12/62	44464	1928	05/64
44285	1926	12/59	44345	1927	12/63	44405	1927	06/66	44465	1928	07/63
44286	1926	05/64	44346	1927	11/65	44406	1927	03/60	44466	1928	05/65
44287	1926	12/63	44347	1927	03/65	44407	1927	09/62	44467	1928	04/64
44288	1927	04/64	44348	1927	08/64	44408	1927	11/65	44468	1928	09/64
44289	1927	06/64	44349	1927	07/65	44409	1927	12/61	44469	1928	04/63
44290	1927	06/64	44350	1927	12/65	44410	1927	03/60	44470	1928	06/63
44291	1927	11/59	44351	1927	04/63	44411	1927	10/63	44471	1928	03/60
44292	1927	08/63	44352	1927	10/63	44412	1927	03/60	44472	1928	05/63
44293	1927	12/59	44353	1927	02/65	44413	1927	03/63	44473	1928	03/60
44294	1927	11/65	44354	1927	10/63	44414	1927	05/64	44474	1928	12/61
44295	1927	02/64	44355	1927	09/65	44415	1927	03/60	44475	1928	02/63
44296	1927	01/65	44356	1927	11/65	44416	1927	07/63	44476	1928	05/63
44297	1927	09/63	44357	1927	11/59	44417	1927	10/62	44477	1927	07/61
44298	1927	12/59	44358	1927	01/65	44418	1927	10/63	44478	1927	11/64
44299	1927	05/63	44359	1927	07/63	44419	1927	09/63	44479	1927	05/64
44300	1927	12/65	44360	1927	03/60	44420	1927	09/65	44480	1927	03/60
44301	1927	04/64	44361	1927	11/59	44421	1927	12/64	44481	1927	11/64
44302	1926	03/64	44362	1927	09/64	44422	1927	06/65	44482	1927	05/62
44303	1926	09/63	44363	1927	10/63	44423	1927	11/59	44483	1927	03/60
44304	1926	05/64	44364	1927	01/64	44424	1927	10/63	44484	1927	11/64
44305	1926	04/65	44365	1927	11/59	44425	1927	02/65	44485	1927	04/63
44306	1926	11/59	44366	1927	03/60	44426	1927	12/63	44486	1927	01/65

Number	built	w/dwn	Number	built	w/dwn	Number	built	w/dwn	Number	built	w/dwn
44487	1927	04/62	44517	1928	10/63	44547	1928	09/61	44577	1939	09/64
44488	1927	03/60	44518	1928	09/62	44548	1928	01/65	44578	1939	02/64
44489	1927	08/65	44519	1928	01/63	44549	1928	05/64	44579	1939	10/62
44490	1927	08/65	44520	1928	01/64	44550	1928	03/62	44580	1939	11/64
44491	1927	10/62	44521	1928	09/62	44551	1928	05/63	44581	1939	09/64
44492	1927	05/64	44522	1928	10/65	44552	1928	09/64	44582	1939	11/63
44493	1927	10/63	44523	1928	08/63	44553	1928	10/62	44583	1939	08/64
44494	1927	07/63	44524	1928	01/63	44554	1928	08/64	44584	1939	11/63
44495	1927	03/60	44525	1928	10/66	44555	1928	03/60	44585	1939	09/60
44496	1927	03/60	44526	1928	11/63	44556	1928	12/63	44586	1939	09/64
44497	1927	11/64	44527	1928	03/65	44557	1922	09/62	44587	1939	05/65
44498	1927	03/60	44528	1928	05/65	44558	1922	12/64	44588	1939	09/64
44499	1927	09/64	44529	1928	09/64	44559	1922	01/63	44589	1939	11/64
44500	1927	07/66	44530	1928	10/63	44560	1922	09/65	44590	1939	09/61
44501	1927	12/64	44531	1928	04/64	44561	1922	04/62	44591	1939	11/64
44502	1927	03/60	44532	1928	05/63	44562	1937	11/63	44592	1939	10/63
44503	1927	03/60	44533	1928	02/64	44563	1937	03/60	44593	1939	12/64
44504	1927	10/63	44534	1928	11/64	44564	1937	09/64	44594	1939	10/62
44505	1927	09/65	44535	1928	10/63	44565	1937	09/64	44595	1939	10/63
44506	1927	03/60	44536	1928	08/65	44566	1937	09/64	44596	1939	09/63
44507	1928	03/60	44537	1928	10/62	44567	1937	06/64	44597	1940	09/65
44508	1928	09/62	44538	1928	01/64	44568	1937	11/63	44598	1940	10/63
44509	1928	09/62	44539	1928	09/63	44569	1937	07/64	44599	1940	11/65
44510	1928	02/60	44540	1928	05/64	44570	1937	11/65	44600	1940	03/60
44511	1928	03/60	44541	1928	11/63	44571	1937	12/64	44601	1940	11/65
44512	1928	02/64	44542	1928	07/63	44572	1937	09/64	44602	1940	09/64
44513	1928	03/60	44543	1928	05/64	44573	1937	06/62	44603	1940	10/64
44514	1928	09/64	44544	1928	04/65	44574	1937	10/63	44604	1940	01/64
44515	1928	03/60	44545	1928	03/63	44575	1937	11/64	44605	1941	09/64
44516	1928	09/64	44546	1928	03/60	44576	1937	06/62	44606	1941	03/62

TOTAL 580

Class 5MT   Stanier 'Black 5'   4-6-0

Stanier 5MT design for L.M.S., introduced in 1934. This class spelt the death knell of many, sometimes not very old, pre-grouping classes which were rapidly withdrawn in favour of Stanier's masterpiece.

There are several variations and experimental sub classes of this locomotive type :

1)   *Outside Stephenson link motion & Timken roller bearings* (**44767**)
2)   *Caprotti valve gear* (**44738 - 44747**)
3)   *Caprotti valve gear & Timken roller bearings* (**44748 - 44754**)
4)   *Caprotti valve gear, Timken roller bearings & double chimney* (**44755 - 44757**)
5)   *Timken roller bearings* (**44758 - 44764**)
6)   *Timken roller bearings, double chimney* (**44765 - 44766**)
7)   *Fitted with steel firebox* (**44718 - 44727**)
8)   *Skefco roller bearings* (**44678 - 44685**)
9)   *Timken roller bearings on driving coupled axle only* (**44688 - 44697**)
10)   *Skefco roller bearings on driving coupled axle only* (**44668 - 44677**)
11)   *Caprotti valve gear, Skefco roller bearings, & double chimney* (**44686 - 44687**)

Loco Weight : between 72t 2c & 75t 6c   **Driving Wheels :** 6' 0"   **Cylinders :** (O) 18½" x 28"
Valve Gear : Walschaerts (piston valves) *unless as shown above*

Four of the class were named :	45154	**Lanarkshire Yeomanry**	45156	**Ayrshire Yeomanry**
	45157	**The Glasgow Highlander**	45158	**Glasgow Yeomanry**

45155 was allocated the name **The Queens Edinburgh**, and the writer has seen a photograph of this loco in L.M.S. days fitted with the nameplate, but it's not certain that she actually carried the name in service.

Number	built	w/dwn	Number	built	w/dwn	Number	built	w/dwn	Number	built	w/dwn
44658	05/49	11/67	44661	06/49	08/67	44664	06/49	05/68	44667	07/49	08/67
44659	05/49	06/67	44662	06/49	10/67	44665	06/49	03/68	44668	12/49	04/66
44660	05/49	09/64	44663	06/49	05/68	44666	07/49	02/67	44669	12/49	10/67

Number	built	w/dwn	Number	built	w/dwn	Number	built	w/dwn	Number	built	w/dwn
44670	01/50	01/66	44730	01/49	11/67	44790	1947	03/67	44850	1944	07/66
44671	02/50	02/67	44731	02/49	05/66	44791	1947	11/66	44851	1944	04/68
44672	02/50	03/68	44732	02/49	07/67	44792	1947	09/67	44852	1944	09/67
44673	02/50	05/65	44733	02/49	06/67	44793	1947	12/64	44853	1944	06/67
44674	03/50	12/67	44734	02/49	12/67	44794	1947	04/67	44854	1944	10/67
44675	03/50	09/67	44735	02/49	08/68	44795	1947	07/67	44855	1944	05/68
44676	04/50	07/64	44736	03/49	09/67	44796	1947	05/67	44856	1944	02/67
44677	04/50	10/67	44737	03/49	01/67	44797	1947	09/66	44857	1944	10/67
44678	05/50	11/67	44738	06/48	06/64	44798	1947	09/66	44858	1944	12/67
44679	05/50	09/67	44739	06/48	01/65	44799	1947	07/65	44859	1944	11/67
44680	06/50	09/67	44740	05/48	04/63	44800	1944	03/68	44860	1944	01/67
44681	06/50	09/67	44741	06/48	03/65	44801	1944	05/64	44861	1945	11/67
44682	06/50	11/67	44742	06/48	05/64	44802	1944	06/68	44862	1945	07/67
44683	07/50	04/68	44743	06/48	01/66	44803	1944	06/68	44863	1945	05/67
44684	07/50	09/67	44744	07/48	11/63	44804	1944	03/68	44864	1945	05/68
44685	08/50	04/67	44745	07/48	10/64	44805	1944	09/67	44865	1945	09/67
44686	04/51	11/65	44746	08/48	02/64	44806	1944	08/68	44866	1945	09/67
44687	05/51	01/66	44747	07/48	04/63	44807	1944	03/68	44867	1945	06/67
44688	08/50	09/66	44748	02/48	09/64	44808	1944	12/66	44868	1945	05/68
44689	09/50	03/67	44749	02/48	09/64	44809	1944	08/68	44869	1945	09/66
44690	10/50	08/68	44750	02/48	09/63	44810	1944	08/66	44870	1945	06/67
44691	10/50	04/67	44751	03/48	09/64	44811	1944	10/66	44871	1945	08/68
44692	10/50	05/66	44752	03/48	04/64	44812	1944	09/67	44872	1945	09/67
44693	11/50	05/67	44753	03/48	07/65	44813	1944	09/66	44873	1945	11/67
44694	12/50	10/67	44754	04/48	04/64	44814	1944	09/67	44874	1945	08/68
44695	12/50	06/67	44755	04/48	11/63	44815	1944	02/68	44875	1945	05/67
44696	12/50	05/67	44756	06/48	09/64	44816	1944	07/68	44876	1945	11/67
44697	12/50	11/67	44757	12/48	11/65	44817	1944	08/67	44877	1945	08/68
44698	07/48	07/66	44758	1947	07/68	44818	1944	06/68	44878	1945	07/68
44699	07/48	05/67	44759	1947	11/67	44819	1944	11/67	44879	1945	04/67
44700	07/48	07/66	44760	1947	10/66	44820	1944	12/66	44880	1945	11/66
44701	08/48	05/64	44761	1947	04/68	44821	1944	06/67	44881	1945	07/66
44702	08/48	06/65	44762	1947	01/66	44822	1944	10/67	44882	1945	07/67
44703	08/48	12/66	44763	1947	09/65	44823	1944	11/65	44883	1945	07/67
44704	09/48	09/66	44764	1947	09/65	44824	1944	10/67	44884	1945	06/68
44705	09/48	09/66	44765	1947	09/67	44825	1944	10/67	44885	1945	12/63
44706	09/48	12/63	44766	1947	08/67	44826	1944	10/67	44886	1945	10/67
44707	09/48	01/66	44767	1947	12/67	44827	1944	07/65	44887	1945	12/67
44708	10/48	01/68	44768	1947	06/67	44828	1944	09/67	44888	1945	08/68
44709	10/48	08/68	44769	1947	07/65	44829	1944	05/68	44889	1945	01/68
44710	10/48	12/66	44770	1947	10/67	44830	1944	08/67	44890	1945	06/68
44711	10/48	05/68	44771	1947	03/67	44831	1944	11/67	44891	1945	06/68
44712	10/48	11/66	44772	1947	10/67	44832	1944	09/67	44892	1945	04/67
44713	11/48	08/68	44773	1947	12/67	44833	1944	09/67	44893	1945	11/67
44714	11/48	11/66	44774	1947	08/67	44834	1944	12/67	44894	1945	08/68
44715	11/48	01/68	44775	1947	10/67	44835	1944	07/67	44895	1945	12/67
44716	11/48	07/65	44776	1947	10/67	44836	1944	05/68	44896	1945	09/67
44717	12/48	08/67	44777	1947	06/68	44837	1944	09/67	44897	1945	08/67
44718	03/49	11/66	44778	1947	11/67	44838	1944	03/68	44898	1945	10/67
44719	03/49	10/64	44779	1947	12/66	44839	1944	12/66	44899	1945	07/68
44720	03/49	10/66	44780	1947	06/68	44840	1944	11/67	44900	1945	06/67
44721	03/49	08/65	44781	1947	08/68	44841	1944	10/66	44901	1945	08/65
44722	04/49	04/67	44782	1947	12/66	44842	1944	01/68	44902	1945	10/67
44723	04/49	10/66	44783	1947	05/64	44843	1944	09/67	44903	1945	04/68
44724	04/49	10/66	44784	1947	06/64	44844	1944	11/67	44904	1945	12/65
44725	04/49	10/67	44785	1947	06/64	44845	1944	06/68	44905	1945	11/67
44726	05/49	10/66	44786	1947	08/66	44846	1944	01/68	44906	1945	03/68
44727	05/49	10/67	44787	1947	11/65	44847	1944	11/66	44907	1945	10/67
44728	01/49	01/68	44788	1947	11/66	44848	1944	02/68	44908	1945	06/66
44729	01/49	10/66	44789	1947	12/64	44849	1944	12/64	44909	1945	09/67

Number	built	w/dwn	Number	built	w/dwn	Number	built	w/dwn	Number	built	w/dwn
44910	1945	06/68	44970	1946	09/65	45030	1934	12/62	45090	1935	12/65
44911	1945	10/67	44971	1946	08/68	45031	1934	06/67	45091	1935	09/66
44912	1945	09/67	44972	1946	11/66	45032	1934	02/64	45092	1935	12/67
44913	1945	07/67	44973	1946	09/65	45033	1934	12/66	45093	1935	11/65
44914	1945	08/67	44974	1946	06/66	45034	1934	02/68	45094	1935	02/67
44915	1945	12/67	44975	1946	09/65	45035	1934	11/64	45095	1935	08/68
44916	1945	12/67	44976	1946	02/64	45036	1934	12/62	45096	1935	08/68
44917	1945	11/67	44977	1946	11/66	45037	1934	11/65	45097	1935	06/66
44918	1945	01/67	44978	1946	07/65	45038	1934	02/68	45098	1935	12/62
44919	1945	12/66	44979	1946	07/65	45039	1934	08/67	45099	1935	09/63
44920	1945	11/67	44980	1946	07/65	45040	1934	07/67	45100	1935	10/63
44921	1946	02/65	44981	1946	01/67	45041	1934	12/67	45101	1935	03/68
44922	1946	05/64	44982	1946	05/67	45042	1934	09/67	45102	1935	01/65
44923	1946	06/64	44983	1946	10/67	45043	1934	11/67	45103	1935	09/64
44924	1946	07/65	44984	1946	11/66	45044	1934	10/66	45104	1935	06/68
44925	1946	09/66	44985	1946	10/67	45045	1934	10/66	45105	1935	10/66
44926	1946	04/68	44986	1946	05/67	45046	1934	06/68	45106	1935	01/67
44927	1946	09/67	44987	1946	10/66	45047	1934	07/66	45107	1935	09/67
44928	1946	06/67	44988	1946	12/67	45048	1934	11/67	45108	1935	12/65
44929	1946	06/68	44989	1946	02/67	45049	1934	08/63	45109	1935	04/67
44930	1946	05/67	44990	1946	10/67	45050	1934	08/67	45110	1935	08/68
44931	1946	10/65	44991	1946	05/67	45051	1934	11/66	45111	1935	10/67
44932	1945	08/68	44992	1947	12/66	45052	1934	09/67	45112	1935	10/66
44933	1945	10/67	44993	1947	12/67	45053	1934	11/66	45113	1935	07/65
44934	1945	09/67	44994	1947	07/64	45054	1934	02/68	45114	1935	01/68
44935	1945	10/66	44995	1947	11/66	45055	1934	08/68	45115	1935	11/66
44936	1945	08/67	44996	1947	04/64	45056	1934	08/67	45116	1935	07/67
44937	1945	05/67	44997	1947	05/67	45057	1934	08/67	45117	1935	10/65
44938	1945	10/67	44998	1947	04/67	45058	1934	10/66	45118	1935	10/66
44939	1945	12/65	44999	1947	09/66	45059	1934	07/67	45119	1935	12/62
44940	1945	03/68	45000	1935	10/67	45060	1934	03/67	45120	1935	06/67
44941	1945	11/66	45001	1935	03/68	45061	1934	11/67	45121	1935	05/64
44942	1945	06/68	45002	1935	07/65	45062	1934	04/67	45122	1935	04/64
44943	1945	10/67	45003	1935	06/67	45063	1934	11/66	45123	1935	09/63
44944	1946	09/67	45004	1935	09/66	45064	1934	03/67	45124	1935	05/67
44945	1946	10/66	45005	1935	01/68	45065	1934	05/68	45125	1935	05/63
44946	1946	06/67	45006	1935	09/67	45066	1935	02/64	45126	1935	05/67
44947	1946	06/68	45007	1935	07/64	45067	1935	10/67	45127	1935	11/66
44948	1946	09/67	45008	1935	05/64	45068	1935	12/65	45128	1935	09/66
44949	1946	06/68	45009	1935	11/65	45069	1935	06/67	45129	1935	09/66
44950	1946	08/68	45010	1935	08/63	45070	1935	05/67	45130	1935	01/67
44951	1946	12/66	45011	1935	12/65	45071	1935	07/67	45131	1935	04/68
44952	1946	10/66	45012	1935	10/66	45072	1935	09/67	45132	1935	03/67
44953	1946	12/66	45013	1935	05/68	45073	1935	08/68	45133	1935	02/68
44954	1946	09/66	45014	1935	06/67	45074	1935	09/65	45134	1935	08/68
44955	1946	08/65	45015	1935	09/67	45075	1935	09/67	45135	1935	10/67
44956	1946	06/66	45016	1935	07/66	45076	1935	06/68	45136	1935	10/64
44957	1946	05/64	45017	1935	08/68	45077	1935	08/65	45137	1935	12/66
44958	1946	03/67	45018	1935	12/66	45078	1935	10/65	45138	1935	09/66
44959	1946	07/65	45019	1935	05/67	45079	1935	03/67	45139	1935	08/67
44960	1946	01/66	45020	1934	12/65	45080	1935	10/67	45140	1935	09/66
44961	1946	06/64	45021	1934	09/67	45081	1935	11/65	45141	1935	03/67
44962	1946	12/67	45022	1934	09/63	45082	1935	07/66	45142	1935	04/65
44963	1946	07/68	45023	1934	09/63	45083	1935	12/67	45143	1935	12/65
44964	1946	10/67	45024	1934	05/67	45084	1935	11/66	45144	1935	06/64
44965	1946	04/68	45025	1934	08/68	45085	1935	12/62	45145	1935	11/67
44966	1946	09/66	45026	1934	10/65	45086	1935	12/62	45146	1935	06/65
44967	1946	05/64	45027	1934	05/68	45087	1935	07/63	45147	1935	05/67
44968	1946	05/64	45028	1934	03/67	45088	1935	09/64	45148	1935	12/65
44969	1946	12/63	45029	1934	10/66	45089	1935	08/67	45149	1935	06/68

Class 5MT No. 45365 is running tender first towards Edinburgh in this photo taken on the 14th of September 1956. Note the open water filler cap on the tender, and the token catcher for single line working fitted to the cabside. These locos did sterling work in Scotland, particularly on the ex Highland Railway main line to Inverness, and on the West Highland line to Mallaig.

Modelmaster Collection

'Jubilee' Class No. 45704 LEVIATHAN ready for duty in Aston Shed Yard. This loco was fitted with a Fowler tender, and was withdrawn during January 1965. Keeping it company are 'Britannia' Class 70021 MORNING STAR, and an unidentified English Electric Type 1 Diesel.

Modelmaster Collection

Number	built	w/dwn	Number	built	w/dwn	Number	built	w/dwn	Number	built	w/dwn
45150	1935	06/68	45210	1935	04/66	45270	1936	09/67	45330	1937	08/68
45151	1935	12/62	45211	1935	05/67	45271	1936	09/67	45331	1937	11/67
45152	1935	12/62	45212	1935	08/68	45272	1936	10/65	45332	1937	11/66
45153	1935	05/64	45213	1935	12/66	45273	1936	10/67	45333	1937	07/66
45154	1935	11/66	45214	1935	12/66	45274	1936	05/67	45334	1937	07/65
45155	1935	11/64	45215	1935	10/67	45275	1936	10/67	45335	1937	07/65
45156	1935	08/68	45216	1935	02/66	45276	1936	01/67	45336	1937	01/67
45157	1935	12/62	45217	1935	11/66	45277	1936	02/67	45337	1937	02/65
45158	1935	07/64	45218	1935	04/66	45278	1936	06/67	45338	1937	10/66
45159	1935	04/63	45219	1935	10/67	45279	1936	03/63	45339	1937	06/67
45160	1935	09/66	45220	1935	09/66	45280	1936	11/67	45340	1937	04/67
45161	1935	11/66	45221	1935	12/67	45281	1936	11/67	45341	1937	01/67
45162	1935	11/66	45222	1935	02/67	45282	1936	05/68	45342	1937	08/68
45163	1935	05/65	45223	1935	12/66	45283	1936	01/67	45343	1937	06/67
45164	1935	08/66	45224	1935	11/66	45284	1936	05/68	45344	1937	09/66
45165	1935	12/62	45225	1936	10/67	45285	1936	12/67	45345	1937	06/68
45166	1935	09/63	45226	1936	09/67	45286	1936	03/65	45346	1937	06/67
45167	1935	05/67	45227	1936	01/68	45287	1936	08/68	45347	1937	11/67
45168	1935	09/66	45228	1936	06/67	45288	1936	11/67	45348	1937	08/66
45169	1935	05/63	45229	1936	09/65	45289	1936	11/66	45349	1937	11/67
45170	1935	03/64	45230	1936	09/65	45290	1936	06/68	45350	1937	08/68
45171	1935	10/65	45231	1936	08/68	45291	1936	11/65	45351	1937	08/65
45172	1935	05/64	45232	1936	11/67	45292	1936	11/67	45352	1937	04/67
45173	1935	07/64	45233	1936	05/66	45293	1936	08/65	45353	1937	07/68
45174	1935	05/63	45234	1936	09/67	45294	1936	03/68	45354	1937	11/65
45175	1935	07/63	45235	1936	01/66	45295	1936	12/67	45355	1937	12/62
45176	1935	08/66	45236	1936	12/67	45296	1936	02/68	45356	1937	05/64
45177	1935	07/66	45237	1936	09/65	45297	1936	09/67	45357	1937	12/66
45178	1935	01/65	45238	1936	12/66	45298	1936	09/67	45358	1937	12/63
45179	1935	06/62	45239	1936	09/67	45299	1937	11/67	45359	1937	05/67
45180	1935	09/65	45240	1936	01/67	45300	1937	12/65	45360	1937	09/65
45181	1935	01/66	45241	1936	09/67	45301	1937	07/65	45361	1937	02/64
45182	1935	03/66	45242	1936	06/67	45302	1937	07/67	45362	1937	10/65
45183	1935	10/64	45243	1936	09/67	45303	1937	06/67	45363	1937	10/67
45184	1935	09/65	45244	1936	08/63	45304	1937	08/67	45364	1937	08/66
45185	1935	07/66	45245	1936	08/65	45305	1937	08/68	45365	1937	12/66
45186	1935	09/67	45246	1936	12/67	45306	1937	01/65	45366	1937	04/64
45187	1935	06/68	45247	1936	04/67	45307	1937	10/67	45367	1937	11/63
45188	1935	07/67	45248	1936	02/66	45308	1937	08/67	45368	1937	11/67
45189	1935	07/63	45249	1936	12/66	45309	1937	09/66	45369	1937	03/67
45190	1935	05/68	45250	1936	03/67	45310	1937	08/68	45370	1937	08/66
45191	1935	07/67	45251	1936	12/63	45311	1937	10/66	45371	1937	04/67
45192	1935	08/65	45252	1936	03/66	45312	1937	06/68	45372	1937	11/66
45193	1935	09/67	45253	1936	04/68	45313	1937	02/65	45373	1937	09/67
45194	1935	04/65	45254	1936	05/68	45314	1937	11/65	45374	1937	10/67
45195	1935	07/66	45255	1936	05/68	45315	1937	09/63	45375	1937	01/68
45196	1935	12/67	45256	1936	08/67	45316	1937	03/68	45376	1937	04/68
45197	1935	01/67	45257	1936	11/65	45317	1937	11/63	45377	1937	12/67
45198	1935	09/67	45258	1936	03/68	45318	1937	08/68	45378	1937	03/65
45199	1935	09/63	45259	1936	12/67	45319	1937	05/67	45379	1937	07/65
45200	1935	07/68	45260	1936	08/68	45320	1937	10/63	45380	1937	03/65
45201	1935	05/68	45261	1936	10/67	45321	1937	10/67	45381	1937	05/68
45202	1935	06/68	45262	1936	08/68	45322	1937	09/66	45382	1937	06/68
45203	1935	06/68	45263	1936	10/67	45323	1937	09/67	45383	1937	02/67
45204	1935	01/67	45264	1936	09/67	45324	1937	08/67	45384	1937	06/64
45205	1935	10/66	45265	1936	05/62	45325	1937	09/66	45385	1937	10/66
45206	1935	08/68	45266	1936	12/62	45326	1937	03/67	45386	1937	08/68
45207	1935	10/66	45267	1936	10/67	45327	1937	01/65	45387	1937	03/65
45208	1935	10/67	45268	1936	08/68	45328	1937	09/67	45388	1937	08/68
45209	1935	06/68	45269	1936	08/68	45329	1937	11/66	45389	1937	10/65

Number	built	w/dwn	Number	built	w/dwn	Number	built	w/dwn	Number	built	w/dwn
45390	1937	08/68	45418	1937	02/66	45446	1937	02/67	45474	1943	11/66
45391	1937	02/68	45419	1937	09/66	45447	1937	08/68	45475	1943	09/66
45392	1937	05/68	45420	1937	06/68	45448	1937	08/67	45476	1943	09/66
45393	1937	09/66	45421	1937	02/68	45449	1937	11/67	45477	1943	01/64
45394	1937	07/68	45422	1937	09/66	45450	1937	11/67	45478	1943	08/66
45395	1937	03/68	45423	1937	05/67	45451	1937	11/66	45479	1943	05/64
45396	1937	02/66	45424	1937	04/68	45452	1938	06/63	45480	1943	08/66
45397	1937	08/68	45425	1937	10/67	45453	1938	12/62	45481	1943	09/67
45398	1937	09/65	45426	1937	03/68	45454	1938	08/67	45482	1943	06/64
45399	1937	12/66	45427	1937	09/66	45455	1938	08/67	45483	1943	12/66
45400	1937	05/64	45428	1937	10/67	45456	1938	12/64	45484	1943	02/64
45401	1937	11/61	45429	1937	08/65	45457	1938	09/63	45485	1943	10/63
45402	1937	04/67	45430	1937	09/66	45458	1938	12/62	45486	1943	12/65
45403	1937	09/66	45431	1937	11/67	45459	1938	05/64	45487	1943	02/64
45404	1937	05/67	45432	1937	10/66	45460	1938	06/65	45488	1943	11/66
45405	1937	08/67	45433	1937	03/66	45461	1938	08/66	45489	1943	11/66
45406	1937	07/67	45434	1937	09/66	45462	1938	06/64	45490	1943	12/66
45407	1937	08/68	45435	1937	06/68	45463	1938	11/66	45491	1943	07/65
45408	1937	11/66	45436	1937	04/68	45464	1938	10/66	45492	1944	12/66
45409	1937	08/67	45437	1937	10/67	45465	1938	02/64	45493	1944	01/68
45410	1937	09/66	45438	1937	09/66	45466	1938	02/67	45494	1944	09/67
45411	1937	06/68	45439	1937	11/65	45467	1938	12/66	45495	1944	03/67
45412	1937	08/67	45440	1937	09/67	45468	1938	05/64	45496	1944	06/64
45413	1937	09/64	45441	1937	02/67	45469	1938	11/66	45497	1944	02/64
45414	1937	02/65	45442	1937	09/66	45470	1938	09/64	45498	1944	06/65
45415	1937	10/67	45443	1937	08/65	45471	1938	07/65	45499	1944	08/65
45416	1937	07/65	45444	1937	02/66	45472	1943	07/65			
45417	1937	07/67	45445	1937	09/66	45473	1943	09/66			

TOTAL 842
Largest ex L.M.S. Class

Class 6P and *7P   'Patriot'   4-6-0

Introduced 1930, first two rebuilt from L.N.W.R. 'Claughton' class, retaining original wheels. *Ivatt rebuild with taper boiler, double chimney & new cylinders. (45512/22/3/5/7/32/4-6/45 rebuilt by B.R.).
45506 & 45545 were named during 1948, and 45503 was 'The Leicestershire Regiment' until 11/48
Loco Weight : 80t 15c (*82t 0c)   **Driving Wheels :** 6' 9"   **Cylinders :** (3) 18" x 26" *(3) 17" x 26"
Valve Gear : Walschaerts (piston valves)

Number & Name	built	w/dwn	Number & Name	built	w/dwn
45500 Patriot	1930	04/61	* 45521 Rhyl	1933	09/63
45501 St. Dunstans	1930	09/61	* 45522 Prestatyn	1933	09/64
45502 Royal Naval Division	1932	10/60	* 45523 Bangor	1933	01/64
45503 The Royal Leicestershire Regiment	1932	09/61	45524 Blackpool	1933	09/62
45504 Royal Signals	1932	03/62	* 45525 Colwyn Bay	1933	05/63
45505 The Royal Army Ordnance Corps	1932	08/62	* 45526 Morecambe & Heysham	1933	10/64
45506 The Royal Pioneer Corps	1932	03/62	* 45527 Southport	1933	12/64
(named 09/48)			* 45528 R.E.M.E.	1933	01/63
45507 Royal Tank Corps	1932	10/62	* 45529 Stephenson	1933	02/64
45508	1932	11/60	* 45530 Sir Frank Ree	1933	12/65
45509 The Derbyshire Yeomanry	1932	08/61	* 45531 Sir Frederick Harrison	1933	11/65
45510	1932	06/62	* 45532 Illustrious	1933	02/64
45511 Isle of Man	1932	02/61	45533 Lord Rathmore	1933	09/62
* 45512 Bunsen	1932	03/65	* 45534 E. Tootal Broadhurst	1933	05/64
45513	1932	09/62	* 45535 Sir Herbert Walker KCB	1933	11/63
* 45514 Holyhead	1932	05/61	* 45536 Private W. Wood V.C.	1933	12/62
45515 Caernarvon	1932	06/62	45537 Private E. Sykes V.C.	1933	06/62
45516 The Bedfordshire and			45538 Giggleswick	1933	09/62
Hertfordshire Regiment	1932	08/61	45539 E.C. Trench	1933	09/61
45517	1933	06/62	* 45540 Sir Robert Turnbull	1933	04/63
45518 Bradshaw	1933	10/62	45541 Duke of Sutherland	1933	06/62
45519 Lady Godiva	1933	03/62	45542	1934	06/62
45520 Llandudno	1933	05/62	45543 Home Guard	1934	11/62

Number & Name	built	w/dwn	Number & Name	built	w/dwn
45544	1934	11/61	45548 Lytham St Annes	1934	06/62
* 45545 Planet (named 11/48)	1934	06/64	45549	1934	06/62
45546 Fleetwood	1934	06/62	45550	1934	11/62
45547	1934	09/62	45551	1934	06/62

TOTAL 52

Class 6P and *7P   'Jubilee'   4-6-0

1934 Taper-boiler development of 'Patriot' Class by Stanier for the L.M.S. 45742 had double chimney until 1957; 45596 fitted with one in 1960.   * Rebuilt with larger taper boiler & double chimney in 1942.

Loco Weight : 79t 11c (*82t 0c) **Driving Wheels :** 6' 9" **Cylinders :** (3) 17" x 26"
Valve Gear : Walschaerts (piston valves)

Number & Name	built	w/dwn	Number & Name	built	w/dwn
45552 Silver Jubilee	1934	09/64	45598 Basutoland	1935	10/64
45553 Canada	1934	11/64	45599 Bechuanaland	1935	09/64
45554 Ontario	1934	11/64	45600 Bermuda	1935	12/64
45555 Quebec	1934	08/63	45601 British Guiana	1935	09/64
45556 Nova Scotia	1934	09/64	45602 British Honduras	1935	03/65
45557 New Brunswick	1934	09/64	45603 Solomon Islands	1935	12/62
45558 Manitoba	1934	09/64	45604 Ceylon	1935	07/65
45559 British Columbia	1934	10/62	45605 Cyprus	1935	03/64
45560 Prince Edward Island	1934	11/63	45606 Falkland Islands	1935	06/64
45561 Saskatchewan	1934	09/64	45607 Fiji	1934	11/62
45562 Alberta	1934	11/67	45608 Gibraltar	1934	09/65
45563 Australia	1934	11/65	45609 Gilbert and Ellice Islands	1934	09/60
45564 New South Wales	1934	09/64	45610 Gold Coast		
45565 Victoria	1934	01/67	(renamed Ghana 12/12/58)	1934	01/64
45566 Queensland	1934	10/62	45611 Hong Kong	1934	09/64
45567 South Australia	1934	01/65	45612 Jamaica	1934	04/64
45568 Western Australia	1934	05/64	45613 Kenya	1934	09/64
45569 Tasmania	1934	05/64	45614 Leeward Islands	1934	01/64
45570 New Zealand	1934	12/62	45615 Malay States	1934	12/62
45571 South Africa	1934	05/64	45616 Malta G.C.	1934	01/61
45572 Eire	1934	02/64	45617 Mauritius	1934	11/64
45573 Newfoundland	1934	09/65	45618 New Hebrides	1934	03/64
45574 India	1934	03/66	45619 Nigeria	1934	08/61
45575 Madras	1934	06/63	45620 North Borneo	1934	09/64
45576 Bombay	1934	12/62	45621 Northern Rhodesia	1934	12/62
45577 Bengal	1934	09/64	45622 Nyasaland	1934	09/64
45578 United Provinces	1934	05/64	45623 Palestine	1934	08/64
45579 Punjab	1934	09/64	45624 St Helena	1934	11/63
45580 Burma	1934	12/64	45625 Sarawak	1934	08/63
45581 Bihar & Orissa	1934	08/66	45626 Seychelles	1934	11/65
45582 Central Provinces	1934	12/62	45627 Sierra Leone	1934	09/66
45583 Assam	1934	10/64	45628 Somaliland	1934	12/62
45584 North West Frontier	1934	09/64	45629 Straits Settlements	1934	05/65
45585 Hyderabad	1934	05/64	45630 Swaziland	1934	11/61
45586 Mysore	1934	01/65	45631 Tanganyika	1934	09/64
45587 Baroda	1934	12/62	45632 Tonga	1934	10/65
45588 Kashmir	1934	05/65	45633 Aden	1934	11/65
45589 Gwalior	1934	03/65	45634 Trinidad	1934	05/63
45590 Travancore	1934	12/65	45635 Tobago	1934	09/64
45591 Udaipur	1934	11/63	45636 Uganda	1934	12/62
45592 Indore	1934	09/64	45637 Windward Islands	1934	12/52
45593 Kolhapur	1934	10/67	45638 Zanzibar	1934	03/64
45594 Bhopal	1935	12/62	45639 Raleigh	1934	10/63
45595 Southern Rhodesia	1935	01/65	45640 Frobisher	1934	03/64
45596 Bahamas	1935	07/66	45641 Sandwich	1934	09/64
45597 Barbados	1935	01/65	45642 Boscawen	1934	01/65

Number & Name	built	w/dwn	Number & Name	built	w/dwn
45643 Rodney	1934	01/66	45694 Bellerophon	1936	01/67
45644 Howe	1934	11/63	45695 Minotaur	1936	02/64
45645 Collingwood	1934	11/63	45696 Arethusa	1936	08/64
45646 Napier	1934	12/63	45697 Achilles	1936	09/67
45647 Sturdee	1935	04/67	45698 Mars	1936	11/65
45648 Wemyss	1935	02/63	45699 Galatea	1936	11/64
45649 Hawkins	1935	09/63	45700 Britannia		
45650 Blake	1935	01/63	(renamed Amethyst 09/51)	1936	07/64
45651 Shovell	1935	11/62	45701 Conqueror	1936	02/63
45652 Hawke	1935	01/65	45702 Colossus	1936	05/63
45653 Barham	1935	04/65	45703 Thunderer	1936	11/64
45654 Hood	1935	06/66	45704 Leviathan	1936	01/65
45655 Keith	1934	04/65	45705 Seahorse	1936	11/65
45656 Cochrane	1934	12/62	45706 Express	1936	09/63
45657 Tyrwhitt	1934	09/64	45707 Valiant	1936	12/62
45658 Keyes	1934	10/65	45708 Resolution	1936	03/64
45659 Drake	1934	06/63	45709 Implacable	1936	11/63
45660 Rooke	1934	06/66	45710 Irresistible	1936	06/64
45661 Vernon	1934	05/65	45711 Courageous	1936	12/62
45662 Kempenfelt	1934	11/62	45712 Victory	1936	12/63
45663 Jervis	1935	10/64	45713 Renown	1936	10/62
45664 Nelson	1935	05/65	45714 Revenge	1936	07/63
45665 Lord Rutherford of Nelson	1935	12/62	45715 Invincible	1936	12/62
45666 Cornwallis	1935	04/65	45716 Swiftsure	1936	09/64
45667 Jellicoe	1935	01/65	45717 Dauntless	1936	11/63
45668 Madden	1935	12/63	45718 Dreadnought	1936	10/62
45669 Fisher	1935	05/63	45719 Glorious	1936	03/63
45670 Howard of Effingham	1935	10/64	45720 Indomitable	1936	12/62
45671 Prince Rupert	1935	11/63	45721 Impregnable	1936	09/65
45672 Anson	1935	11/64	45722 Defence	1936	11/62
45673 Keppel	1935	12/62	45723 Fearless	1936	09/64
45674 Duncan	1935	10/64	45724 Warspite	1936	10/62
45675 Hardy	1935	06/67	45725 Repulse	1936	12/62
45676 Codrington	1935	09/64	45726 Vindictive	1936	03/65
45677 Beatty	1935	12/62	45727 Inflexible	1936	12/62
45678 De Robeck	1935	12/62	45728 Defiance	1936	10/62
45679 Armada	1935	12/62	45729 Furious	1936	10/62
45680 Camperdown	1935	01/63	45730 Ocean	1936	09/63
45681 Aboukir	1935	09/64	45731 Perseverance	1936	10/62
45682 Trafalgar	1936	09/64	45732 Sanspariel	1936	03/64
45683 Hogue	1936	12/62	45733 Novelty	1936	09/63
45684 Jutland	1936	12/65	45734 Meteor	1936	12/63
45685 Barfleur	1936	04/64	* 45735 Comet	1936	09/64
45686 St Vincent	1936	11/62	* 45736 Phoenix	1936	09/64
45687 Neptune	1936	12/62	45737 Atlas	1936	06/64
45688 Polyphemus	1936	12/62	45738 Samson	1936	12/63
45689 Ajax	1936	12/64	45739 Ulster	1936	01/67
45690 Leander	1936	03/64	45740 Munster	1936	11/63
45691 Orion	1936	12/62	45741 Leinster	1936	02/64
45692 Cyclops	1936	12/62	45742 Connaught	1936	05/65
45693 Agamemnon	1936	12/62			TOTAL 191

Class 5XP   'Claughton'   4-6-0

1912 design by Bowen-Cooke for L.N.W.R., last member of class. Withdrawn as (L.M.S.) number 6004. The 'Claughtons' were a competent class, which, in common with all other ex L.N.W.R. Passenger Locos, were sidelined by the predominantly ex Midland Railway management of the Post Grouping L.M.S.
Loco Weight : 79t 9c   **Driving Wheels :** 6' 9"   **Cylinders :** 4) 15¾" x 26"   **Valve Gear :** Walschaerts (slide valves)

Number & Name	built	w/dwn
46004 Princess Louise (The name was removed in 1935)	1920	04/49
		TOTAL 1

Class 7P   'Royal Scot'   4-6-0

Introduced by Fowler in 1927 for L.M.S. Parallel boilered design derived from Southern Railway 'Lord Nelson' Class. (Fowler borrowed plans from S.R.) Rebuilt from 1943 by Stanier with taper boiler, double chimney & new cylinders. (All rebuilt by 1955; 46100/2/5 - 7/10/13/23/30/4/6/7/40 - 43/8/ 51/3/5/6/8/62 - 65/7 were rebuilt during B.R. days). 46170 was rebuilt by L.M.S. from high pressure loco 6399 'Fury'.

Loco Weight : 83t 0c   *Driving Wheels :* 6' 9"   *Cylinders :* (3) 18" x 26"   *Valve Gear :* Walschaerts (piston valves)

Number & Name	built	w/dwn	Number & Name	built	w/dwn
46100 Royal Scot	1930	10/62	46136 The Border Regiment	1927	04/64
46101 Royal Scots Grey	1927	09/63	46137 The Prince of Wales's Volunteers	1927	10/62
46102 Black Watch	1927	12/62	46138 The London Irish Rifleman	1927	02/63
46103 Royal Scots Fusilier	1927	12/62	46139 The Welch Regiment	1927	10/62
46104 Scottish Borderer	1927	12/62	46140 The King's Royal Rifle Corps	1927	11/65
46105 Cameron Highlander	1927	12/62	46141 The North Staffordshire Regiment	1927	04/64
46106 Gordon Highlander	1927	12/62	46142 The York & Lancaster Regiment	1927	01/64
46107 Argyll & Sutherland Highlander	1927	12/62	46143 The South Staffordshire Regiment	1927	12/63
46108 Seaforth Highlander	1927	01/63	46144 Honourable Artillery Company	1927	01/64
46109 Royal Engineer	1927	12/62	46145 The Duke of Wellington's Regiment	1927	12/62
46110 Grenadier Guardsman	1927	02/64	46146 The Rifle Brigade	1927	11/62
46111 Royal Fusilier	1927	09/63	46147 The Northamptonshire Regiment	1927	11/62
46112 Sherwood Forester	1927	05/64	46148 The Manchester Regiment	1927	11/64
46113 Cameronian	1927	12/62	46149 The Middlesex Regiment	1927	09/63
46114 Coldstream Guardsman	1927	09/63	46150 The Life Guardsman	1930	11/63
46115 Scots Guardsman	1927	12/65	46151 The Royal Horse Guardsman	1930	12/62
46116 Irish Guardsman	1927	09/63	46152 The King's Dragoon Guardsman	1927	04/65
46117 Welsh Guardsman	1927	11/62	46153 The Royal Dragoon	1930	12/62
46118 Royal Welch Fusilier	1927	06/64	46154 The Hussar	1930	11/62
46119 Lancashire Fusilier	1927	11/63	46155 The Lancer	1930	12/64
46120 Royal Inniskilling Fusilier	1927	07/63	46156 The South Wales Borderer	1930	10/64
46121 Highland Light Infantry	1927	12/62	46157 The Royal Artilleryman	1930	01/64
46122 Royal Ulster Rifleman	1927	10/64	46158 The Loyal Regiment	1930	11/63
46123 Royal Irish Fusilier	1927	10/62	46159 The Royal Air Force	1930	11/62
46124 London Scottish	1927	12/62	46160 Queen Victoria's Rifleman	1930	05/65
46125 3rd Carabinier	1927	10/64	46161 King's Own	1930	11/62
46126 Royal Army Service Corps	1927	09/63	46162 Queen's Westminster Rifleman	1930	06/64
46127 Old Contemptibles	1927	12/62	46163 Civil Service Rifleman	1930	09/64
46128 The Lovat Scout	1927	05/65	46164 The Artists' Rifleman	1930	12/62
46129 The Scottish Horse	1927	06/64	46165 The Ranger (12th London Regiment)	1930	11/64
46130 The West Yorkshire Regiment	1927	12/62	46166 London Rifle Brigade	1930	10/64
46131 The Royal Warwickshire Regiment	1927	10/62	46167 The Hertfordshire Regiment	1930	04/64
46132 The King's Regiment Liverpool	1927	02/64	46168 The Girl Guide	1930	05/64
46133 The Green Howards	1927	02/63	46169 The Boy Scout	1930	05/63
46134 The Cheshire Regiment	1927	11/62	46170 British Legion	1929	11/62
46135 The East Lancashire Regiment	1927	12/62			

TOTAL 71

Class 8P   'Princess Royal'   4-6-2

Introduced 1933 by Stanier for L.M.S. *46202 was originally built as a Turbo Locomotive, and although fairly successful, was rebuilt in 1952 as a normal 4 cylinder loco (named **Princess Anne**), but was withdrawn shortly afterwards, after being destroyed in the notorious Harrow & Wealdstone accident. 46200/4/7/8 were repainted in L.M.S. Style Maroon Livery during 1958.

Loco Weight : 104t 10c (*110t 11c)   *Driving Wheels :* 6' 6"   *Cylinders :* (4) 16¼" x 28"
Valve Gear : Walschaerts (piston valves)

Number & Name	built	w/dwn	Number & Name	built	w/dwn
46200 The Princess Royal	1933	11/62	46207 Princess Arthur of Connaught	1935	11/61
46201 Princess Elizabeth	1933	10/62	46208 Princess Helena Victoria	1935	10/62
46202 Princess Anne (named 1952)	1935	06/54	46209 Princess Beatrice	1935	09/62
46203 Princess Margaret Rose	1935	10/62	46210 Lady Patricia	1935	10/61
46204 Princess Louise	1935	10/61	46211 Queen Maud	1935	10/61
46205 Princess Victoria	1935	11/61	46212 Duchess of Kent	1935	10/61
46206 Princess Marie Louise	1935	10/62			

TOTAL 13

Class 8P   'Coronation'   4-6-2

*Introduced 1937, Stanier development of 'Princess Royal' Class. Originally streamlined (except **46230 - 4** & **46249 - 57** built non - streamlined.) Streamlining removed by L.M.S. (*46226/9/43 removed by B.R.). 46256/7 were built by Ivatt with modified cab, roller bearings, and other detail differences.*

46225/6/8/9, 46236/8/40, 46243-8, & 46251/4/6 *were repainted in L.M.S. Style Maroon Livery during 1957/8.*

Loco Weight : 105t 5c (*106t 8c)   *Driving Wheels :* 6' 9"   *Cylinders :* (4) 16½" x 28"

Valve Gear : Walschaerts (piston valves)

Number & Name	built	w/dwn	Number & Name	built	w/dwn
46220 Coronation	1937	04/63	46239 City of Chester	1939	10/64
46221 Queen Elizabeth	1937	05/63	46240 City of Coventry	1940	10/64
46222 Queen Mary	1937	10/63	46241 City of Edinburgh	1940	09/64
46223 Princess Alice	1937	10/63	46242 City of Glasgow	1940	10/63
46224 Princess Alexandra	1937	10/63	46243 City of Lancaster	1940	10/64
46225 Duchess of Gloucester	1938	10/64	46244 King George VI	1940	10/64
46226 Duchess of Norfolk	1938	10/64	46245 City of London	1943	10/64
46227 Duchess of Devonshire	1938	12/62	46246 City of Manchester	1943	01/63
46228 Duchess of Rutland	1938	10/64	46247 City of Liverpool	1943	06/63
46229 Duchess of Hamilton	1938	02/64	46248 City of Leeds	1943	09/64
46230 Duchess of Buccleuch	1938	11/63	46249 City of Sheffield	1944	11/63
46231 Duchess of Atholl	1938	12/62	46250 City of Lichfield	1944	10/64
46232 Duchess of Montrose	1938	12/62	46251 City of Nottingham	1944	10/64
46233 Duchess of Sutherland	1938	02/64	46252 City of Leicester	1944	06/63
46234 Duchess of Abercorn	1938	01/63	46253 City of St. Albans	1946	01/63
46235 City of Birmingham	1939	10/64	46254 City of Stoke on Trent	1946	10/64
46236 City of Bradford	1939	03/64	46255 City of Hereford	1946	10/64
46237 City of Bristol	1939	10/64	46256 Sir William A. Stanier FRS	1947	10/64
46238 City of Carlisle	1939	10/64	46257 City of Salford	05/48	10/64

TOTAL 38

Class 2MT   Ivatt L.M.S.   2-6-0

1946 Ivatt design for L.M.S. (46465 - 46527 have 16½" cylinders).

Loco Weight : 47t 2c   *Driving Wheels :* 5' 0"   *Cylinders :* (I) 16" x 24"   *Valve Gear :* Walschaerts (piston valves)

Number	built	w/dwn	Number	built	w/dwn	Number	built	w/dwn	Number	built	w/dwn
46400	1946	05/67	46425	11/48	09/65	46450	04/50	01/66	46475	08/51	07/64
46401	1946	05/66	46426	12/48	09/66	46451	04/50	12/66	46476	09/51	02/62
46402	1946	06/67	46427	12/48	10/66	46452	04/50	05/67	46477	09/51	12/62
46403	1946	06/64	46428	12/48	12/66	46453	04/50	04/62	46478	09/51	05/62
46404	1946	05/65	46429	12/48	07/66	46454	04/50	10/66	46479	09/51	07/65
46405	1946	12/66	46430	12/48	10/65	46455	04/50	05/67	46480	09/51	05/67
46406	1946	01/67	46431	12/48	03/67	46456	05/50	09/65	46481	10/51	12/62
46407	1946	12/61	46432	12/48	05/67	46457	05/50	05/67	46482	10/51	08/65
46408	1946	11/62	46433	12/48	05/67	46458	05/50	12/66	46483	10/51	11/63
46409	1946	07/64	46434	12/48	09/66	46459	05/50	09/65	46484	10/51	06/67
46410	1947	03/66	46435	01/50	07/64	46460	05/50	08/66	46485	11/51	06/67
46411	1947	01/67	46436	01/50	05/67	46461	06/50	07/64	46486	11/51	05/67
46412	1947	08/66	46437	01/50	05/67	46462	06/50	08/66	46487	11/51	05/67
46413	1947	10/65	46438	01/50	02/63	46463	06/50	02/66	46488	11/51	06/65
46414	1947	06/66	46439	01/50	03/67	46464	06/50	09/66	46489	11/51	11/63
46415	1947	10/62	46440	02/50	03/67	46465	06/51	03/67	46490	11/51	05/67
46416	1947	04/66	46441	02/50	04/67	46466	06/51	09/62	46491	12/51	05/67
46417	1947	02/67	46442	02/50	10/66	46467	06/51	07/64	46492	12/51	06/67
46418	1947	01/67	46443	02/50	03/67	46468	07/51	10/65	46493	12/51	11/62
46419	1947	09/66	46444	02/50	07/65	46469	07/51	09/62	46494	12/51	10/62
46420	11/48	01/65	46445	03/50	07/66	46470	07/51	05/67	46495	01/52	10/66
46421	11/48	10/66	46446	03/50	12/66	46471	07/51	11/62	46496	02/52	04/66
46422	11/48	12/66	46447	03/50	12/66	46472	07/51	01/65	46497	02/52	04/65
46423	11/48	01/65	46448	03/50	05/67	46473	08/51	12/63	46498	02/52	09/65
46424	11/48	12/66	46449	03/50	05/67	46474	08/51	07/64	46499	03/52	05/67

Number	built	w/dwn	Number	built	w/dwn	Number	built	w/dwn	Number	built	w/dwn
46500	03/52	01/67	46507	11/52	06/65	46514	12/52	06/66	46521	02/53	10/66
46501	03/52	05/67	46508	12/52	12/66	46515	01/53	05/67	46522	03/53	05/67
46502	03/52	02/67	46509	12/52	10/66	46516	01/53	05/67	46523	03/53	05/67
46503	11/52	05/67	46510	12/52	09/65	46517	01/53	12/66	46524	03/53	02/65
46504	11/52	10/66	46511	12/52	09/65	46518	01/53	03/66	46525	03/53	12/64
46505	11/52	06/67	46512	12/52	12/66	46519	02/53	10/66	46526	03/53	07/66
46506	11/52	05/67	46513	12/52	07/66	46520	02/53	05/67	46527	03/53	10/65

TOTAL 128

Class 1P   Webb L.N.W.R.   2-4-2T

Introduced 1890 by Webb for the London & North Western Railway. 46616 was renumbered from 26616
Loco Weight : 50t 10c   *Driving Wheels :* 5' 8½"   *Cylinders :* (I) 17" x 24"   *Valve Gear :* Allan straight link (slide

Number	built	w/dwn	Number	built	w/dwn	Number	built	w/dwn	Number	built	w/dwn
46601	1890	12/53	46643	1892	01/53	46680	1893	01/53	46711	1895	05/49
46603	1891	07/51	46654	1893	09/53	46681	1893	06/48	46712	1895	08/54
46604	1891	08/55	46656	1893	02/52	46682	1893	01/48	46718	1895	01/48
46605	1891	05/48	46658	1893	12/50	46683	1893	02/53	46727	1895	12/52
46616	1891	09/55	46661	1893	06/48	46686	1893	05/48	46738	1897	05/48
46620	1891	02/53	46663	1893	06/49	46687	1893	12/49	46740	1897	05/48
46628	1891	07/51	46666	1893	06/54	46688	1893	04/51	46742	1897	12/48
46632	1892	08/50	46669	1894	09/49	46691	1894	03/48	46747	1897	02/48
46635	1892	04/50	46673	1893	04/48	46692	1894	03/48	46749	1897	02/52
46637	1892	09/49	46676	1893	12/49	46701	1894	02/53	46757	1897	02/53
46639	1892	06/49	46679	1893	02/48	46710	1895	09/49			

TOTAL 43

Class 2P   Aspinall L. & Y.R.   2-4-2T

Introduced 1889 for Lancashire & Yorkshire Rly. Sold to Wirral Rly. in 1921 & taken into L.M.S stock, 1923
Loco Weight : 55t 19c   *Driving Wheels :* 5' 8"   *Cylinders :* (I) 17½" x 26"   *Valve Gear :* Joy (slide valves)

Number	built	w/dwn
46762	1890	02/52

TOTAL 1

Class 2P   Webb L.N.W.R. 18" Passenger Tank   0-6-2T

Introduced 1898 by Webb for the London & North Western Railway
Loco Weight : 52t 6c   *Driving Wheels :* 5' 2½"   *Cylinders :* (I) 18" x 24"   *Valve Gear :* Joy (Slide Valves)

Number	built	w/dwn	Number	built	w/dwn	Number	built	w/dwn	Number	built	w/dwn
46876	1898	08/49	46899	1900	07/52	46912	1901	12/51	46924	1902	12/49
46878	1898	02/48	46900	1900	02/53	46917	1901	04/49	46926	1902	02/48
46881	1899	07/48	46906	1900	05/51	46920	1902	05/48	46931	1902	03/49
46883	1899	05/48	46909	1901	03/48	46922	1902	07/51			

TOTAL 15

Class 0F   Kitson   0-4-0ST

Kitson design for L.M.S., built to Stanier's requirements. *Introduced 1953, larger coal space & side tanks
Loco Weight : 33t 0c (*34t 0c)   *Driving Wheels :* 3' 10"   *Cylinders :* (O) 15½" x 20"   *Valve Gear :* Stephenson (slide Valves)

Number	built	w/dwn	Number	built	w/dwn	Number	built	w/dwn	Number	built	w/dwn
47000	1932	10/66	47003	1932	04/64	47006*	11/53	08/66	47008*	12/53	09/64
47001	1932	12/66	47004	1932	01/64	47007*	11/53	12/63	47009*	01/54	09/64
47002	1932	09/64	47005*	10/53	12/66						

TOTAL 10

Class 2F   Fowler Dock Tank   0-6-0T

Short wheelbased dock tanks introduced in 1928 for L.M.S. by Fowler
Loco Weight : 43t 12c   *Driving Wheels :* 3' 11"   *Cylinders :* (O) 17" x 22"   *Valve Gear :* Walschaerts (slide valves)

Number	built	w/dwn	Number	built	w/dwn	Number	built	w/dwn	Number	built	w/dwn
47160	1928	10/63	47163	1928	12/62	47166	1928	05/63	47168	1929	10/62
47161	1928	08/63	47164	1928	09/64	47167	1929	07/60	47169	1929	09/59
47162	1928	12/59	47165	1928	09/64						

TOTAL 10

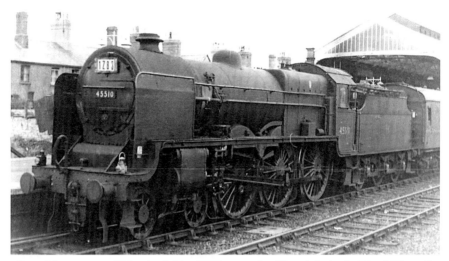

One of the un-named 'Patriots', No. 45510 was a familiar sight in the North West of England during the 1950s. Built in 1932, and withdrawn in June 1962, No. 45510 was cut up within a month of withdrawal.

Modelmaster Collection

Class 7F 0-8-0 No. 49590 hauling a train of ancient looking coke wagons. Everybody has a bad day, and Sir Henry Fowler had his when he designed these locomotives. They were powerful, but had bearing and motion problems, and frequently ran hot. Designed to supplant L.N.W.R. G1 & G2 0-8-0 Classes, they were withdrawn from service long before the engines they were built to replace!

Unclassed — Sentinel — 0-4-0T

Introduced 1930. Two speed locomotives. (*Introduced 1932. Single speed locomotive*)
Loco Weight : 20t 17c (*18t 18c) **Driving Wheels :** 2' 6" **Cylinders :** (I) 6¾" x 9" **Valve Gear :** Stephenson (poppet valves)

Number	built	w/dwn	Number	built	w/dwn	Number	built	w/dwn	Number	built	w/dwn
47180	1930	08/53	47182	1930	02/56	47183	1930	09/55	47184*	1930	12/55
47181	1930	11/56									

TOTAL 5

Unclassed — Sentinel — 0-4-0T

Introduced 1929. Single speed locomotives for S.D.J.R., taken into L.M.S. stock 1930.
Loco Weight : 27t 15c **Driving Wheels :** 3' 1½" **Cylinders :** (4) 6¾" x 9" **Valve Gear :** Stephenson (poppet valves)

Number	built	w/dwn	Number	built	w/dwn
47190	1929	03/61	47191	1929	08/59

TOTAL 2

Class 3F — Johnson Midland — 0-6-0T

Introduced in 1899 for Midland Railway (Rebuilt with Belpaire firebox from 1919)
Loco Weight : 48t 15c **Driving Wheels :** 4' 7" **Cylinders :** (I) 18" x 26" **Valve Gear :** Stephenson (slide valves)

Number	built	w/dwn	Number	built	w/dwn	Number	built	w/dwn	Number	built	w/dwn
47200	1899	04/61	47215	1900	01/56	47230	1902	11/64	47245	1902	12/54
47201	1899	12/66	47216	1900	08/59	47231	1902	03/66	47246	1902	02/59
47202	1899	12/66	47217	1900	09/62	47232	1902	04/55	47247	1902	08/59
47203	1899	08/60	47218	1900	10/61	47233	1902	08/56	47248	1902	09/63
47204	1899	03/61	47219	1900	01/59	47234	1902	02/58	47249	1902	11/58
47205	1899	09/59	47220	1901	01/56	47235	1902	10/62	47250	1902	06/65
47206	1900	10/57	47221	1901	11/61	47236	1902	08/64	47251	1902	08/58
47207	1900	02/64	47222	1901	02/58	47237	1902	04/55	47252	1902	01/55
47208	1900	01/59	47223	1901	01/64	47238	1902	01/60	47253	1902	06/55
47209	1900	04/61	47224	1901	05/62	47239	1902	09/61	47254	1902	12/60
47210	1900	06/59	47225	1901	06/63	47240	1902	03/57	47255	1902	09/61
47211	1900	11/64	47226	1901	05/59	47241	1902	10/60	47256	1902	09/56
47212	1900	01/61	47227	1901	07/57	47242	1902	09/57	47257	1902	09/64
47213	1900	03/62	47228	1901	02/64	47243	1902	10/57	47258	1902	11/57
47214	1900	05/59	47229	1901	02/60	47244	1902	12/54	47259	1902	03/62

TOTAL 60

Class 3F — Fowler L.M.S. — 0-6-0T

Introduced in 1924 for L.M.S. by Fowler. 47310 - 47316 built for S.D.J.R., taken into L.M.S. Stock 1930.
Nos. **47589, 47607, 47611, 47659 & 47660** *were returned from war service in France during 1948.*
Loco Weight : 49t 10c **Driving Wheels :** 4' 7" **Cylinders :** (I) 18" x 26" **Valve Gear :** Stephenson (slide valves)

Number	built	w/dwn	Number	built	w/dwn	Number	built	w/dwn	Number	built	w/dwn
47260	1924	07/60	47280	1924	04/66	47300	1924	08/63	47320	1926	05/64
47261	1924	06/62	47281	1924	03/63	47301	1924	12/59	47321	1926	11/65
47262	1924	12/60	47282	1924	12/60	47302	1925	09/62	47322	1926	07/63
47263	1924	11/61	47283	1924	04/63	47303	1925	09/60	47323	1926	03/60
47264	1924	05/63	47284	1924	09/64	47304	1925	06/62	47324	1926	12/66
47265	1924	09/60	47285	1924	08/65	47305	1925	02/65	47325	1926	09/65
47266	1924	09/66	47286	1924	08/65	47306	1925	12/64	47326	1926	12/66
47267	1924	11/63	47287	1924	10/63	47307	1925	09/66	47327	1926	12/66
47268	1924	08/61	47288	1924	11/64	47308	1925	08/64	47328	1926	06/62
47269	1924	09/62	47289	1924	10/67	47309	1925	11/59	47329	1926	05/59
47270	1924	09/62	47290	1924	06/62	47310	1928	04/62	47330	1926	08/65
47271	1924	12/60	47291	1924	12/59	47311	1929	12/60	47331	1926	04/59
47272	1924	06/66	47292	1924	12/62	47312	1929	03/61	47332	1926	05/62
47273	1924	12/66	47293	1924	12/66	47313	1929	06/67	47333	1926	11/64
47274	1924	12/59	47294	1924	10/63	47314	1929	12/66	47334	1926	09/61
47275	1924	03/62	47295	1924	04/65	47315	1929	08/59	47335	1926	12/60
47276	1924	03/66	47296	1924	12/59	47316	1929	10/62	47336	1926	06/66
47277	1924	05/61	47297	1924	06/64	47317	1926	04/66	47337	1926	12/59
47278	1924	06/63	47298	1924	12/66	47318	1926	10/66	47338	1926	10/65
47279	1924	12/66	47299	1924	11/59	47319	1926	09/62	47339	1926	12/59

Number	built	w/dwn	Number	built	w/dwn	Number	built	w/dwn	Number	built	w/dwn
47340	1926	03/62	47400	1926	08/65	47461	1927	09/64	47521	1928	10/66
47341	1926	07/66	47401	1926	11/60	47462	1927	09/61	47522	1928	08/62
47342	1926	05/62	47402	1926	12/62	47463	1927	12/60	47523	1928	11/60
47343	1926	09/64	47403	1926	09/61	47464	1927	09/65	47524	1928	09/64
47344	1926	09/64	47404	1926	02/62	47465	1927	06/63	47525	1928	03/60
47345	1926	09/64	47405	1926	09/61	47466	1928	09/62	47526	1928	11/62
47346	1926	12/59	47406	1926	12/66	47467	1928	09/64	47527	1928	03/60
47347	1926	11/60	47407	1926	12/59	47468	1928	01/65	47528	1928	03/60
47348	1926	09/62	47408	1926	11/65	47469	1928	01/64	47529	1928	10/61
47349	1926	08/64	47409	1926	12/59	47470	1928	06/62	47530	1928	10/66
47350	1926	12/65	47410	1926	09/66	47471	1928	12/66	47531	1928	02/67
47351	1926	06/62	47411	1926	12/59	47472	1927	11/66	47532	1928	04/63
47352	1926	03/60	47412	1926	10/63	47473	1927	02/62	47533	1928	11/66
47353	1926	02/62	47413	1926	05/63	47474	1927	09/62	47534	1928	03/67
47354	1926	10/64	47414	1926	05/62	47475	1927	02/62	47535	1928	01/66
47355	1926	09/64	47415	1926	04/66	47476	1927	05/64	47536	1928	06/62
47356	1926	09/62	47416	1926	07/66	47477	1927	12/59	47537	1928	09/60
47357	1926	12/66	47417	1926	10/62	47478	1928	04/64	47538	1928	06/59
47358	1926	12/62	47418	1926	06/61	47479	1928	08/62	47539	1928	02/63
47359	1926	07/65	47419	1926	12/63	47480	1928	09/65	47540	1928	04/61
47360	1926	07/63	47420	1926	09/61	47481	1928	04/63	47541	1929	06/60
47361	1926	05/65	47421	1926	09/61	47482	1928	10/66	47542	1929	06/62
47362	1926	11/65	47422	1926	08/62	47483	1928	03/62	47543	1929	11/65
47363	1926	12/59	47423	1926	07/65	47484	1928	02/61	47544	1929	12/65
47364	1926	12/59	47424	1926	06/62	47485	1928	01/65	47545	1929	08/62
47365	1926	12/64	47425	1926	05/62	47486	1928	03/60	47546	1929	07/62
47366	1926	05/62	47426	1926	09/62	47487	1928	08/65	47547	1929	12/63
47367	1926	12/66	47427	1926	09/66	47488	1928	11/62	47548	1929	08/62
47368	1926	02/64	47428	1926	10/65	47489	1928	12/59	47549	1929	08/64
47369	1926	02/61	47429	1926	12/65	47490	1928	07/63	47550	1928	03/64
47370	1926	10/59	47430	1926	01/64	47491	1928	12/62	47551	1928	02/63
47371	1926	09/65	47431	1926	10/62	47492	1928	08/64	47552	1928	10/62
47372	1926	09/64	47432	1926	08/65	47493	1928	12/66	47554	1928	09/62
47373	1926	12/66	47433	1926	09/62	47494	1928	10/66	47555	1928	06/62
47374	1926	03/60	47434	1926	05/64	47495	1928	09/65	47556	1928	12/62
47375	1926	08/64	47435	1926	10/66	47496	1928	11/63	47557	1928	02/64
47376	1926	12/62	47436	1927	12/60	47497	1928	09/62	47558	1928	03/64
47377	1926	10/66	47437	1927	08/66	47498	1928	03/60	47559	1928	05/61
47378	1926	11/65	47438	1927	09/61	47499	1928	08/65	47560	1928	07/60
47379	1926	11/63	47439	1927	09/65	47500	1928	07/65	47561	1928	08/60
47380	1926	05/64	47440	1927	12/59	47501	1928	09/64	47562	1928	11/62
47381	1926	09/62	47441	1927	12/63	47502	1928	08/63	47563	1928	03/60
47382	1926	12/59	47442	1927	03/65	47503	1928	03/64	47564	1928	03/65
47383	1926	10/67	47443	1927	12/60	47504	1928	04/62	47565	1928	04/66
47384	1926	10/66	47444	1927	11/66	47505	1928	08/65	47566	1928	10/66
47385	1926	04/64	47445	1927	04/66	47506	1928	03/66	47567	1928	11/60
47386	1926	05/63	47446	1927	12/60	47507	1928	09/66	47568	1928	12/60
47387	1926	12/59	47447	1927	12/66	47508	1928	09/61	47569	1928	12/60
47388	1926	12/66	47448	1927	09/61	47509	1928	12/60	47570	1928	09/61
47389	1926	07/66	47449	1927	04/63	47510	1928	11/60	47571	1928	05/61
47390	1926	09/64	47450	1927	04/66	47511	1928	04/64	47572	1928	05/62
47391	1926	10/66	47451	1927	09/65	47512	1928	05/65	47573	1928	12/60
47392	1926	08/62	47452	1926	03/65	47513	1928	05/61	47574	1928	12/62
47393	1926	02/66	47453	1926	04/66	47514	1928	05/62	47575	1928	03/60
47394	1926	12/59	47454	1926	07/65	47515	1928	07/64	47576	1928	09/60
47395	1926	04/65	47455	1926	06/62	47516	1928	02/62	47577	1928	03/65
47396	1926	10/66	47456	1926	09/62	47517	1928	06/64	47578	1928	03/65
47397	1926	09/66	47457	1926	09/62	47518	1928	10/63	47579	1928	07/64
47398	1926	05/61	47458	1926	08/63	47519	1928	09/65	47580	1928	09/61
47399	1926	08/65	47459	1926	01/63	47520	1928	11/65	47581	1928	02/63

Number	built	w/dwn	Number	built	w/dwn	Number	built	w/dwn	Number	built	w/dwn
47582	1928	08/63	47607	11/48	01/61	47633	1928	09/62	47657	1929	10/63
47583	1928	03/63	47608	1928	11/62	47634	1928	09/61	47658	1929	10/66
47584	1928	08/64	47609	1928	01/64	47635	1928	12/60	47659	11/48	11/66
47585	1928	03/60	47610	1928	08/62	47636	1928	03/60	47660	11/48	12/65
47586	1928	03/60	47611	10/48	05/66	47637	1928	05/61	47661	1929	10/66
47587	1929	11/64	47612	1928	12/66	47638	1928	07/63	47662	1929	01/66
47588	1929	10/62	47614	1928	07/65	47639	1928	03/60	47664	1929	01/65
47589	11/48	12/63	47615	1928	10/66	47640	1928	09/64	47665	1929	07/65
47590	1929	11/66	47616	1928	01/65	47641	1929	12/66	47666	1929	09/65
47591	1929	03/60	47618	1928	10/63	47642	1929	05/62	47667	1931	11/66
47592	1928	03/66	47619	1928	03/61	47643	1929	10/66	47668	1931	10/65
47593	1928	09/62	47620	1928	09/61	47644	1929	11/62	47669	1931	02/65
47594	1928	07/64	47621	1928	05/62	47645	1929	04/65	47670	1931	10/60
47595	1928	03/60	47622	1928	07/64	47646	1929	08/65	47671	1931	11/66
47596	1928	07/65	47623	1928	04/64	47647	1929	05/65	47672	1931	03/60
47597	1928	11/65	47624	1928	09/61	47648	1929	04/64	47673	1931	11/66
47598	1928	07/66	47625	1928	05/61	47649	1929	10/66	47674	1931	12/66
47599	1928	12/66	47626	1928	05/61	47650	1929	03/60	47675	1931	04/66
47600	1928	03/60	47627	1928	04/66	47651	1929	12/63	47676	1931	08/65
47601	1928	03/62	47628	1928	08/64	47652	1929	07/60	47677	1931	11/65
47602	1928	01/66	47629	1928	10/67	47653	1929	10/64	47678	1931	01/62
47603	1928	11/66	47630	1928	08/62	47654	1929	02/63	47679	1931	08/63
47604	1928	08/62	47631	1928	06/66	47655	1929	11/65	47680	1931	07/65
47605	1928	05/61	47632	1928	09/61	47656	1929	12/65	47681	1931	08/65
47606	1928	06/65									

TOTAL 417

Class 1F — Webb Bissel Truck — 0-4-2ST

Introduced 1896 for L.N.W.R.

Loco Weight : 34t 17c *Driving Wheels :* 4' 5½" *Cylinders :* (I) 17" x 24" *Valve Gear :* Stephenson (slide valves)

Number	built	w/dwn	Number	built	w/dwn
47862	1901	10/56	47865	1901	11/53

TOTAL 2

Class 6F — Bowen - Cooke L.N.W.R. — 0-8-2T

Introduced 1911 for L.N.W.R.

Loco Weight : 72t 10c *Driving Wheels :* 4' 5½" *Cylinders :* (I) 20½" x 24" *Valve Gear :* Joy (slide valves)

Number	built	w/dwn	Number	built	w/dwn	Number	built	w/dwn	Number	built	w/dwn
47875	1912	08/48	47884	1915	06/51	47887	1915	08/48	47892	1917	02/48
47877	1912	02/53	47885	1915	03/50	47888	1915	12/48	47896	1917	11/50
47881	1915	07/51									

TOTAL 9

Class 7F — Beames L.N.W.R. — 0-8-4T

Introduced 1923 for L.N.W.R., but built after grouping.

Loco Weight : 88t 0c *Driving Wheels :* 4' 5½" *Cylinders :* (I) 20½" x 24" *Valve Gear :* Joy (slide valves)

Number	built	w/dwn	Number	built	w/dwn	Number	built	w/dwn	Number	built	w/dwn
47930	1923	08/48	47936	1923	06/49	47948	1923	07/48	47958	1923	12/48
47931	1923	12/51	47937	1923	10/50	47951	1923	01/49	47959	1924	06/48
47932	1923	09/49	47938	1923	02/48	47954	1923	10/48			
47933	1923	06/50	47939	1923	12/50	47956	1923	11/48			

TOTAL 14

Beyer - Garratt — L.M.S. — 2-6-6-2T

Introduced 1927 for Midlands Coalfield traffic to London, with fixed coal bunker. 47967 - 47997 later had revolving coal bunkers, and subsequently weighed 155T 10C.

Loco Weight : 148t 15c (as built) *Driving Wheels :* 5' 3" *Cylinders :* (4)18½" x 26" *Valve Gear :* Walschaerts (piston valves)

Number	built	w/dwn	Number	built	w/dwn	Number	built	w/dwn	Number	built	w/dwn
47967	1930	11/57	47970	1930	07/55	47973	1930	04/57	47976	1930	04/56
47968	1930	09/57	47971	1930	11/56	47974	1930	06/56	47977	1930	06/56
47969	1930	08/57	47972	1930	04/57	47975	1930	07/55	47978	1930	03/57

Number	built	w/dwn	Number	built	w/dwn	Number	built	w/dwn	Number	built	w/dwn
47979	1930	02/57	47985	1930	06/55	47990	1930	06/55	47995	1930	07/57
47980	1930	02/57	47986	1930	07/57	47991	1930	12/55	47996	1930	06/56
47981	1930	10/56	47987	1930	05/57	47992	1930	03/56	47997	1927	02/56
47982	1930	12/57	47988	1930	08/56	47993	1930	12/55	47998	1927	08/56
47983	1930	01/56	47989	1930	11/55	47994	1930	04/58	47999	1927	01/56
47984	1930	02/56									TOTAL 33

Class 8F   Stanier L.M.S.   2-8-0

Stanier design for L.M.S., many requisitioned by War Department for service abroad during WWII.
This was the freight equivalent of the 'Black 5', and survived in large numbers until the last days of steam.
Loco Weight : 72t 2c Driving Wheels : 4' 8½" Cylinders : (O) 18½" x 28" Valve Gear : Walschaerts (piston valves)

Number	built	w/dwn	Number	built	w/dwn	Number	built	w/dwn	Number	built	w/dwn
48000	1935	03/67	48077*	12/49	03/68	48127	1941	10/66	48174	1943	05/67
48001	1935	01/65	48078	1936	08/65	48128	1941	06/67	48175	1943	02/66
48002	1935	09/66	48079	1936	12/66	48129	1941	03/66	48176	1942	08/67
48003	1935	03/66	48080	1936	11/66	48130	1941	02/67	48177	1942	03/67
48004	1935	11/65	48081	1937	03/68	48131	1941	06/67	48178	1942	11/66
48005	1935	03/66	48082	1937	04/67	48132	1941	06/68	48179	1942	11/64
48006	1935	01/65	48083	1937	11/66	48133	1941	11/66	48180	1942	03/67
48007	1935	01/65	48084	1937	11/67	48134	1941	01/66	48181	1942	02/66
48008	1935	05/64	48085	1937	08/67	48135	1941	09/65	48182	1942	05/68
48009	1935	12/62	48088	1937	12/66	48136	1941	03/67	48183	1942	07/65
48010	1935	01/68	48089	1937	02/66	48137	1941	10/66	48184	1942	07/65
48011	1935	06/67	48090	1937	04/68	48138	1941	11/65	48185	1942	02/67
48012*	12/49	04/68	48092	1937	05/66	48139	1941	11/66	48186	1942	10/66
48016*	10/49	11/65	48093	1937	11/67	48140	1942	04/64	48187	1942	01/67
48017	1937	10/67	48094*	12/49	09/65	48141	1942	05/67	48188	1942	05/66
48018*	12/49	10/67	48095	1937	02/65	48142	1942	11/66	48189	1942	07/65
48020*	12/49	08/65	48096	1938	11/65	48143	1942	11/66	48190	1942	12/67
48024	1937	11/67	48097	1938	07/65	48144	1942	01/64	48191	1942	08/68
48026	1937	06/68	48098	1939	03/67	48145	1942	06/65	48192	1943	04/68
48027	1936	03/65	48099	1939	07/65	48146	1942	01/67	48193	1942	01/68
48029	1936	02/67	48100	1939	09/67	48147	1942	07/66	48194	1942	08/67
48033	1936	06/68	48101	1939	09/66	48148	1942	06/65	48195	1942	04/66
48035	1936	03/67	48102	1939	08/65	48149	1942	01/67	48196	1942	10/66
48036	1936	03/68	48103	1939	10/66	48150	1942	01/64	48197	1942	04/68
48037	1936	12/65	48104	1939	07/67	48151	1942	01/68	48198	1942	09/65
48039*	10/49	07/65	48105	1939	03/67	48152	1942	03/67	48199	1942	02/67
48045*	07/49	05/68	48106	1939	06/67	48153	1942	03/68	48200	1942	01/68
48046*	08/49	01/68	48107	1939	04/68	48154	1942	07/67	48201	1942	03/68
48050	1936	03/66	48108	1939	05/67	48155	1942	09/66	48202	1942	07/67
48053	1936	03/67	48109	1939	01/66	48156	1942	08/65	48203	1942	04/66
48054	1936	09/67	48110	1939	06/67	48157	1942	05/67	48204	1942	08/67
48055	1936	11/67	48111	1939	03/68	48158	1943	09/67	48205	1942	12/67
48056	1936	05/68	48112	1939	11/65	48159	1943	03/67	48206	1942	05/68
48057	1936	05/67	48113	1939	10/67	48160	1943	08/67	48207	1942	01/66
48060	1936	04/68	48114	1939	04/67	48161	1943	09/67	48208	1942	08/67
48061*	09/49	09/67	48115	1939	07/68	48162	1943	07/67	48209	1942	04/64
48062	1936	08/68	48116	1939	06/65	48163	1943	06/67	48210	1942	04/64
48063	1936	03/68	48117	1939	03/68	48164	1943	10/67	48211	1942	11/67
48064	1936	05/66	48118	1939	06/66	48165	1943	03/67	48212	1942	06/68
48065	1936	02/66	48119	1939	11/67	48166	1943	10/67	48213	1942	09/66
48067	1936	10/67	48120	1939	01/66	48167	1943	08/68	48214	1942	11/67
48069	1936	11/64	48121	1939	04/67	48168	1943	08/68	48215	1942	07/66
48070	1936	11/67	48122	1939	02/67	48169	1943	11/67	48216	1942	01/64
48073	1936	04/67	48123	1939	03/67	48170	1943	06/68	48217	1942	02/65
48074	1936	11/67	48124	1939	05/68	48171	1943	09/67	48218	1942	09/67
48075	1936	05/67	48125	1939	10/67	48172	1943	05/64	48219	1942	12/66
48076	1936	11/67	48126	1941	05/67	48173	1943	07/65	48220	1942	08/67

* Indicates date returned from WD to BR service, not date built

Number	built	w/dwn	Number	built	w/dwn	Number	built	w/dwn	Number	built	w/dwn
48221	1942	02/67	48304	1943	03/68	48364	1944	09/67	48424	1943	02/68
48222	1942	11/67	48305	1943	01/68	48365	1944	05/68	48425	1943	10/67
48223	1942	11/66	48306	1943	07/64	48366	1944	11/65	48426	1943	06/66
48224	1942	03/68	48307	1943	03/68	48367	1944	09/66	48427	1944	08/65
48225	1942	10/66	48308	1943	04/68	48368	1944	06/68	48428	1944	09/66
48246*	12/49	01/66	48309	1943	03/66	48369	1944	06/68	48429	1944	09/65
48247*	09/49	08/68	48310	1943	12/67	48370	1944	11/66	48430	1944	04/65
48248*	11/49	12/65	48311	1943	09/66	48371	1944	10/67	48431	1944	05/64
48249*	11/49	12/66	48312	1943	02/65	48372	1944	12/66	48432	1944	10/66
48250*	10/49	04/66	48313	1943	09/67	48373	1944	06/68	48433	1944	04/68
48251*	12/49	10/66	48314	1943	12/65	48374	1944	06/68	48434	1944	12/65
48252*	11/49	05/68	48315	1943	08/67	48375	1944	09/67	48435	1944	05/67
48253*	10/49	04/67	48316	1943	04/67	48376	1944	07/67	48436	1944	02/67
48254*	12/49	09/66	48317	1944	03/68	48377	1944	10/67	48437	1944	04/68
48255*	12/49	11/66	48318	1944	10/66	48378	1944	08/65	48438	1944	11/67
48256*	10/49	05/67	48319	1944	06/68	48379	1944	03/67	48439	1944	10/67
48257*	09/49	07/68	48320	1944	03/67	48380	1944	06/68	48440	1944	02/67
48258*	09/49	08/67	48321	1944	06/68	48381	1944	11/67	48441	1944	04/68
48259*	12/49	07/65	48322	1944	05/68	48382	1945	10/67	48442	1944	03/68
48260*	10/49	11/65	48323	1944	06/68	48383	1945	01/66	48443	1944	11/66
48261*	12/49	08/67	48324	1944	06/67	48384	1945	06/68	48444	1944	02/66
48262*	09/49	11/65	48325	1944	05/68	48385	1945	11/66	48445	1944	05/68
48263*	09/49	09/66	48326	1944	07/66	48386	1945	08/67	48446	1944	07/65
48264	1942	07/66	48327	1944	06/68	48387	1945	01/65	48447	1944	01/66
48265	1942	06/67	48328	1944	09/65	48388	1945	10/66	48448	1944	07/68
48266	1942	06/67	48329	1944	05/68	48389	1945	08/65	48449	1944	05/67
48267	1942	06/68	48330	1944	09/65	48390	1945	05/68	48450	1944	09/67
48268	1942	10/67	48331	1943	02/66	48391	1945	12/65	48451	1944	05/68
48269	1942	07/67	48332	1943	10/67	48392	1945	06/68	48452	1944	01/66
48270	1942	12/66	48333	1943	07/65	48393	1945	08/68	48453	1944	04/68
48271	1942	08/67	48334	1943	01/68	48394	1945	07/67	48454	1944	07/67
48272	1942	03/68	48335	1943	04/68	48395	1945	09/67	48455	1944	11/64
48273	1942	08/65	48336	1943	12/67	48396	1945	01/64	48456	1944	08/67
48274	1942	09/66	48337	1943	09/67	48397	1945	01/66	48457	1944	09/66
48275	1942	06/67	48338	1944	06/68	48398	1945	04/66	48458	1944	04/67
48276	1942	11/67	48339	1944	10/66	48399	1945	09/67	48459	1944	04/67
48277	1942	04/66	48340	1944	08/68	48400	1943	08/68	48460	1944	09/67
48278	1942	08/68	48341	1944	04/64	48401	1943	06/95	48461	1944	01/65
48279	1942	10/67	48342	1944	09/66	48402	1943	12/67	48462	1944	12/66
48280	1942	05/66	48343	1944	02/67	48403	1943	07/65	48463	1945	07/64
48281	1942	07/67	48344	1944	04/68	48404	1943	09/66	48464	1945	08/67
48282	1942	06/68	48345	1944	03/68	48405	1943	07/66	48465	1945	03/68
48283	1942	09/67	48346	1944	07/66	48406	1943	09/65	48466	1945	05/67
48284	1942	07/66	48347	1944	07/67	48407	1943	12/63	48467	1945	06/68
48285	1942	09/65	48348	1944	08/68	48408	1943	11/67	48468	1945	03/68
48286*	12/49	09/66	48349	1944	10/66	48409	1943	03/65	48469	1945	12/67
48287*	09/49	06/67	48350	1944	09/67	48410	1943	08/68	48470	1945	11/67
48288*	08/49	02/67	48351	1944	01/68	48411	1943	07/67	48471	1945	05/68
48289*	11/49	10/66	48352	1944	11/67	48412	1943	12/66	48472	1945	05/66
48290*	09/49	08/65	48353	1944	09/66	48413	1943	11/65	48473	1945	10/67
48291*	12/49	07/66	48354	1944	11/66	48414	1943	10/66	48474	1945	09/67
48292*	09/49	04/68	48355	1944	09/65	48415	1943	08/66	48475	1945	10/66
48293	1940	06/68	48356	1944	06/68	48416	1943	07/65	48476	1945	08/68
48294	11/49	08/68	48357	1944	09/66	48417	1943	05/67	48477	1945	09/66
48295*	11/49	09/65	48358	1944	09/66	48418	1943	09/66	48478	1945	06/65
48296*	10/49	09/66	48359	1944	09/67	48419	1943	05/65	48479	1945	02/66
48297*	11/49	07/65	48360	1944	07/65	48420	1943	04/64	48490	1945	09/65
48301*	1943	03/67	48361	1944	10/66	48421	1943	02/68	48491	1945	06/68
48302	1943	10/66	48362	1944	12/67	48422	1943	03/66	48492	1945	02/68
48303	1943	07/66	48363	1944	11/67	48423	1943	08/68	48493	1945	08/68

* Indicates date returned from WD to BR service, <u>not</u> date built

Number	built	w/dwn	Number	built	w/dwn	Number	built	w/dwn	Number	built	w/dwn
48494	1945	04/67	48558	1945	10/65	48658	1943	07/65	48717	1944	04/67
48495	1945	10/67	48559	1945	01/68	48659	1943	05/66	48718	1944	04/66
48500	1944	12/65	48600	1943	11/66	48660	1943	07/65	48719	1944	08/65
48501	1944	07/67	48601	1943	06/65	48661	1944	09/65	48720	1944	06/68
48502	1944	11/66	48602	1943	07/67	48662	1944	11/66	48721	1944	09/67
48503	1944	03/68	48603	1943	06/67	48663	1944	11/66	48722	1944	05/68
48504	1944	06/68	48604	1943	05/67	48664	1944	10/67	48723	1944	08/68
48505	1944	10/67	48605	1943	08/66	48665	1944	08/68	48724	1944	10/67
48506	1944	09/67	48606	1943	09/66	48666	1944	08/68	48725	1944	08/67
48507	1944	03/68	48607	1943	08/65	48667	1944	03/66	48726	1944	09/66
48508	1944	01/64	48608	1943	02/66	48668	1944	12/66	48727	1944	08/68
48509	1944	05/67	48609	1943	01/68	48669	1944	10/67	48728	1944	03/67
48510	1943	01/68	48610	1943	08/65	48670	1944	10/66	48729	1944	12/67
48511	1944	07/66	48611	1943	12/64	48671	1943	08/67	48730	1945	08/68
48512	1944	09/66	48612	1943	06/68	48672	1944	11/66	48731	1945	18/67
48513	1944	03/67	48613	1943	07/67	48673	1944	10/67	48732	1945	11/65
48514	1944	10/66	48614	1943	05/68	48674	1944	12/67	48733	1945	06/65
48515	1944	01/66	48615	1943	02/66	48675	1944	09/67	48734	1945	09/64
48516	1944	12/66	48616	1943	10/60	48676	1944	10/67	48735	1945	10/67
48517	1944	11/67	48617	1943	03/68	48677	1944	01/68	48736	1945	08/66
48518	1944	07/65	48618	1943	09/67	48678	1944	06/68	48737	1945	05/65
48519	1944	08/68	48619	1943	03/66	48679	1943	10/66	48738	1945	12/66
48520	1944	09/66	48620	1943	06/68	48680	1943	09/66	48739	1945	01/67
48521	1944	05/66	48621	1943	07/66	48681	1944	07/67	48740	1946	03/68
48522	1944	08/67	48622	1943	10/67	48682	1944	09/65	48741	1946	10/67
48523	1944	02/66	48623	1943	10/66	48683	1944	02/68	48742	1946	08/67
48524	1944	04/64	48624	1943	07/65	48684	1944	05/68	48743	1946	03/67
48525	1944	10/65	48625	1943	06/66	48685	1944	04/67	48744	1946	03/68
48526	1944	09/66	48626	1943	01/68	48686	1944	11/66	48745	1946	05/68
48527	1944	10/66	48627	1943	03/66	48687	1944	06/68	48746	1946	06/68
48528	1945	08/67	48628	1943	09/66	48688	1944	07/65	48747	1946	09/66
48529	1945	06/68	48629	1943	09/66	48689	1944	07/65	48748	1946	05/66
48530	1945	03/66	48630	1943	07/65	48690	1944	03/67	48749	1946	04/68
48531	1945	09/67	48631	1943	02/68	48691	1944	03/66	48750	1946	01/68
48532	1945	03/68	48632	1943	03/68	48692	1944	06/68	48751	1946	02/67
48533	1945	05/68	48633	1943	03/66	48693	1944	04/67	48752	1946	08/68
48534	1945	10/67	48634	1943	08/65	48694	1944	03/66	48753	1945	03/67
48535	1945	08/67	48635	1943	10/66	48695	1944	08/67	48754	1945	06/67
48536	1945	01/67	48636	1943	08/67	48696	1944	12/67	48755	1945	09/66
48537	1945	10/67	48637	1943	09/67	48697	1944	12/67	48756	1945	01/67
48538	1945	03/67	48638	1943	01/66	48698	1944	04/66	48757	1945	12/67
48539	1945	01/66	48639	1943	02/68	48699	1944	09/67	48758	1945	12/67
48540	1944	10/67	48640	1943	05/67	48700	1944	03/68	48759	1945	11/65
48541	1944	06/66	48641	1943	12/66	48701	1944	03/67	48760	1945	07/66
48542	1944	07/67	48642	1943	04/64	48702	1944	05/68	48761	1946	01/65
48543	1945	02/66	48643	1943	06/67	48703	1944	10/67	48762	1946	02/66
48544	1945	03/68	48644	1943	01/66	48704	1944	09/65	48763	1946	04/68
48545	1945	02/67	48645	1943	06/67	48705	1944	03/67	48764	1946	12/67
48546	1945	07/68	48646	1943	06/68	48706	1944	03/66	48765	1946	08/68
48547	1945	03/67	48647	1943	04/66	48707	1944	04/67	48766	1946	02/67
48548	1945	04/67	48648	1943	07/67	48708	1944	04/67	48767	1946	09/67
48549	1945	06/68	48649	1943	02/65	48709	1944	07/67	48768	1946	08/67
48550	1945	09/67	48650	1943	08/67	48710	1944	10/67	48769	1946	08/65
48551	1945	05/68	48651	1943	11/66	48711	1944	01/67	48770	1946	04/67
48552	1945	05/67	48652	1943	06/68	48712	1944	06/67	48771	1946	12/65
48553	1945	03/68	48653	1943	08/65	48713	1944	03/66	48772	1946	01/64
48554	1945	08/66	48654	1943	09/64	48714	1944	10/67	48773*	09/57	08/64
48555	1945	01/66	48655	1943	08/67	48715	1944	08/68	48774*	09/57	07/65
48556	1945	08/67	48656	1943	08/65	48716	1944	08/65	48775*	09/57	08/68
48557	1945	07/67	48657	1943	09/64						

TOTAL 666

* Indicates date returned from WD to BR service, not date built

Class 4F   Whale 19" Goods   4-6-0

Whale design for L.N.W.R Introduced in 1908. 48824 rebuilt with Belpaire boiler.
Loco Weight : 63t 0c   **Driving Wheels :** 5' 2½"   **Cylinders :** (I) 19" x 26"   **Valve Gear :** Joy (piston valves)

Number	built	w/dwn	Number	built	w/dwn	Number	built	w/dwn		
48801	1908	*11/48*	48824	1908	*02/50*	48834	1908	*12/48*		TOTAL 3

Class 6F   L.N.W.R. G1   0-8-0

Introduced 1912 by Bowen - Cooke for L.N.W.R. The history of these locomotives is very complicated, as some were built as 2-8-0s, some were built as compounds, many were built as the more powerful G2 class, while some were rebuilt as the G2A class (see next entry), and the numbers are interspersed between these two entries. The G1s were disposed of quite quickly by B.R., whereas the G2 & G2A classes survived almost until the end of steam.

London & North Western Railway locomotives fared very badly in L.M.S. days, mainly because of the ex - Midland Railway influence in both senior management and locomotive & rolling stock design.
Loco Weight : 60t 15c   **Driving Wheels :** 4' 5½"   **Cylinders :** (I) 20½" x 24"   **Valve Gear :** Joy (piston valves)

Number	built	w/dwn	Number	built	w/dwn	Number	built	w/dwn	Number	built	w/dwn
48892	1901	*01/49*	49058	1897	*03/50*	49166	1912	*03/49*	49269	1917	*09/49*
48894	1902	*02/49*	49059	1898	*02/50*	49171	1912	*02/52*	49272	1902	*03/48*
48902	1901	*02/53*	49060	1897	*05/49*	49175	1912	*01/48*	49273	1903	*02/48*
48904	1902	*10/49*	49067	1902	*12/49*	49179	1912	*12/48*	49274	1917	*04/48*
48906	1902	*03/49*	49071	1903	*01/51*	49183	1912	*06/50*	49279	1917	*02/50*
48908	1902	*09/50*	49075	1903	*01/50*	49184	1912	*01/49*	49283	1918	*06/49*
48910	1902	*01/48*	49076	1902	*05/50*	49187	1912	*02/52*	49285	1918	*08/49*
48911	1902	*12/49*	49083	1910	*01/50*	49190	1912	*02/50*	49286	1918	*04/48*
48912	1902	*08/48*	49085	1901	*08/50*	49193	1912	*11/51*	49295	1918	*08/48*
48913	1902	*08/48*	49089	1910	*04/54*	49194	1912	*10/49*	49297	1918	*04/49*
48918	1902	*03/49*	49091	1910	*09/49*	49195	1912	*03/49*	49303	1918	*11/48*
48924	1902	*12/48*	49092	1910	*09/52*	49197	1912	*05/48*	49305	1918	*04/49*
48929	1903	*07/50*	49095	1910	*06/48*	49201	1913	*06/48*	49309	1918	*07/48*
48931	1903	*06/49*	49098	1910	*05/51*	49204	1913	*04/51*	49320	1918	*12/49*
48935	1903	*02/49*	49100	1903	*05/50*	49208	1913	*02/51*	49324	1902	*03/50*
48939	1903	*11/48*	49102	1910	*07/49*	49213	1913	*09/51*	49326	1918	*07/53*
48962	1896	*12/48*	49103	1910	*06/48*	49221	1913	*09/49*	49332	1918	*07/50*
49011	1992	*12/49*	49107	1910	*04/50*	49222	1913	*09/51*	49334	1918	*12/50*
49012	1896	*12/48*	49124	1910	*01/50*	49225	1914	*03/48*	49337	1902	*07/49*
49013	1897	*05/48*	49128	1910	*11/48*	49231	1914	*02/48*	49338	1902	*04/49*
49015	1900	*05/49*	49131	1910	*07/48*	49232	1914	*06/50*	49346	1903	*05/52*
49017	1897	*06/52*	49133	1902	*02/50*	49233	1914	*05/48*	49349	1902	*12/48*
49030	1900	*06/51*	49135	1910	*11/49*	49236	1914	*03/48*	49353	1904	*12/49*
49032	1898	*06/50*	49136	1910	*08/48*	49241	1914	*09/52*	49359	1904	*02/52*
49038	1898	*04/48*	49140	1910	*09/55*	49248	1914	*05/49*	49362	1903	*07/48*
49040	1896	*04/49*	49151	1904	*08/52*	49250	1914	*04/48*	49364	1903	*12/50*
49043	1894	*09/49*	49152	1902	*10/48*	49251	1914	*01/48*	49370	1901	*06/51*
49052	1896	*04/49*	49156	1912	*02/51*	49255	1916	*03/50*	49371	1904	*01/52*
49053	1898	*05/50*	49159	1912	*05/49*	49259	1916	*03/49*	49383	1904	*05/48*
49054	1900	*04/49*	49162	1912	*05/53*	49261	1916	*03/51*	49384	1904	*12/48*
49056	1899	*08/48*	49165	1912	*09/48*	49263	1916	*03/49*			TOTAL 123

Class 7F   L.N.W.R. G2 & G2a   0-8-0

Introduced 1921 by Beames for L.N.W.R. (G2a 1936 rebuild of G1 with G2 Belpaire boilers). In common with all other ex - L.N.W.R. Locomotives inherited by the L.M.S. and later B.R., they never carried smokebox number plates - this was because the idea came from their arch rivals, the Midland Railway.
Loco Weight : 62t 0c   **Driving Wheels :** 4' 5½"   **Cylinders :** (I) 20½" x 24"   **Valve Gear :** Joy (piston valves)

Number	built	w/dwn	Number	built	w/dwn	Number	built	w/dwn	Number	built	w/dwn
48893	1902	*10/54*	48899	1904	*02/56*	48909	1902	*02/49*	48921	1902	*04/58*
48895	1904	*12/64*	48901	1901	*05/52*	48914	1902	*07/57*	48922	1902	*05/59*
48896	1902	*01/50*	48903	1902	*09/49*	48915	1902	*10/61*	48925	1902	*09/49*
48897	1902	*01/49*	48905	1902	*06/59*	48917	1902	*11/57*	48926	1903	*08/59*
48898	1903	*08/62*	48907	1902	*10/57*	48920	1902	*05/51*	48927	1903	*11/61*

L.M.S. Standard Class 3F 0-6-0T No. 47536. Designed by Sir Henry Fowler, this design perpetuated a Midland Railway design dating from 1899.

Modelmaster Collection

Stanier Class 8P 2-8-0 No. 48773 has a very chequered history!

Built by the North British Loco Co. in Glasgow in 1940 for the Ministry of Supply, she didn't come into B.R. stock until September 1957, along with her two sisters 48774/5. All three came from the M.o.D., where they had been Nos. 500 - 502. The three sisters were then allocated to 66A Polmadie, being the only locos of their class to be allocated to Scotland.

No. 48773 was withdrawn during December 1962, but was reinstated in February 1963, withdrawn again in June 1963, reinstated again in November 1963, and finally withdrawn for the third time on the last day of steam in August 1968 - and then sold for preservation! Currently working on the Severn Valley Railway, no other B.R. loco has ever had such a lucky series of escapes from the scrap yard.

Modelmaster Collection

Number	built	w/dwn	Number	built	w/dwn	Number	built	w/dwn	Number	built	w/dwn
48930	1903	12/62	49066	1901	11/57	49158	1912	10/61	49258	1916	03/51
48932	1903	10/61	49068	1904	01/57	49160	1912	11/59	49260	1916	04/58
48933	1903	12/50	49069	1904	06/50	49161	1912	04/57	49262	1916	12/62
48934	1903	03/50	49070	1903	11/62	49163	1912	12/51	49264	1916	01/51
48936	1903	04/51	49072	1902	02/49	49164	1912	10/61	49265	1903	04/52
48940	1903	05/57	49073	1903	01/58	49167	1912	12/57	49266	1901	11/59
48941	1903	05/50	49074	1903	12/50	49168	1912	01/58	49267	1901	11/62
48942	1903	10/61	49077	1910	10/61	49169	1912	12/49	49268	1917	11/59
48943	1903	08/59	49078	1910	12/62	49170	1912	06/49	49270	1917	11/59
48944	1903	10/57	49079	1910	11/62	49172	1912	08/57	49271	1917	11/57
48945	1903	03/59	49080	1910	02/50	49173	1912	08/64	49275	1917	10/61
48948	1904	07/49	49081	1910	11/62	49174	1912	02/58	49276	1917	12/58
48950	1904	12/61	49082	1910	10/60	49176	1912	01/50	49277	1917	02/62
48951	1904	09/57	49084	1910	09/49	49177	1912	02/59	49278	1917	10/59
48952	1904	05/57	49086	1910	04/49	49178	1912	04/51	49280	1918	09/49
48953	1896	10/61	49087	1910	09/62	49180	1912	03/59	49281	1918	12/62
48954	1894	06/49	49088	1910	11/57	49181	1912	04/59	49282	1918	01/51
48964	1899	04/62	49090	1904	12/50	49185	1912	04/49	49284	1918	03/50
48966	1898	02/50	49093	1910	11/62	49186	1912	09/57	49287	1918	11/62
49002	1899	09/62	49094	1910	11/62	49188	1912	09/49	49288	1918	10/61
49003	1898	03/49	49096	1910	04/52	49189	1912	01/57	49289	1918	11/59
49004	1896	06/49	49097	1910	03/50	49191	1912	10/61	49290	1918	03/49
49005	1898	08/57	49099	1904	07/62	49192	1912	11/49	49291	1918	05/50
49006	1899	05/51	49101	1910	09/50	49196	1912	10/61	49292	1903	03/51
49007	1900	10/61	49104	1910	11/62	49198	1912	11/59	49293	1912	11/62
49008	1893	12/62	49105	1910	11/59	49199	1912	09/62	49294	1918	12/49
49009	1898	11/59	49106	1910	12/62	49200	1912	04/59	49296	1918	06/51
49010	1898	06/59	49108	1910	11/57	49202	1913	10/57	49298	1918	12/49
49014	1897	06/51	49109	1910	03/59	49203	1913	11/59	49299	1918	07/49
49016	1897	03/49	49110	1910	03/49	49205	1913	04/51	49300	1918	11/51
49018	1898	08/59	49111	1910	03/49	49207	1913	07/49	49301	1918	03/59
49019	1896	06/49	49112	1910	11/59	49209	1913	10/61	49302	1918	11/51
49020	1896	10/61	49113	1910	01/59	49210	1913	10/61	49304	1902	12/59
49021	1900	10/61	49114	1910	11/62	49211	1913	09/49	49306	1918	11/59
49022	1898	04/51	49115	1910	11/59	49212	1913	04/56	49307	1918	09/50
49023	1899	10/61	49116	1910	11/59	49214	1913	08/57	49308	1918	04/59
49024	1900	02/57	49117	1910	03/59	49216	1913	11/62	49310	1918	10/61
49025	1900	09/62	49119	1910	10/61	49217	1913	02/49	49311	1903	10/59
49026	1899	09/49	49120	1902	08/59	49218	1913	03/51	49312	1918	04/51
49027	1894	11/59	49121	1910	09/58	49219	1913	09/50	49313	1918	12/61
49028	1898	02/56	49122	1904	11/62	49220	1913	02/50	49314	1918	11/62
49029	1895	05/50	49123	1910	06/49	49223	1913	04/57	49315	1918	07/59
49031	1896	06/51	49125	1910	09/62	49224	1913	11/62	49316	1918	01/57
49033	1896	12/57	49126	1910	09/62	49226	1914	03/59	49317	1918	03/50
49034	1896	09/62	49127	1910	03/50	49227	1914	02/49	49318	1918	11/57
49035	1898	01/57	49129	1910	11/62	49228	1914	04/59	49319	1901	10/50
49036	1899	11/49	49130	1910	11/62	49229	1914	11/60	49321	1918	07/60
49037	1900	12/62	49132	1904	04/59	49230	1914	11/57	49322	1918	03/56
49039	1898	01/50	49134	1910	04/62	49234	1914	07/60	49323	1918	09/62
49041	1898	08/50	49137	1910	10/61	49235	1914	02/50	49325	1918	11/49
49042	1899	04/49	49138	1910	02/52	49237	1914	12/49	49327	1918	11/59
49044	1897	10/59	49139	1910	09/62	49238	1914	08/49	49328	1903	11/62
49045	1897	12/62	49141	1910	07/62	49239	1914	10/57	49329	1918	03/49
49046	1900	03/57	49142	1903	12/62	49240	1914	09/62	49330	1918	03/59
49047	1897	01/58	49143	1910	10/59	49242	1914	05/49	49331	1904	10/50
49048	1898	11/59	49144	1910	11/62	49243	1914	03/61	49333	1918	05/50
49049	1895	11/62	49145	1903	01/58	49244	1914	04/52	49335	1904	10/62
49050	1898	10/50	49146	1902	02/58	49245	1914	12/59	49339	1903	12/54
49051	1894	01/57	49147	1903	09/62	49246	1914	01/62	49340	1902	08/59
49055	1898	04/49	49148	1901	08/57	49247	1914	11/57	49341	1904	03/57
49057	1899	05/57	49149	1903	11/59	49249	1914	12/59	49342	1902	10/61
49061	1898	10/61	49150	1903	11/59	49252	1914	11/59	49343	1903	10/61
49062	1899	05/51	49153	1902	11/59	49253	1914	03/52	49344	1901	11/62
49063	1899	08/59	49154	1910	11/62	49254	1914	04/57	49345	1901	02/58
49064	1898	06/60	49155	1912	06/62	49256	1916	05/49	49347	1903	01/51
49065	1901	03/50	49157	1912	08/59	49257	1916	10/50	49348	1901	11/59

Number	built	w/dwn	Number	built	w/dwn	Number	built	w/dwn	Number	built	w/dwn
49350	1903	12/62	49382	1901	09/62	49408	1922	11/62	49432	1922	11/62
49351	1903	11/49	49385	1901	12/57	49409	1922	06/59	49433	1922	10/61
49352	1903	09/62	49386	1902	11/59	49410	1922	11/59	49434	1922	10/62
49354	1903	03/56	49387	1902	11/59	49411	1922	10/61	49435	1922	11/59
49355	1902	11/59	49388	1903	03/51	49412	1922	10/61	49436	1922	06/59
49356	1903	04/50	49389	1903	09/54	49413	1922	10/61	49437	1922	09/62
49357	1904	10/61	49390	1901	12/57	49414	1922	10/61	49438	1922	11/62
49358	1903	04/58	49391	1901	01/62	49415	1922	11/62	49439	1922	12/62
49360	1903	05/49	49392	1904	10/61	49416	1922	09/62	49440	1922	03/62
49361	1903	12/64	49393	1904	07/57	49417	1922	11/59	49441	1922	10/61
49363	1903	03/49	49394	1903	10/62	49418	1922	11/59	49442	1922	11/59
49365	1903	07/49	49395	1921	11/59	49419	1922	11/59	49443	1922	10/61
49366	1903	10/59	49396	1921	11/59	49420	1922	11/59	49444	1922	10/61
49367	1902	11/57	49397	1921	11/59	49421	1922	10/61	49445	1922	11/59
49368	1902	03/59	49398	1921	11/59	49422	1922	09/61	49446	1922	04/64
49369	1904	04/50	49399	1921	10/61	49423	1922	11/61	49447	1922	11/62
49372	1904	04/49	49400	1921	11/59	49424	1922	11/59	49448	1922	06/63
49373	1903	12/62	49401	1921	10/61	49425	1922	09/62	49449	1922	12/62
49375	1902	12/62	49402	1921	11/62	49426	1922	09/62	49450	1922	11/59
49376	1902	03/58	49403	1921	06/62	49427	1922	11/59	49451	1922	11/62
49377	1902	10/62	49404	1921	05/62	49428	1922	12/62	49452	1922	12/62
49378	1903	11/59	49405	1922	10/61	49429	1922	11/59	49453	1922	10/61
49379	1904	10/49	49406	1922	06/63	49430	1922	12/64	49454	1922	06/63
49381	1903	11/62	49407	1922	12/64	49431	1922	11/62			

TOTAL 379

Class 7F — Fowler L.M.S. — 0-8-0

Fowler design for L.M.S., introduced 1929. They were built to replace the preceding L.N.W.R. 0-8-0s, but most were scrapped before the locos they were built to replace. *Not Sir Henry Fowler's finest hour!*

Loco Weight : 60t 15c   Driving Wheels : 4' 8½"   Cylinders : (I) 19½" x 26"   Valve Gear : Walschaerts (piston valves)

Number	built	w/dwn	Number	built	w/dwn	Number	built	w/dwn	Number	built	w/dwn
49500	1929	06/50	49529	1929	01/50	49558	1929	04/51	49587	1929	06/51
49501	1929	03/50	49530	1929	06/49	49559	1929	04/49	49588	1929	12/49
49502	1929	06/51	49531	1929	10/50	49560	1929	12/57	49589	1929	06/51
49503	1929	09/54	49532	1929	06/56	49561	1929	06/50	49590	1929	05/51
49504	1929	04/49	49533	1929	07/49	49562	1929	04/49	49591	1929	12/52
49505	1929	11/60	49534	1929	09/49	49563	1929	06/52	49592	1929	05/59
49506	1929	10/52	49535	1929	11/50	49564	1929	09/49	49593	1929	05/51
49507	1929	04/49	49536	1929	10/57	49565	1929	03/49	49594	1929	09/51
49508	1929	01/62	49537	1929	05/50	49566	1929	08/57	49595	1929	12/51
49509	1929	05/59	49538	1929	08/57	49567	1929	02/50	49596	1929	04/50
49510	1929	09/51	49539	1929	10/49	49568	1929	05/51	49597	1929	05/49
49511	1929	05/59	49540	1929	05/51	49569	1929	01/50	49598	1929	01/59
49512	1929	05/49	49541	1929	07/50	49570	1929	09/55	49599	1929	08/49
49513	1929	10/49	49542	1929	03/49	49571	1929	06/51	49600	1930	08/53
49514	1929	08/50	49543	1929	08/50	49572	1929	09/49	49601	1930	04/49
49515	1929	11/59	49544	1929	02/60	49573	1929	12/49	49602	1930	02/54
49516	1929	08/50	49545	1929	07/57	49574	1929	08/50	49603	1931	03/56
49517	1929	03/49	49546	1929	10/49	49575	1929	05/50	49604	1931	06/49
49518	1929	03/49	49547	1929	05/57	49576	1929	10/49	49605	1931	02/50
49519	1929	03/50	49548	1929	01/52	49577	1929	03/49	49606	1931	06/49
49520	1929	05/50	49549	1929	04/49	49578	1929	05/59	49607	1931	07/49
49521	1929	04/49	49550	1929	08/49	49579	1929	06/50	49608	1931	07/53
49522	1929	05/49	49551	1929	03/49	49580	1929	03/51	49609	1931	10/50
49523	1929	02/51	49552	1929	08/56	49581	1929	06/49	49610	1931	05/51
49524	1929	12/53	49553	1929	02/50	49582	1929	05/59	49611	1931	08/49
49525	1929	03/49	49554	1929	09/55	49583	1929	08/50	49612	1931	08/53
49526	1929	08/49	49555	1929	04/57	49584	1929	08/49	49613	1931	07/49
49527	1929	05/49	49556	1929	04/50	49585	1929	02/51	49614	1931	06/49
49528	1929	08/49	49557	1929	11/55	49586	1929	08/59	49615	1931	04/50

Number	built	w/dwn	Number	built	w/dwn	Number	built	w/dwn	Number	built	w/dwn
49616	1931	03/49	49631	1931	04/51	49646	1932	03/49	49661	1932	01/52
49617	1931	06/51	49632	1931	03/49	49647	1932	07/49	49662	1932	05/59
49618	1931	10/61	49633	1932	03/49	49648	1932	09/57	49663	1932	04/51
49619	1931	08/50	49634	1931	06/50	49649	1932	12/50	49664	1932	02/57
49620	1931	01/56	49635	1931	11/50	49650	1932	05/51	49665	1932	08/50
49621	1931	01/50	49636	1932	08/50	49651	1932	12/50	49666	1932	05/56
49622	1931	07/49	49637	1932	06/61	49652	1932	09/49	49667	1932	05/59
49623	1931	01/51	49638	1932	07/56	49653	1932	08/50	49668	1932	11/61
49624	1931	02/60	49639	1932	09/49	49654	1932	12/49	49669	1932	04/49
49625	1931	01/51	49640	1932	05/59	49655	1932	03/50	49670	1932	07/49
49626	1931	05/49	49641	1932	12/50	49656	1932	09/49	49671	1932	03/52
49627	1931	10/61	49642	1932	07/49	49657	1932	02/57	49672	1932	03/57
49628	1931	06/50	49643	1932	12/49	49658	1932	08/49	49673	1932	02/51
49629	1931	05/49	49644	1932	05/49	49659	1932	03/57	49674	1932	02/60
49630	1931	03/49	49645	1932	12/49	49660	1932	03/51			

TOTAL 175

Class 5P — Hughes L. & Y. — 4-6-0

1908 design by Hughes for Lancashire & Yorkshire Railway , rebuilt 1921. * Cylinder diameter reduced. † Introduced 1924, with longer wheelbase.
Loco Weight : 79t 1c * 77t 18c **Driving Wheels :** 6' 3" **Cylinders :** (4) 16½" x 26" * (4) 15¾" x 26"
Valve Gear : Walschaerts & rocking shafts (piston valves)

Number	built	w/dwn	Number	built	w/dwn	Number	built	w/dwn	Number	built	w/dwn
50412	1908	02/49	50429	1922	04/48	50442*	1923	08/50	50455†	1924	10/51
50423	1921	07/48	50432*	1922	03/49	50448*	1923	10/49			

TOTAL 7

Class 2P — Aspinall L. & Y. — 2-4-2T

Introduced 1889. L. & Y. R. Class 5, some with smaller cylinders *. Later locos by Hughes had Belpaire boilers & extended smokeboxes. **10897** was used by the C.M.E. at Uttoxeter and was never officially taken into B.R. stock, but it is included here for completeness.
Loco Weight : 55t 19c - 59t 3c **Driving Wheels :** 5' 8" **Cylinders :** (I) 18" x 26" * (I) 17½" x 26"
Valve Gear : Joy (slide valves)

Number	built	w/dwn	Number	built	w/dwn	Number	built	w/dwn	Number	built	w/dwn
50621	1889	09/54	50671	1892	03/52	50746	1896	02/61	50815*	1898	02/51
50622	1889	08/52	50675*	1892	12/49	50748	1896	09/50	50818	1898	10/58
50623	1889	07/52	50676	1892	03/50	50749	1896	01/52	50823	1898	12/48
50625	1889	11/52	50678*	1892	12/53	50750	1896	12/49	50829	1898	04/58
50630	1889	10/50	50681	1892	07/52	50752*	1896	08/57	50831	1898	10/58
50631	1890	11/48	50686	1892	09/55	50755	1896	07/50	50840	1899	02/52
50633	1890	07/52	50687	1893	09/53	50757	1896	10/58	50842	1899	08/51
50634*	1890	10/52	50689	1893	08/52	50762	1896	12/53	50844	1899	09/50
50636	1890	08/57	50692	1893	10/49	50764	1897	07/56	50849	1899	02/50
50639	1890	05/52	50695	1893	07/52	50765	1897	06/54	50850	1899	10/61
50640	1890	04/52	50696	1893	02/49	50766*	1897	08/51	50852	1900	01/53
50642	1890	03/51	50697	1893	05/52	50777	1897	10/58	50855	1900	10/58
50643*	1890	11/58	50703	1893	02/53	50778	1897	02/53	50859	1900	11/53
50644	1890	11/58	50705	1891	11/58	50781	1897	02/60	50865	1901	10/58
50646	1890	11/58	50711	895	06/49	50788	1898	07/56	50869	1901	10/55
50647	1890	02/59	50712	1895	03/59	50793	1898	02/50	50872	1905	03/52
50648	1892	11/55	50714*	1895	09/53	50795*	1898	12/59	50873	1905	03/52
50650	1892	09/56	50715*	1895	02/55	50798	1898	07/50	50875	1905	05/48
50651	1892	12/55	50720	1895	12/51	50799*	1898	08/52	50880	1905	10/49
50652*	1892	10/56	50721	1895	01/61	50800*	1898	08/48	50886	1905	12/51
50653*	1892	02/56	50725	1896	10/58	50801	1898	12/48	50887	1905	10/57
50654	1892	04/51	50728	1896	08/48	50802	1898	07/52	50889	1910	10/49
50655	1892	06/56	50731	1896	10/55	50804*	1898	02/50	50892	1910	06/52
50656*	1892	03/55	50732	1896	06/49	50806	1898	02/52	50896	1910	12/48
50660	1892	04/58	50735	1896	06/52	50807*	1898	05/55	10897	1910	1956
50665*	1892	08/49	50736	1896	12/51	50812	1898	05/52	50898	1910	02/52
50667	1892	03/48	50738	1896	07/49	50813	1898	05/49	50899	1910	10/48
50670	1892	04/49	50743	1896	06/50						

TOTAL 109

Class 3P   Hughes L. & Y.   2-4-2T

Introduced 1911. L. & Y. R. Class 6, some with smaller cylinders *. Later rebuilt with Belpaire boilers ^Introduced 1914, rebuilt from Aspinall Class 5.
Loco Weight : between 60t 5c & 66t 9c   **Driving Wheels :** 5' 8"   **Cylinders :** (I) 20½" x 26"   * (I) 19½" x 26"
Valve Gear : Joy (piston valves)

Number	built	w/dwn	Number	built	w/dwn	Number	built	w/dwn	Number	built	w/dwn
50835^	1898	08/48	50903*	1911	02/48	50943*	1900	12/48	50951^	1899	01/50
50891^	1910	03/50	50909	1911	03/51	50945^	1910	01/49	50952*	1898	06/48
50893^	1910	04/50	50925*	1910	08/52	50950*	1898	08/48	50953^	1898	04/50
50901^	1911	03/48	50934^	1910	08/48						TOTAL 14

Class 0F   Aspinall L. & Y. Class 21   0-4-0ST

Introduced 1891. Aspinall 'Pug' for Lancashire & Yorkshire Railway. Built with dumb buffers.
Loco Weight : 21t 5c   **Driving Wheels :** 3' 0"   **Cylinders :** (O) 13" x 18"   **Valve Gear :** Stephenson (slide valves)

Number	built	w/dwn	Number	built	w/dwn	Number	built	w/dwn	Number	built	w/dwn
51202	1891	01/58	51217	1895	11/61	51230	1906	12/58	51240	1910	04/57
51204	1891	09/62	51218	1901	09/64	51231	1906	06/59	51241	1910	01/62
51206	1891	09/62	51221	1901	01/60	51232	1906	06/63	51244	1910	03/62
51207	1893	03/62	51222	1901	03/62	51234	1906	10/57	51246	1910	10/61
51212	1894	08/57	51227	1901	09/60	51235	1906	11/58	51253	1910	07/63
51216	1895	12/56	51229	1905	01/61	51237	1906	05/63			TOTAL 23

Class 2F   Aspinall L. & Y. rebuilt Class 23   0-6-0ST

Introduced 1891. Aspinall rebuild of Class 23 0-6-0, originally designed by Barton Wright. +11304, 11305, 11324, 11368 & 11394 were departmental locomotives, & weren't renumbered in B.R. days!
Loco Weight : 43t 17c   **Driving Wheels :** 4' 6"   **Cylinders :** (I) 17½" x 26"   **Valve Gear :** Stephenson (slide valves)

Number	built	w/dwn	Number	built	w/dwn	Number	built	w/dwn	Number	built	w/dwn
11304 +	1877	12/61	51381	1880	11/57	51444	1881	09/61	51488	1885	03/56
11305 +	1877	09/64	51390	1882	07/56	51445	1881	06/60	51489	1880	02/54
51307	1877	11/57	11394 +	1880	05/60	51446	1881	02/62	51490	1883	08/53
51313	1877	10/56	51396	1881	02/56	51447	1881	01/57	51491	1885	02/57
51316	1877	01/59	51397	1880	03/59	51453	1883	10/58	51492	1882	07/49
51318	1877	02/49	51400	1883	11/49	51457	1882	03/59	51495	1881	04/49
51319	1877	11/59	51404	1883	03/59	51458	1880	05/59	51496	1885	03/61
51320	1877	04/48	51405	1880	12/48	51460	1881	09/54	51497	1881	05/59
51321	1877	02/58	51408	1880	02/62	51462	1880	10/56	51498	1885	11/60
51323	1877	05/56	51410	1880	04/54	51464	1881	09/56	51499	1881	06/57
11324 +	1877	10/63	51412	1881	09/62	51467	1882	11/48	51500	1880	02/57
51325	1877	03/49	51413	1881	08/61	51468	1881	01/49	51503	1882	04/57
51336	1877	11/60	51415	1880	11/58	51469	1881	05/49	51504	1885	07/56
51338	1877	08/57	51419	1880	09/61	51470	1881	10/55	51506	1885	05/57
51342	1879	09/48	51423	1881	12/58	51471	1880	10/54	51510	1883	10/55
51343	1878	01/60	51424	1881	10/58	51472	1881	04/55	51511	1881	10/55
51345	1878	09/56	51425	1880	07/56	51474	1880	06/57	51512	1882	07/58
51348	1878	08/53	51427	1880	11/48	51475	1883	11/49	51513	1881	05/56
51353	1878	07/57	51429	1882	05/61	51477	1885	08/55	51514	1883	11/53
51358	1878	11/59	51432	1881	08/57	51479	1885	09/56	51516	1885	10/56
51361	1878	10/56	51436	1881	03/55	51481	1881	11/57	51519	1885	09/54
11368 +	1878	11/63	51438	1880	04/49	51482	1885	10/49	51521	1880	10/56
51371	1878	03/61	51439	1882	06/56	51484	1882	06/59	51524	1883	09/60
51375	1880	09/54	51441	1883	03/61	51486	1881	09/60	51526	1881	09/57
51376	1880	04/55	51443	1882	05/49	51487	1882	10/48	51530	1881	11/55
51379	1879	04/55									TOTAL 101

Class 1F   Aspinall L. & Y. Class 24 Dock Tanks   0-6-0T

Introduced 1897. Aspinall design for dock lines and sharply curved industrial sidings.
Loco Weight : 50t 0c   **Driving Wheels :** 4' 0"   **Cylinders :** (O) 17" x 24"   **Valve Gear :** Allan straight link (slide valves)

Number	built	w/dwn	Number	built	w/dwn	Number	built	w/dwn	Number	built	w/dwn
51535	1897	08/56	51537	1897	09/61	51544	1897	06/59	51546	1897	01/59
51536	1897	12/53									TOTAL 5

Class 2F   Barton Wright L. & Y. Class 25   0-6-0

Introduced 1887. Barton Wright design.
Loco Weight : 39t 1c   **Driving Wheels :** 4' 6"   **Cylinders :** (I) 17½" x 26"   **Valve Gear :** Stephenson (slide valves)

Number	built	w/dwn	Number	built	w/dwn	Number	built	w/dwn	Number	built	w/dwn
52016	1887	10/56	52031	1887	12/54	52043	1887	08/53	52051	1887	02/56
52019	1887	09/49	52032	1887	01/48	52044	1887	06/59	52053	1887	03/55
52021	1887	09/55	52034	1887	09/51	52045	1887	08/55	52056	1887	08/51
52022	1887	09/50	52036	1887	11/48	52046	1887	02/48	52059	1887	05/51
52023	1887	04/50	52037	1887	08/52	52047	1887	01/50	52063	1887	09/48
52024	1887	05/54	52041	1887	10/50	52049	1887	10/48	52064	1887	12/50
52030	1887	01/52									TOTAL 25

Class 3F   Aspinall L. & Y. Class 27   0-6-0

Introduced 1889 by Aspinall for Lancashire & Yorkshire Railway. A very numerous and useful class.
Loco Weight : 42t 3c   **Driving Wheels :** 5' 1"   **Cylinders :** (I) 18" x 26"   **Valve Gear :** Joy (slide valves)

Number	built	w/dwn	Number	built	w/dwn	Number	built	w/dwn	Number	built	w/dwn
52088	1889	06/51	52152	1892	03/48	52217	1893	07/57	52284	1895	09/51
52089	1889	11/60	52154	1892	11/60	52218	1893	05/62	52285	1895	12/52
52091	1890	07/53	52156	1892	02/53	52219	1893	04/51	52288	1895	10/51
52092	1890	02/51	52157	1892	04/53	52220	1894	02/55	52289	1895	10/59
52093	1890	09/62	52159	1892	06/58	52225	1894	12/60	52290	1895	11/60
52094	1890	05/57	52160	1892	07/57	52229	1894	07/49	52293	1895	09/57
52095	1890	11/59	52161	1892	10/60	52230	1894	04/61	52294	1895	08/49
52098	1890	10/53	52162	1892	04/60	52231	1894	10/52	52295	1895	06/51
52099	1890	01/56	52163	1892	09/57	52232	1894	09/59	52299	1895	09/54
52100	1890	09/51	52164	1892	06/55	52233	1894	11/51	52300	1895	01/56
52102	1890	01/53	52165	1892	04/57	52235	1894	08/57	52304	1895	01/53
52103	1890	05/49	52166	1892	10/56	52236	1894	09/57	52305	1895	11/60
52104	1890	03/56	52167	1892	03/56	52237	1894	03/59	52309	1895	01/54
52105	1890	05/53	52169	1892	12/52	52238	1894	07/51	52311	1895	03/62
52107	1890	02/53	52170	1892	09/48	52239	1894	02/56	52312	1895	09/62
52108	1890	10/59	52171	1892	05/61	52240	1894	04/61	52317	1895	06/55
52110	1890	05/50	52172	1893	11/57	52243	1894	06/53	52319	1895	11/60
52111	1890	03/51	52174	1893	09/54	52244	1894	11/60	52321	1895	02/54
52112	1891	09/51	52175	1893	10/57	52245	1894	11/54	52322	1895	08/60
52118	1891	09/54	52176	1893	11/51	52246	1894	02/53	52326	1896	12/49
52119	1891	10/62	52177	1893	12/56	52248	1894	03/62	52328	1896	11/57
52120	1891	07/58	52179	1893	08/60	52250	1894	11/51	52330	1896	12/51
52121	1891	11/62	52181	1893	06/49	52252	1894	11/60	52331	1896	09/55
52123	1891	09/57	52182	1893	05/61	52253	1894	06/48	52333	1896	04/53
52124	1891	01/54	52183	1893	11/59	52255	1894	08/53	52334	1896	12/54
52125	1891	11/57	52184	1893	12/49	52256	1894	02/48	52336	1896	03/57
52126	1891	05/51	52186	1893	08/57	52258	1894	08/54	52337	1896	03/48
52127	1891	06/48	52189	1893	09/54	52260	1894	04/61	52338	1896	06/58
52129	1891	09/61	52191	1893	12/51	52262	1894	01/53	52341	1896	11/60
52132	1891	03/57	52192	1893	11/49	52266	1894	12/52	52343	1896	07/56
52133	1891	12/60	52194	1893	08/55	52268	1894	03/59	52345	1896	09/62
52135	1891	11/59	52196	1893	01/57	52269	1894	11/59	52348	1896	08/59
52136	1891	09/57	52197	1893	09/56	52270	1894	01/61	52349	1897	09/54
52137	1891	07/54	52201	1893	02/61	52271	1894	08/61	52350	1897	12/58
52138	1891	03/54	52203	1893	03/57	52272	1895	04/55	52351	1897	09/60
52139	1891	02/60	52207	1893	05/61	52273	1895	10/56	52353	1897	12/51
52140	1891	07/60	52208	1893	11/50	52275	1895	10/62	52355	1897	02/61
52141	1891	05/60	52212	1893	09/58	52278	1895	08/59	52356	1897	05/58
52143	1891	11/57	52215	1893	03/55	52279	1895	04/53	52357	1897	08/52
52150	1892	03/55	52216	1893	12/58	52280	1895	03/51	52358	1897	12/56

Number	built	w/dwn	Number	built	w/dwn	Number	built	w/dwn	Number	built	w/dwn
52360	1897	11/58	52401	1900	01/48	52432	1901	11/58	52456	1909	10/62
52362	1897	11/52	52403	1900	12/49	52433	1901	09/51	52457	1909	05/48
52363	1897	11/51	52404	1900	05/53	52435	1901	07/54	52458	1909	09/59
52365	1897	02/54	52405	1900	12/56	52437	1906	05/56	52459	1909	12/61
52366	1897	04/58	52407	1900	01/51	52438	1906	04/62	52460	1909	06/51
52368	1898	08/57	52408	1900	09/55	52439	1906	08/49	52461	1917	10/62
52369	1898	06/56	52410	1900	01/60	52440	1906	01/53	52464	1917	04/61
52374	1898	09/48	52411	1900	11/60	52441	1906	09/62	52465	1918	07/55
52376	1898	04/57	52412	1900	03/57	52442	1906	09/49	52466	1919	10/60
52378	1898	11/60	52413	1900	11/62	52443	1906	11/59	52467	1918	05/48
52379	1898	04/57	52414	1900	12/51	52444	1906	03/51	52515	1906	12/62
52381	1898	02/56	52415	1900	03/61	52445	1906	11/60	52517	1909	05/58
52382	1898	05/53	52416	1900	07/55	52446	1906	07/51	52518	1909	02/49
52386	1899	12/52	52417	1900	02/48	52447	1906	12/55	52521	1909	05/57
52387	1899	05/58	52418	1901	01/57	52448	1906	11/51	52522	1909	03/55
52388	1899	03/58	52422	1901	03/48	52449	1906	11/57	52523	1909	09/62
52389	1899	11/59	52427	1901	06/58	52450	1909	03/56	52524	1909	08/54
52390	1899	08/56	52428	1901	09/51	52452	1909	06/60	52525	1909	04/53
52393	1899	06/61	52429	1901	01/60	52453	1909	01/56	52526	1909	03/61
52397	1900	07/55	52430	1901	12/51	52454	1909	08/49	52527	1909	08/59
52399	1900	05/58	52431	1901	11/59	52455	1909	11/59	52529	1909	03/57
52400	1900	11/60									TOTAL 245

Class 3F   Pettigrew   0-6-0

Introduced 1913 by Pettigrew for Furness Railway. 52499, 52501, 52509 & 52510 rebuilt with LYR boilers
Loco Weight : 42t 13c   **Driving Wheels :** 4' 7½"   **Cylinders :** (I) 18" x 26"   **Valve Gear :** Joy (slide valves)

Number	built	w/dwn	Number	built	w/dwn	Number	built	w/dwn	Number	built	w/dwn
52494	1913	05/56	52501	1918	07/57	52509	1920	12/56	52510	1920	08/57
52499	1913	02/57	52508	1920	09/50						TOTAL 6

Class 3F   Hughes L. & Y. Class 28   0-6-0

Introduced 1912 by Hughes for LYR. Superheated development of Aspinall Class 27, from which locos marked * were rebuilt.
Loco Weight : 46t 10c   **Driving Wheels :** 5' 1"   **Cylinders :** (I) 20½" x 26"   **Valve Gear :** Joy (piston valves)

Number	built	w/dwn	Number	built	w/dwn	Number	built	w/dwn	Number	built	w/dwn
52528*	1909	11/48	52561*	1890	02/55	52580*	1889	02/54	52598	1917	08/52
52541	1912	07/49	52568*	1909	03/48	52581*	1893	04/53	52602*	1909	11/48
52542	1912	03/50	52569*	1897	04/55	52582*	1893	06/55	52607*	1906	10/49
52545	1912	11/48	52572*	1901	08/53	52583*	1895	08/51	52608*	1900	02/55
52549	1912	10/54	52574*	1900	10/48	52586*	1890	04/49	52609*	1897	12/49
52551	1912	03/57	52575*	1896	12/55	52587*	1900	11/52	52615*	1894	07/53
52554	1912	10/52	52576*	1906	02/57	52588*	1889	09/52	52616*	1906	11/53
52557*	1896	09/51	52578*	1891	08/49	52590*	1900	06/51	52618*	1892	05/48
52558*	1891	07/54	52579*	1896	10/52	52592*	1899	08/54	52619*	1909	12/53
52559*	1901	01/53									TOTAL 37

Class 6F   Aspinall L. & Y. Class 30   0-8-0

Introduced 1900 by Aspinall.   * Introduced 1910 by Hughes with larger boiler & superheater.
Loco Weight : 53t 16c *63t 0c   **Driving Wheels :** 4' 6"   **Cylinders :** (I) 20" x 26"   **Valve Gear :** Joy (slide valves)

Number	built	w/dwn	Number	built	w/dwn	Number	built	w/dwn	Number	built	w/dwn
52727	1903	10/50	52821*	1917	03/49	52827*	1918	08/49	52834*	1918	03/49
52782*	1903	03/50	52822*	1918	01/50	52828*	1918	05/49	52837*	1918	04/48
52806*	1910	06/49	52825*	1918	03/50	52831*	1918	02/51	52839*	1918	10/49
											TOTAL 12

Class 7F   Hughes L. & Y. Class 31   0-8-0

Introduced 1912 by Hughes, development of Class 30
Loco Weight : 66t 4c   **Driving Wheels :** 4' 6"   **Cylinders :** (I) 20½" x 26"   **Valve Gear :** Joy (piston valves)

Number	built	w/dwn	Number	built	w/dwn	Number	built	w/dwn	Number	built	w/dwn
52841	1912	03/48	52877	1914	10/48	52913	1917	02/50	52952	1920	04/49
52856	1913	05/50	52886	1914	07/49	52916	1917	11/50	52956	1920	01/50
52857	1913	12/51	52906	1917	09/50	52935	1919	06/48	52962	1920	06/50
52870	1913	09/51	52910	1917	09/50	52945	1919	05/51	52971	1920	07/49
52873	1913	05/48									TOTAL 17

Class 7F — Fowler S. & D. J. R. — 2-8-0

Introduced 1914 by Fowler with 4' 9" diameter boiler. 53806 - 53810 were introduced in 1925 with a larger boiler, but all were later rebuilt with the original type of 4' 9" boiler. (Weight with larger boiler was 68t 11c)
Loco Weight : 64t 15c **Driving Wheels :** 4' 8½" **Cylinders :** (O) 21" x 28" **Valve Gear :** Walschaerts (piston valves)

Number	built	w/dwn	Number	built	w/dwn	Number	built	w/dwn	Number	built	w/dwn
53800	1914	07/59	53803	1914	02/62	53806	1925	01/64	53809	1925	06/64
53801	1914	07/61	53804	1914	02/62	53807	1925	10/64	53810	1925	12/63
53802	1914	03/60	53805	1914	03/61	53808	1925	03/64			TOTAL 11

Class 2P — C.R. 'Dunalastair IV' — 4-4-0

Introduced 1910 by McIntosh for the Caledonian Railway
Loco Weight : 56t 10c **Driving Wheels :** 6' 6" **Cylinders :** (I) 19" x 26" **Valve Gear :** Stephenson (piston valves)

Number	built	w/dwn
54363	1910	10/48

TOTAL 1

Class 2P — H.R. 'Loch' — 4-4-0

Introduced 1896. Highland Railway design by Jones, rebuilt with C.R. boiler.
Loco Weight : 56t 10c **Driving Wheels :** 6' 6" **Cylinders :** (I) 19" x 26" **Valve Gear :** Stephenson (slide valves)

Number & Name	built	w/dwn	Number & Name	built	w/dwn
54379 Loch Insh	1896	03/48	54385 Loch Tay	1896	04/50

TOTAL 2

Class 2P — H.R. 'Small Ben' — 4-4-0

Introduced 1898. Highland Railway design by Peter Drummond, rebuilt with C.R. boiler.
Loco Weight : 46t 17c **Driving Wheels :** 6' 0" **Cylinders :** (I) 18¼" x 26" **Valve Gear :** Stephenson (slide valves)

Number & Name	built	w/dwn	Number & Name	built	w/dwn
54397 Ben - y - Gloe	1898	02/49	54404 Ben Clebrig	1899	10/50
54398 Ben Alder	1898	02/53	54409 Ben Alisky	1900	03/50
54399 Ben Wyvis	1898	05/52	54410 Ben Dearg	1900	12/49
54401 Ben Vrackie	1899	10/48	54415 Ben Bhach Ard	1906	05/48
54403 Ben Attow	1899	02/49	54416 Ben A'Bhuird	1906	08/48

TOTAL 10

Class 3P — C.R. 'Dunalastair III' — 4-4-0

Introduced 1900 by McIntosh for the Caledonian Railway. Class superheated from 1916.
Loco Weight : 51t 14c **Driving Wheels :** 6' 6" **Cylinders :** (I) 19½" x 26" **Valve Gear :** Stephenson (piston valves)

Number	built	w/dwn
54434	1900	04/48

TOTAL 1

Class 3P — C.R. 'Dunalastair IV' — 4-4-0

Introduced 1904 by McIntosh for the Caledonian Railway. Superheated from 1915.
Loco Weight : 61t 5c **Driving Wheels :** 6' 6" **Cylinders :** (I) 20¼" x 26" **Valve Gear :** Stephenson (piston valves)

Number	built	w/dwn	Number	built	w/dwn	Number	built	w/dwn	Number	built	w/dwn
54438	1907	05/55	54445	1912	12/52	54451	1913	09/55	54456	1914	02/57
54439	1908	08/58	54446	1912	08/55	54452	1913	08/57	54457	1914	02/55
54440	1910	01/57	54447	1912	06/53	54453	1913	08/57	54458	1914	12/57
54441	1911	08/57	54448	1912	02/55	54454	1913	10/55	54459	1914	12/54
54443	1911	10/55	54449	1912	11/53	54455	1913	07/54	54460	1914	10/55
54444	1911	10/53	54450	1913	10/55						TOTAL 22

The driver of Class 2P 0-4-4T No. 55234 poses for the photographer in this 1950s scene. Built in 1922, examples of these extremely competent locos which were the backbone of C.R. and L.M.S. suburban passenger services in Glasgow and Edinburgh until the 1940s, were built by the L.M.S. until 1925.

Modelmaster Collection

Class 2F 0-6-0 No. 58163 was designed by Johnson for the Midland Railway, and later rebuilt with a Belpaire firebox. Built in 1876, it was not withdrawn until 1961 - a lifespan of eighty five years!

Modelmaster Collection

Class 3P — C.R. Pickersgill — 4-4-0

Introduced 1916 by Pickersgill for the Caledonian Railway. '113' and '918' classes
Loco Weight : 61t 5c *Driving Wheels :* 6' 6" *Cylinders :* (I) 20" x 26" *Valve Gear :* Stephenson (piston valves)

Number	built	w/dwn	Number	built	w/dwn	Number	built	w/dwn	Number	built	w/dwn
54461	1916	05/59	54465	1916	10/62	54469	1916	11/59	54473	1916	10/59
54462	1916	05/60	54466	1916	02/62	54470	1916	12/59	54474	1916	10/59
54463	1916	12/62	54467	1916	10/59	54471	1916	10/59	54475	1916	06/61
54464	1916	10/61	54468	1916	10/59	54472	1916	10/59	54476	1916	03/60

TOTAL 16

Class 3P — C.R. Pickersgill — 4-4-0

Introduced 1920 by Pickersgill for the Caledonian Railway. '72' class
Loco Weight : 61t 5c *Driving Wheels :* 6' 6" *Cylinders :* (I) 20½" x 26" *Valve Gear :* Stephenson (piston valves)

Number	built	w/dwn	Number	built	w/dwn	Number	built	w/dwn	Number	built	w/dwn
54477	1920	05/60	54485	1920	10/61	54493	1921	11/61	54501	1922	12/61
54478	1920	07/61	54486	1920	02/62	54494	1921	08/60	54502	1922	10/62
54479	1920	10/59	54487	1921	03/61	54495	1921	02/62	54503	1922	10/59
54480	1920	08/60	54488	1921	02/61	54496	1921	10/59	54504	1922	10/59
54481	1920	06/53	54489	1921	12/61	54497	1922	10/59	54505	1922	04/61
54482	1920	02/62	54490	1921	05/60	54498	1922	05/60	54506	1922	11/61
54483	1920	06/61	54491	1921	12/61	54499	1922	05/60	54507	1922	11/61
54484	1920	11/59	54492	1921	11/61	54500	1922	02/62	54508	1922	12/59

TOTAL 32

Class 4P — C.R. & L.M.S. (Pickersgill) — 4-6-0

Introduced 1925. L.M.S. Development of Pickersgill C.R. '60' class
Loco Weight : 74t 15c *Driving Wheels :* 6' 1" *Cylinders :* (I) 20½" x 26" *Valve Gear :* Stephenson (piston valves)

Number	built	w/dwn	Number	built	w/dwn	Number	built	w/dwn	Number	built	w/dwn
54630	1925	12/51	54637	1926	03/48	54642	1926	10/49	54646	1926	03/49
54631	1925	05/48	54638	1926	05/51	54643	1926	02/48	54647	1926	03/51
54634	1926	11/52	54639	1926	12/53	54644	1926	04/48	54648	1926	11/51
54635	1926	01/52	54640	1926	10/52	54645	1926	07/50	54649	1926	10/51
54636	1926	02/53	54641	1926	11/48						

TOTAL 18

Class 4P — C.R. Pickersgill — 4-6-0

Introduced 1916. Pickersgill C.R. '60' class
Loco Weight : 75t 0c *Driving Wheels :* 6' 1" *Cylinders :* (I) 20" x 26" *Valve Gear :* Stephenson (piston valves)

Number	built	w/dwn	Number	built	w/dwn	Number	built	w/dwn	Number	built	w/dwn
54650	1916	09/53	54652	1917	11/48	54653	1917	07/49	54654	1917	01/52
54651	1916	03/50									

TOTAL 5

Class 4P — H.R. 'Clan' — 4-6-0

Introduced 1919 by Cumming for the Highland Railway
Loco Weight : 62t 5c *Driving Wheels :* 6' 0" *Cylinders :* (O) 21" x 26" *Valve Gear :* Walschaerts (piston valves)

Number & Name	built	w/dwn	Number & Name	built	w/dwn	
54764 Clan Munro	1919	02/48	54767 Clan Mackinnon	1921	01/50	TOTAL 2

Class 0P — H.R. Drummond — 0-4-4T

Introduced 1905 by Peter Drummond for the Highland Railway
Loco Weight : 35t 15c *Driving Wheels :* 4' 6" *Cylinders :* (I) 14" x 20" *Valve Gear :* Stephenson (Slide Valves)

Number	built	w/dwn	Number	built	w/dwn	
55051	1905	07/56	55053	1905	01/57	TOTAL 2

Class 2P — C.R. McIntosh — 0-4-4T

*Introduced 1895. McIntosh C.R. '19' class with railed coal bunker.   *Introduced 1897. McIntosh C.R. '92' class, with larger tanks and high sided bunker.   Both these classes were originally fitted with condensing apparatus for working on the Glasgow Central Low Level suburban lines.*
Loco Weight : 53t 16c *53t 19c *Driving Wheels :* 5' 9" *Cylinders :* (I) 18" x 26" *Valve Gear :* Stephenson (slide valves)

Number	built	w/dwn	Number	Built	w/dwn	Number	Built	w/dwn	Number	built	w/dwn
55116	1895	05/48	55125*	1897	01/57	55134*	1897	04/51	55141*	1900	07/58
55117	1895	06/48	55126*	1897	07/61	55135*	1897	07/53	55142*	1900	12/52
55119	1895	08/53	55127*	1897	03/50	55136*	1897	09/52	55143*	1900	04/53
55121	1895	06/52	55129*	1897	08/50	55138*	1900	08/51	55144*	1900	07/52
55122	1895	01/52	55130*	1897	09/48	55139*	1900	08/52	55145*	1900	04/55
55123	1895	01/50	55132*	1897	10/51	55140*	1900	09/52	55146*	1900	06/54
55124	1895	10/61	55133*	1897	12/48						TOTAL 26

Class 2P   C.R. McIntosh Standard Passenger Tanks   0-4-4T

Introduced 1900. McIntosh C.R. '439' class. 55227 -55236 introduced by Pickersgill in 1915 with detail alterations. 55237 - 55240 fitted with cast iron buffer-beams for banking. ('431' class). 55260 - 55269 were a post grouping development of '439' class.

Loco Weight : 53t 19c (**55159-226**), 57t 12c (**55227-36**), 57t 17c (**55237-40**), 59t 12c (**55260-9**)
Driving Wheels : 5' 9"   **Cylinders :** (I) 18" x 26" (55159 - 55236), rest are 18¼" x 26"
Valve Gear : Stephenson (slide valves)

Number	built	w/dwn	Number	built	w/dwn	Number	built	w/dwn	Number	built	w/dwn
55159	1900	12/49	55183	1907	07/50	55207	1911	09/61	55229	1915	09/61
55160	1900	10/58	55184	1907	11/49	55208	1911	10/61	55230	1915	09/61
55161	1900	10/53	55185	1907	07/61	55209	1911	06/61	55231	1922	09/61
55162	1900	04/56	55186	1906	01/52	55210	1911	07/61	55232	1922	09/61
55164	1900	02/59	55187	1907	02/55	55211	1911	09/61	55233	1922	02/61
55165	1900	10/61	55188	1907	03/51	55212	1911	12/58	55234	1922	12/62
55166	1900	09/53	55189	1907	12/62	55213	1912	05/58	55235	1922	05/61
55167	1900	07/61	55190	1907	06/48	55214	1912	09/61	55236	1922	09/61
55168	1900	05/57	55191	1907	11/50	55215	1912	10/61	55237	1922	07/61
55169	1900	05/61	55192	1907	10/50	55216	1912	10/61	55238	1922	09/61
55170	1900	10/52	55193	1909	04/55	55217	1913	08/62	55239	1922	07/61
55171	1900	11/51	55194	1909	03/55	55218	1913	01/60	55240	1922	11/61
55172	1900	11/52	55195	1909	06/61	55219	1913	05/61	55260	1925	12/62
55173	1900	01/62	55196	1909	12/55	55220	1913	10/61	55261	1925	09/61
55174	1900	02/56	55197	1909	11/54	55221	1914	10/61	55262	1925	10/61
55175	1906	02/53	55198	1909	05/61	55222	1914	09/61	55263	1925	11/61
55176	1906	10/58	55199	1909	07/61	55223	1914	09/61	55264	1925	10/61
55177	1906	06/55	55200	1909	08/61	55224	1914	10/61	55265	1925	02/61
55178	1906	12/58	55201	1909	10/61	55225	1914	01/62	55266	1925	09/61
55179	1906	09/53	55202	1909	08/61	55226	1914	09/61	55267	1925	10/61
55180	1906	08/48	55203	1910	12/61	55227	1915	12/61	55268	1925	09/61
55181	1907	11/51	55204	1910	12/62	55228	1915	09/61	55269	1925	03/62
55182	1906	05/58	55206	1911	09/61						TOTAL 90

Class 4P   C.R. Pickersgill   4-6-2T

Introduced 1917. Pickersgill '944' Class, built for Clyde Coast passenger services, latterly used as Beattock Summit bankers.
Loco Weight : 91t 13c **Driving Wheels :** 5' 9" **Cylinders :** (I) 19½" x 26" **Valve Gear :** Stephenson (piston valves)

Number	built	w/dwn	Number	built	w/dwn	Number	built	w/dwn	Number	built	w/dwn
55350	1917	04/52	55353	1917	08/51	55356	1917	06/50	55360	1917	02/52
55351	1917	12/48	55354	1917	08/49	55359	1917	10/53	55361	1917	06/52
55352	1917	03/52	55355	1917	01/48						TOTAL 10

Class 0F   C.R. Drummond 'Pugs'   0-4-0ST

Introduced 1885. Drummond 'Pugs', used principally in Glasgow's docks and as Works shunters.
Loco Weight : 91t 13c **Driving Wheels :** 5' 9" **Cylinders :** (I) 19½" x 26" **Valve Gear :** Stephenson (piston valves)

Number	built	w/dwn	Number	built	w/dwn	Number	built	w/dwn	Number	built	w/dwn
56010	1885	03/50	56026	1895	06/50	56030	1900	05/58	56035	1900	08/60
56011	1885	01/59	56027	1895	10/60	56031	1900	04/62	56038	1908	05/59
56020	1890	03/55	56028	1895	05/57	56032	1900	10/60	56039	1908	10/62
56025	1890	05/60	56029	1895	12/62						TOTAL 14

Class 2F   C.R. Dock Shunters   0-6-0T

McIntosh '498' class dock shunters, introduced 1912.
Loco Weight : 47t 15c **Driving Wheels :** 4' 0" **Cylinders :** (O) 17" x 22" **Valve Gear :** Stephenson(slide valves)

Number	built	w/dwn	Number	built	w/dwn	Number	built	w/dwn	Number	built	w/dwn
56151	1912	09/61	56157	1915	12/58	56163	1918	06/59	56169	1920	03/61
56152	1912	02/59	56158	1915	02/61	56164	1918	11/58	56170	1921	02/60
56153	1915	06/59	56159	1918	04/62	56165	1920	01/60	56171	1921	03/61
56154	1915	07/59	56160	1918	07/59	56166	1920	06/59	56172	1921	11/60
56155	1915	09/58	56161	1918	12/58	56167	1920	04/61	56173	1921	05/61
56156	1915	10/59	56162	1918	02/59	56168	1920	04/61			TOTAL 23

Class 3F   C.R. McIntosh   0-6-0T

McIntosh '29' & '782' class shunters, introduced 1896.
Loco Weight : 47t 15c **Driving Wheels :** 4' 6" **Cylinders :** (I) 18" x 26" **Valve Gear :** Stephenson(slide valves)

Number	built	w/dwn	Number	built	w/dwn	Number	built	w/dwn	Number	built	w/dwn
56230	1905	01/57	56267	1898	07/58	56304	1907	03/60	56341	1911	03/61
56231	1895	03/56	56268	1898	02/52	56305	1907	12/61	56342	1911	03/57
56232	1895	04/62	56269	1898	12/59	56306	1907	12/58	56343	1911	11/60
56233	1895	10/56	56270	1898	10/48	56307	1907	10/56	56344	1911	09/59
56234	1895	12/57	56271	1898	04/56	56308	1907	10/60	56345	1912	10/58
56235	1895	11/59	56272	1898	10/58	56309	1907	01/61	56346	1912	09/57
56236	1895	12/58	56273	1898	06/56	56310	1907	11/60	56347	1912	08/62
56237	1895	02/53	56274	1898	01/58	56311	1907	01/59	56348	1912	05/60
56238	1896	09/58	56275	1898	03/58	56312	1907	05/62	56349	1912	03/60
56239	1896	03/61	56276	1898	02/53	56313	1907	01/62	56350	1912	07/57
56240	1898	07/61	56277	1898	04/58	56314	1907	02/58	56351	1912	11/48
56241	1898	01/60	56278	1898	06/62	56315	1907	05/58	56352	1912	05/59
56242	1898	07/61	56279	1898	11/60	56316	1907	10/59	56353	1913	07/58
56243	1898	02/57	56280	1898	12/57	56317	1907	06/56	56354	1913	02/58
56244	1898	05/58	56281	1898	11/58	56318	1907	06/59	56355	1913	12/56
56245	1898	03/59	56282	1898	04/62	56319	1910	06/56	56356	1913	12/61
56246	1899	04/61	56283	1898	08/58	56320	1910	11/57	56357	1913	12/57
56247	1899	01/59	56284	1910	05/58	56321	1910	09/59	56358	1913	10/56
56248	1899	01/55	56285	1904	09/59	56322	1910	09/59	56359	1916	05/59
56249	1899	10/56	56286	1904	05/58	56323	1910	10/58	56360	1916	08/61
56250	1899	01/54	56287	1904	04/59	56324	1910	03/61	56361	1916	11/60
56251	1899	10/58	56288	1904	01/59	56325	1910	12/62	56362	1916	08/61
56252	1899	05/59	56289	1904	11/60	56326	1910	10/61	56363	1916	07/60
56253	1899	11/58	56290	1904	06/59	56327	1910	09/59	56364	1916	12/60
56254	1898	04/58	56291	1904	07/59	56328	1910	09/58	56365	1916	05/59
56255	1898	11/58	56292	1904	05/60	56329	1910	08/57	56366	1921	12/56
56256	1898	06/59	56293	1904	11/58	56330	1910	05/58	56367	1921	02/60
56257	1898	02/57	56294	1904	04/57	56331	1910	06/60	56368	1921	12/61
56258	1898	04/53	56295	1905	12/59	56332	1910	10/59	56369	1921	11/57
56259	1898	07/60	56296	1905	08/59	56333	1910	10/59	56370	1922	02/61
56260	1898	12/60	56297	1905	11/57	56334	1910	01/58	56371	1922	01/60
56261	1898	10/56	56298	1905	10/61	56335	1910	07/60	56372	1922	05/61
56262	1898	02/59	56299	1905	01/57	56336	1910	12/62	56373	1922	10/59
56263	1898	12/55	56300	1905	11/60	56337	1910	06/61	56374	1922	10/59
56264	1898	10/59	56301	1905	10/58	56338	1911	03/61	56375	1922	08/58
56265	1898	08/58	56302	1905	12/62	56339	1911	08/56	56376	1922	03/61
56266	1898	11/59	56303	1905	08/56	56340	1911	10/59			TOTAL 147

Class 3F   G.S.W.R. Whitelegg   0-6-2T

Introduced 1919. Whitelegg design for the Glasgow & South Western Railway. This was the last surviving locomotive from this company in L.M.S. / B.R. service.
Loco Weight : 66t 4c **Driving Wheels :** 5' 0" **Cylinders :** (I) 18¼" x 26" **Valve Gear :** Stephenson(slide valves)

Number	built	w/dwn
56905	1919	04/48

TOTAL 1

Class 2F — C.R. Drummond 'Jumbo' — 0-6-0

Introduced 1883. Drummond Standard Goods Loco for Caledonian Railway. A strong, reliable locomotive (hence the nickname 'Jumbo'). Many received stovepipe chimneys in later days.

Loco Weight : 41t 6c **Driving Wheels :** 5' 0" **Cylinders :** (I) 18" x 26" **Valve Gear :** Stephenson (slide valves)

Number	built	w/dwn	Number	built	w/dwn	Number	built	w/dwn	Number	built	w/dwn
57230	1883	07/56	57287	1886	11/61	57344	1892	12/51	57400	1896	07/49
57231	1883	05/49	57288	1886	11/61	57345	1892	02/62	57401	1896	02/50
57232	1883	05/61	57289	1886	11/51	57346	1892	08/57	57402	1896	08/49
57233	1883	10/61	57290	1886	06/48	57347	1892	03/62	57403	1896	10/49
57234	1883	02/57	57291	1886	08/63	57348	1891	03/63	57404	1896	10/61
57235	1883	10/55	57292	1886	11/61	57349	1892	07/61	57405	1896	09/58
57236	1883	09/61	57294	1885	11/49	57350	1892	11/61	57406	1896	01/48
57237	1883	10/62	57295	1887	06/62	57351	1892	08/49	57407	1896	05/59
57238	1883	09/61	57296	1887	11/63	57352	1892	10/51	57408	1896	02/48
57239	1883	11/61	57298	1887	04/50	57353	1894	11/61	57409	1896	01/50
57240	1883	10/62	57299	1887	10/62	57354	1894	12/59	57410	1896	02/53
57241	1883	05/59	57300	1887	06/62	57355	1894	11/63	57411	1896	09/61
57242	1883	08/62	57301	1887	05/48	57356	1894	06/61	57412	1896	04/56
57243	1883	06/59	57302	1887	10/63	57357	1892	03/62	57413	1896	10/58
57244	1883	09/61	57303	1887	10/61	57358	1892	05/49	57414	1896	04/59
57245	1883	10/61	57304	1887	06/48	57359	1892	03/62	57415	1896	11/49
57246	1883	10/61	57305	1887	02/49	57360	1892	03/63	57416	1896	07/61
57247	1883	07/59	57306	1887	08/51	57361	1892	12/59	57417	1897	10/62
57249	1883	08/62	57307	1887	08/59	57362	1893	06/62	57418	1897	10/61
57250	1884	09/61	57308	1887	05/48	57363	1893	12/61	57419	1897	05/59
57251	1884	10/62	57309	1887	11/63	57364	1893	12/61	57420	1897	10/49
57252	1884	11/62	57310	1887	12/49	57365	1893	05/62	57421	1897	10/48
57253	1884	10/62	57311	1887	09/62	57366	1893	11/61	57422	1897	06/48
57254	1884	08/62	57312	1887	09/51	57367	1893	12/61	57423	1897	03/53
57255	1884	04/52	57313	1889	01/48	57368	1893	06/58	57424	1897	12/59
57256	1884	10/61	57314	1889	02/62	57369	1893	10/62	57425	1897	11/50
57257	1884	10/61	57315	1889	12/55	57370	1893	03/62	57426	1897	09/61
57258	1884	10/62	57316	1889	10/49	57371	1893	07/48	57427	1897	07/49
57259	1884	10/62	57317	1889	11/61	57372	1893	01/52	57429	1897	09/61
57260	1884	10/55	57318	1889	11/51	57373	1894	07/61	57430	1897	09/57
57261	1884	11/63	57319	1890	12/61	57374	1894	05/48	57431	1897	06/61
57262	1884	10/61	57320	1890	03/56	57375	1894	11/63	57432	1897	10/61
57263	1884	10/61	57321	1890	11/61	57377	1894	10/61	57433	1896	05/52
57264	1884	10/61	57322	1890	03/53	57378	1894	09/62	57434	1896	05/61
57265	1884	08/62	57323	1890	06/51	57379	1894	02/51	57435	1896	02/60
57266	1884	12/62	57324	1890	05/61	57380	1894	04/48	57436	1896	10/61
57267	1884	04/62	57325	1890	12/61	57381	1894	08/49	57437	1896	07/58
57268	1884	10/61	57326	1891	04/63	57382	1894	03/49	57438	1896	06/53
57269	1884	08/63	57327	1891	04/48	57383	1894	08/62	57439	1896	02/53
57270	1884	11/63	57328	1891	04/63	57384	1894	01/63	57440	1896	05/50
57271	1884	10/61	57329	1891	10/62	57385	1894	06/62	57441	1896	11/61
57272	1885	10/51	57330	1891	06/48	57386	1894	05/62	57442	1896	07/48
57273	1885	02/60	57331	1891	09/62	57387	1895	11/52	57443	1896	08/58
57274	1885	04/62	57332	1892	11/52	57388	1895	02/53	57444	1896	11/59
57275	1885	04/62	57333	1892	03/48	57389	1894	11/61	57445	1896	08/62
57276	1885	11/59	57334	1892	03/51	57390	1894	05/50	57446	1896	10/61
57277	1886	04/51	57335	1892	10/61	57391	1894	10/50	57447	1896	10/62
57278	1886	06/63	57336	1892	09/63	57392	1894	12/61	57448	1896	02/60
57279	1886	10/59	57337	1892	12/52	57393	1895	04/49	57449	1896	11/49
57280	1886	08/52	57338	1892	03/62	57394	1895	11/51	57450	1896	03/53
57282	1886	11/55	57339	1892	06/59	57395	1895	12/53	57451	1896	10/61
57283	1886	02/51	57340	1892	11/62	57396	1895	05/58	57452	1897	07/49
57284	1886	10/62	57341	1892	08/62	57397	1896	03/53	57453	1897	11/50
57285	1886	11/61	57342	1892	06/50	57398	1896	05/62	57454	1897	03/53
57286	1886	02/49	57343	1892	04/48	57399	1896	09/49	57455	1897	06/51

Number	built	w/dwn	Number	built	w/dwn	Number	built	w/dwn	Number	built	w/dwn
57456	1897	01/56	57461	1897	10/61	57466	1897	04/49	57470	1897	10/61
57457	1897	03/56	57462	1897	06/59	57467	1897	02/50	57471	1897	09/48
57458	1897	11/52	57463	1897	12/61	57468	1897	02/52	57472	1897	09/61
57459	1897	12/56	57464	1897	02/53	57469	1897	11/48	57473	1897	06/61
57460	1897	01/57	57465	1897	04/59						

TOTAL 238

Class 3F   C.R. McIntosh   0-6-0

Introduced 1899. McIntosh '812' & '652' classes for Caledonian Railway
Loco Weight : 45t 14c *Driving Wheels :* 5' 0" *Cylinders :* (I) 18½" x 26" *Valve Gear :* Stephenson (slide valves)

Number	built	w/dwn	Number	built	w/dwn	Number	built	w/dwn	Number	built	w/dwn
57550	1899	12/62	57575	1899	10/59	57600	1900	11/63	57625	1899	06/63
57551	1899	07/48	57576	1899	10/61	57601	1900	12/62	57626	1899	02/62
57552	1899	12/59	57577	1900	08/62	57602	1900	12/62	57627	1899	11/63
57553	1899	10/59	57578	1900	11/48	57603	1900	03/62	57628	1899	02/60
57554	1899	05/60	57579	1900	11/61	57604	1900	12/62	57629	1908	09/48
57555	1899	11/62	57580	1900	11/61	57605	1900	05/60	57630	1908	11/63
57556	1899	04/58	57581	1900	11/63	57606	1900	09/48	57631	1908	10/62
57557	1899	10/61	57582	1900	09/57	57607	1900	03/63	57632	1909	11/61
57558	1899	09/60	57583	1900	11/61	57608	1900	12/62	57633	1908	12/61
57559	1899	10/61	57584	1900	06/49	57609	1900	07/60	57634	1908	08/63
57560	1899	10/61	57585	1900	11/61	57611	1900	11/62	57635	1908	03/62
57561	1899	07/49	57586	1900	06/61	57612	1900	04/62	57636	1908	12/48
57562	1899	05/62	57587	1900	08/62	57613	1900	09/62	57637	1908	12/61
57563	1899	12/61	57588	1900	01/58	57614	1900	10/62	57638	1908	10/59
57564	1899	10/61	57589	1900	10/56	57615	1900	11/62	57639	1908	09/48
57565	1899	12/62	57590	1900	09/63	57616	1900	05/48	57640	1908	11/61
57566	1899	08/63	57591	1900	06/61	57617	1899	10/62	57641	1909	04/48
57568	1899	11/63	57592	1900	08/63	57618	1899	03/62	57642	1909	08/62
57569	1899	11/62	57593	1900	11/61	57619	1899	06/61	57643	1909	10/62
57570	1899	08/61	57594	1900	12/62	57620	1899	06/62	57644	1909	10/62
57571	1899	04/62	57595	1900	11/59	57621	1899	04/62	57645	1909	11/62
57572	1899	06/63	57596	1900	10/62	57622	1899	08/62			
57573	1899	11/57	57597	1900	04/62	57623	1899	11/61			
57574	1899	06/48	57599	1900	11/59	57624	1899	05/49			

TOTAL 93

Class 3F   C.R. Pickersgill   0-6-0

Introduced 1918. Pickersgill '294' & '670' classes for Caledonian Railway
Loco Weight : 50t 13c *Driving Wheels :* 5' 0" *Cylinders :* (I) 18½" x 26" *Valve Gear :* Stephenson (piston valves)

Number	built	w/dwn	Number	built	w/dwn	Number	built	w/dwn	Number	built	w/dwn
57650	1919	11/61	57661	1918	09/63	57670	1918	03/63	57682	1919	05/62
57651	1919	11/61	57663	1918	11/61	57671	1919	08/62	57684	1919	11/62
57652	1919	11/63	57665	1918	11/61	57672	1919	10/62	57686	1919	03/62
57653	1919	01/61	57666	1918	08/62	57673	1919	03/62	57688	1919	11/63
57654	1919	04/62	57667	1918	08/62	57674	1919	11/62	57689	1919	08/63
57655	1919	04/62	57668	1918	01/63	57679	1919	11/63	57690	1920	08/63
57658	1918	12/62	57669	1918	11/61	57681	1919	10/62	57691	1920	08/62
57659	1918	11/61									

TOTAL 29

Class 3F   Highland Railway   0-6-0

Introduced 1900. Peter Drummond design for Highland Railway, rebuilt with Caledonian Railway boiler.
Loco Weight : 43t 10c *Driving Wheels :* 5' 0" *Cylinders :* (I) 18¼" x 26" *Valve Gear :* Stephenson (slide valves)

Number	built	w/dwn	Number	built	w/dwn	Number	built	w/dwn	Number	built	w/dwn
57693	1900	06/49	57695	1900	01/52	57698	1900	12/51	57702	1902	10/49
57694	1900	02/50	57697	1900	02/51	57699	1902	02/49			

TOTAL 7

Class 4MT — H.R. 'Clan Goods' — 4-6-0

Introduced 1918. Cumming design for Highland Railway.
Loco Weight : 56t 9c **Driving Wheels :** 5' 3" **Cylinders :** (I) 20½" x 26" **Valve Gear :** Walschaerts (piston valves)

Number	built	w/dwn	Number	built	w/dwn	Number	built	w/dwn	Number	built	w/dwn
57950	1917	07/50	57953	1917	09/48	57955	1919	07/52	57956	1919	06/52
57951	1917	06/51	57954	1919	10/52						TOTAL 6

Class 4P — 'Prince of Wales' — 4-6-0

Introduced 1911. Bowen-Cooke L.N.W.R. design
Loco Weight : 66t 5c **Driving Wheels :** 6' 3" **Cylinders :** (I) 20½" x 26" **Valve Gear :** Joy (piston valves)

L.M.S.	B..R. Number & Name		built	w/dwn	L.M.S.	B.R.	built	w/dwn
25648	58000	Queen of The Belgians	1915	10/48	25752	58002	1919	05/49
25673	58001	Lusitania	1916	01/49	25787	58003	1921	05/48
25722	n.a.		1919	03/48	25827	n.a.	1922	03/48

TOTAL 6

Class 3P — 'Precursor' — 4-4-0

Introduced 1904. Whale L.N.W.R. design, rebuilt with superheated Belpaire boiler.
Loco Weight : 59t 17c **Driving Wheels :** 6' 9" **Cylinders :** (I) 20½" x 26" **Valve Gear :** Joy (piston valves)

L.M.S.	B.R. Number & Name		built	w/dwn
25297	(58010)	Sirocco	1904	06/49

TOTAL 1

Class 3P — 'George the Fifth' — 4-4-0

Introduced 1910. Bowen-Cooke L.N.W.R. design, rebuilt with superheated Belpaire boiler.
Loco Weight : 59t 17c **Driving Wheels :** 6' 9" **Cylinders :** (I) 20½" x 26" **Valve Gear :** Joy (piston valves)

L.M.S.	B..R. Number & Name		built	w/dwn	L.M.S.	B..R. Number & Name	built	w/dwn
25321	n.a.	Lord Loch	1910	04/48	25373	58012 Ptarmigon	1911	05/48
25350	58011	India	1911	06/48				TOTAL 3

Class 1P — Johnson Midland — 2-4-0

Introduced 1876. Johnson M.R. design, rebuilt with superheated Belpaire boiler.
Loco Weight : 40t 10c (58020-1), 40t 16c (58022) **Driving Wheels :** 6' 3" (58020), 6' 6½" (58021), 6' 9" (58022)
Cylinders : (I) 18" x 24" (58020), (I) 18" x 28" (58021), 18" x 26" (58022) **Valve Gear :** Stephenson (slide valves)

L.M.S.	B.R.	built	w/dwn	L.M.S.	B.R.	built	w/dwn	L.M.S.	B.R.	built	w/dwn
20155	58020	1876	10/50	20185	58021	1876	08/48	20216	58022	1879	11/49

TOTAL 3

Class 1P — Johnson Midland — 0-4-4T

Introduced 1875. Johnson passenger tank for Midland Railway. Many later rebuilt with Belpaire boilers.
Loco Weight : 53t 4c **Driving Wheels :** 5' 7" **Cylinders :** (I) 18" x 24" **Valve Gear :** Stephenson (slide valves)

L.M.S.	B.R.	built	w/dwn	L.M.S.	B.R.	built	w/dwn	L.M.S.	B.R.	built	w/dwn
1239	58030	1875	04/49	1249	58033	1876	09/50	1255	58036	1876	06/50
1246	58031	1875	06/49	1251	58034	1876	09/50	1260	58037	1876	05/48
1247	58032	1876	12/49	1252	58035	1876	01/50	1261	58038	1876	05/54

TOTAL 9

Class 1P — Johnson Midland — 0-4-4T

Introduced 1881. Johnson passenger tank for Midland Railway. Many later rebuilt with Belpaire boilers.
Loco Weight : 53t 4c **Driving Wheels :** 5' 4" **Cylinders :** (I) 18" x 24" **Valve Gear :** Stephenson (slide valves)

L.M.S.	B.R.	built	w/dwn	L.M.S.	B.R.	built	w/dwn	L.M.S.	B.R.	built	w/dwn
1272	58039	1881	10/48	1298	58046	1884	12/51	1337	58052	1889	04/51
1273	58040	1881	03/55	1303	58047	1884	08/52	1340	58053	1889	01/53
1275	58041	1881	10/50	1307	-	1884	01/48	1341	58054	1892	11/55
1278	58042	1881	12/51	1315	58048	1885	10/49	1342	58055	1892	06/50
1287	58043	1883	02/51	1322	58049	1886	03/50	1344	58056	1892	09/54
1290	58044	1883	04/48	1324	58050	1886	02/53	1348	58057	1892	05/49
1295	58045	1884	10/51	1330	58051	1886	10/56	1350	58058	1892	10/52

L.M.S.	B.R.	built	w/dwn	L.M.S.	B.R.	built	w/dwn	L.M.S.	B.R.	built	w/dwn
1353*	58059	1892	10/50	1375*	58070	1893	02/53	1413*	58081	1900	09/48
1357*	58060	1892	07/52	1377*	58071	1893	07/56	1416*	58082	1900	04/50
1358*	58061	1892	11/50	1379*	58072	1893	10/56	1420*	58083	1900	10/57
1360*	58062	1892	02/56	1382*	58073	1895	01/56	1421*	58084	1900	02/55
1361*	n/a	1892	02/48	1385*	n/a	1895	01/48	1422*	58085	1900	04/59
1365*	58063	1892	05/51	1389*	58074	1895	10/48	1423*	58086	1900	08/60
1366*	58064	1892	02/50	1390*	58075	1895	09/53	1424*	58087	1900	06/55
1367*	58065	1892	11/59	1396*	58076	1895	01/53	1425*	58088	1900	02/53
1368*	58066	1892	10/58	1397*	58077	1895	09/55	1426*	58089	1900	10/54
1370*	58067	1892	01/53	1402*	58078	1898	05/49	1429*	58090	1900	02/53
1371*	58068	1893	10/53	1406*	58079	1898	08/50	1430	58091	1900	09/56
1373*	58069	1893	05/52	1411*	58080	1900	01/56				TOTAL 56

'Big Bertha'   0-10-0

Introduced 1919. Fowler banker for Lickey Incline.
Loco Weight : 72t 13c   **Driving Wheels :** 4' 7½"   **Cylinders :** (4) 16¾" x 28"   **Valve Gear :** Walschaerts (slide valves)

L.M.S.	B.R.	built	w/dwn
22290	58100	1919	05/56

TOTAL 1

Class 2F   Kirtley Midland   0-6-0

Introduced 1868. Kirtley double framed design for M. R.   Rebuilt with Belpaire boilers (except 58110)
Loco Weight : 37t 12c - 40t 3c   **Driving Wheels :** 4' 11"   **Cylinders :** (I) 18" x 26"   **Valve Gear :** Stephenson (slide valves)

L.M.S.	B.R.	built	w/dwn	L.M.S.	B.R.	built	w/dwn
22630	58110	1870	11/51	22853	58112	1873	03/50
22846	58111	1873	09/49	22863	58113	1874	01/49

TOTAL 4

Class 2F   Johnson Midland   0-6-0

Introduced 1875. Johnson design.   Many rebuilt with Belpaire boilers from 1917
Loco Weight : 37t 12c - 40t 3c   **Driving Wheels :** 4' 11"   **Cylinders :** (I) 18" x 26"   **Valve Gear :** Stephenson (slide valves)

L.M.S.	B.R.	built	w/dwn	L.M.S.	B.R.	built	w/dwn	L.M.S.	B.R.	built	w/dwn
22900	58114	1875	07/57	22954	58142	1875	01/57	2997	58170	1876	10/60
22901	58115	1875	03/61	22955	58143	1875	11/63	2998	58171	1876	08/59
22902	58116	1875	01/60	22958	58144	1875	05/60	2999	58172	1876	05/54
22904	58117	1875	03/56	22959	58145	1876	08/53	23000	58173	1876	06/60
22907	58118	1875	01/60	22963	58146	1876	01/60	23001	58174	1876	12/61
22911	58119	1875	05/59	22965	58147	1876	12/52	23002	58175	1876	12/61
22912	58120	1875	11/62	22967	58148	1876	12/63	23003	58176	1876	07/56
22913	58121	1875	05/57	22968	58149	1876	08/52	23005	58177	1876	10/62
22915	58122	1875	09/61	22969	58150	1876	08/48	23006	58178	1876	05/59
22918	58123	1875	07/62	22970	58151	1876	04/51	23007	58179	1876	04/56
22920	58124	1876	07/62	22971	58152	1876	11/55	23008	58180	1876	10/53
22921	58125	1876	11/55	22974	58153	1876	08/60	23009	58181	1876	07/61
22924	58126	1876	06/56	22975	58154	1876	08/56	23010	58182	1876	01/64
22926	58127	1876	11/55	22976	58155	1876	03/50	23011	58183	1876	01/60
22929	58128	1876	10/62	22977	58156	1876	03/57	23012	58184	1876	10/56
22931	58129	1875	02/55	22978	58157	1876	10/58	23013	58185	1876	07/62
22932	58130	1875	05/59	22982	58158	1876	05/60	23014	58186	1876	02/61
22933	58131	1875	02/61	22983	58159	1876	03/56	23016	n.a.	1876	03/48
22934	58132	1875	05/59	22984	58160	1876	09/62	23018	58187	1876	07/57
22935	58133	1875	12/55	2987	58161	1876	01/53	3130	58229	1885	11/53
22940	58134	1875	02/50	2988	58162	1876	09/55	3134	58230	1885	11/55
22944	58135	1875	09/61	2989	58163	1876	10/61	3138	58231	1885	08/52
22945	58136	1875	09/57	2990	58164	1876	04/55	3140	58232	1885	05/54
22946	58137	1875	09/61	2992	58165	1876	09/60	3144	58233	1885	06/56
22947	58138	1875	12/62	2993	58166	1876	03/62	3149	58234	1885	07/54
22950	58139	1875	11/56	2994	58167	1876	08/59	3150	58235	1886	12/54
22951	58140	1875	07/57	2995	58168	1876	07/60	3151	58236	1886	10/55
22953	58141	1875	09/48	2996	58169	1876	02/61	3153	n.a.	1886	03/48

The preserved 'Jones Goods', Highland Railway No. 103, is seen here on the 'Scottish Ranbler' railtour, at Renfrew Wharf on the 17th of April 1965. This was one of the four Scottish Region preserved locomotives which ran in their Pre-Group liveries hauling special trains between 1958 and 1965.

Modelmaster Collection

Class 'A4' No. 60026 MILES BEEVOR was built at Darlington Works in 1937 as KESTREL, but was renamed after an L.N.E.R. director in November 1947.
The name KESTREL was re-used on Class 'A1' 4-6-2 No. 60130, built in September 1948. Both locomotives survived into the 1960s.

Modelmaster Collection

L.M.S.	B.R.	built	w/dwn	L.M.S.	B.R.	built	w/dwn	L.M.S.	B.R.	built	w/dwn
3154	58237	1886	07/51	3164	58241	1887	06/55	3173	58245	1887	05/50
3156	58238	1886	11/57	3166	58242	1887	12/54	3175	58246	1887	07/59
3157	58239	1886	05/50	3168	58243	1887	06/49	3176	58247	1887	01/58
3161	58240	1887	05/53	3171	58244	1887	05/54	3177	58248	1887	12/51

TOTAL 96

Class 2F — Johnson Midland — 0-6-0

Introduced 1875. Johnson design. Many rebuilt with Belpaire boilers from 1917
Loco Weight : 37t 12c - 40t 3c **Driving Wheels :** 5' 3" **Cylinders :** (I) 18" x 26" **Valve Gear :** Stephenson (slide valves)

L.M.S.	B.R.	built	w/dwn	L.M.S.	B.R.	built	w/dwn	L.M.S.	B.R.	built	w/dwn
3021	n.a.	1878	03/48	3109	58223	1883	05/49	3516	58277	1897	11/55
3023	58188	1878	04/57	3113	58224	1883	10/56	3517	58278	1897	09/54
3027	58189	1878	08/57	3118	58225	1884	12/58	3525	58279	1897	07/59
3031	58190	1878	11/59	3119	58226	1884	01/52	3526	58280	1897	12/52
3035	58191	1878	10/59	3123	58227	1884	05/48	3527	58281	1897	05/59
3037	58192	1878	11/58	3127	58228	1884	03/62	3533	58282	1897	03/50
3038	58193	1878	04/56	3190	58249	1888	02/53	3536	58283	1897	03/61
3039	58194	1878	03/56	3195	n/a	1888	03/48	3537	58284	1897	09/48
3042	58195	1880	09/54	3196	58250	1888	08/48	3539	58285	1897	06/51
3044	58196	1880	07/58	3229	58251	1890	05/49	3543	58286	1897	10/55
3045	58197	1880	11/60	3262	58252	1891	12/51	3545	58287	1897	08/60
3047	58198	1880	09/59	3264	58253	1891	12/49	3551	58288	1897	10/57
3048	58199	1880	12/59	3270	58254	1891	03/52	3559	58289	1897	05/51
3049	58200	1880	09/54	3311	58255	1892	09/48	3561	58290	1897	09/54
3050	n.a.	1880	02/48	3360	58256	1891	01/49	3564	58291	1897	02/61
3051	58201	1880	08/51	3372	58257	1892	10/55	3566	58292	1897	04/48
3052	58202	1880	04/50	3377	58258	1892	01/54	3571	58293	1899	01/61
3054	58203	1880	01/58	3385	58259	1892	11/52	3592	58294	1900	02/49
3058	58204	1880	05/59	3420	58260	1892	12/60	3602	n/a	1899	01/48
3061	58205	1880	06/48	3423	58261	1892	01/60	3603	58295	1899	11/60
3062	58206	1880	07/57	3424	n/a	1892	03/48	3617	58296	1900	07/51
3064	58207	1880	09/55	3425	58262	1892	01/51	3632	58297	1900	08/48
3066	58208	1880	08/49	3437	58263	1893	04/48	3648	58298	1900	11/60
3071	58209	1881	09/60	3445	58264	1893	02/54	3655	58299	1900	02/57
3073	58210	1881	06/48	3451	58265	1893	01/54	3688	58300	1901	05/55
3074	58211	1881	06/53	3466	58266	1894	05/48	3689	58301	1901	04/48
3078	58212	1881	09/58	3473	n/a	1896	02/48	3691	58302	1901	07/51
3084	58213	1882	08/59	3477	58267	1896	03/50	3696	58303	1901	11/53
3090	58214	1883	02/62	3479	58268	1896	01/51	3703	58304	1901	02/52
3094	58215	1883	03/61	3485	58269	1896	04/56	3707	58305	1901	06/61
3095	58216	1883	05/57	3489	58270	1896	02/49	3725	58306	1901	02/57
3096	58217	1883	10/59	3492	58271	1896	06/61	3726	58307	1901	10/50
3098	58218	1883	07/62	3493	58272	1896	05/54	3738	58308	1902	04/59
3099	58219	1883	02/60	3503	58273	1896	10/55	3739	58309	1902	02/56
3101	58220	1883	10/60	3508	58274	1897	05/51	3764	58310	1902	11/56
3103	58221	1883	03/61	3511	58275	1897	06/50				
3108	58222	1883	04/49	3512	58276	1897	06/56		TOTAL 109		

Class 2F — Webb L.N.W.R. 'Coal Engines' — 0-6-0

Introduced 1873. 8108, 8182 & 8236 taken over from Shropshire & Montgomery Railway in May 1950.
Loco Weight : 38t 0c **Driving Wheels :** 4' 5½" **Cylinders :** (I) 17" x 24" **Valve Gear :** Stephenson (slide valves)

L.M.S.	B.R.	built	w/dwn	L.M.S.	B.R.	built	w/dwn	L.M.S.	B.R.	built	w/dwn
28088	58320	1873	07/48	28104	58324	1874	08/48	28116	58329	1877	01/50
28091	58321	1873	07/53	28105	58325	1874	08/48	28128	58330	1875	02/53
28093	58322	1873	01/52	28106	58326	1874	05/53	28133	58331	1875	10/48
28095	n/a	1873	01/48	28107	58327	1874	06/52	28141	58332	1876	09/53
28097	n/a	1873	02/48	8108	ex SMR	05/50	07/50	28152	58333	1877	01/52
28100	58323	1874	05/53	28115	58328	1875	02/53	28153	n/a	1878	02/48

L.M.S.	B.R.	built	w/dwn	L.M.S.	B.R.	built	w/dwn	L.M.S.	B.R.	built	w/dwn
28158	58334	1878	10/49	28230	n/a	1881	01/48	28262	58353	1889	10/48
28166	58335	1879	03/52	28233	58344	1881	03/49	28263	58354	1881	03/53
28172	58336	1879	07/53	28234	58345	1881	04/48	28271	58355	1890	12/48
8182	ex SMR	05/50	07/50	8236	ex SMR	05/50	07/50	28295	58356	1892	11/48
28191	58337	1880	06/48	28239	58346	1881	03/52	28296	58357	1892	07/48
28199	58338	1880	05/50	28245	58347	1889	02/53	28308	58358	1892	06/48
28202	58339	1880	05/48	28246	58348	1882	03/50	28309	58359	1892	09/48
28205	58340	1880	03/52	28247	58349	1882	08/51	28312	58360	1892	04/52
28216	58341	1881	04/50	28251	58350	1882	05/52	28313	58361	1892	09/48
28221	58342	1881	01/49	28253	58351	1882	01/50				
28227	58343	1881	09/53	28256	58352	1882	04/51				

TOTAL 49

Class 2F   Webb '18" Goods'   0-6-0

Introduced 1887. Webb design for L.N.W.R.
Loco Weight : 36t 10c **Driving Wheels :** 5' 2½" **Cylinders :** (I) 18" x 24" **Valve Gear :** Joy (slide valves)

L.M.S.	B.R.	built	w/dwn	L.M.S.	B.R.	built	w/dwn	L.M.S.	B.R.	built	w/dwn
28318	58362	1892	02/53	28458	58384	1898	03/50	28547	58408	1900	05/48
28333	58363	1890	04/51	28460	58385	1898	09/48	28548	58409	1900	12/55
28335	58364	1882	02/51	28564	58386	1898	10/48	28549	58410	1900	11/50
28337	58365	1882	05/52	28484	58387	1899	05/48	28551	58411	1900	06/50
28338	58366	1882	07/48	28487	58388	1899	11/50	28553	58412	1900	12/55
28339	58367	1882	01/50	28492	58389	1899	01/53	28555	58413	1900	01/54
28345	58368	1887	07/51	28494	58390	1899	08/48	28556	58414	1900	10/48
28350	n/a	1887	02/48	28499	58391	1899	09/48	28559	58415	1900	11/53
28370	58369	1895	04/50	28505	58392	1899	02/51	28561	58416	1900	03/49
28372	58370	1895	07/48	28507	58393	1899	06/52	28575	58417	1901	09/49
28385	58371	1895	03/50	28509	58394	1899	08/55	28580	58418	1901	07/52
28392	58372	1895	12/48	28511	58395	1899	05/48	28583	58419	1901	01/53
28403	58373	1896	04/50	28512	58396	1900	08/53	28585	58420	1901	11/51
28404	58374	1896	08/48	28513	58397	1900	03/50	28586	n/a	1901	04/48
28408	58375	1896	02/55	28515	58398	1900	02/52	28589	58421	1901	11/52
28415	n/a	1896	01/48	28521	58399	1900	09/49	28592	58422	1901	03/50
28417	58376	1896	03/55	28525	58400	1900	09/51	28594	58423	1901	06/48
28428	58377	1897	07/52	28526	58401	1900	10/48	28597	n/a	1901	01/48
28430	58378	1897	07/53	28527	58402	1900	11/48	28598	58424	1901	06/49
28441	n/a	1897	02/48	28529	58403	1900	12/48	28608	58425	1901	09/48
28442	58379	1897	11/49	28531	58404	1900	01/50	28611	58426	1901	10/52
28443	58380	1897	12/49	28532	58405	1900	07/48	28616	58427	1901	12/55
28450	58381	1898	07/52	28542	n/a	1900	02/48	28618	58428	1902	07/48
28451	58382	1898	01/54	28543	58406	1900	01/50	28619	58429	1902	02/53
28457	58383	1898	01/53	28544	58407	1900	05/49	28622	58430	1902	03/55

TOTAL 75

Class 2F   Park N.L.R.   0-6-0T

Introduced 1879. Park design for North London Railway
Loco Weight : 45t 10c **Driving Wheels :** 4' 4" **Cylinders :** (I) 17" x 24" **Valve Gear :** Stephenson (slide valves)

L.M.S.	B.R.	built	w/dwn	L.M.S.	B.R.	built	w/dwn	L.M.S.	B.R.	built	w/dwn
27505	58850	1880	09/60	27514	58855	1889	07/56	27525	n.a.	1895	03/48
27509	58851	1887	02/55	27515	58856	1889	10/57	27527	58860	1900	05/57
27510	58852	1887	06/55	27517	58857	1889	04/58	27528	58861	1901	04/53
27512	58853	1888	10/54	27520	58858	1892	05/53	27530	58862	1901	03/56
27513	58854	1888	11/56	27522	58859	1894	11/57	27532	58863	1905	12/52

TOTAL 15

Class 0F   Park N.L.R.   0-4-2ST Crane Engine

*Introduced 1872. Park rebuild of 1858 0-4--0T as Crane Engine. This was the oldest loco inherited by British Railways - it was **NINETY THREE YEARS OLD** when withdrawn. Cut up (!) in 1952.*
Loco Weight : 32t 6c **Driving Wheels :** 3' 10" **Cylinders :** (I) 13" x 17" **Valve Gear :** Allan straight link (slide valves)

L.M.S.	B.R.	built	w/dwn
27217	58865	1858	02/51

TOTAL 1

Class 2F — Whale L.N.W.R. — 0-6-0ST

Introduced 1906. Whale rebuild of Webb 0-6-0, originally introduced 1891.
Loco Weight : 34t 10c **Driving Wheels :** 4' 5½" **Cylinders :** (I) 17" x 24" **Valve Gear :** Joy (slide valves)

L.M.S.	B.R.	built	w/dwn	
27480	58870	1891	12/48	TOTAL 1

Class 2F — Webb 'Coal Tank' — 0-6-2T

Introduced 1882. Webb design for L.N.W.R.
Loco Weight : 43t 15c **Driving Wheels :** 4' 5½" **Cylinders :** (I) 17" x 24" **Valve Gear :** Stephenson (slide valves)

L.M.S.	B.R.	built	w/dwn	L.M.S.	B.R.	built	w/dwn	L.M.S.	B.R.	built	w/dwn
27553	58880	1882	04/54	7700	n/a	1884	03/48	7782	58921	1887	07/54
27561	58881	1887	09/50	7703	58901	1884	07/48	7787	58922	1887	07/48
27562	58882	1887	10/49	7710	58902	1884	12/54	7789	58923	1887	01/50
27580	58883	1881	12/49	7711	58903	1885	06/54	7791	58924	1887	09/54
27585	58884	1881	11/48	7715	n/a	1885	01/48	7794	58925	1887	09/55
27586	58885	1881	09/48	7720	58904	1885	09/55	7796	n/a	1887	02/48
27591	58886	1881	01/49	7721	58905	1885	08/48	7799	58926	1888	11/58
27596	58887	1881	04/55	7730	58906	1886	11/48	7802	58927	1888	10/49
27602	58888	1882	09/54	7733	58907	1886	10/48	7803	58928	1888	01/51
27603	58889	1882	08/53	7737	58908	1886	11/51	7808	58929	1888	03/50
27619	58890	1883	12/49	7740	58909	1886	06/48	7812	n/a	1888	01/48
27621	58891	1883	09/55	7741	58910	1886	07/52	7816	58930	1892	09/48
27625	58892	1883	05/52	7746	58911	1886	03/54	7821	58931	1892	03/48
27627	58893	1883	10/48	7751	58912	1886	12/50	7822	58932	1892	06/52
27635	58894	1883	03/49	7752	58913	1886	06/52	7829	58933	1896	12/51
27648	n/a	1883	01/48	7756	58914	1886	08/48	7830	58934	1896	10/49
27654	58895	1883	09/51	7757	58915	1886	09/54	7833	58935	1897	10/51
27669	58896	1883	01/49	7759	58916	1886	10/50	7836	58936	1897	05/48
27674	58897	1883	11/50	7765	58917	1887	02/50	7840	58937	1897	04/48
27681	58898	1883	10/48	7769	58918	1887	04/48	7841	n/a	1897	02/48
7692	58899	1884	05/54	7773	58919	1887	12/52				
7699	58900	1884	09/54	7780	58920	1887	08/48		TOTAL 64		

Rail Motor — L.N.W.R. — 0-4-0T + Coach Bogie

Whale design for L.N.W.R., introduced 1905. Last survivor of class of seven. Previously numbered 10697
in the L.M.S. locomotive series, in 1933 it became 29988 in the coaching stock series.
Loco Weight : 43t 8c **Driving Wheels :** 3' 9" **Cylinders :** (I) 9½" x 15" **Valve Gear :** Stephenson (slide valves)

Number	Built	w/dwn	
29988	1905	1 1/48	TOTAL 1

Ex - L.M.S. DEPARTMENTAL LOCOMOTIVES

Webb — L.N.W.R. 'Special Tank' — 0-6-0ST

Introduced 1870. Development of Ramsbottom Saddle Tank. 3323 was renumbered 43323 in
error for a short time in 1949. **C.D.8** carried the name **Earlestown**
Loco Weight : 34t 10c **Driving Wheels :** 4' 5½" **Cylinders :** (I) 17" x 24" **Valve Gear :** Stephenson (slide valves)

Number	built	w/dwn	Number	built	w/dwn	Number	built	w/dwn
3323	1878	05/54	C.D.3	1880	08/59	C.D.7	1878	11/59
			C.D.6	1875	05/59	C.D.8	1879	10/57

TOTAL 5

18" Gauge — L. & Y. Horwich Works Shunter — 0-4-0ST

Last survivor of eight engines built for Horwich Works internal rail system. Now preserved.
Loco Weight : 3t 11½c **Driving Wheels :** 1' 4¼" **Cylinders :** (O) 5" x 6" **Valve Gear :** Allan

Number	Name	built	w/dwn	
n/a	Wren	1887	08/62	TOTAL 1

36" Gauge — Beeston Creosote Works Shunter — 0-4-0ST

Built in 1924 by Bagnall and purchased by L.M.S. in 1945 for shunting at Beeston Creosote Works.
Driving Wheels : 2' 9" **Cylinders :** (O)10" x 15½" **Valve Gear :** Modified Walschaerts

Number	Name	built	w/dwn	
10	Batley	1924	10/55	TOTAL 1

SECTION FOUR
Ex - London & North Eastern Railway

Class A4 **Gresley Streamlined 'Pacific'** **4-6-2**

Introduced by (Sir) Nigel Gresley in 1935 for the L.N.E.R., 60022 Mallard (now preserved) is the fastest steam locomotive in the world - a distinction it has held now for about seventy years.

Loco Weight : 102t 19c **Driving Wheels :** 6' 8" **Cylinders :** (3) 18½" x 26" **Valve Gear :** Walschaerts (piston valves)

XP = carried experimental Purple-Blue Livery 1948 - 1950, until replaced by B.R. Blue (carried by all)
CT = fitted corridor tender (* indicates during part of B.R. ownership). All later fitted with Double Chimneys.

Number & Name	built	w/dwn	Notes	Number & Name	built	w/dwn	Notes
60001 Sir Ronald Matthews	1938	10/64		60018 Sparrow Hawk	1937	06/63	
60002 Sir Murrough Wilson	1938	05/64		60019 Bittern	1937	09/66	
60003 Andrew K. McCosh	1937	12/62	CT*	60020 Guillemot	1937	03/64	
60004 William Whitelaw	1937	07/66	CT*	60021 Wild Swan	1938	10/63	CT
60005 Sir Charles Newton	1938	03/64		60022 Mallard	1938	04/63	CT*
60006 Sir Ralph Wedgewood	1938	09/65	CT*	60023 Golden Eagle	1938	10/64	
60007 Sir Nigel Gresley	1937	02/66	CT	60024 Kingfisher	1936	09/66	XP CT*
60008 Dwight D. Eisenhower	1937	07/63	CT*	60025 Falcon	1936	10/63	CT
60009 Union of South Africa	1937	06/66	CT*	60026 Miles Beevor	1937	12/65	CT*
60010 Dominion of Canada	1937	05/65	CT*	60027 Merlin	1937	09/65	XP CT*
60011 Empire of India	1937	05/64	CT	60028 Walter K. Whigham	1937	12/62	XP CT*
60012 Commonwealth				60029 Woodcock	1937	10/63	XP CT
of Australia	1937	08/64	CT	60030 Golden Fleece	1937	12/62	CT*
60013 Dominion of New				60031 Golden Plover	1937	11/65	CT
Zealand	1937	04/63	CT*	60032 Gannet	1938	10/63	CT*
60014 Silver Link	1935	12/62	CT	60033 Seagull	1938	12/62	CT*
60015 Quicksilver	1935	04/63	CT	60034 Lord Faringdon	1938	08/66	CT*
60016 Silver King	1935	03/65	CT*	(Named Peregrine till 02/48)			
60017 Silver Fox	1935	10/63	CT				TOTAL 34

Class A3 **Gresley G.N. & L.N.E.R. 'Pacific'** **4-6-2**

Gresley's famous design for the G.N.R., the first two appeared just before grouping in 1922. The most famous of these locomotives is **4472 (60103) Flying Scotsman**, which is privately preserved.

Loco Weight : 96t 5c **Driving Wheels :** 6' 8" **Cylinders :** (3) 19" x 26" **Valve Gear :** Walschaerts (piston valves)

All carried early B.R Blue Livery except 60070/6 **DC** = Double Chimney **G** = 'German' smoke deflectors

Number & Name	built	w/dwn	Notes	Number & Name	built	w/dwn	Notes
60035 Windsor Lad	1934	09/61	DC 02/59	60053 Sansavino	1924	05/63	DC 11/58
60036 Colombo	1934	11/64	DC 11/58 G 07/62	60054 Prince of Wales	1924	06/64	DC 08/58 G 05/62
60037 Hyperion	1934	12/63	DC 10/58 G 05/62	60055 Woolwinder	1924	09/61	DC 06/58
60038 Firdaussi	1934	11/63	DC 08/59	60056 Centenary	1925	05/63	DC 07/59 G 08/61
60039 Sandwich	1934	03/63	DC 07/59 G 06/61	60057 Ormonde	1925	10/63	DC 09/58 G 09/61
60040 Cameronian	1934	07/64	DC 10/59 G 03/62	60058 Blair Athol	1925	06/63	DC 10/58
60041 Salmon Trout	1934	11/65	DC 07/59 G 01/63	60059 Tracery	1925	12/62	DC 07/58 G 09/61
60042 Singapore	1934	07/64	DC 09/58 G 09/62	60060 The Tetrarch	1925	09/63	DC 03/59
60043 Brown Jack	1935	05/64	DC 02/59 G 02/62	60061 Pretty Polly	1925	09/63	DC 10/58 G 02/62
60044 Melton	1924	06/63	DC 06/59 G 08/61	60062 Minoru	1925	12/64	DC 02/59 G 07/61
60045 Lemberg	1924	11/64	DC 10/59 G 11/62	60063 Isinglass	1925	06/64	DC 02/59 G 08/61
60046 Diamond				60064 Tagalie	1924	09/61	DC 06/59
Jubilee	1924	06/63	DC 08/58 G 12/61	60065 Knight of			
60047 Donovan	1924	04/63	DC 07/59 G 07/61	Thistle	1924	06/64	DC 10/58 G 11/61
60048 Doncaster	1924	09/63	DC 05/59 G 12/61	60066 Merry			
60049 Galtee More	1924	12/62	DC 03/59 G 10/60	Hampton	1924	09/63	DC 10/58 G 10/61
60050 Persimmon	1924	06/63	DC 04/59 G 10/61	60067 Ladas	1924	12/62	DC 04/59 G 07/61
60051 Blink Bonny	1924	11/64	DC 08/59 G 03/62	60068 Sir Visto	1924	08/62	DC 04/59
60052 Prince				60069 Sceptre	1924	10/62	DC 09/59
Palatine	1924	01/66	DC 11/58 G 10/62	60070 Gladiateur	1924	05/64	DC 04/59 G 07/61

Number & Name	built	w/dwn	Notes		Number & Name	built	w/dwn	Notes
60071 Tranquil	1924	10/64	DC 07/58 G 11/61		60093 Coronach	1928	05/62	DC 12/58
60072 Sunstar	1924	10/62	DC 07/59		60094 Colorado	1928	02/64	DC 08/59 G 08/61
60073 St Gatien	1924	08/63	DC 08/58 G 07/61		60095 Flamingo	1929	04/61	DC 02/59
60074 Harvester	1924	04/63	DC 03/59		60096 Papyrus	1929	09/63	DC 07/58 G 09/61
60075 St Frusquin	1924	01/64	DC 08/59		60097 Humorist	1929	08/63	DC 07/37
60076 Galopin	1924	10/62	DC 06/59		60098 Spion Kop	1929	10/63	DC 07/59
60077 The White Knight	1924	07/64	DC 04/59 G 07/61		60099 Call Boy	1930	10/63	DC 07/58 G 07/61
60078 Night Hawk	1924	10/62	DC 02/59 G 03/62		60100 Spearmint	1930	06/65	DC 09/58 G 08/61
60079 Bayardo	1924	09/61	DC 01/60		60101 Cicero	1930	04/63	DC 02/59
60080 Dick Turpin	1924	10/64	DC 10/59 G 11/61		60102 Sir Frederick Banbury	1922	11/61	DC 04/59
60081 Shotover	1924	10/62	DC 10/58		60103 Flying Scotsman	1923	01/63	DC 01/59 G 12/61
60082 Neil Gow	1924	09/63	DC 09/59 G 08/61		60104 Solario	1923	12/59	DC 04/59
60083 Sir Hugo	1924	05/64	DC 07/58 G 01/62		60105 Victor Wild	1923	06/63	DC 03/58 G 12/60
60084 Trigo	1930	11/64	DC 10/59 G 11/61		60106 Flying Fox	1923	12/64	DC 11/58 G 10/61
60085 Manna	1930	10/64	DC 11/58 G 04/62		60107 Royal Lancer	1923	09/63	DC 06/59 G 02/62
60086 Gainsborough	1930	11/63	DC 06/59		60108 Gay Crusader	1923	10/63	DC 05/59 G 11/61
60087 Blenheim	1930	10/63	DC 08/58 G 02/62		60109 Hermit	1923	12/62	DC 03/59 G 01/61
60088 Book Law	1930	10/63	DC 07/59 G 06/61		60110 Robert the Devil	1923	05/63	DC 05/59 G 07/61
60089 Felstead	1928	10/63	DC 10/59 G 11/61		60111 Enterprise	1923	12/62	DC 06/59 G 04/62
60090 Grand Parade	1928	10/63	DC 08/58 G 01/63		60112 St Simon	1923	12/64	DC 07/58 G 10/62
60091 Captain Cuttle	1928	10/64	DC 03/59 G 10/61					
60092 Fairway	1928	10/64	DC 11/59 G 10/61					TOTAL 78

Class A1   Thompson / Peppercorn L.N.E.R. 'Pacific'   4-6-2

60113 was a 1945 rebuild by Edward Thompson of Gresley's original 4-6-2, built in 1922 for the Great Northern Railway . The rest of the class were introduced by A.H. Peppercorn and based on the above rebuild. None were delivered until after Nationalisation. All carried early B.R. Blue Livery.
Loco Weight : 104t 2c   Driving Wheels : 6' 8"   Cylinders : (3) 19" x 26"   Valve Gear : Walschaerts (piston valves)

Number & Name	built	w/dwn	Notes		Number & Name	built	w/dwn	Notes
60113 Great Northern	1945	12/62			60138 Boswell	12/48	10/65	
60114 W.P. Allen	08/48	12/64			60139 Sea Eagle	12/48	06/64	
60115 Meg Merrilies	09/48	10/62			60140 Balmoral	12/48	01/65	
60116 Hal O' the Wynd	10/48	06/65			60141 Abbotsford	12/48	10/64	
60117 Bois Roussel	10/48	06/65			60142 Edward Fletcher	02/49	06/65	
60118 Archibald Sturrock	11/48	10/65			60143 Sir Walter Scott	02/49	05/64	
60119 Patrick Stirling	11/48	05/64			60144 King's Courier	03/49	04/63	
60120 Kittiwake	12/48	01/64			60145 Saint Mungo	03/49	06/66	
60121 Silurian	12/48	10/65			60146 Peregrine	04/49	10/65	
60122 Curlew	12/48	11/62			60147 North Eastern	04/49	08/64	
60123 H.A. Ivatt	02/49	10/62			60148 Aboyeur	05/49	06/64	
60124 Kenilworth	03/49	03/66			60149 Amadis	05/49	06/64	
60125 Scottish Union	04/49	07/64			60150 Willbrook	06/49	10/64	
60126 Sir Vincent Raven	04/49	01/65			60151 Midlothian	06/49	11/65	
60127 Wilson Worsdell	05/49	06/65			60152 Holyrood	07/49	06/65	
60128 Bongrace	05/49	01/65			60153 Flamboyant	08/49	10/62	
60129 Guy Mannering	06/49	10/65			60154 Bon Accord	09/49	10/65	
60130 Kestrel	09/48	10/65			60155 Borderer	09/49	10/65	
60131 Osprey	10/48	10/65			60156 Great Central	10/49	04/65	
60132 Marmion	10/48	06/65			60157 Great Eastern	11/49	01/65	
60133 Pommern	10/48	07/65			60158 Aberdonian	11/49	12/64	
60134 Foxhunter	11/48	10/65			60159 Bonnie Dundee	11/49	10/63	
60135 Madge Wildfire	11/48	10/62			60160 Auld Reekie	12/49	12/63	
60136 Alcazar	11/48	05/63			60161 North British	12/49	10/63	
60137 Redgauntlet	12/48	10/62			60162 Saint Johnstoun	12/49	10/63	

Worsdell

TOTAL 5(

Class A2   Thompson / Peppercorn L.N.E.R. 'Pacific'   4-6-2

A2/2 : 60501 - 60506 Introduced during 1943 by Thompson as a rebuild of Gresley's P2 2-8-2.
Loco Weight : 101t 10c   *Driving Wheels :* 6' 2"   *Cylinders :* (3) 20" x 26"   *Valve Gear :* Walschaerts (piston valves)

A2/3 : 60500, 60511 - 60524 Introduced during 1946 as a development of Class A2/2
Loco Weight : 101t 10c   *Driving Wheels :* 6' 2"   *Cylinders :* (3) 19" x 26"   *Valve Gear :* Walschaerts (piston valves)

A2/1 : 60507 - 60510 Introduced 1944 by Thompson as a 4-6-2 version of Gresley's V2 2-6-2
Loco Weight : 98t 0c   *Driving Wheels :* 6' 2"   *Cylinders :* (3) 19" x 26"   *Valve Gear :* Walschaerts (piston valves)

A2 : 60525 - 60539 1947 development of A2/3 by Peppercorn with shorter wheelbase.
Loco Weight : 101t 0c   *Driving Wheels :* 6' 2"   *Cylinders :* (3) 19" x 26"   *Valve Gear :* Walschaerts (piston valves)

Number & Name	built	w/dwn	Notes	Number & Name	built	w/dwn	Notes
60500 Edward Thompson	1946	06/63		60520 Owen Tudor	1947	06/63	
60501 Cock O' the North	1944	02/60		60521 Watling Street	1947	10/62	
60502 Earl Marischal	1944	07/61		60522 Straight Deal	1947	06/65	
60503 Lord President	1944	11/59		60523 Sun Castle	1947	06/63	
60504 Mons Meg	1944	01/61		60524 Herringbone	1947	02/65	
60505 Thane of Fife	1943	11/59		60525 A.H. Peppercorn	1947	03/63	
60506 Wolf of Badenoch	1944	04/61		60526 Sugar Palm	01/48	10/62	DC 10/49
60507 Highland Chieftain	1944	12/60		60527 Sun Chariot	01/48	04/65	
60508 Duke of Rothesay	1944	02/61		60528 Tudor Minstrel	02/48	06/66	
60509 Waverley	1944	08/60		60529 Pearl Diver	02/48	12/62	DC 09/49
60510 Robert the Bruce	1945	11/60		60530 Sayajirao	03/48	11/66	
60511 Airborne	1946	10/62		60531 Barham	03/48	12/62	
60512 Steady Aim	1946	06/65		60532 Blue Peter	03/48	12/66	DC 09/49
60513 Dante	1946	04/63		60533 Happy Knight	04/48	06/63	DC 12/49
60514 Chamossaire	1946	12/62		60534 Irish Elegance	04/48	12/62	
60515 Sun Stream	1946	10/62		60535 Hornets Beauty	05/48	06/65	
60516 Hycilla	1946	10/62		60536 Trimbush	05/48	12/62	
60517 Ocean Swell	1946	10/62		60537 Bachelors Button	06/48	12/62	
60518 Tehran	1946	10/62		60538 Velocity	06/48	10/62	DC 10/49
60519 Honeyway	1947	12/62		60539 Bronzino	08/48	10/62	DC 08/48

TOTAL 40

Class W1   Gresley L.N.E.R.   4-6-4

Gresley design introduced during 1937. This was a rebuild of the experimental high pressure four cylinder compound, with a Yarrow water - tube boiler, originally introduced in 1927. This was the only 4-6-4 *tender* locomotive to run in this country ; there were several classes of 4-6-4 tank locomotives built in the 1920s, but none of them survived beyond the mid 1930s.

No. **60700** was streamlined in similar fashion to the Class A4 locomotives, but could be distinguished from them by having a noticeably longer cab, on which the number **6 0 7 0 0** was widely spaced. It was fitted with a corridor tender until just immediately after Nationalisation.

Loco Weight : 107t 17c   *Driving Wheels :* 6' 8"   *Cylinders :* (3) 20" x 26"   *Valve Gear :* Walschaerts (piston valves)

No.	rebuilt	w/dwn	Notes	
60700	1937	06/59	L.N.E.R. number 10000, renumbered June 1948	TOTAL 1

Class V2   Gresley L.N.E.R.   2-6-2

Gresley design introduced during 1936. These 2-6-2s were the L.N.E.R. equivalent of the L.M.S. 'Royal Scots', or the G.W.R. 'Castles', and substituted effortlessly for 4-6-2s when necessary.

The first loco, No. **60800** Green Arrow, was named after a new L.N.E.R. express freight service, and carried straight nameplates fitted to the smokebox, whereas the other named 'V2's had curved nameplates fitted over the middle driving wheels. Nos. **60809** & **60835** had the longest names fitted to any B. R. locos.
Loco Weight : 93t 2c   *Driving Wheels :* 6' 2"   *Cylinders :* (3) 18½" x 26"   *Valve Gear :* Walschaerts (piston valves)

Number & Name		built	w/dwn	Notes
60800 Green Arrow		1936	08/62	

Number	built	w/dwn	Number	built	w/dwn	Number	built	w/dwn	Number	built	w/dwn
60801	1936	10/62	60803	1936	06/63	60805	1937	12/63	60807	1937	12/62
60802	1936	03/64	60804	1936	12/63	60806	1937	09/66	60808	1937	10/64

Number & Name

60809 The Snapper, The East Yorkshire Regiment, The Duke of York's Own — *built* 1937, *w/dwn* 07/64

Number	built	w/dwn	Number	built	w/dwn	Number	built	w/dwn	Number	built	w/dwn
60810	1937	11/65	60817	1937	06/63	60823	1937	05/62	60829	1938	05/62
60811	1937	04/62	60818	1937	08/66	60824	1937	11/66	60830	1938	06/63
60812	1937	07/64	60819	1937	12/62	60825	1938	04/64	60831	1938	12/66
60813	1937	11/66	60820	1937	06/62	60826	1938	04/62	60832	1938	12/62
60814	1937	04/63	60821	1937	12/62	60827	1938	12/62	60833	1938	05/64
60815	1937	06/62	60822	1937	12/64	60828	1938	10/65	60834	1938	03/64
60816	1937	10/65									

Number & Name

60835 The Green Howard, Alexandra, Princess of Wales' own Yorkshire Regiment — *built* 1938, *w/dwn* 10/65

Number	built	w/dwn	Number	built	w/dwn	Number	built	w/dwn	Number	built	w/dwn
60836	1938	12/66	60839	1938	10/62	60842	1938	10/62	60845	1939	09/62
60837	1938	11/65	60840	1938	12/62	60843	1938	10/65	60846	1939	10/65
60838	1938	01/64	60841	1938	09/63	60844	1939	11/65			

Number & Name

60847 St. Peter's School, York, A.D. 627 — *built* 1939, *w/dwn* 06/65

Number	built	w/dwn	Number	built	w/dwn	Number	built	w/dwn	Number	built	w/dwn
60848	1939	07/62	60851	1939	12/62	60854	1939	06/63	60857	1939	04/62
60849	1939	04/62	60852	1939	09/63	60855	1939	04/64	60858	1939	10/63
60850	1939	02/62	60853	1939	09/63	60856	1939	05/64	60859	1939	09/65

Number & Name

60860 Durham School — *built* 1939, *w/dwn* 10/62

Number	built	w/dwn	Number	built	w/dwn	Number	built	w/dwn	Number	built	w/dwn
60861	1939	08/63	60864	1939	03/64	60867	1939	05/62	60870	1939	07/63
60862	1939	06/63	60865	1939	06/65	60868	1939	11/66	60871	1939	09/63
60863	1939	06/62	60866	1939	12/62	60869	1939	06/63			

Number & Name

60872 King's Own Yorkshire Light Infantry — *built* 1939, *w/dwn* 09/63
60873 Coldstreamer — *built* 1939, *w/dwn* 12/62

Number	built	w/dwn	Number	built	w/dwn	Number	built	w/dwn	Number	built	w/dwn
60874	1939	08/62	60893	1940	09/62	60912	1940	04/63	60931	1941	09/65
60875	1939	03/62	60894	1940	12/62	60913	1940	10/64	60932	1941	05/64
60876	1940	10/65	60895	1940	10/65	60914	1940	09/62	60933	1941	12/62
60877	1940	02/66	60896	1940	09/62	60915	1940	12/62	60934	1942	10/62
60878	1940	10/62	60897	1940	06/63	60916	1940	06/64	60935	1942	06/63
60879	1940	12/62	60898	1940	11/63	60917	1940	04/62	60936	1942	09/62
60880	1940	09/63	60899	1940	09/63	60918	1941	10/62	60937	1942	12/62
60881	1940	07/63	60900	1940	04/63	60919	1941	09/66	60938	1942	09/62
60882	1940	07/64	60901	1940	06/65	60920	1941	12/62	60939	1942	10/64
60883	1940	04/63	60902	1940	09/63	60921	1941	06/63	60940	1942	10/65
60884	1940	09/65	60903	1940	02/63	60922	1941	07/64	60941	1942	07/64
60885	1940	09/65	60904	1940	07/64	60923	1941	10/65	60942	1942	05/64
60886	1940	08/66	60905	1940	09/63	60924	1941	09/63	60943	1942	09/62
60887	1940	07/64	60906	1940	05/63	60925	1941	05/64	60944	1942	09/65
60888	1940	12/62	60907	1940	05/62	60926	1941	10/62	60945	1942	07/64
60889	1940	06/63	60908	1940	06/62	60927	1941	12/62	60946	1942	10/65
60890	1940	06/62	60909	1940	06/62	60928	1941	03/62	60947	1942	10/62
60891	1940	10/64	60910	1940	04/64	60929	1941	06/65	60948	1942	09/63
60892	1940	11/63	60911	1940	12/62	60930	1941	09/62	60949	1942	12/62

Class 'A2' No. 60527 SUN CHARIOT at the head of an express passenger train in the early 1950s. The 'A2's were introduced by A.H. Peppercorn in 1947, and were a shorter wheelbase version of Class 'A2/3'.
Built for British Railways in January 1948, SUN CHARIOT was taken out of service just over seventeen years later.

Modelmaster Collection

Class 'B1' 4-6-0 No. 61350 awaiting her next turn of duty. The 'B1's were competent engines which did everything that was asked of them, but they were overshadowed by their L.M.S. rivals, the Stanier 'Black Fives' - particularly on ex L.N.E.R. lines in Scotland and especially the 'West Highland' line to Mallaig, where the 'Black 5's held sway until the end of steam.

Photo courtesy Steve Davies

Number	built	w/dwn	Number	built	w/dwn	Number	built	w/dwn	Number	built	w/dwn
60950	1942	09/63	60954	1942	11/63	60958	1942	12/62	60961	1942	04/65
60951	1942	12/62	60955	1942	11/66	60959	1942	07/63	60962	1942	09/65
60952	1942	10/65	60956	1942	09/62	60960	1942	02/62	60963	1943	06/65
60953	1942	05/62	60957	1942	12/64						

Number & Name		built	w/dwn	notes
60964 The Durham Light Infantry		1943	05/64	Named 1958

Number	built	w/dwn	Number	built	w/dwn	Number	built	w/dwn	Number	built	w/dwn
60965	1943	12/62	60970	1943	03/66	60975	1943	05/64	60980	1944	12/62
60966	1943	06/63	60971	1943	12/62	60976	1943	11/66	60981	1944	04/63
60967	1943	02/64	60972	1943	11/63	60977	1943	02/62	60982	1944	10/64
60968	1943	05/63	60973	1943	01/66	60978	1943	12/62	60983	1944	09/62
60969	1943	05/64	60974	1943	12/63	60979	1944	10/62			

TOTAL 184

Class B1   Thompson L.N.E.R.   4-6-0

Introduced in 1942 by Edward Thompson. Some later became Departmental locos.

Loco Weight : 71t 3c   **Driving Wheels :** 6' 2"   **Cylinders :** (O) 20" × 26"   **Valve Gear :** Walschaerts (piston valves)

Number & Name	built	w/dwn	Notes	Number & Name	built	w/dwn	Notes
61000 Springbok	1942	03/62		61021 Reitbok	1947	06/67	
61001 Eland	1943	09/63		61022 Sassaby	1947	11/66	
61002 Impala	1943	06/67		61023 Hirola	1947	10/65	
61003 Gazelle	1943	12/65		61024 Addax	1947	05/66	
61004 Oryx	1943	12/63		61025 Pallah	1947	12/62	
61005 Bongo	1944	09/62		61026 Ourebi	1947	02/66	
61006 Blackbuck	1944	09/63		61027 Madoqua	1947	09/62	
61007 Klipspringer	1944	02/64		61028 Umseke	1947	10/62	
61008 Kudu	1944	12/66		61029 Chamois	1947	12/66	
61009 Hartebeeste	1944	09/62		61030 Nyala	1947	09/67	
61010 Wildebeeste	1946	11/65		61031 Reedbuck	1947	11/64	
61011 Waterbuck	1946	12/62		61032 Stembok	1947	11/66	
61012 Puku	1946	06/67		61033 Dibatag	1947	03/63	
61013 Topi	1946	12/66		61034 Chiru	1947	12/64	
61014 Oribi	1946	12/66		61035 Pronghorn	1947	12/66	
61015 Duiker	1947	12/62		61036 Ralph Assheton	1947	09/62	
61016 Inyala	1947	10/65		61037 Jairou	1947	05/64	
61017 Bushbuck	1947	11/66		61038 Blacktail	1947	05/64	
61018 Gnu	1947	11/65		61039 Steinbok	1947	06/65	
61019 Nilghai	1947	03/67		61040 Roedeer	1946	07/66	
61020 Gemsbok	1947	11/62		61041	1946	04/64	

Number	built	w/dwn	Number	built	w/dwn	Number	built	w/dwn	Number	built	w/dwn
61042	1946	04/66	61059	1946	11/63	61076	1946	09/65	61093	1946	07/65
61043	1946	07/62	61060	1946	09/62	61077	1946	05/62	61094	1946	06/65
61044	1946	03/64	61061	1946	09/65	61078	1946	10/62	61095	1946	12/63
61045	1946	09/62	61062	1946	08/64	61079	1946	06/62	61096	1946	09/62
61046	1946	04/62	61063	1946	04/62	61080	1946	03/64	61097	1946	01/65
61047	1946	09/62	61064	1946	11/62	61081	1946	07/64	61098	1946	07/65
61048	1946	09/62	61065	1946	09/64	61082	1946	12/62	61099	1946	09/66
61049	1946	11/65	61066	1946	09/62	61083	1946	09/63	61100	1946	12/62
61050	1946	02/66	61067	1946	12/62	61084	1946	06/64	61101	1946	12/66
61051	1946	02/66	61068	1946	06/63	61085	1946	12/61	61102	1946	04/67
61052	1946	09/62	61069	1946	08/63	61086	1946	12/62	61103	1946	07/66
61053	1946	01/63	61070	1946	08/65	61087	1946	12/65	61104	1946	04/64
61054	1946	09/62	61071	1946	02/63	61088	1946	09/63	61105	1946	12/64
61055	1946	02/66	61072	1946	05/67	61089	1946	04/66	61106	1946	11/62
61056	1946	04/64	61073	1946	09/63	61090	1946	09/63	61107	1946	08/65
61057	1946	04/50	61074	1946	09/63	61091	1946	09/62	61108	1946	12/62
61058	1946	02/66	61075	1946	09/63	61092	1946	02/66	61109	1946	07/64

Number	built	w/dwn	Number	built	w/dwn	Number	built	w/dwn	Number	built	w/dwn
61110	1946	10/65	61130	1947	09/62	61150	1947	09/62	61170	1947	07/62
61111	1946	09/62	61131	1947	12/66	61151	1947	09/62	61171	1947	09/62
61112	1946	12/62	61132	1947	09/66	61152	1947	04/64	61172	1947	12/65
61113	1946	09/63	61133	1947	09/66	61153	1947	01/65	61173	1947	01/67
61114	1947	09/62	61134	1947	10/65	61154	1947	09/62	61174	1947	12/63
61115	1947	05/67	61135	1947	09/63	61155	1947	03/64	61175	1947	12/63
61116	1947	07/66	61136	1947	10/62	61156	1947	11/63	61176	1947	11/65
61117	1947	02/64	61137	1947	05/62	61157	1947	08/65	61177	1947	09/63
61118	1947	07/64	61138	1947	01/65	61158	1947	04/66	61178	1947	02/64
61119	1947	11/63	61139	1947	09/62	61159	1947	09/63	61179	1947	01/65
61120	1947	01/65	61140	1947	12/66	61160	1947	09/63	61180	1947	05/67
61121	1947	04/66	61141	1947	07/65	61161	1947	12/66	61181	1947	11/63
61122	1947	11/63	61142	1947	09/63	61162	1947	12/64	61182	1947	09/62
61123	1947	05/67	61143	1947	01/64	61163	1947	09/62	61183	1947	07/62
61124	1947	09/62	61144	1947	04/64	61164	1947	09/62	61184	1947	12/62
61125	1947	12/63	61145	1947	01/66	61165	1947	11/64	61185	1947	10/64
61126	1947	09/63	61146	1947	03/64	61166	1947	09/62	61186	1947	12/62
61127	1947	08/65	61147	1947	12/65	61167	1947	12/64	61187	1947	09/62
61128	1947	12/62	61148	1947	09/66	61168	1947	10/65	61188	1947	11/65
61129	1947	09/65	61149	1947	09/62	61169	1947	12/63			

Number & Name			built	w/dwn	Notes
61189 Sir William Gray			1947	05/67	

Number	built	w/dwn	Number	built	w/dwn	Number	built	w/dwn	Number	built	w/dwn
61190	1947	06/65	61197	1947	06/64	61203	1947	07/62	61209	1947	09/62
61191	1947	08/65	61198	1947	04/65	61204	1947	11/63	61210	1947	02/66
61192	1947	10/62	61199	1947	01/67	61205	1947	11/63	61211	1947	10/62
61193	1947	09/62	61200	1947	12/62	61206	1947	09/62	61212	1947	11/64
61194	1947	08/65	61201	1947	01/62	61207	1947	12/63	61213	1947	04/64
61195	1947	11/65	61202	1947	09/62	61208	1947	09/65	61214	1947	05/65
61196	1947	09/65									

Number & Name			built	w/dwn	Notes
61215 William Henton Carver			1947	03/65	

Number	built	w/dwn	Number	built	w/dwn	Number	built	w/dwn	Number	built	w/dwn
61216	1947	01/67	61218	1947	07/65	61219	1947	06/64	61220	1947	10/65
61217	1947	03/62									

Number & Name			built	w/dwn	Notes
61221 Sir Alexander Erskine - Hill			1947	03/65	

Number	built	w/dwn	Number	built	w/dwn	Number	built	w/dwn	Number	built	w/dwn
61222	1947	01/62	61226	1947	09/62	61230	1947	12/62	61234	1947	08/62
61223	1947	01/66	61227	1947	09/63	61231	1947	07/62	61235	1947	09/62
61224	1947	07/66	61228	1947	09/62	61232	1947	02/66	61236	1947	09/62
61225	1947	06/65	61229	1947	06/64	61233	1947	11/63			

Number & Name		built	w/dwn	Number & Name		built	w/dwn
61237 Geoffrey H. Kitson		1947	12/66	61245 Murray of Elibank		1947	07/65
61238 Leslie Runciman		1947	02/67	61246 Lord Balfour of Burleigh		1947	12/62
61239		1947	08/62	61247 Lord Burley		1947	06/62
61240 Harry Hinchcliffe		1947	12/66	61248 Geoffrey Gibbs		1947	11/65
61241 Viscount Ridley		1947	12/62	61249 Fitzherbert Wright		1947	06/64
61242 Alexander Reith Gray		1947	07/64	61250 A. Harold Bibby		1947	04/66
61243 Sir Harold Mitchell		1947	05/64	61251 Oliver Bury		1947	04/64
61244 Strang Steel		1947	10/65				

Number	built	w/dwn	Number	built	w/dwn	Number	built	w/dwn	Number	built	w/dwn
61252	1947	11/63	61253	1947	09/62	61254	1947	09/62	61255	1947	06/67

Number	built	w/dwn	Number	built	w/dwn	Number	built	w/dwn	Number	built	w/dwn
61256	1947	11/65	61287	02/48	09/62	61318	05/48	09/63	61349	07/49	08/66
61257	1947	10/65	61288	02/48	01/64	61319	05/48	12/66	61350	07/49	11/66
61258	1947	01/64	61289	02/48	06/67	61320	05/48	08/65	61351	08/49	07/64
61259	1947	08/65	61290	02/48	03/62	61321	05/48	08/64	61352	08/49	11/62
61260	1947	12/62	61291	02/48	05/65	61322	05/48	02/66	61353	09/49	08/65
61261	1947	09/66	61292	02/48	09/65	61323	05/48	11/63	61354	09/49	04/67
61262	1947	04/67	61293	02/48	08/66	61324	06/48	11/65	61355	09/49	06/64
61263	1947	12/66	61294	03/48	11/64	61325	06/48	09/63	61356	09/49	07/64
61264	1947	12/65	61295	03/48	11/62	61326	06/48	03/66	61357	10/49	06/65
61265	1947	02/62	61296	03/48	12/62	61327	06/48	02/65	61358	10/49	12/63
61266	1947	09/62	61297	03/48	11/62	61328	06/48	09/63	61359	10/49	12/63
61267	1947	12/62	61298	03/48	06/62	61329	06/48	04/66	61360	03/50	04/66
61268	1947	12/64	61299	03/48	07/65	61330	06/48	11/66	61361	03/50	12/65
61269	1947	12/63	61300	03/48	11/63	61331	06/48	09/63	61362	03/50	09/62
61270	1947	09/63	61301	03/48	09/62	61332	06/48	12/62	61363	04/50	09/62
61271	1947	09/62	61302	03/48	04/66	61333	07/48	12/62	61364	04/50	09/62
61272	1947	01/65	61303	03/48	11/66	61334	07/48	12/63	61365	04/50	07/65
61273	1947	05/63	61304	03/48	10/65	61335	07/48	09/62	61366	04/50	12/62
61274	01/48	11/64	61305	04/48	09/63	61336	08/48	09/63	61367	04/50	08/65
61275	01/48	10/65	61306	04/48	09/67	61337	08/48	09/67	61368	06/50	01/62
61276	01/48	06/65	61307	04/48	11/66	61338	08/48	01/65	61369	06/50	12/63
61277	01/48	06/64	61308	04/48	11/66	61339	09/48	11/62	61370	10/50	07/65
61278	01/48	04/67	61309	04/48	01/67	61340	11/48	04/67	61371	10/50	09/62
61279	01/48	09/63	61310	04/48	04/65	61341	12/48	12/63	61372	12/50	06/65
61280	01/48	09/62	61311	04/48	09/62	61342	01/49	12/66	61373	12/50	09/62
61281	01/48	02/66	61312	04/48	03/64	61343	02/49	03/66	61374	02/51	09/63
61282	01/48	09/62	61313	04/48	11/65	61344	03/49	09/66	61375	04/51	11/63
61283	02/48	09/62	61314	04/48	12/63	61345	04/49	07/66	61376	04/51	02/62
61284	02/48	09/62	61315	04/48	02/66	61346	04/49	06/64	61377	05/51	09/62
61285	02/48	12/65	61316	05/48	12/62	61347	05/49	04/67	61378	05/51	11/63
61286	02/48	09/62	61317	05/48	09/62	61348	06/49	12/65			

Number & Name	built	w/dwn	Notes
61379 Mayflower	06/51	08/62	

Number	built	w/dwn	Number	built	w/dwn	Number	built	w/dwn	Number	built	w/dwn
61380	08/51	04/62	61388	11/51	05/67	61396	02/52	09/65	61404	05/50	11/65
61381	09/51	10/62	61389	11/51	11/65	61397	03/52	06/65	61405	05/50	09/62
61382	09/51	12/64	61390	12/51	02/66	61398	04/52	11/64	61406	05/50	04/66
61383	10/51	01/63	61391	12/51	09/62	61399	04/52	09/63	61407	06/50	04/67
61384	10/51	01/66	61392	12/51	06/65	61400	03/50	12/64	61408	06/50	12/62
61385	10/51	10/65	61393	01/52	09/63	61401	04/50	04/64	61409	05/50	09/63
61386	10/51	12/66	61394	01/52	11/65	61402	04/50	06/64			
61387	11/51	10/65	61395	02/52	10/62	61403	04/50	07/66			

Departmental Locomotives :

61050 renumbered Departmental **No. 30** 02/66

61051 renumbered Departmental **No. 31** 02/66

61059 renumbered Departmental **No. 17** 12/63

61105 renumbered Departmental **No. 27** 01/65

61138 renumbered Departmental **No. 26** 01/65

61181 renumbered Departmental **No. 18** 11/63

61194 renumbered Departmental **No. 28** 08/65

61204 renumbered Departmental **No. 19** 12/63

61205 renumbered Departmental **No. 20** 12/63

61233 renumbered Departmental **No. 21** 11/63

61252 renumbered Departmental **No. 22** 11/63

61264 renumbered Departmental **No. 29** 12/65

61272 renumbered Departmental **No. 25** 01/65

61300 renumbered Departmental **No. 23** 11/63

61315 renumbered Departmental **No. 32** 02/66

61323 allocated *No. 24* 11/63. Not carried.

61375 renumbered Departmental **No. 24** 11/63

TOTAL 410

Class B8 — Robinson G.C.R. — 4-6-0

Introduced in 1913 by Robinson for the Great Central Railway.   None renumbered by B.R.

Loco Weight : 74t 7c   **Driving Wheels :** 5' 7"   **Cylinders :** (I) 21½" x 26"   **Valve Gear :** Stephenson (slide valves)

Number & Name	built	w/dwn
61353	1914	03/49
61354	1914	03/48
61355	1914	09/48
61357 Earl Roberts of Kandahar	1914	04/49
61358 Earl Kitchener of Khartoum	1914	08/48

TOTAL 5

Class B7 — Robinson G.C.R. — 4-6-0

*B7/1 Introduced in 1921 by Robinson for the Great Central Railway. Nos. **61388 - 61397** (B7/2) were introduced by the L.N.E.R. in 1923 with smaller chimney and side window cab. The survivors were renumbered to clear the number series for new B1 4-6-0s being constructed.*
*L.N.E.R. **1386** was allocated TWO B.R. Numbers, but carried neither!*

Loco Weight : 79t 10c   **Driving Wheels :** 5' 8"   **Cylinders :** (4) 16" x 26"   **Valve Gear :** Stephenson (piston valves)

LNER No.	First B.R. No.	Second B.R. No.	built	w/dwn	LNER No.	First B.R. No.	Second B.R. No.	built	w/dwn
1360	61360	-	1921	09/48	1379	61379	-	1922	02/49
1361	61361	-	1921	03/49	1380	61380	-	1922	08/48
1362	61362	-	1921	04/49	1381	61381	61706 r/n 04/49	1922	12/49
1363	61363	-	1921	06/48	1382	61382	61707 r/n 04/49	1922	06/49
1364	61364	-	1921	06/48	1383	61383	-	1922	05/48
1365	61365	61702 r/n 05/49	1921	06/49	1384	61384	-	1922	08/48
1366	61366	-	1921	12/48	1385	61385	-	1922	01/49
1367	61367	61703 r/n 05/49	1921	09/49	1386	61386	61708	1922	06/49
1368	61368	-	1921	10/48	1387	61387	61709 r/n 05/49	1922	01/50
1369	61369	-	1921	08/48	1388	61388	61710 r/n 05/49	1923	02/50
1370	61370	-	1921	11/48	1389	61389	-	1923	02/49
1371	61371	-	1921	01/49	1390	61390	-	1923	11/48
1372	61372	-	1921	09/48	1391	61391	61711 r/n 04/49	1923	07/50
1373	61373	-	1921	08/48	1392	61392	61712 r/n 05/49	1923	06/49
1374	61374	-	1921	09/48	1393	61393	-	1923	08/48
1375	61375	61704 r/n/04/49	1922	06/49	1394	61394	-	1923	04/48
1376	61376	-	1922	12/48	1395	61395	-	1923	11/48
1377	61377	61705 r/n 05/49	1922	02/50	1396	61396	61713 r/n 04/49	1924	09/49
1378	61378	-	1922	08/48	1397	61397	-	1924	06/48

TOTAL 38

Class B16 — Raven N.E.R. — 4-6-0

B16/1 : Introduced in 1919 by Raven for the North Eastern Railway.
Loco Weight : 77t 14c   **Driving Wheels :** 5' 8"   **Cylinders :** (3) 18½" x 26"   **Valve Gear :** Stephenson (piston valves)

*B16/2 : Rebuild of B16/1 with Walschaerts valve gear, introduced in 1937 by Gresley.
Loco Weight : 79t 4c   **Driving Wheels :** 5' 8"   **Cylinders :** (3) 18½" x 26"   **Valve Gear :** Walschaerts (piston valves)

^B16/3 : Rebuild of B16/1with Walschaerts valve gear, introduced in 1944 by Thompson.
Loco Weight : 78t 19c   **Driving Wheels :** 5' 8"   **Cylinders :** (3) 18½" x 26"   **Valve Gear :** Walschaerts (piston valves)

LNER No.	First B.R. No.	Second B.R. No.	built	w/dwn	LNER No.	First B.R. No.	Second B.R. No.	built	w/dwn
1400	61400	61469 r/n/12/49	1919	11/60	1405	61405	61474 r/n/12/49	1920	02/58
1401	61401	61470 r/n/12/49	1919	11/59	1406	61406*	61475* r/n/12/49	1920	04/63
1402	61402	61471 r/n/12/49	1919	09/60	1407	61407^	61476^ r/n/12/49	1920	09/63
1403	61403 ^	61472^ r/n/12/49	1919	05/64	1408	61408	61477 r/n/12/49	1920	02/60
1404	61404	61473 r/n/12/49	1919	09/61	1409	61409	61478 r/n/12/49	1920	12/60

Number	built	w/dwn	Number	built	w/dwn	Number	built	w/dwn	Number	built	w/dwn
61410	1920	10/60	61413	1920	09/61	61416	1920	05/61	61419	1920	09/61
61411	1920	09/61	61414	1920	09/61	61417	1920	12/62	61420	1920	09/63
61412	1920	09/61	61415	1920	09/61	61418	1920	06/64	61421	1920	06/64

Number	built	w/dwn	Number	built	w/dwn	Number	built	w/dwn	Number	built	w/dwn
61422	1920	09/61	61434	1922	06/64	61446	1923	01/61	61458	1923	11/59
61423	1921	09/61	61435*	1922	07/64	61447	1923	09/61	61459	1923	09/61
61424	1921	10/60	61436	1922	09/61	61448^	1923	06/64	61460	1923	10/61
61425	1921	09/61	61437*	1923	06/64	61449^	1923	07/63	61461	1923	09/63
61426	1921	09/59	61438*	1923	06/64	61450	1923	09/61	61462	1923	05/61
61427	1921	03/60	61439^	1923	08/62	61451	1923	09/61	61463^	1923	06/64
61428	1921	10/60	61440	1923	08/60	61452	1923	09/61	61464^	1923	09/63
61429	1921	09/61	61441	1923	10/59	61453^	1923	06/63	61465	1923	02/60
61430	1921	10/59	61442	1923	02/60	61454^	1923	06/64	61466	1923	07/61
61431	1921	09/61	61443	1923	09/61	61455*	1923	09/63	61467^	1924	05/64
61432	1921	07/61	61444^	1923	06/64	61456	1923	08/60	61468^	1924	09/63
61433	1921	11/59	61445	1923	07/61	61457*	1923	06/64			

TOTAL 69

Class B9   Robinson G.C.R.   4-6-0

Introduced in 1906 by Robinson for the Great Central Railway

Loco Weight : 65t 0c   **Driving Wheels :** 5' 4"   **Cylinders :** (I) 19" x 26"   **Valve Gear :** Stephenson (piston valves)

Number	built	w/dwn	Number	built	w/dwn	Number	built	w/dwn	Number	built	w/dwn
61469	1906	04/49	61470	1906	11/48	61475	1906	05/49	61476	1906	08/48

TOTAL 4

Class B4   Robinson G.C.R.   4-6-0

B4/4 : Introduced in 1906 by Robinson for the Great Central Railway.

Loco Weight : 70t 14c   **Driving Wheels :** 6' 7"   **Cylinders :** (I) 19" x 26"   **Valve Gear :** Stephenson (slide valves)

* B4/3 : Introduced in 1925. Rebuilt with piston valves and larger cylinders.

Loco Weight : 70t 14c   **Driving Wheels :** 6' 7"   **Cylinders :** (I) 19" x 26"   **Valve Gear :** Stephenson (slide valves)

Number & Name	built	w/dwn	Number	built	w/dwn	Number	built	w/dwn	Number	built	w/dwn
61482 Immingham	1906	11/50	61483 *	1906	09/49	61485 *	1906	06/49	61488 *	1906	10/48

TOTAL 4

Class B3   Robinson G.C.R.   4-6-0

B3/3 : Thompson two cylinder rebuild of Robinson G.C.R. Class B3, originally introduced in 1917.

Loco Weight : 71t 7c   **Driving Wheels :** 6' 9"   **Cylinders :** (I) 20" x 26"   **Valve Gear :** Walschaerts (piston valves)

No.	built	w/dwn
61497	1920	04/49

TOTAL 1

Class B12   Holden G.E.R.   4-6-0

* B12/1 : Introduced in 1919 by Holden for the Great Eastern Railway. Originally built with small Belpaire boiler, many later rebuilt to B12/3 and B12/4

Loco Weight : 63t 0c   **Driving Wheels :** 6' 6"   **Cylinders :** (I) 20" x 28"   **Valve Gear :** Stephenson (piston valves)

B12/3 : Gresley 1932 rebuild of B12/1 with large round topped boiler and long travel piston valves.

Loco Weight : 69t 10c   **Driving Wheels :** 6' 6"   **Cylinders :** (I) 20" x 28"   **Valve Gear :** Stephenson (piston valves)

^ B12/4 : Rebuild of B12/1 with small round topped boiler, introduced in 1943 by Thompson.

Loco Weight : 63t 0c   **Driving Wheels :** 6' 6"   **Cylinders :** (I) 20" x 28"   **Valve Gear :** Stephenson (piston valves)

Number	built	w/dwn	Number	built	w/dwn	Number	built	w/dwn	Number	built	w/dwn
61500*	1911	06/48	61514	1913	10/59	61530	1914	11/59	61546	1920	05/59
61501*	1912	05/53	61515	1913	11/51	61532*	1914	07/53	61547	1920	10/58
61502*	1912	04/54	61516	1913	07/58	61533	1914	11/59	61549	1920	01/59
61503*	1912	06/51	61517	1913	10/48	61535	1915	12/59	61550	1920	01/57
61504*	1912	06/50	61519	1913	12/57	61536*	1915	12/49	61552*	1920	07/52
61505^	1913	03/52	61520	1914	06/57	61537	1915	04/57	61553	1920	08/58
61507^	1913	03/53	61521*	1914	07/52	61538	1915	01/57	61554	1921	09/58
61508^	1913	05/53	61523	1914	03/55	61539*	1917	11/54	61555	1921	09/57
61509	1913	10/48	61524*	1914	11/53	61540	1917	10/57	61556	1921	12/57
61510	1913	06/49	61525	1914	08/52	61541	1920	01/57	61557	1921	01/57
61511^	1913	04/52	61526*	1914	09/51	61542	1920	07/58	61558	1921	04/59
61512	1913	01/57	61528*	1914	07/53	61543*	1920	06/53	61559	1921	09/51
61513*	1913	02/53	61529*	1914	02/50	61545	1920	01/57	61560*	1921	04/52

Number	built	w/dwn	Number	built	w/dwn	Number	built	w/dwn	Number	built	w/dwn
61561	1920	09/58	61566	1920	01/59	61571	1928	12/59	61576	1928	01/59
61562	1920	08/55	61567	1920	10/58	61572	1928	09/61	61577	1928	09/59
61563*	1920	04/53	61568	1920	08/59	61573	1928	01/59	61578	1928	01/57
61564	1920	11/58	61569	1920	01/57	61574	1928	01/57	61579	1928	01/57
61565	1920	01/57	61570	1920	04/58	61575	1928	04/59	61580	1928	03/59

TOTAL 72

Classes B2 & B17   Gresley L.N.E.R.   4-6-0

B17/1 : Introduced in 1928 by Gresley for G.E. Section, with G.E.R. type tender. During B.R. days
No. **61644** was rebuilt as Class B2; the rest, except for **61621/4/5/9**, rebuilt as Class B17/6.
Loco Weight : 77t 5c *Driving Wheels :* 6' 8" *Cylinders :* (3) 17½" x 26" *Valve Gear :* Stephenson (piston valves)

* B17/4 : Built from 1936 with L.N.E.R. 4,200 gallon tender. All rebuilt by B.R. to B17/6 except **61660/7**
Loco Weight : 77t 5c *Driving Wheels :* 6' 8" *Cylinders :* (3) 17½" x 26" *Valve Gear :* Walschaerts (piston valves)

^ B17/5 : Rebuilt 1937 with streamlined casing. De-streamlined in 1951 & rebuilt to Class B17/6
Loco Weight : 80t 10c *Driving Wheels :* 6' 8" *Cylinders :* (3) 17½" x 26" *Valve Gear :* Walschaerts (piston valves)

** B17/6 : Rebuilt from 1943 by Thompson with '100A' boiler, with higher boiler pressure, but
retaining three cylinders.
Loco Weight : 77t 5c *Driving Wheels :* 6' 8" *Cylinders :* (3) 17½" x 26" *Valve Gear :* Walschaerts (piston valves)

^^ B2 : Introduced in 1945 by Thompson. Two cylinder rebuild of Class B17 with 100A boiler.
Loco Weight : 73t 10c *Driving Wheels :* 6' 8" *Cylinders :* (O) 20" x 26" *Valve Gear :* Walschaerts (piston valves)

Number & Name	built	w/dwn	Number & Name	built	w/dwn
61600 Sandringham	1928	07/58	61637 Thorpe Hall	1933	09/59
61601 Holkham	1928	01/58	61638 Melton Hall	1933	03/58
61602 Walsingham	1928	01/58	61639 Norwich City	1933	05/59
61603 Framlingham ^^	1928	09/58	61640 Somerleyton Hall	1933	10/58
61604 Elveden	1928	08/53	61641 Gayton Hall	1933	01/60
61605 Lincolnshire Regiment	1928	05/58	61642 Kilverstone Hall	1933	09/58
61606 Audley End	1928	09/58	61643 Champion Lodge	1935	07/58
61607 Blickling ^^	1928	12/59	61644 Earlham Hall	1935	07/59
61608 Gunton	1928	03/60	61645 The Suffolk Regiment	1935	02/59
61609 Quidenham	1928	06/58	61646 Gilwell Park	1935	01/59
61610 Honingham Hall	1930	01/60	61647 Helmingham Hall	1935	11/59
61611 Raynham Hall	1930	10/59	61648 Arsenal	1936	12/58
61612 Houghton Hall	1930	09/59	61649 Sheffield United	1936	02/59
61613 Woodbastwick Hall	1930	12/59	61650 Grimsby Town	1936	09/58
61614 Castle Hedingham ^^	1930	06/59	61651 Derby County	1936	08/59
61615 Culford Hall ^^	1930	02/59	61652 Darlington	1936	09/59
61616 Fallodon ^^	1930	09/59	61653 Huddersfield Town	1936	01/60
61617 Ford Castle ^^	1930	08/58	61654 Sunderland	1936	11/59
61618 Wynyard Park	1930	01/60	61655 Middlesborough	1936	04/59
61619 Welbeck Abbey	1930	09/58	61656 Leeds United	1936	01/60
61620 Clumber	1930	01/60	61657 Doncaster Rovers	1936	06/60
61621 Hatfield House	1930	10/58	61658 The Essex Regiment	1936	12/59
61622 Alnwick Castle **	1931	09/58	61659 East Anglian^	1936	03/60
61623 Lambton Castle	1931	07/59	61660 Hull City	1936	06/60
61624 Lumley Castle	1931	03/53	61661 Sheffield Wednesday	1936	07/59
61625 Ruby Castle	1931	12/59	61662 Manchester United	1936	12/59
61626 Brancepeth Castle	1931	01/60	61663 Everton	1937	02/60
61627 Aske Hall	1931	07/59	61664 Liverpool	1937	06/60
61628 Harewood House	1931	09/52	61665 Leicester City	1937	04/59
61629 Naworth Castle	1931	09/59	61666 Nottingham Forest	1937	03/60
61630 Tottenham Hotspur	1931	09/58	61667 Bradford	1937	06/58
61631 Serlby Hall	1931	04/59	61668 Bradford City *	1937	08/60
61632 Belvoir Castle / Royal			61669 Barnsley *	1937	09/58
Sovereign ^^ Renamed 10/58	1931	02/59	61670 City of London ^	1937	04/60
61633 Kimbolton Castle	1931	09/59	61671 Royal Sovereign ^^	1937	09/58
61634 Hinchinbrooke	1931	08/58	61672 West Ham United*	1937	03/60
61635 Milton	1931	01/59			
61636 Harlaxton Manor	1931	10/59	TOTAL B2: 10, B17: 63		

Class B5   Robinson G.C.R.   4-6-0

Introduced in 1902 by Robinson.. Nos. 61680/1/5 as built, with slide valves.
Loco Weight : 64t 3c **Driving Wheels :** 6' 1" **Cylinders :** (I) 19" x 26" **Valve Gear :** Stephenson (slide valves)
Nos. **61686/8/9/90**, *fitted with larger cylinders and piston valves.*
Loco Weight : 65t 4c **Driving Wheels :** 6' 1" **Cylinders :** (I) 21" x 26" **Valve Gear :** Stephenson (piston valves)

Number	built	w/dwn	Number	built	w/dwn	Number	built	w/dwn	Number	built	w/dwn
61680	1902	11/48	61685	1904	03/48	61688	1904	11/49	61690	1904	04/48
61681	1902	06/48	61686	1904	07/50	61689	1904	10/49			TOTAL 7

Class B13   Wordsell N.E.R.   4-6-0

Introduced in 1899 by Wilson Wordsell for the North Eastern Railway. **1699** *rebuilt as a counter pressure locomotive for testing purposes in 1934. Originally 40 locomotives in class, but all withdrawn before WW2.*
Loco Weight : 62t 10c **Driving Wheels :** 6' 1¼" **Cylinders :** (O) 20" x 26" **Valve Gear :** Stephenson (piston valves)

No.	built	w/dwn	Notes	
61699	1906	05/51	Based at Darlington until nationalisation, but later used at Rugby.	TOTAL 1

Class V4   Gresley L.N.E.R.   2-6-2

1941 Gresley design for L.N.E.R. These were the first two engines of what was to be a new standard class, but when Edward Thompson succeeded Sir Nigel Gresley as C.M.E., he had different ideas about locomotive design, and built 409 'B1' 4-6-0s instead. No. **61701** *was unofficially known as 'Bantam Hen' by Scottish Region enginemen.*
Loco Weight : 70t 8c **Driving Wheels :** 5' 8" **Cylinders :** (3) 15" x 26" **Valve Gear :** Walschaerts (piston valves)

Number & Name	built	w/dwn	Number & Name	built	w/dwn
61700 Bantam Cock	1941	03/57	61701	1941	10/57 TOTAL 2

Class K2   Gresley G.N.R.   2-6-0

K2/1 : *Introduced in 1912 by Gresley for G.N.R., and later rebuilt with larger boiler.* **(61720 - 61729)**
K2/2 : *1914 development of K2/1 (K1, at that time) with larger boiler.*
61721/9/33/4/5/41/55/58/64/9/70/2/4/5/6/9, 61781 - 61794 *were fitted with side window cabs for service on the Scottish Region, mainly, but not exclusively, for service on the 'West Highland Line' to Mallaig.*
Loco Weight : 64t 8c **Driving Wheels :** 5' 8" **Cylinders :** (O) 20" x 26" **Valve Gear :** Walschaerts (piston valves)

Number	built	w/dwn	Number	built	w/dwn	Number	built	w/dwn	Number	built	w/dwn
61720	1912	06/56	61731	1914	06/59	61742	1916	05/62	61753	1918	09/59
61721	1913	12/59	61732	1914	04/57	61743	1916	06/59	61754	1918	12/59
61722	1913	09/55	61733	1914	10/57	61744	1916	01/57	61755	1918	11/59
61723	1913	11/59	61734	1914	07/56	61745	1916	11/60	61756	1918	06/62
61724	1913	01/58	61735	1914	01/57	61746	1916	02/59	61757	1918	02/59
61725	1913	02/58	61736	1914	05/57	61747	1916	12/60	61758	1918	06/59
61726	1913	05/57	61737	1914	11/56	61748	1916	06/59	61759	1918	01/60
61727	1913	06/56	61738	1914	07/59	61749	1916	01/59	61760	1918	12/60
61728	1913	12/60	61739	1914	02/59	61750	1918	06/59	61761	1918	01/61
61729	1913	06/57	61740	1916	01/61	61751	1918	06/59	61762	1918	06/59
61730	1914	08/57	61741	1916	03/60	61752	1918	12/59	61763	1918	02/61

Number & Name	built	w/dwn
61764 Loch Arkaig	1918	08/61

Number	built	w/dwn	Number	built	w/dwn	Number	built	w/dwn	Number	built	w/dwn
61765	1918	05/58	61767	1918	01/61	61769	1918	09/60	61771	1921	12/60
61766	1918	01/61	61768	1918	01/59	61770	1921	07/59			

Number & Name	built	w/dwn	Number & Name	built	w/dwn
61772 Loch Lochy	1921	11/59	61774 Loch Garry	1921	04/58
61773	1921	12/60	61775 Loch Treig	1921	05/58

Number	built	w/dwn	Number	built	w/dwn	Number	built	w/dwn	Number	built	w/dwn
61776	1921	03/59	61778	1921	10/59	61779	1921	05/60	61780	1921	10/59
61777	1921	05/59									

Class 'D9' 4-4-0 No. 2318 (later 62318) was built by the Great Central Railway in 1902, and was withdrawn during November 1949. The class became extinct the following year

Modelmaster Collection

Class 'Q' 0-8-0 No. 63459 was built for the North Eastern Railway to work unfitted mineral and steel trains in the North East of England. She was still performing these duties when withdrawn for scrap in October 1966.

Modelmaster Collection

Number & Name	built	w/dwn	Number & Name	built	w/dwn
61781 Loch Morar	1921	12/58	61788 Loch Rannoch	1921	06/61
61782 Loch Eil	1921	06/60	61789 Loch Laidon	1921	09/59
61783 Loch Sheil	1921	06/59	61790 Loch Lomond	1921	11/59
61784	1921	03/61	61791 Loch Laggan	1921	03/60
61785	1921	04/59	61792	1921	11/60
61786	1921	12/59	61793	1921	02/59
61787 Loch Quoich	1921	10/59	61794 Loch Oich	1921	07/60

TOTAL 75

Classes K3 & K5 — Gresley G.N.R. — 2-6-0

K3 : *Introduced in 1920 by Gresley for GN.R.*
Loco Weight : 72t 12c **Driving Wheels :** 5' 8" **Cylinders :** (3) 18½" x 26" **Valve Gear :** Walschaerts (piston valves)

K5 : *Locomotive number* **61863** *rebuilt by Thompson during 1945 with two cylinders.*
Loco Weight : 71t 5c **Driving Wheels :** 5' 8" **Cylinders :** (O) 20" x 26" **Valve Gear :** Walschaerts (piston valves)

Number	built	w/dwn	Number	built	w/dwn	Number	built	w/dwn	Number	built	w/dwn
61800	1920	07/62	61844	1925	06/61	61888	1929	09/61	61932	1934	02/62
61801	1920	04/62	61845	1925	09/62	61889	1929	11/62	61933	1934	09/60
61802	1920	03/60	61846	1925	12/62	61890	1930	09/62	61934	1935	11/62
61803	1920	07/61	61847	1925	12/62	61891	1930	09/61	61935	1935	07/62
61804	1920	03/62	61848	1925	09/62	61892	1930	10/61	61936	1935	11/61
61805	1920	09/62	61849	1925	04/61	61893	1930	12/62	61937	1935	04/60
61806	1921	03/60	61850	1925	06/61	61894	1930	10/61	61938	1935	12/61
61807	1921	11/62	61851	1925	11/61	61895	1930	07/62	61939	1935	11/62
61808	1921	09/61	61852	1925	07/61	61896	1930	05/62	61940	1935	05/62
61809	1921	04/62	61853	1925	12/62	61897	1930	12/62	61941	1935	07/61
61810	1924	08/62	61854	1925	11/62	61898	1930	01/59	61942	1935	09/62
61811	1924	10/62	61855	1925	07/59	61899	1931	12/62	61943	1935	09/62
61812	1924	09/62	61856	1925	12/62	61900	1931	03/60	61944	1935	09/62
61813	1924	04/62	61857	1925	12/62	61901	1931	12/61	61945	1935	02/62
61814	1924	12/61	61858	1925	04/61	61902	1931	07/61	61946	1935	06/62
61815	1924	07/60	61859	1925	11/62	61903	1931	12/61	61947	1935	08/62
61816	1924	05/62	61860	1925	11/61	61904	1931	06/61	61948	1935	03/62
61817	1924	09/62	61861	1925	01/62	61905	1931	11/62	61949	1935	04/62
61818	1924	03/62	61862	1925	01/62	61906	1931	12/62	61950	1935	11/62
61819	1924	12/62	61863	1925	06/60	61907	1931	09/62	61951	1935	11/62
61820	1924	11/62	61864	1925	09/62	61908	1931	01/62	61952	1935	12/62
61821	1924	09/62	61865	1925	06/61	61909	1931	04/60	61953	1935	03/62
61822	1924	11/62	61866	1925	10/61	61910	1931	07/62	61954	1935	09/62
61823	1924	12/59	61867	1925	11/62	61911	1931	11/59	61955	1935	05/60
61824	1924	07/61	61868	1925	05/62	61912	1931	09/62	61956	1935	09/62
61825	1924	09/62	61869	1925	12/62	61913	1931	02/62	61957	1935	09/62
61826	1924	09/62	61870	1929	07/62	61914	1931	08/62	61958	1935	05/62
61827	1924	09/62	61871	1929	12/62	61915	1931	09/62	61959	1936	11/61
61828	1924	03/61	61872	1929	12/62	61916	1931	12/60	61960	1936	09/62
61829	1924	03/62	61873	1929	05/62	61917	1931	11/62	61961	1936	10/61
61830	1924	11/62	61874	1929	05/61	61918	1931	03/62	61962	1936	12/62
61831	1924	09/62	61875	1929	12/62	61919	1934	06/61	61963	1936	09/62
61832	1924	11/62	61876	1929	09/59	61920	1934	09/61	61964	1936	07/61
61833	1924	09/61	61877	1929	07/62	61921	1934	07/61	61965	1936	12/62
61834	1925	05/62	61878	1929	08/59	61922	1934	05/62	61966	1936	02/62
61835	1925	09/62	61879	1929	06/59	61923	1934	04/62	61967	1936	04/61
61836	1925	02/60	61880	1929	09/62	61924	1934	12/60	61968	1936	10/61
61837	1925	04/62	61881	1929	04/60	61925	1934	07/61	61969	1936	12/62
61838	1925	03/60	61882	1929	05/60	61926	1934	04/62	61970	1936	11/62
61839	1925	01/62	61883	1929	12/62	61927	1935	07/61	61971	1936	03/61
61840	1925	09/62	61884	1929	07/62	61928	1935	02/60	61972	1936	09/62
61841	1925	03/62	61885	1929	11/59	61929	1934	07/62	61973	1936	11/62
61842	1925	08/61	61886	1929	09/62	61930	1934	12/62	61974	1936	07/62
61843	1925	11/62	61887	1929	03/62	61931	1934	07/59	61975	1936	09/61

Number	built	w/dwn	Number	built	w/dwn	Number	built	w/dwn	Number	built	w/dwn
61976	1936	01/62	61981	1936	11/62	61985	1937	12/62	61989	1937	06/62
61977	1936	09/62	61982	1936	09/62	61986	1937	05/62	61990	1937	10/60
61978	1936	08/61	61983	1936	07/59	61987	1937	03/62	61991	1937	05/59
61979	1936	10/61	61984	1936	11/62	61988	1937	11/59	61992	1937	06/60
61980	1936	12/62									

TOTAL K3 : 192, K5 : 1

Class K4 — Gresley L.N.E.R. — 2-6-0

Gresley design for West Highland Line, introduced in 1937
Loco Weight : 68t 8c **Driving Wheels :** 5' 2" **Cylinders :** (3) 18½" x 26" **Valve Gear :** Walschaerts (piston valves)

Number & Name	built	w/dwn	Number & Name	built	w/dwn
61993 Loch Long	1937	10/61	61996 Lord of the Isles	1938	10/61
61994 The Great Marquess	1938	12/61	61998 MacLeod of MacLeod	1939	10/61
61995 Cameron of Lochiel	1938	10/61			TOTAL 5

Class K1 — Thompson/Peppercorn L.N.E.R. — 2-6-0

No. **61997** was a 1945 Thompson 2 cylinder rebuild of Gresley's Class K4 (see above), designated Class K1/1. The rest, Class K1, were developed in 1949 for new construction by A.H. Peppercorn.
Loco Weight : 66t 17c **Driving Wheels :** 5' 2" **Cylinders :** (O) 20" x 26" **Valve Gear :** Walschaerts (piston valves)

Number & Name	rebuilt	w/dwn
61997 MacCailin Mor	1945	06/61

No.	built	w/dwn	No.	built	w/dwn	No.	built	w/dwn	built	1948	w/dwn
62001	05/49	04/67	62019	07/49	07/64	62037	09/49	12/64	62054	11/49	12/64
62002	06/49	10/66	62020	08/49	01/65	62038	09/49	10/63	62055	11/49	12/64
62003	06/49	06/65	62021	08/49	10/66	62039	09/49	12/63	62056	11/49	05/65
62004	06/49	12/66	62022	08/49	09/66	62040	10/49	01/65	62057	11/49	05/67
62005	06/49	12/67	62023	08/49	06/67	62041	10/49	04/67	62058	12/49	08/64
62006	06/49	09/66	62024	08/49	02/67	62042	10/49	07/67	62059	12/49	02/67
62007	06/49	09/67	62025	08/49	04/67	62043	10/49	07/65	62060	12/49	08/67
62008	06/49	12/66	62026	08/49	07/67	62044	10/49	07/67	62061	12/49	12/64
62009	06/49	11/64	62027	08/49	03/67	62045	10/49	09/67	62062	01/50	05/67
62010	06/49	10/65	62028	08/49	11/66	62046	10/49	02/67	62063	01/50	08/64
62011	06/49	09/67	62029	08/49	10/64	62047	10/49	03/65	62064	01/50	09/65
62012	07/49	05/67	62030	08/49	08/65	62048	10/49	06/67	62065	01/50	03/67
62013	07/49	10/63	62031	08/49	02/62	62049	10/49	06/65	62066	01/50	01/65
62014	07/49	06/65	62032	08/49	09/63	62050	10/49	09/67	62067	02/50	01/67
62015	07/49	07/65	62033	08/49	01/65	62051	11/49	01/65	62068	02/50	02/64
62016	07/49	07/63	62034	09/49	02/62	62052	11/49	02/62	62069	02/50	02/64
62017	07/49	02/67	62035	09/49	07/65	62053	11/49	12/63	62070	03/50	01/65
62018	07/49	02/64	62036	09/49	10/63						TOTAL 71

Class D3 — Gresley Rebuilt G.N.R. — 4-4-0

Introduced in 1912. Gresley rebuild of Ivatt design (originally introduced 1896).   No **62000** was specially renumbered from 4075 and rebuilt with a side window cab in 1944 in order to haul officers' saloons.
Loco Weight : 45t 14c **Driving Wheels :** 6' 8" **Cylinders :** (I) 17½" x 26" **Valve Gear :** Stephenson (slide valves)

No.	built	w/dwn	No.	built	w/dwn	No.	built	w/dwn	No.	built	w/dwn
62000	1897	09/51	62125	1897	08/49	62133	1898	08/49	62143	1899	03/48
62116	1897	10/48	62126	1897	08/49	62135	1898	02/50	62144	1899	08/48
62122	1897	02/48	62128	1898	12/49	62137	1898	01/49	62145	1899	01/49
62123	1897	12/49	62131	1898	10/49	62139	1898	06/49	62148	1899	11/50
62124	1897	11/48	62132	1898	12/50	62140	1898	07/50			TOTAL 19

Class D31 — Reid / Chalmers Rebuilt N.B.R. — 4-4-0

Introduced by Holmes in 1884, later rebuilt from 1918 by Reid and Chalmers. Renumbered in 1949 to make way for new construction of Class K1 2-6-0s.
Loco Weight : 46t 8c **Driving Wheels :** 6' 6" **Cylinders :** (I) 18¼" x 26" **Valve Gear :** Stephenson (slide valves)

LNER No.	First B.R. No.	Second B.R. No.	built	w/dwn	LNER No.	First B.R. No.	Second B.R. No.	built	w/dwn
2059	62059	62281 r/n 08/49	1890	12/52	2065	62065	-	1898	04/49
2060	62060	62282 r/n 06/49	1890	02/50	2066	62066	-	1898	05/48
2062	62062	-	1893	03/48	2072	62072	62283 r/n 06/49	1899	02/51
2064	62064	-	1898	08/48					TOTAL 7

Class D17/2 — Wordsell N.E.R. — 4-4-0

Introduced in 1896 by W. Wordsell. Development of Class D17/1, originally introduced in 1892.
Loco Weight : 50t 2c Driving Wheels : 7' 1¼" Cylinders : (I) 19" x 26" Valve Gear : Stephenson (slide valves)

No.	built	w/dwn	No.	built	w/dwn		
62111	1896	02/48	62112	1897	02/48		TOTAL 2

Class D2 — Ivatt G.N.R. — 4-4-0

Introduced during 1897. Ivatt design for G.N.R.
Loco Weight : 47t 10c Driving Wheels : 6' 8" Cylinders : (I) 17½" x 26" Valve Gear : Stephenson (slide valves)

Number	built	w/dwn	Number	built	w/dwn	Number	built	w/dwn	Number	built	w/dwn
62150	1897	05/49	62160	1898	10/48	62175	1900	11/48	62190	1903	09/49
62151	1898	04/49	62161	1898	07/50	62177	1901	10/49	62193	1907	06/49
62152	1898	01/49	62163	1899	10/48	62179	1900	03/49	62194	1909	06/49
62153	1898	04/49	62165	1899	03/49	62180	1901	05/50	62195	1909	02/48
62154	1898	11/50	62167	1899	02/49	62181	1900	11/50	62197	1909	01/49
62155	1898	02/48	62169	1899	07/48	62187	1903	10/48	62198	1909	08/48
62156	1898	01/49	62172	1900	06/51	62188	1903	10/49	62199	1909	07/49
62157	1898	04/48	62173	1900	05/50	62189	1903	11/48			TOTAL 31

Class D1 — Ivatt G.N.R. — 4-4-0

Introduced 1911. Ivatt design for G.N.R.
Loco Weight : 53t 6c Driving Wheels : 6' 8" Cylinders : (I) 18½" x 26" Valve Gear : Stephenson (slide valves)

Number	built	w/dwn	Number	built	w/dwn	Number	built	w/dwn	Number	built	w/dwn
62203	1911	08/50	62207	1911	11/48	62209	1911	11/50	62215	1911	02/50
62205	1911	11/48	62208	1911	07/50	62214	1911	10/49			TOTAL 7

Class D41 — Johnson G.N.S.R. — 4-4-0

Introduced 1893. Johnson design for Great North of Scotland Railway.
Loco Weight : 45t 0c Driving Wheels : 6' 1" Cylinders : (I) 18" x 26" Valve Gear : Stephenson (slide valves)

Number	built	w/dwn	Number	built	w/dwn	Number	built	w/dwn	Number	built	w/dwn
62225	1893	02/53	62232	1896	09/51	62242	1895	03/53	62249	1897	10/50
62227	1893	03/51	62234	1896	11/49	62243	1895	01/51	62251	1898	06/51
62228	1893	02/52	62235	1896	05/50	62246	1897	08/51	62252	1898	11/51
62229	1893	12/51	62238	1895	08/48	62247	1897	10/50	62255	1898	06/52
62230	1893	03/52	62240	1895	10/49	62248	1897	10/52	62256	1898	12/52
62231	1896	10/52	62241	1895	03/53						TOTAL 22

Class D40 — Pickersgill G.N.S.R. — 4-4-0

Introduced 1911. Pickersgill design. Nos. 62273 - 62279 were a 1920 superheated development by Heywood, weighing 48t 13c.
Loco Weight : 45t 0c Driving Wheels : 6' 1" Cylinders : (I) 18" x 26" Valve Gear : Stephenson (slide valves)

Number	built	w/dwn	Number	built	w/dwn	Number	built	w/dwn	Number	built	w/dwn
62260	1899	08/53	62264	1899	03/57	62268	1910	07/56	62271	1914	11/56
62261	1899	03/53	62265	1909	12/56	62269	1913	09/55	62272	1910	03/55
62262	1899	10/55	62267	1909	08/56	62270	1915	09/53			

Number & Name	built	w/dwn	Number & Name	built	w/dwn
62273 George Davidson	1921	01/55	62277 Gordon Highlander	1920	06/58
62274 Benachie	1921	08/55	62278 Hatton Castle	1920	07/55
62275 Sir David Stewart	1920	12/55	62279 Glen Grant	1920	05/55
62276 Andrew Bain	1920	10/55			

Notes :- No. **62277 Gordon Highlander** worked in G.N.S.R. livery for several years on the Scottish Region, working enthusiast & excursion trains, along with Highland Railway 4-6-0 No.**103**, North British Railway No. 4-4-0 No. **256 Glen Douglas**, and Caledonian Railway 4-2-2 No. **123**. In 1965 they all went on display in the Glasgow Museum of Transport.

TOTAL 18

Class D9   Robinson G.C.R.   4-4-0

Introduced 1901 by Robinson.
Loco Weight : 55t 14c   **Driving Wheels :** 6' 9"   **Cylinders :** (I) 19" x 26"   **Valve Gear :** Stephenson (piston valves)

No.	built	w/dwn	No.	built	w/dwn	No.	built	w/dwn	No.	built	w/dwn
62300	1901	11/49	62302	1901	03/50	62304	1901	01/50	62306	1902	01/49
62301	1901	04/50	62303	1901	08/49	62305	1902	07/50			

Number & Name			built	w/dwn
62307 Queen Mary			1902	06/50

No.	built	w/dwn	No.	built	w/dwn	No.	built	w/dwn	No.	built	w/dwn
62308	1902	08/49	62314	1902	05/49	62321	1902	10/49	62330	1904	08/49
62309	1902	11/49	62315	1902	07/49	62322	1903	01/49	62332	1904	09/49
62311	1902	07/49	62317	1902	07/49	62324	1903	11/49	62333	1904	12/49
62312	1902	04/50	62318	1902	11/49	62325	1903	02/50			
62313	1902	10/49	62319	1902	07/49	62329	1904	02/49			TOTAL 26

Class D20   Wordsell N.E.R.   4-4-0

*D20/1 was a W. Wordsell design for the N.E.R., introduced in 1899. Nos. **62349/60/71/5** were rebuilt from 1936 by Gresley with long travel valves, and became Class D20/2, weighing 55t 9c.*
Loco Weight : 54t 2c   **Driving Wheels :** 6' 10"   **Cylinders :** (I) 19" x 26"   **Valve Gear :** Stephenson (piston valves)

Number	built	w/dwn	Number	built	w/dwn	Number	built	w/dwn	Number	built	w/dwn
62340	1899	02/51	62355	1900	11/55	62371	1906	10/54	62384	1907	08/55
62341	1899	03/51	62357	1900	01/51	62372	1906	11/56	62386	1907	10/56
62342	1899	03/51	62358	1900	10/54	62373	1906	02/53	62387	1907	09/57
62343	1899	10/56	62359	1900	10/55	62374	1906	10/54	62388	1907	04/54
62344	1899	03/51	62360	1900	10/56	62375	1906	05/57	62389	1907	09/54
62345	1899	10/56	62361	1900	02/51	62376	1906	02/51	62390	1907	11/48
62347	1899	11/54	62362	1900	04/51	62377	1906	05/49	62391	1907	06/51
62348	1899	02/51	62363	1901	03/51	62378	1906	11/56	62392	1907	05/54
62349	1899	02/56	62365	1901	04/51	62379	1906	04/51	62395	1907	11/57
62351	1900	11/54	62366	1901	03/51	62380	1907	09/54	62396	1907	11/57
62352	1900	06/54	62367	1901	01/48	62381	1907	11/57	62397	1907	02/57
62353	1900	04/51	62369	1901	03/51	62382	1907	02/51			
62354	1900	04/51	62370	1906	04/51	62383	1907	05/57			TOTAL 50

Class D29   Reid N.B.R.   4-4-0

Introduced 1909 by Reid for the N.B.R. Later superheated
Loco Weight : 54t 4c   **Driving Wheels :** 6' 6"   **Cylinders :** (I) 19" x 26"   **Valve Gear :** Stephenson (piston valves)

Number & Name	built	w/dwn	Number & Name	built	w/dwn
62400 Rob Roy	1909	08/48	62406 Meg Merrilies	1911	10/49
62401 Dandie Dinmont	1909	11/49	62409 Helen MacGregor	1911	10/48
62402 Redgauntlet	1909	06/49	62410 Ivanhoe	1911	01/52
62403 Sir Walter Scott	1909	03/48	62411 Lady of Avenel	1911	10/52
62404 Jeanie Deans	1909	08/49	62412 Dirk Hatteraick	1911	09/50
62405 The Fair Maid	1909	02/51	62413 Guy Mannering	1911	08/50

TOTAL 12

Class D30   Reid N.B.R.   4-4-0

Introduced 1912 by Reid for the N.B.R. No. 62417 (D30/1) weighed 57t 6c. Rest were Class D30/2
Loco Weight : 57t 16c   **Driving Wheels :** 6' 6"   **Cylinders :** (I) 20" x 26"   **Valve Gear :** Stephenson (piston valves)

Number & Name	built	w/dwn	Number & Name	built	w/dwn
62417 Hal o' the Wynd	1912	01/51	62424 Claverhouse	1914	08/57
62418 The Pirate	1914	08/59	62425 Ellangowan	1914	08/58
62419 Meg Dods	1914	09/57	62426 Cuddie Headrigg	1914	06/60
62420 Dominie Sampson	1914	05/57	62427 Dumbiedykes	1914	04/59
62421 Laird o' Monkbarns	1914	06/60	62428 The Talisman	1914	12/58
62422 Caleb Balderstone	1914	12/58	62429 The Abbot	1914	09/57
62423 Dugald Dalgetty	1914	12/57	62430 Jingling Geordie	1914	01/57

Number & Name	built	w/dwn	Number & Name	built	w/dwn
62431 Kenilworth	1914	*11/58*	62438 Peter Poundtext	1920	*11/57*
62432 Quentin Durward	1914	*12/58*	62439 Father Ambrose	1920	*09/59*
62434 Kettledrummie	1915	*05/58*	62440 Wandering Willie	1920	*08/58*
62435 Norna	1915	*12/57*	62441 Black Duncan	1920	*09/58*
62436 Lord Glenvarloch	1915	*06/59*	62442 Simon Glover	1920	*06/58*
62437 Adam Woodcock	1915	*06/58*			TOTAL 25

Class D32　　　　　　Reid N.B.R.　　　　　　4-4-0

Introduced 1906 by Reid for the N.B.R. Later superheated
Loco Weight : 53t 14c **Driving Wheels :** 6' 0" **Cylinders :** (I) 19" x 26" **Valve Gear :** Stephenson (piston valves)

No.	built	w/dwn	No.	built	w/dwn	No.	built	w/dwn	No.	built	w/dwn
62443	1906	*03/48*	62446	1906	*09/48*	62450	1906	*02/48*	62454	1907	*09/48*
62444	1906	*09/48*	62448	1906	*09/48*	62451	1907	*03/51*			
62445	1906	*12/49*	62449	1906	*11/48*	62453	1907	*05/48*			TOTAL 10

Class D33　　　　　　Reid N.B.R.　　　　　　4-4-0

Reid design for N.B.R., introduced 1909. Later superheated
Loco Weight : 53t 14c **Driving Wheels :** 6' 0" **Cylinders :** (I) 19" x 26" **Valve Gear :** Stephenson (piston valves)

No.	built	w/dwn	No.	built	w/dwn	No.	built	w/dwn	No.	built	w/dwn
62455	1909	*12/49*	62459	1909	*10/51*	62462	1909	*11/52*	62466	1910	*09/51*
62457	1909	*06/52*	62460	1909	*08/51*	62463	1909	*03/48*			
62458	1909	*09/49*	62461	1909	*06/51*	62464	1910	*09/53*			TOTAL 10

Class D34　　　　　　Reid N.B.R.　　　　　　4-4-0

Introduced 1913 by Reid for the West Highland Line. **No. 62469** *is preserved as* **N.B.R. No. 256**
Loco Weight : 57t 4c **Driving Wheels :** 6' 0" **Cylinders :** (I) 20" x 26" **Valve Gear :** Stephenson (piston valves)

Number & Name	built	w/dwn	Number & Name	built	w/dwn
62467 Glenfinnan	1913	*08/60*	62482 Glen Mamie	1919	*03/60*
62468 Glen Orchy	1913	*09/58*	62483 Glen Garry	1919	*04/59*
62469 Glen Douglas	1913	*11/59*	62484 Glen Lyon	1919	*11/61*
62470 Glen Roy	1913	*05/59*	62485 Glen Murran	1919	*03/60*
62471 Glen Falloch	1913	*03/60*	62487 Glen Arklet	1920	*09/59*
62472 Glen Nevis	1913	*09/59*	62488 Glen Aladale	1920	*10/60*
62473 Glen Spean	1913	*05/49*	62489 Glen Dessary	1920	*12/59*
62474 Glen Croe	1913	*05/61*	62490 Glen Fintaig	1920	*02/59*
62475 Glen Beasdale	1913	*06/59*	62492 Glen Garvin	1920	*06/59*
62476 Glen Sloy	1913	*02/50*	62493 Glen Gloy	1920	*06/60*
62477 Glen Dochart	1917	*10/59*	62494 Glen Gour	1920	*04/59*
62478 Glen Quoich	1917	*12/59*	62495 Glen Luss	1920	*04/61*
62479 Glen Sheil	1917	*05/61*	62496 Glen Loy	1920	*12/61*
62480 Glen Fruin	1917	*09/59*	62497 Glen Mallie	1920	*02/60*
62481 Glen Ogle	1917	*09/49*	62498 Glen Moidart	1920	*03/60*
					TOTAL 30

Classes D15 & D16　　　　G.E.R. / L.N.E.R.　　　　4-4-0

*D15 : Introduced in 1904. Development of Holden 'Claud Hamilton' Class of 1900, many D16s being
rebuilt from this class.* **(62501 - 9/12/20/8/38)**
Loco Weight : 52t 4c **Driving Wheels :** 7' 0" **Cylinders :** (I) 19" x 26" **Valve Gear :** Stephenson (slide valves)

D16/2 : Introduced 1923, Large Boilered development of D15, with some being rebuilt from D15s.
(62547/77/90/1, 62603)
Loco Weight : 54t 18c **Driving Wheels :** 7' 0" **Cylinders :** (I) 19" x 26" **Valve Gear :** Stephenson (slide valves)

D16/3 : Large round topped boiler rebuilds introduced by Gresley from 1933.
Nos **62535/6/46/60/3/8/76/81/3/7/8/94/9, 62600/2/9** *fitted with piston valves.*
Loco Weight : 55t 18c **Driving Wheels :** 7' 0" **Cylinders :** (I) 19" x 26" **Valve Gear :** Stephenson (slide valves)

No.	built	w/dwn	No.	built	w/dwn	No.	built	w/dwn	No.	built	w/dwn
62501	1900	*06/51*	62503	1900	*02/51*	62505	1900	*11/51*	62507	1900	*04/52*
62502	1900	*02/52*	62504	1900	*06/48*	62506	1900	*04/52*	62508	1900	*10/50*

Number	built	w/dwn	Number	built	w/dwn	Number	built	w/dwn	Number	built	w/dwn
62509	1900	09/52	62518	1901	10/58	62527	1902	07/52	62536	1903	07/55
62510	1900	09/57	62519	1901	01/57	62528	1902	06/51	62538	1903	04/52
62511	1901	12/59	62520	1901	09/51	62529	1902	12/59	62539	1903	10/57
62512	1901	08/50	62521	1902	01/58	62530	1902	09/58	62540	1903	08/59
62513	1901	10/58	62522	1902	08/58	62531	1903	03/55	62541	1903	10/55
62514	1901	03/57	62523	1902	08/56	62532	1903	11/56	62542	1903	09/56
62515	1901	04/58	62524	1902	03/60	62533	1903	09/57	62543	1903	10/58
62516	1901	08/57	62525	1902	09/55	62534	1903	10/58	62544	1903	12/59
62517	1901	09/59	62526	1902	05/57	62535	1903	11/57	62545	1904	09/58

Number & Name	built	w/dwn	notes
62546 Claud Hamilton	1904	06/57	Name transferred from LNER 2500 on withdrawal in 1947.

Number	built	w/dwn	Number	built	w/dwn	Number	built	w/dwn	Number	built	w/dwn
62547	1904	02/51	62566	1908	12/58	62584	1910	12/57	62603	1911	09/51
62548	1904	09/57	62567	1908	12/56	62585	1910	04/55	62604	1911	01/60
62549	1904	12/55	62568	1908	04/58	62586	1910	03/58	62605	1911	06/57
62551	1906	07/56	62569	1908	11/56	62587	1910	12/56	62606	1911	09/59
62552	1906	10/55	62570	1908	12/59	62588	1910	10/58	62607	1911	11/55
62553	1906	01/57	62571	1909	01/59	62589	1910	08/59	62608	1911	01/57
62554	1906	11/55	62572	1909	07/58	62590	1910	01/52	62609	1911	02/57
62555	1906	03/58	62573	1909	10/55	62591	1910	04/50	62610	1911	01/59
62556	1906	01/57	62574	1909	12/55	62592	1910	04/58	62611	1923	01/57
62557	1906	10/55	62575	1909	05/57	62593	1910	09/57	62612	1923	12/59
62558	1906	05/57	62576	1909	09/57	62594	1910	03/49	62613	1923	11/60
62559	1907	12/55	62577	1909	10/56	62596	1910	10/57	62614	1923	07/58
62560	1907	09/48	62578	1909	09/57	62597	1910	01/60	62615	1923	10/58
62561	1908	02/58	62579	1909	03/55	62598	1910	05/52	62616	1923	02/53
62562	1908	09/57	62580	1909	06/58	62599	1910	09/58	62617	1923	05/57
62563	1908	08/48	62581	1910	03/53	62600	1910	06/48	62618	1923	12/59
62564	1908	03/58	62582	1910	01/59	62601	1911	01/57	62619	1923	09/57
62565	1908	01/57	62583	1910	11/48	62602	1911	09/48	62620	1923	10/55

TOTAL D15 : 13, D16 : 104

Class D10 — Robinson G.C.R. — 4-4-0

Introduced 1913 by Robinson for the G.C.R.
Loco Weight : 61t 0c Driving Wheels : 6' 9" Cylinders : (I) 20" x 26" Valve Gear : Stephenson (piston valves)

Number & Name	built	w/dwn	Number & Name	built	w/dwn
62650 Prince Henry	1913	02/54	62655 The Earl of Kerry	1913	08/53
62651 Purdon Viccars	1913	02/53	62656 Sir Clement Royds	1913	01/55
62652 Edwin A. Beazley	1913	05/54	62657 Sir Berkeley Sheffield	1913	02/53
62653 Sir Edward Fraser	1913	09/55	62658 Prince George	1913	08/55
62654 Walter Burgh Gair	1913	08/53	62659 Worsley - Taylor	1913	11/54

TOTAL 10

Class D11 — Robinson G.C.R. — 4-4-0

D11/1 introduced 1921 by Robinson for the G.C.R.. D11/2 (62671 - 62694), were a Post Grouping development introduced in 1924 for service in Scotland, and were built with reduced boiler fittings.
Loco Weight : 61t 3c Driving Wheels : 6' 9" Cylinders : (I) 20" x 26" Valve Gear : Stephenson (piston valves)

Number & Name	built	w/dwn	Number & Name	built	w/dwn
62660 Butler - Henderson	1919	10/60	62670 Marne	1922	11/60
62661 Gerard Powys Dewhurst	1920	11/60	62671 Bailie MacWheeble	1924	05/61
62662 Prince of Wales	1920	08/60	62672 Baron of Bradwardine	1924	08/61
62663 Prince Albert	1920	05/60	62673 Evan Dhu	1924	07/59
62664 Princess Mary	1920	08/60	62674 Flora MacIvor	1924	07/61
62665 Mons	1922	05/59	62675 Colonel Gardiner	1924	10/59
62666 Zeebrugge	1922	12/60	62676 Jonathan Oldbuck	1924	10/59
62667 Somme	1922	08/60	62677 Edie Ochiltree	1924	08/59
62668 Jutland	1922	11/60	62678 Luckie Mucklebackit	1924	03/59
62669 Ypres	1922	08/60	62679 Lord Glenallan	1924	09/58

Class D11 — Robinson G.C.R. — 4-4-0

D11/1 introduced 1921 by Robinson for the G.C.R.. D11/2 (62671 - 62694), were a Post Grouping development introduced in 1924 for service in Scotland, and were built with reduced boiler fittings.
Loco Weight: 61t 3c **Driving Wheels:** 6' 9" **Cylinders:** (I) 20" x 26" **Valve Gear:** Stephenson (piston valves)

Number & Name	built	w/dwn	Number & Name	built	w/dwn
62680 Lucy Ashton	1924	08/61	62688 Ellen Douglas	1924	07/61
62681 Captain Craigengelt	1924	07/61	62689 Maid of Lorn	1924	07/61
62682 Haystoun of Bucklaw	1924	07/61	62690 The Lady of the Lake	1924	07/61
62683 Hobbie Elliot	1924	10/58	62691 Laird of Balmawhapple	1924	12/61
62684 Wizard of the Moor	1924	10/59	62692 Allan - Bane	1924	11/59
62685 Malcolm Graeme	1924	01/62	62693 Roderick Dhu	1924	12/61
62686 The Fiery Cross	1924	07/61	62694 James Fitzjames	1924	11/59
62687 Lord James of Douglas	1924	08/61			

TOTAL 35

Class D49 — Gresley L.N.E.R. — 4-4-0

D49/1 introduced 1927 by Gresley.
Loco Weight: 66t 0c **Driving Wheels:** 6' 9" **Cylinders:** (3) 17" x 26" **Valve Gear:** Walschaerts (piston valves)

* D49/2 introduced 1928 with Lentz rotary cam poppet valves. ** Fitted Reidinger rotary valve gear.
Loco Weight: 64t 10c **Driving Wheels:** 6' 9" **Cylinders:** (3) 17" x 26" **Valve Gear:** Lentz (poppet valves)

D49/4 introduced 1942 by Thompson, rebuild of D49/1 with two inside cylinders & new valve gear.
Loco Weight: 62t 0c **Driving Wheels:** 6' 9" **Cylinders:** (I) 20" x 26" **Valve Gear:** Stephenson (piston valves)

Number & Name	built	w/dwn	Number & Name	built	w/dwn
62700 Yorkshire	1927	09/58	62738 The Zetland *	1932	09/59
62701 Derbyshire	1928	09/59	62739 The Badsworth *	1932	10/60
62702 Oxfordshire	1927	10/58	62740 The Bedale *	1932	08/60
62703 Hertfordshire	1927	05/58	62741 The Blankney *	1932	10/58
62704 Stirlingshire	1927	09/58	62742 The Braes of Derwent *	1932	10/58
62705 Lanarkshire	1927	11/59	62743 The Cleveland *	1932	05/60
62706 Forfarshire	1927	02/58	62744 The Holderness *	1932	12/60
62707 Lancashire	1928	10/59	62745 The Hurworth *	1932	03/59
62708 Argyllshire	1928	05/59	62746 The Middleton *	1933	06/58
62709 Berwickshire	1928	01/60	62747 The Percy *	1933	03/61
62710 Lincolnshire	1928	10/60	62748 The Southwold *	1933	12/57
62711 Dumbartonshire	1928	05/61	62749 The Cottesmore *	1933	07/58
62712 Morayshire	1928	07/61	62750 The Pytchley *	1933	10/58
62713 Aberdeenshire	1928	09/57	62751 The Albrighton *	1934	03/59
62714 Perthshire	1928	08/59	62752 The Atherstone *	1934	08/58
62715 Roxburghshire	1928	06/59	62753 The Belvoir *	1934	09/59
62716 Kincardineshire	1928	04/61	62754 The Berkeley *	1934	10/58
62717 Banffshire	1928	01/61	62755 The Bilsdale *	1934	10/58
62718 Kinross-shire	1928	04/61	62756 The Brocklesby *	1934	05/58
62719 Peebles-shire	1928	01/60	62757 The Burton *	1934	12/57
62720 Cambridgeshire	1928	10/59	62758 The Cattistock *	1934	12/57
62721 Warwickshire	1928	09/58	62759 The Craven *	1934	01/61
62722 Huntingdonshire	1928	10/59	62760 The Cotswold *	1934	10/59
62723 Nottinghamshire	1928	01/61	62761 The Derwent *	1934	12/57
62724 Bedfordshire	1928	12/57	62762 The Fernie *	1934	10/60
62725 Inverness-shire	1928	11/58	62763 The Fitzwilliam **	1934	01/61
62726 The Meynell **	1929	12/57	62764 The Garth **	1934	10/58
62727 The Quorn **	1929	01/61	62765 The Goathland *	1934	01/61
62728 Cheshire	1929	10/59	62766 The Grafton *	1934	09/58
62729 Rutlandshire	1929	05/61	62767 The Grove *	1934	10/58
62730 Berkshire	1929	12/58	62768 The Morpeth †	1934	10/52
62731 Selkirkshire	1929	04/59	62769 The Oakley *	1934	09/58
62732 Dumfries-shire	1929	10/58	62770 The Puckeridge *	1934	09/59
62733 Northumberland	1929	04/61	62771 The Rufford *	1935	10/58
62734 Cumberland	1929	03/61	62772 The Sinnington *	1935	09/58
62735 Westmorland	1929	09/58	62773 The South Durham *	1935	08/58
62736 The Bramham Moor *	1932	06/58	62774 The Staintondale *	1935	10/58
62737 The York & Ainsty *	1932	01/58	62775 The Tynedale *	1935	12/58

TOTAL 7

Class 'B17/6' No. 61659 EAST ANGLIAN was streamlined between 1937 and 1951 for working the 'East Anglian' train between London and Norwich. No. 61670 CITY OF LONDON was similarly treated.

Modelmaster Collection

Class 'K2' 2-6-0 No. 61748 in early B.R. unlined black livery. This loco was withdrawn during June 1959, and was cut up in January 1960. Several of these ex-Great Northern locomotives were transferred to the West Highland Line in Scotland and fitted with side window cabs, many being named after Scottish Lochs.

Modelmaster Collection

Class E4 — Holden G.E.R. — 2-4-0

*Introduced 1891 by Holden for the G.E.R. Nos. **62781/4/8/93/5/7** fitted with side window cabs.*
Loco Weight: 40t 6c Driving Wheels: 5' 8" Cylinders: (I) 17½" x 24" Valve Gear: Stephenson (slide valves)

Number	built	w/dwn	Number	built	w/dwn	Number	built	w/dwn	Number	built	w/dwn
62780	1891	09/55	62785	1895	12/59	62790	1896	01/56	62795	1902	03/55
62781	1892	01/56	62786	1895	07/56	62791	1896	04/55	62796	1902	05/57
62782	1892	11/54	62787	1895	11/56	62792	1902	06/56	62797	1902	03/58
62783	1894	12/54	62788	1895	03/58	62793	1902	02/55			
62784	1894	05/55	62789	1896	12/57	62794	1902	08/55			TOTAL 18

Class C1 — Ivatt G.N.R. — 4-4-2

C1 introduced 1902 by Ivatt.
Loco Weight: 69t 19c Driving Wheels: 6' 8" Cylinders: (O) 20" x 24" Valve Gear: Stephenson (piston valves)

* 1938 Gresley two cylinder rebuild of earlier 1915 four cylinder rebuild of Class C1.
Loco Weight: 69t 12c Driving Wheels: 6' 8" Cylinders: (O) 20" x 26" Valve Gear: Walschaerts (piston valves)

^ Fitted with smaller cylinders and slide valves.
Loco Weight: 69t 12c Driving Wheels: 6' 8" Cylinders: (O) 19" x 24" Valve Gear: Stephenson (slide valves)

Number	built	w/dwn	Number	built	w/dwn	Number	built	w/dwn	Number	built	w/dwn
62808 *	1904	02/48	62828	1905	08/49	62870 ^	1908	02/48	62881	1908	04/49
62810	1904	05/49	62829	1905	07/48	62871 ^	1908	05/48	62885	1910	01/50
62817	1904	05/50	62839	1905	01/50	62875 ^	1908	01/49			
62821	1905	07/48	62849	1906	07/48	62876 ^	1908	01/48			
62822	1905	11/50	62854	1907	04/50	62877	1908	11/49			TOTAL 17

Class C4 — Robinson G.C.R. — 4-4-2

Class C4 introduced by Robinson in 1902 for Great Central Railway
Loco Weight: 70t 17c Driving Wheels: 6' 10" Cylinders: (O) 19" x 26" Valve Gear: Stephenson (slide valves)

* Class C4/4 introduced 1911. Rebuild of C4 with piston valves, larger cylinders & superheater
Loco Weight: 71t 18c Driving Wheels: 6' 10" Cylinders: (O) 21" x 26" Valve Gear: Stephenson (piston valves)

Number	built	w/dwn	Number	built	w/dwn	Number	built	w/dwn	Number	built	w/dwn
62900 *	1903	11/50	62909 *	1905	11/50	62916 *	1905	11/48	62921 *	1906	04/48
62901 *	1903	11/50	62910 *	1905	02/49	62917	1905	05/49	62922 *	1906	06/48
62902	1904	04/49	62912	1905	08/49	62918	1906	12/50	62923 *	1906	02/49
62903 *	1904	06/49	62914 *	1905	03/48	62919 *	1906	11/50	62924	1906	01/48
62908	1905	11/50	62915 *	1905	06/49	62920 *	1906	02/48	62925 *	1906	04/49
											TOTAL 20

Class C6 — Wordsell N.E.R. — 4-4-2

Introduced 1903 by W. Wordsell for the N.E.R.
Loco Weight: 76t 4c Driving Wheels: 6' 10" Cylinders: (O) 20" x 28" Valve Gear: Stephenson (piston valves)

No.	built	w/dwn	No.	built	w/dwn
62933	1904	03/48	62937	1904	03/48
					TOTAL 2

Class C7 — Raven N.E.R. — 4-4-2

Introduced 1911 by Raven.
Loco Weight: 79t 5c Driving Wheels: 6' 10" Cylinders: (3) 16½" x 26" Valve Gear: Stephenson (piston valves)

Number	built	w/dwn	Number	built	w/dwn	Number	built	w/dwn	Number	built	w/dwn
62954	1911	06/48	62975	1914	07/48	62983	1915	07/48	62993	1917	03/48
62970	1914	12/48	62978	1914	08/48	62988	1915	07/48	62995	1917	07/48
62972	1914	08/48	62981	1915	07/48	62989	1915	08/48			
62973	1914	06/48	62982	1915	07/48	62992	1917	11/48			TOTAL 14

O7 — W.D. Austerity — 2-8-0

Designed by R.A. Riddles for the Ministry of Supply in 1943. 200 purchased by L.N.E.R. in 1946, and 533 by British Railways in 1948. *The L.N.E.R. locomotives were numbered **3000 - 3199**, and were allocated* **63000 - 63199** *under the general 1948 renumbering scheme., Not all of these numbers were carried, as they were renumbered* **90000 - 90100 & 90422 - 90520** *after a further 522 locos of this type were purchased by B.R. Full details of all these locos are given in* **Section Five** *of this book.*

Class Q4   Robinson G.C.R.   0-8-0

Q4/1. 1902 Robinson design.
Loco Weight : 62t 8c **Driving Wheels :** 4' 8" **Cylinders :** (O) 19" x 26" **Valve Gear :** Stephenson (slide valves)

Q4/2 Rebuilt with superheater. (63213/4/20/1/5/32)
Loco Weight : 64t 1c **Driving Wheels :** 4' 8" **Cylinders :** (O) 19" x 26" **Valve Gear :** Stephenson (slide valves)

Q4/3 Rebuilt with superheater and piston valves (63200/1/6/7/10/2/6/7/9/23/8/9/31/3/5/6/8/40/3)
Loco Weight : 63t 0c **Driving Wheels :** 4' 8" **Cylinders :** (O) 21" x 26" **Valve Gear :** Stephenson (piston valves)

Number	built	w/dwn	Number	built	w/dwn	Number	built	w/dwn	Number	built	w/dwn
63200	1902	09/49	63212	1903	05/49	63224	1907	02/49	63234	1909	03/51
63201	1902	01/51	63213	1904	07/50	63225	1907	09/51	63235	1909	05/51
63202	1903	09/51	63214	1904	05/49	63226	1907	10/50	63236	1909	05/51
63203	1903	11/50	63216	1904	09/49	63227	1907	05/51	63238	1910	02/50
63204	1903	06/51	63217	1904	03/51	63228	1907	08/49	63240	1910	06/51
63205	1903	12/50	63219	1904	12/49	63229	1909	12/50	63241	1910	04/50
63206	1903	02/49	63220	1905	03/51	63231	1909	03/50	63243	1911	09/51
63207	1903	08/50	63221	1905	12/50	63232	1909	07/50			
63210	1903	10/49	63223	1907	06/51	63233	1909	02/50			TOTAL 34

Class Q5   Wordsell N.E.R.   0-8-0

Q5/1 introduced 1901 by W. Wordsell. 63270 - 63299 fitted with piston valves.
Loco Weight : 58t 8c **Driving Wheels :** 4' 7¼" **Cylinders :** (O) 20" x 26" **Valve Gear :** Stephenson (slide valves)

Q5/2 rebuilt by Gresley from 1932 with larger boiler & modified cab (63253/63, 63301/5/6/16/22)
Loco Weight : 60t 4c **Driving Wheels :** 4' 7¼" **Cylinders :** (O) 20" x 26" **Valve Gear :** Stephenson (slide valves)

Number	built	w/dwn	Number	built	w/dwn	Number	built	w/dwn	Number	built	w/dwn
63250	1901	06/48	63274	1903	09/50	63295	1904	11/48	63318	1908	06/49
63251	1901	12/50	63275	1903	04/49	63296	1904	08/49	63319	1908	04/51
63252	1901	02/48	63276	1903	02/50	63297	1904	02/49	63321	1911	03/48
63253	1901	11/48	63277	1903	05/49	63298	1904	02/48	63322	1911	02/49
63254	1901	06/48	63278	1903	08/49	63299	1904	02/49	63323	1911	11/48
63255	1901	11/49	63279	1903	02/48	63300	1907	05/49	63326	1911	10/51
63256	1901	06/50	63280	1903	10/50	63301	1907	12/48	63327	1911	11/48
63257	1901	11/50	63281	1903	06/50	63303	1907	04/51	63328	1911	01/51
63259	1901	05/51	63282	1903	12/50	63305	1907	05/49	63330	1911	12/49
63260	1902	06/50	63283	1903	12/50	63306	1907	12/48	63331	1911	02/49
63261	1902	10/50	63284	1903	06/51	63307	1907	05/49	63332	1911	03/49
63262	1902	08/50	63285	1903	09/49	63308	1907	02/49	63333	1911	12/50
63263	1902	11/49	63286	1903	04/49	63310	1907	06/48	63334	1911	05/49
63264	1902	06/48	63287	1903	08/50	63311	1907	08/51	63335	1911	08/49
63267	1902	06/51	63289	1903	08/50	63312	1907	08/49	63336	1911	10/50
63268	1902	02/48	63290	1903	07/50	63313	1907	11/49	63338	1911	09/49
63270	1902	08/51	63291	1903	02/49	63314	1908	08/51	63339	1911	02/48
63271	1902	11/50	63292	1904	11/48	63315	1908	03/48			
63272	1902	07/50	63293	1904	01/50	63316	1908	04/49			
63273	1903	03/49	63294	1904	10/49	63317	1908	02/49			TOTAL 77

Class Q6   Raven N.E.R.   0-8-0

Introduced 1913 by Raven for the North Eastern Railway
Loco Weight : 65t 18c **Driving Wheels :** 4' 7¼" **Cylinders :** (O) 20" x 26" **Valve Gear :** Stephenson (piston valves)

Number	built	w/dwn	Number	built	w/dwn	Number	built	w/dwn	Number	built	w/dwn
63340	1913	07/63	63350	1913	06/63	63360	1913	06/66	63370	1917	06/64
63341	1913	11/64	63351	1913	01/65	63361	1913	06/65	63371	1917	10/65
63342	1913	12/63	63352	1913	02/64	63362	1913	11/65	63372	1917	05/60
63343	1913	06/65	63353	1913	07/63	63363	1913	09/66	63373	1917	07/63
63344	1913	09/67	63354	1913	05/65	63364	1913	04/63	63374	1917	04/63
63345	1913	06/64	63355	1913	07/63	63365	1913	06/63	63375	1917	08/63
63346	1913	05/67	63356	1913	12/63	63366	1913	05/67	63376	1917	07/63
63347	1913	10/65	63357	1913	05/65	63367	1913	08/64	63377	1917	11/66
63348	1913	06/64	63358	1913	03/64	63368	1913	12/66	63378	1917	04/65
63349	1913	06/66	63359	1913	04/65	63369	1913	07/63	63379	1917	09/66

Number	built	w/dwn	Number	built	w/dwn	Number	built	w/dwn	Number	built	w/dwn
63380	1917	07/63	63400	1919	08/63	63420	1920	02/67	63440	1920	12/66
63381	1917	12/66	63401	1919	04/64	63421	1920	06/66	63441	1920	12/63
63382	1917	09/64	63402	1919	09/64	63422	1920	05/64	63442	1920	07/63
63383	1917	04/64	63403	1919	07/64	63423	1920	11/64	63443	1920	10/65
63384	1917	01/66	63404	1919	05/65	63424	1920	01/64	63444	1920	05/65
63385	1917	10/63	63405	1919	12/66	63425	1920	04/63	63445	1920	06/66
63386	1917	12/65	63406	1919	07/66	63426	1920	07/67	63446	1920	06/66
63387	1917	09/67	63407	1919	07/67	63427	1920	06/65	63447	1920	04/63
63388	1917	03/64	63408	1919	07/63	63428	1920	04/63	63448	1920	11/63
63389	1917	12/65	63409	1919	09/66	63429	1920	07/67	63449	1920	07/63
63390	1918	08/63	63410	1919	06/66	63430	1920	04/63	63450	1920	12/66
63391	1918	04/65	63411	1919	04/65	63431	1920	08/67	63451	1920	01/64
63392	1918	11/63	63412	1919	07/66	63432	1920	05/65	63452	1920	04/63
63393	1918	06/64	63413	1920	01/67	63433	1920	09/63	63453	1920	10/66
63394	1918	07/67	63414	1920	05/65	63434	1920	09/63	63454	1920	06/63
63395	1918	09/67	63415	1920	04/64	63435	1920	06/66	63455	1920	07/67
63396	1918	04/63	63416	1920	07/63	63436	1920	04/67	63456	1921	11/64
63397	1918	05/67	63417	1920	02/66	63437	1920	07/67	63457	1921	12/61
63398	1918	10/65	63418	1920	07/63	63438	1920	11/64	63458	1921	07/67
63399	1918	03/64	63419	1920	06/65	63439	1920	04/64	63459	1921	10/66

TOTAL 120

Class Q7   Raven N.E.R.   0-8-0

Introduced 1919 by Raven for the North Eastern Railway
Loco Weight : 71t 12c **Driving Wheels :** 4' 7¼" **Cylinders :** (3) 18½" x 26" **Valve Gear :** Stephenson (piston valves)

Number	built	w/dwn	Number	built	w/dwn	Number	built	w/dwn	Number	built	w/dwn
63460	1919	12/62	63464	1919	12/62	63468	1924	11/62	63472	1924	12/62
63461	1919	12/62	63465	1924	12/62	63469	1924	12/62	63473	1924	12/62
63462	1919	12/62	63466	1924	12/62	63470	1924	12/62	63474	1924	12/62
63463	1919	12/62	63467	1924	11/62	63471	1924	12/62			

TOTAL 15

Class O3   Gresley G.N.R.   2-8-0

Introduced 1913 by Gresley for the Great Northern Railway
Loco Weight : 76t 4c **Driving Wheels :** 4' 8" **Cylinders :** (O) 21" x 28" **Valve Gear :** Walschaerts (piston valves)

Number	built	w/dwn	Number	built	w/dwn	Number	built	w/dwn	Number	built	w/dwn
63475	1913	08/51	63480	1919	03/51	63485	1919	09/51	63493	1919	02/51
63476	1913	03/52	63481	1919	04/51	63486	1919	02/51	63494	1919	03/48
63477	1913	09/51	63482	1919	01/52	63488	1919	03/52			
63478	1914	09/51	63483	1919	04/51	63489	1919	07/48			
63479	1914	05/51	63484	1919	12/52	63491	1919	12/50			

TOTAL 17

Classes O1 & O4   Robinson G.C.R.   2-8-0

a) O4/1 introduced 1911 by Robinson.
Loco Weight : 73t 4c **Driving Wheels :** 4' 8" **Cylinders :** (O) 21" x 26" **Valve Gear :** Stephenson (piston valves)

b) O4/3 introduced 1917. Steam brake only
Loco Weight : 73t 4c **Driving Wheels :** 4' 8" **Cylinders :** (O) 21" x 26" **Valve Gear :** Stephenson (piston valves)

c) O4/2 introduced 1925. O4/3 altered to suit Scottish Loading Gauge.
Loco Weight : 73t 4c **Driving Wheels :** 4' 8" **Cylinders :** (O) 21" x 26" **Valve Gear :** Stephenson (piston valves)

d) O4/5 introduced 1932. Rebuilt with shortened O2 type boiler & new smokebox.
Loco Weight : 74t 13c **Driving Wheels :** 4' 8" **Cylinders :** (O) 21" x 26" **Valve Gear :** Stephenson (piston valves)

e) O4/6 introduced 1924. Rebuild of larger boilered class O5, retaining higher cabs.
Loco Weight : 73t 4c **Driving Wheels :** 4' 8" **Cylinders :** (O) 21" x 26" **Valve Gear :** Stephenson (piston valves)

f) O4/7 introduced 1939. Rebuilt with shortened O2 type boiler, retaining G.C.R. smokebox.
Loco Weight : 73t 17c **Driving Wheels :** 4' 8" **Cylinders :** (O) 21" x 26" **Valve Gear :** Stephenson (piston valves)

g) O4/8 introduced 1944. Rebuilt with 100A boiler, retaining original cylinders.
Loco Weight : 72t 10c **Driving Wheels :** 4' 8" **Cylinders :** (O) 21" x 26" **Valve Gear :** Stephenson (piston valves)

x) O1 introduced 1944 by Thompson. Rebuilt with 100A boiler, new cylinders & valve gear
Loco Weight : 73t 6c **Driving Wheels :** 4' 8" **Cylinders :** (O) 20" x 26" **Valve Gear :** Walschaerts (piston valves)

Number	built	w/dwn	Number	built	w/dwn	Number	built	w/dwn	Number	built	w/dwn
63570 (f	1912	12/61	63630 (x	1918	07/65	63690 (c	1912	12/62	63750 (g	1917	03/64
63571 (x	1912	12/64	63631 (g	1918	09/62	63691 (g	1918	06/65	63751 (b	1917	03/59
63572 (a	1911	11/59	63632 (a	1912	01/64	63692 (a	1912	02/65	63752 (x	1917	12/62
63573 (g	1912	04/61	63633 (g	1918	08/62	63693 (a	1912	12/62	63753 (b	1917	12/59
63574 (a	1912	09/62	63634 (f	1912	09/62	63694 (b	1918	10/59	63754 (g	1917	02/64
63575 (g	1912	11/62	63635 (a	1912	05/62	63695 (b	1918	12/62	63755 (x	1917	11/62
63576 (a	1912	11/63	63636 (g	1918	12/64	63696 (b	1918	04/59	63756 (b	1917	06/59
63577 (a	1911	12/63	63637 (b	1918	12/62	63697 (g	1918	08/65	63757 (a	1912	11/61
63578 (x	1912	12/62	63638 (b	1918	03/59	63698 (a	1912	12/62	63758 (f	1918	05/62
63579 (x	1912	12/62	63639 (a	1918	12/65	63699 (f	1918	06/59	63759 (b	1918	09/62
63580 (a	1911	02/52	63640 (a	1912	05/59	63700 (a	1912	12/60	63760 (x	1918	11/62
63581 (a	1912	02/59	63641 (g	1919	09/62	63701 (b	1918	08/65	63761 (f	1912	06/59
63582 (f	1911	08/59	63642 (b	1919	11/59	63702 (b	1918	09/64	63762 (a	1912	03/62
63583 (a	1912	06/59	63643 (f	1912	11/60	63703 (g	1918	01/65	63763 (g	1918	02/64
63584 (a	1919	08/62	63644 (g	1918	01/66	63704 (g	1918	03/63	63764 (b	1918	02/66
63585 (a	1911	12/63	63645 (g	1918	04/64	63705 (g	1918	04/63	63765 (g	1918	10/64
63586 (a	1911	10/65	63646 (x	1918	07/65	63706 (g	1918	09/65	63766 (b	1918	08/62
63587 (a	1912	09/62	63647 (g	1918	05/64	63707 (a	1912	07/65	63767 (b	1918	11/62
63588 (f	1912	08/62	63648 (c	1918	01/62	63708 (f	1918	09/62	63768 (x	1918	07/65
63589 (x	1912	07/65	63649 (g	1918	03/61	63709 (g	1918	02/61	63769 (b	1918	03/59
63590 (x	1912	07/65	63650 (x	1918	06/65	63710 (a	1912	07/59	63770 (f	1918	12/65
63591 (x	1912	12/62	63651 (g	1918	07/65	63711 (x	1912	12/62	63771 (b	1918	12/62
63592 (x	1912	07/63	63652 (x	1918	11/63	63712 (x	1919	11/62	63772 (f	1912	03/63
63593 (a	1912	10/65	63653 (g	1918	04/64	63713 (b	1919	08/62	63773 (x	1912	10/64
63594 (x	1911	04/64	63654 (a	1912	06/59	63714 (b	1919	03/59	63774 (b	1918	03/63
63595 (f	1912	04/61	63655 (g	1918	12/62	63715 (g	1919	01/64	63775 (f	1918	03/62
63596 (x	1912	08/63	63656 (b	1918	12/62	63716 (b	1919	07/60	63776 (g	1918	12/62
63597 (a	1912	05/61	63657 (b	1918	09/62	63717 (g	1919	04/65	63777 (x	1912	11/62
63598 (a	1911	11/62	63658 (a	1912	12/62	63718 (g	1919	12/62	63778 (a	1918	02/52
63599 (a	1913	02/62	63659 (b	1918	12/62	63719 (a	1919	08/61	63779 (b	1918	04/62
63600 (f	1911	11/62	63660 (a	1912	09/59	63720 (g	1919	03/64	63780 (x	1918	07/63
63601 (a	1912	06/63	63661 (f	1918	08/65	63721 (g	1919	11/62	63781 (g	1918	04/66
63602 (a	1913	12/62	63662 (f	1918	05/61	63722 (a	1912	09/63	63782 (b	1918	05/61
63603 (f	1913	07/62	63663 (x	1918	11/64	63723 (a	1912	11/59	63783 (b	1918	12/62
63604 (g	1913	05/64	63664 (a	1912	09/62	63724 (b	1919	08/62	63784 (x	1918	08/63
63605 (a	1913	08/62	63665 (b	1918	12/63	63725 (x	1919	07/65	63785 (g	1918	03/66
63606 (g	1913	06/65	63666 (b	1918	12/62	63726 (g	1919	04/64	63786 (x	1918	09/64
63607 (a	1912	09/65	63667 (b	1918	01/59	63727 (a	1912	02/64	63787 (b	1918	06/62
63608 (a	1912	05/61	63668 (b	1918	12/58	63728 (g	1919	12/64	63788 (g	1918	01/66
63609 (a	1913	09/62	63669 (f	1912	11/60	63729 (b	1919	03/59	63789 (x	1912	12/62
63610 (x	1913	12/62	63670 (x	1917	06/64	63730 (g	1919	01/66	63790 (b	1918	03/59
63611 (a	1914	03/64	63671 (a	1912	06/65	63731 (g	1919	10/63	63791 (g	1918	09/65
63612 (g	1914	11/65	63672 (g	1917	12/63	63732 (g	1919	09/65	63792 (x	1918	11/62
63613 (g	1914	07/65	63673 (f	1917	04/59	63733 (g	1920	01/60	63793 (b	1918	05/65
63614 (a	1914	04/59	63674 (f	1917	01/66	63734 (g	1920	08/65	63794 (b	1918	11/62
63615 (f	1914	09/64	63675 (g	1917	01/66	63735 (b	1917	12/62	63795 (x	1918	10/63
63616 (f	1914	09/62	63676 (x	1917	12/62	63736 (a	1917	08/63	63796 (x	1918	11/62
63617 (a	1912	12/62	63677 (a	1912	03/62	63737 (b	1917	12/62	63797 (a	1912	02/59
63618 (a	1914	02/63	63678 (x	1912	07/63	63738 (g	1917	08/65	63798 (b	1918	05/62
63619 (x	1914	10/63	63679 (g	1917	05/65	63739 (g	1917	10/65	63799 (a	1912	11/61
63620 (a	1914	02/59	63680 (c	1912	09/59	63740 (x	1917	12/62	63800 (b	1918	05/64
63621 (a	1914	09/62	63681 (b	1917	03/62	63741 (g	1917	04/65	63801 (g	1918	07/63
63622 (a	1914	05/63	63682 (c	1917	03/59	63742 (g	1917	02/63	63802 (g	1918	06/64
63623 (a	1914	02/62	63683 (g	1912	03/65	63743 (a	1917	06/62	63803 (x	1912	03/63
63624 (g	1914	12/62	63684 (a	1912	12/63	63744 (b	1917	07/63	63804 (b	1918	12/59
63625 (a	1912	04/59	63685 (b	1918	03/64	63745 (d	1917	04/59	63805 (g	1912	11/62
63626 (a	1919	06/61	63686 (b	1918	09/62	63746 (x	1917	02/64	63806 (x	1918	12/62
63627 (a	1919	02/52	63687 (x	1918	10/63	63747 (f	1917	05/61	63807 (g	1918	09/64
63628 (g	1919	09/65	63688 (g	1918	09/65	63748 (f	1917	12/62	63808 (x	1918	12/62
63629 (b	1917	02/59	63689 (x	1918	12/62	63749 (f	1917	10/59	63809 (a	1912	02/52

Number	built	w/dwn	Number	built	w/dwn	Number	built	w/dwn	Number	built	w/dwn
63812 (b	1918	05/59	63843 (f	1919	11/65	63868 (x	1919	07/65	63894 (f	1919	07/60
63813 (b	1918	03/65	63845 (b	1919	06/61	63869 (x	1919	12/62	63895 (g	1919	07/62
63816 (g	1918	01/66	63846 (b	1919	06/64	63870 (b	1919	01/62	63897 (g	1919	05/63
63817 (x	1918	12/62	63847 (c	1919	05/59	63872 (x	1919	01/64	63898 (g	1919	05/63
63818 (g	1918	04/66	63848 (f	1919	11/62	63873 (g	1919	01/66	63899 (g	1919	05/63
63819 (g	1918	11/65	63849 (b	1919	02/52	63874 (x	1919	11/62	63900 (b	1919	09/62
63821 (b	1918	12/62	63850 (g	1919	06/65	63876 (f	1919	03/59	63901 (x	1919	12/62
63822 (g	1918	03/64	63851 (d	1919	04/59	63877 (g	1919	03/65	63902 (e	1918	04/65
63823 (g	1918	08/62	63852 (g	1919	01/64	63878 (g	1919	03/65	63904 (e	1918	11/61
63824 (f	1918	06/63	63853 (g	1919	11/63	63879 (x	1919	07/65	63905 (e	1918	04/59
63827 (g	1918	01/64	63854 (x	1919	12/62	63880 (f	1919	03/63	63906 (e	1918	01/65
63828 (g	1918	08/65	63855 (b	1919	03/59	63881 (g	1919	12/62	63907 (e	1918	05/64
63829 (g	1918	03/64	63856 (x	1919	11/62	63882 (g	1919	05/65	63908 (e	1918	10/63
63832 (g	1919	12/62	63857 (g	1919	08/62	63883 (b	1919	12/62	63911 (e	1919	12/62
63833 (b	1919	01/62	63858 (g	1919	04/66	63884 (g	1919	06/64	63912 (e	1919	12/62
63835 (b	1918	02/59	63859 (b	1919	10/63	63885 (g	1919	08/62	63913 (e	1919	06/65
63836 (g	1918	04/64	63860 (f	1919	10/61	63886 (x	1919	11/62	69314 (g	1919	05/64
63837 (g	1918	12/62	63861 (g	1919	02/65	63887 (x	1919	02/63	63915 (g	1919	05/61
63838 (x	1918	11/62	63862 (g	1919	11/62	63888 (b	1919	04/60	63917 (e	1920	06/62
63839 (f	1918	04/59	63863 (x	1919	06/65	63889 (b	1919	12/59	63920 (e	1921	08/62
63840 (g	1919	09/63	63864 (g	1919	08/62	63890 (x	1919	03/63	TOTAL O1 : 58,		
63841 (g	1919	03/64	63865 (x	1919	12/62	63891 (f	1919	09/61	O4 : 271		
63842 (b	1919	04/65	63867 (x	1919	12/62	63893 (g	1919	06/65			

Class O2   Gresley G.N.R.   2-8-0

a) O2 introduced by Gresley in 1918 for G.N.R. Inclined cylinders.
Loco Weight: 76t 8c *Driving Wheels:* 4' 8" *Cylinders:* (3) 18½" x 26" *Valve Gear:* Walschaerts (piston valves)

b) O2/1 introduced 1921, horizontal cylinders & side window cab.
Loco Weight: 75t 16c *Driving Wheels:* 4' 8" *Cylinders:* (3) 18½" x 26" *Valve Gear:* Walschaerts (piston valves)

c) O2/2 introduced 1924. Post Grouping development with reduced boiler mountings.
Loco Weight: 75t 16c *Driving Wheels:* 4' 8" *Cylinders:* (3) 18½" x 26" *Valve Gear:* Walschaerts (piston valves)

d) O2/3 introduced 1932. Side window cab & L.N.E.R. Standard 4,200 gallon tender.
Loco Weight: 78t 13c *Driving Wheels:* 4' 8" *Cylinders:* (3) 18½" x 26" *Valve Gear:* Walschaerts (piston valves)

e) O2/4 introduced 1943. Thompson rebuild with 100A boiler.
Loco Weight: 74t 2c *Driving Wheels:* 4' 8" *Cylinders:* (3) 18½" x 26" *Valve Gear:* Walschaerts (piston valves)

Number	built	w/dwn	Number	built	w/dwn	Number	built	w/dwn	Number	built	w/dwn
63921 (a	1918	05/48	63938 (e	1923	09/63	63955 (e	1933	05/62	63972 (d	1942	05/63
63922 (b	1921	11/62	63939 (c	1923	09/63	63956 (d	1933	09/63	63973 (d	1942	09/63
63923 (b	1921	12/62	63940 (c	1924	09/63	63957 (d	1933	07/61	63974 (d	1942	09/63
63924 (e	1921	10/63	63941 (c	1924	09/63	63958 (d	1933	05/61	63975 (d	1942	10/63
63925 (b	1921	09/63	63942 (c	1924	09/63	63959 (d	1934	10/60	63976 (e	1942	09/63
63926 (e	1921	09/63	63943 (c	1924	09/63	63960 (e	1934	09/63	63977 (d	1942	09/63
63927 (e	1921	09/63	63944 (c	1924	04/61	63961 (e	1934	12/62	63978 (d	1942	05/63
63928 (e	1921	09/63	63945 (e	1924	09/63	63962 (e	1934	09/63	63979 (d	1942	09/62
63929 (b	1921	07/62	63946 (c	1924	04/63	63963 (d	1942	09/63	63980 (d	1942	09/63
63930 (e	1921	12/62	63947 (e	1932	04/61	63964 (e	1942	09/63	63981 (d	1942	10/63
63931 (e	1921	09/63	63948 (e	1932	10/62	63965 (e	1942	10/62	63982 (e	1942	12/62
63932 (e	1923	09/63	63949 (e	1932	09/63	63966 (e	1942	12/62	63983 (e	1942	07/63
63933 (e	1923	12/62	63950 (e	1932	11/60	63967 (d	1942	12/62	63984 (d	1942	10/63
63934 (c	1923	07/62	63951 (d	1932	06/62	63968 (e	1942	09/63	63985 (d	1943	09/63
63935 (e	1923	09/63	63952 (d	1932	04/61	63969 (d	1942	10/63	63986 (d	1943	06/63
63936 (c	1923	09/63	63953 (d	1932	11/60	63970 (d	1942	05/60	63987 (d	1943	09/63
63937 (c	1923	09/63	63954 (d	1932	03/61	63971 (d	1942	12/62	TOTAL 67		

Classes J3 & J4 are not in strict numerical order.

Class J4   Ivatt G.N.R.   0-6-0

Introduced 1896 by Ivatt.
Loco Weight : 34t 18c   **Driving Wheels :** 5' 2"   **Cylinders :** (I) 17½" x 26"   **Valve Gear :** Stephenson (slide valves)

Number	built	w/dwn	Number	built	w/dwn	Number	built	w/dwn	Number	built	w/dwn
64109	1896	10/49	64112	1896	12/51	64121	1899	11/50	64162	1900	12/50
64110	1896	05/49	64120	1899	11/50	64160	1900	12/51	64167	1900	07/48

TOTAL 8

Class J3   Gresley G.N.R.   0-6-0

Introduced 1912 by Gresley. Rebuild of Class J4 with larger boiler.
Loco Weight : 38t 10c   **Driving Wheels :** 5' 2"   **Cylinders :** (I) 17½" x 26"   **Valve Gear :** Stephenson (slide valves)

Number	built	w/dwn	Number	built	w/dwn	Number	built	w/dwn	Number	built	w/dwn
64105	1892	01/52	64122	1899	05/53	64133	1898	01/53	64150	1900	06/51
64106	1896	05/49	64123	1899	05/51	64135	1898	02/51	64151	1900	03/51
64107	1896	10/48	64124	1899	09/51	64136	1899	03/48	64152	1901	04/48
64114	1897	10/52	64125	1899	12/53	64137	1899	02/51	64153	1901	05/52
64115	1897	03/51	64127	1899	04/49	64140	1900	12/54	64158	1900	12/51
64116	1898	06/52	64128	1899	11/50	64141	1900	09/53	64163	1900	01/49
64117	1898	06/52	64129	1899	09/52	64142	1900	08/51			
64118	1899	06/52	64131	1898	06/54	64145	1900	03/48			
64119	1899	08/51	64132	1898	06/54	64148	1900	04/51			

TOTAL 33

Class J6   Ivatt G.N.R.   0-6-0

Introduced 1911 by Ivatt.
Loco Weight : 50t 10c   **Driving Wheels :** 5' 2"   **Cylinders :** (I) 19" x 26"   **Valve Gear :** Stephenson (piston valves)

Number	built	w/dwn	Number	built	w/dwn	Number	built	w/dwn	Number	built	w/dwn
64170	1911	07/61	64198	1913	03/59	64226	1914	06/62	64254	1919	10/59
64171	1911	09/61	64199	1913	04/58	64227	1914	07/58	64255	1919	08/58
64172	1911	02/60	64200	1913	02/58	64228	1914	08/59	64256	1919	05/60
64173	1911	01/61	64201	1913	11/58	64229	1914	10/59	64257	1919	06/60
64174	1911	09/61	64202	1913	09/58	64230	1914	01/58	64258	1919	05/59
64175	1911	06/60	64203	1913	06/62	64231	1914	02/60	64259	1919	08/59
64176	1911	03/59	64204	1913	12/57	64232	1914	01/61	64260	1919	03/61
64177	1911	02/62	64205	1913	10/58	64233	1914	07/61	64261	1919	03/59
64178	1911	04/60	64206	1913	09/60	64234	1914	12/59	64262	1919	02/59
64179	1911	05/60	64207	1913	10/59	64235	1914	12/59	64263	1919	07/58
64180	1911	03/60	64208	1913	05/61	64236	1914	04/61	64264	1920	01/58
64181	1911	08/59	64209	1913	09/60	64237	1914	12/59	64265	1920	07/61
64182	1911	11/60	64210	1913	05/59	64238	1914	10/59	64266	1920	04/59
64183	1911	11/58	64211	1913	03/58	64239	1914	10/59	64267	1920	07/58
64184	1911	11/59	64212	1913	12/55	64240	1914	08/60	64268	1920	01/61
64185	1912	04/61	64213	1913	02/60	64241	1914	11/59	64269	1920	10/59
64186	1912	01/58	64214	1913	10/59	64242	1914	08/55	64270	1921	04/60
64187	1912	01/58	64215	1913	03/59	64243	1914	06/58	64271	1921	10/58
64188	1912	10/59	64216	1913	12/58	64244	1914	05/58	64272	1921	09/59
64189	1912	10/58	64217	1913	01/59	64245	1917	02/62	64273	1922	12/59
64190	1912	09/59	64218	1913	09/58	64246	1917	06/59	64274	1922	12/58
64191	1912	02/62	64219	1913	11/61	64247	1917	10/59	64275	1922	08/58
64192	1912	04/60	64220	1913	06/58	64248	1918	03/59	64276	1922	10/58
64193	1912	12/57	64221	1913	01/58	64249	1918	10/58	64277	1922	06/62
64194	1912	11/55	64222	1913	11/60	64250	1918	10/59	64278	1922	03/61
64195	1913	01/58	64223	1913	04/61	64251	1918	10/60	64279	1922	08/59
64196	1913	09/60	64224	1913	05/59	64252	1918	07/58			
64197	1913	10/59	64225	1914	07/58	64253	1919	05/62			

TOTAL 110

Class J11   Robinson G.C.R.   0-6-0

J11 introduced 1901 by Robinson for G.E.R..
Loco Weight : 52t 2c **Driving Wheels :** 5' 2" **Cylinders :** (I) 18½" x 26" **Valve Gear :** Stephenson (slide valves)

* J11/3 introduced 1942. Rebuilt with long travel valves & higher pitched boiler.
Loco Weight : 53t 6c **Driving Wheels :** 5' 2" **Cylinders :** (I) 18½" x 26" **Valve Gear :** Stephensn (piston valves)

Number	built	w/dwn	Number	built	w/dwn	Number	built	w/dwn	Number	built	w/dwn
64280	1901	06/59	64324	1902	09/62	64368	1904	05/60	64412	1907	10/57
64281	1901	11/58	64325	1902	11/60	64369	1904	10/55	64413	1907	11/55
64282	1901	04/55	64326	1902	08/55	64370	1904	06/55	64414	1907	07/57
64283	1901	04/59	64327	1902	01/57	64371	1904	01/61	64415	1907	10/55
64284 *	1901	07/62	64328	1902	03/59	64372	1904	10/57	64416 *	1907	11/58
64285	1901	08/58	64329	1903	08/62	64373 *	1904	09/62	64417 *	1907	08/61
64286	1901	10/55	64330	1903	02/57	64374	1904	07/55	64418	1907	11/61
64287	1901	05/59	64331	1903	01/60	64375 *	1904	09/62	64419	1907	08/62
64288	1901	11/60	64332 *	1903	09/62	64376	1904	11/59	64420	1907	06/62
64289	1901	06/55	64333 *	1903	08/62	64377	1904	07/62	64421	1907	12/59
64290	1901	05/58	64334	1903	11/55	64378	1904	12/56	64422	1907	09/58
64291	1901	11/55	64335	1903	09/54	64379	1904	09/62	64423	1907	03/62
64292	1901	07/62	64336	1903	07/59	64380	1904	08/56	64424	1907	01/58
64293	1901	12/57	64337	1903	06/61	64381	1904	03/59	64425	1907	11/60
64294	1901	09/59	64338	1903	10/58	64382	1904	10/59	64426	1907	01/56
64295	1901	09/57	64339	1904	10/54	64383	1904	03/60	64427 *	1907	07/61
64296	1901	07/58	64340	1904	08/58	64384	1904	06/61	64428	1907	04/59
64297	1901	06/59	64341	1904	02/61	64385	1904	10/61	64429	1907	12/59
64298	1901	12/59	64342	1904	03/55	64386 *	1905	09/62	64430	1907	05/59
64299	1901	11/55	64343	1904	11/58	64387	1905	06/60	64431	1907	09/56
64300	1901	09/57	64344	1904	06/58	64388	1905	03/59	64432	1907	01/57
64301	1901	05/55	64345	1904	12/58	64389	1905	01/60	64433	1908	03/60
64302	1902	09/58	64346 *	1904	09/62	64390	1905	05/55	64434	1908	10/60
64303	1902	02/57	64347	1904	03/55	64391	1906	01/55	64435	1908	08/61
64304	1902	04/59	64348	1904	03/60	64392	1906	12/58	64436	1908	11/55
64305	1902	07/62	64349	1904	10/57	64393	1906	06/62	64437	1908	06/62
64306	1902	08/58	64350	1904	08/55	64394	1906	08/62	64438	1908	01/60
64307	1902	07/55	64351	1904	10/59	64395	1906	01/62	64439 *	1908	02/61
64308	1902	09/61	64352 *	1904	08/61	64396	1906	02/60	64440	1908	11/60
64309	1902	08/56	64353	1904	02/58	64397	1906	05/60	64441 *	1908	02/61
64310	1902	03/61	64354 *	1903	10/62	64398	1907	11/56	64442 *	1908	09/62
64311	1902	01/61	64355	1903	07/62	64399	1907	10/57	64443	1908	04/62
64312	1902	02/57	64356	1903	08/55	64400	1907	11/55	64444	1909	05/61
64313	1902	05/61	64357	1904	04/60	64401	1907	10/57	64445	1910	08/62
64314 *	1902	09/62	64358	1904	10/55	64402 *	1907	07/61	64446	1910	03/61
64315	1902	04/60	64359 *	1904	04/61	64403	1907	07/60	64447	1910	04/61
64316 *	1902	08/61	64360	1904	07/55	64404	1907	02/61	64448	1910	02/57
64317	1902	03/61	64361	1904	03/59	64405	1907	04/60	64449	1910	09/56
64318 *	1902	08/62	64362 *	1904	09/62	64406 *	1907	09/62	64450 *	1910	04/62
64319	1902	08/59	64363	1904	02/61	64407	1907	12/59	64451	1910	12/59
64320	1902	10/57	64364 *	1904	07/61	64408	1907	11/56	64452	1910	06/60
64321	1902	07/59	64365	1904	08/59	64409	1907	12/58	64453	1910	10/57
64322	1902	10/57	64366	1904	12/56	64410	1907	12/56			
64323	1902	10/55	64367	1904	01/54	64411	1907	10/57			TOTAL 174

Class J35   Reid N.B.R.   0-6-0

* J35/5 introduced 1906 by Reid for North British Railway.
Loco Weight : 38t 1c **Driving Wheels :** 5' 0" **Cylinders :** (I) 18¼" x 26" **Valve Gear :** Stephenson (piston valves)

J35/4 introduced 1908 by Reid. As J35/5, but fitted with slide valves.
Loco Weight : 37t 15c **Driving Wheels :** 5' 0" **Cylinders :** (I) 18¼" x 26" **Valve Gear :** Stephenson (slide valves)

Number	built	w/dwn	Number	built	w/dwn	Number	built	w/dwn	Number	built	w/dwn
64460 *	1906	09/59	64462 *	1906	11/60	64464 *	1906	05/58	64468 *	1906	05/60
64461 *	1906	10/61	64463 *	1906	09/60	64466 *	1906	07/59	64470 *	1906	02/62

Class 'J17' 0-6-0 No. 65575 was built at the Stratford Works of the Great Eastern Railway in February 1906, and withdrawn in February 1958.

Modelmaster Collection

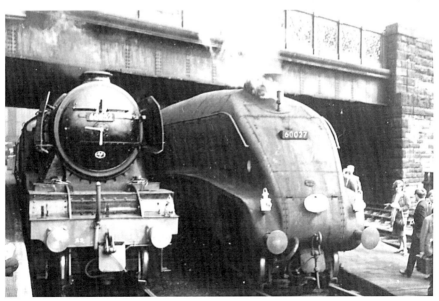

Class 'A3' No. 60052 PRINCE PALATINE failed at Carlisle while working the 'A3 Farewell Tour' on the 5th of June 1965, and had to be replaced by Class 'A4' No. 60027 MERLIN for the final leg back to Edinburgh via the Waverley Route.

Modelmaster Collection

Number	built	w/dwn	Number	built	w/dwn	Number	built	w/dwn	Number	built	w/dwn
64471 *	1906	08/61	64488	1909	10/61	64505	1910	10/61	64522	1910	01/59
64472 *	1908	03/62	64489	1909	06/61	64506	1910	12/59	64523	1910	02/61
64473 *	1908	12/59	64490	1909	12/59	64507	1910	01/62	64524	1910	03/61
64474 *	1908	10/61	64491	1909	12/62	64509	1910	10/59	64525	1911	07/62
64475 *	1908	04/59	64492	1909	02/59	64510	1910	11/62	64526	1912	02/58
64476 *	1908	05/61	64493	1909	11/60	64511	1910	10/59	64527	1912	06/62
64477 *	1908	11/61	64494	1909	06/61	64512	1910	09/60	64528	1912	09/58
64478	1908	08/62	64495	1909	06/58	64513	1910	09/59	64529	1912	09/60
64479	1908	12/61	64496	1909	10/59	64514	1910	02/62	64530	1912	10/59
64480	1908	09/62	64497	1909	04/62	64515	1910	11/61	64531	1913	07/61
64482	1908	06/61	64498	1909	09/59	64516	1910	06/59	64532	1913	11/61
64483	1909	06/60	64499	1909	11/62	64517	1910	10/58	64533	1913	01/62
64484	1909	09/59	64500	1909	06/61	64518	1910	11/61	64534	1913	05/61
64485	1909	03/59	64501	1909	08/59	64519	1910	04/62	64535	1913	11/61
64486	1909	09/58	64502	1909	09/60	64520	1910	09/59			
64487	1909	04/60	64504	1910	09/60	64521	1910	04/59			TOTAL 70

Class J37   Reid N.B.R.   0-6-0

Introduced by Reid in 1914 for North British Railway. Superheated development of Class J35. A few of these engines were amongst the very last allocated steam locomotives (being withdrawn in April 1967) in Scotland, outlasting their post grouping and post nationalisation successors. Their B.R. power rating was '5F' - ideal for heavy coal trains in Fife and Central Scotland.

Loco Weight : 54t 14c   **Driving Wheels :** 5' 0"   **Cylinders :** (I) 19½" x 26"   **Valve Gear :** Stephenson (piston valves)

Number	built	w/dwn	Number	built	w/dwn	Number	built	w/dwn	Number	built	w/dwn
64536	1914	05/59	64562	1918	11/63	64588	1918	06/66	64614	1920	12/64
64537	1914	06/64	64563	1918	10/64	64589	1918	06/63	64615	1920	04/63
64538	1914	12/59	64564	1918	05/64	64590	1918	05/62	64616	1920	12/63
64539	1915	06/61	64565	1918	10/61	64591	1919	10/64	64617	1920	02/63
64540	1915	12/62	64566	1918	04/62	64592	1919	07/65	64618	1920	10/66
64541	1915	07/64	64567	1918	03/60	64593	1919	11/63	64619	1920	12/63
64542	1915	10/61	64568	1918	08/63	64594	1919	12/62	64620	1920	04/67
64543	1915	12/62	64569	1918	12/66	64595	1919	03/66	64621	1921	05/65
64544	1915	12/62	64570	1918	11/66	64596	1919	04/61	64622	1921	12/62
64545	1915	06/62	64571	1918	10/65	64597	1919	08/66	64623	1921	11/66
64546	1915	05/64	64572	1918	09/64	64598	1919	09/62	64624	1921	01/66
64547	1915	12/66	64573	1918	10/64	64599	1919	10/65	64625	1921	09/65
64548	1915	11/63	64574	1918	12/62	64600	1919	07/63	64626	1921	11/63
64549	1915	07/64	64575	1918	12/63	64601	1919	04/63	64627	1921	10/63
64550	1915	12/63	64576	1918	04/67	64602	1919	04/67	64628	1921	03/62
64551	1916	09/63	64577	1918	08/66	64603	1919	12/63	64629	1921	10/63
64552	1916	10/64	64578	1918	05/62	64604	1919	08/62	64630	1921	09/62
64553	1916	03/62	64579	1918	12/63	64605	1919	06/64	64631	1921	05/63
64554	1916	01/64	64580	1918	10/65	64606	1919	07/66	64632	1921	12/65
64555	1918	10/64	64581	1918	12/62	64607	1919	08/62	64633	1921	06/64
64556	1918	12/62	64582	1918	11/63	64608	1919	08/66	64634	1921	01/64
64557	1918	10/63	64583	1918	12/63	64609	1920	12/62	64635	1921	04/63
64558	1918	09/65	64584	1918	07/59	64610	1920	02/66	64636	1921	10/64
64559	1918	11/63	64585	1918	12/64	64611	1920	04/67	64637	1921	08/62
64560	1918	03/61	64586	1918	06/64	64612	1920	06/63	64638	1921	12/62
64561	1918	05/64	64587	1918	06/64	64613	1920	01/64	64639	1921	12/62

TOTAL 104

Class J19   Holden G.E.R.   0-6-0

Introduced in 1912 by S. Holden. No. **64648** had 19½" x 28" cylinders

Loco Weight : 50t 7c   **Driving Wheels :** 4' 11"   **Cylinders :** (I) 20" x 28"   **Valve Gear :** Stephenson (piston valves)

Number	built	w/dwn	Number	built	w/dwn	Number	built	w/dwn	Number	built	w/dwn
64640	1912	11/59	64642	1912	04/60	64644	1912	07/59	64646	1912	10/61
64641	1912	01/60	64643	1912	11/61	64645	1912	12/58	64647	1912	04/60

Number	built	w/dwn	Number	built	w/dwn	Number	built	w/dwn	Number	built	w/dwn
64648	1912	08/59	64655	1916	08/61	64662	1917	01/59	64669	1919	09/61
64649	1913	01/59	64656	1916	05/60	64663	1918	10/60	64670	1920	11/59
64650	1916	10/60	64657	1916	09/62	64664	1918	09/62	64671	1920	02/62
64651	1916	01/59	64658	1916	11/59	64665	1918	12/59	64672	1920	01/59
64652	1916	01/61	64659	1917	04/60	64666	1918	01/61	64673	1920	08/62
64653	1916	01/61	64660	1917	08/60	64667	1918	09/61	64674	1920	01/61
64654	1916	01/60	64661	1917	08/59	64668	1919	12/59			TOTAL 35

Class J20 Hill G.E.R. 0-6-0

J20 introduced in 1920 by Hill.
Loco Weight : 54t 15c **Driving Wheels :** 4' 11" **Cylinders :** (I) 20" x 28" **Valve Gear :** Stephenson (piston valves)

* J20/1 rebuilt with round topped boiler from 1934.
Loco Weight : 54t 0c **Driving Wheels :** 4' 11" **Cylinders :** (I) 20" x 28" **Valve Gear :** Stephenson (piston valves)

Number	built	w/dwn	Number	built	w/dwn	Number	built	w/dwn	Number	built	w/dwn
64675 *	1920	12/59	64682 *	1922	09/60	64689	1922	01/61	64696	1922	04/62
64676	1920	09/61	64683	1922	11/59	64690	1922	09/62	64697 *	1923	09/61
64677 *	1920	09/61	64684 *	1922	07/60	64691 *	1922	09/62	64698	1923	03/61
64678 *	1920	09/60	64685 *	1922	10/60	64692	1922	09/61	64699 *	1923	09/62
64679 *	1920	01/61	64686 *	1922	08/60	64693 *	1922	03/61			
64680 *	1922	01/61	64687	1922	09/62	64694 *	1922	09/62			
64681 *	1922	11/60	64688 *	1922	01/59	64695 *	1922	01/60			TOTAL 25

Class J39 Gresley L.N.E.R. 0-6-0

This was the Standard L.N.E.R. goods locomotive introduced by Gresley in 1926. It was a larger wheeled version of his Class J38 which was introduced in the same year for service in Scotland.
Loco Weight : 57t 17c **Driving Wheels :** 5' 2" **Cylinders :** (I) 20" x 26" **Valve Gear :** Stephenson (piston valves)

Number	built	w/dwn	Number	built	w/dwn	Number	built	w/dwn	Number	built	w/dwn
64700	1926	04/61	64731	1927	07/59	64762	1928	06/59	64793	1929	11/59
64701	1926	10/62	64732	1927	08/61	64763	1928	06/59	64794	1929	08/62
64702	1926	09/59	64733	1927	10/61	64764	1928	10/60	64795	1929	12/62
64703	1926	03/62	64734	1927	05/59	64765	1928	08/60	64796	1929	12/62
64704	1926	12/62	64735	1927	08/59	64766	1928	09/59	64797	1929	09/59
64705	1926	03/62	64736	1927	07/61	64767	1928	01/61	64798	1929	09/62
64706	1926	03/62	64737	1927	08/59	64768	1928	05/59	64799	1929	07/59
64707	1926	08/61	64738	1927	11/60	64769	1928	01/60	64800	1929	01/60
64708	1926	08/60	64739	1927	11/62	64770	1928	10/60	64801	1929	11/62
64709	1926	12/62	64740	1927	09/62	64771	1928	02/60	64802	1929	07/60
64710	1926	04/61	64741	1927	07/60	64772	1928	07/61	64803	1929	09/59
64711	1926	05/62	64742	1927	07/62	64773	1928	08/59	64804	1930	04/61
64712	1926	02/60	64743	1927	01/61	64774	1929	03/60	64805	1930	10/59
64713	1926	04/62	64744	1928	03/62	64775	1929	08/60	64806	1930	05/62
64714	1926	05/59	64745	1928	11/61	64776	1929	08/59	64807	1930	04/60
64715	1926	05/59	64746	1928	02/61	64777	1929	01/60	64808	1930	02/61
64716	1926	04/61	64747	1928	12/62	64778	1929	09/60	64809	1930	01/62
64717	1927	08/60	64748	1928	07/61	64779	1929	09/61	64810	1930	06/61
64718	1927	03/62	64749	1928	11/62	64780	1929	01/60	64811	1930	03/62
64719	1927	12/62	64750	1928	11/59	64781	1929	03/60	64812	1930	12/62
64720	1927	09/61	64751	1928	12/59	64782	1929	03/60	64813	1930	12/62
64721	1927	02/60	64752	1928	06/59	64783	1929	11/60	64814	1931	11/62
64722	1927	02/60	64753	1928	08/59	64784	1929	08/60	64815	1931	08/61
64723	1927	03/61	64754	1928	11/62	64785	1929	06/59	64816	1931	12/61
64724	1927	02/60	64755	1928	08/59	64786	1929	12/62	64817	1931	03/62
64725	1927	10/61	64756	1928	12/62	64787	1929	06/59	64818	1931	12/62
64726	1927	11/60	64757	1928	11/62	64788	1929	06/59	64819	1931	09/62
64727	1927	11/62	64758	1928	11/62	64789	1929	07/60	64820	1931	05/62
64728	1927	02/60	64759	1928	03/60	64790	1929	12/62	64821	1931	11/62
64729	1927	03/61	64760	1928	11/62	64791	1929	11/62	64822	1931	12/62
64730	1927	11/62	64761	1928	11/59	64792	1929	01/62	64823	1931	01/61

Number	built	w/dwn	Number	built	w/dwn	Number	built	w/dwn	Number	built	w/dwn
64824	1931	04/60	64866	1935	09/62	64907	1936	11/62	64948	1938	04/60
64825	1931	10/61	64867	1935	02/62	64908	1936	03/61	64949	1938	08/62
64826	1931	02/60	64868	1935	04/62	64909	1936	04/61	64950	1938	12/62
64827	1931	02/60	64869	1935	12/62	64910	1936	12/62	64951	1938	03/60
64828	1931	03/60	64870	1935	01/62	64911	1936	11/62	64952	1938	03/60
64829	1931	05/59	64871	1935	10/62	64912	1936	12/59	64953	1938	03/60
64830	1931	02/60	64872	1935	11.62	64913	1936	10/59	64954	1938	03/60
64831	1931	06/61	64873	1935	05/59	64914	1936	07/61	64955	1938	07/62
64832	1932	09/59	64874	1935	04/61	64915	1936	03/62	64956	1938	03/60
64833	1932	11/62	64875	1935	11/62	64916	1936	08/61	64957	1938	03/60
64834	1932	11/59	64876	1935	09/59	64917	1936	12/62	64958	1938	03/60
64835	1932	12/62	64877	1935	11/62	64918	1936	11/62	64959	1938	01/60
64836	1932	04/62	64878	1935	02/61	64919	1936	12/62	64960	1938	02/60
64837	1932	11/61	64879	1935	11/62	64920	1936	11/61	64961	1938	10/59
64838	1932	01/60	64880	1935	11/62	64921	1936	12/62	64962	1938	03/60
64839	1932	10/61	64881	1935	09/59	64922	1936	12/62	64963	1938	01/62
64840	1932	11/62	64882	1935	04/61	64923	1936	10/62	64964	1938	04/61
64841	1932	10/59	64883	1935	03/60	64924	1937	12/62	64965	1938	03/60
64842	1932	04/62	64884	1935	03/62	64925	1937	12/62	64966	1938	07/60
64843	1932	03/62	64885	1935	02/61	64926	1937	10/62	64967	1938	02/60
64844	1932	12/62	64886	1935	11/62	64927	1937	12/62	64968	1938	03/60
64845	1932	07/61	64887	1935	01/60	64928	1937	07/61	64969	1938	11/62
64846	1933	11/62	64888	1935	11/62	64929	1937	12/62	64970	1938	05/61
64847	1933	11/62	64889	1935	08/60	64930	1937	07/61	64971	1941	06/62
64848	1934	12/62	64890	1935	02/60	64931	1937	10/61	64972	1941	12/59
64849	1934	11/62	64891	1935	02/60	64932	1937	07/61	64973	1941	11/62
64850	1934	12/62	64892	1935	05/61	64933	1937	12/62	64974	1941	08/60
64851	1934	12/62	64893	1935	07/60	64934	1938	12/62	64975	1941	12/62
64852	1934	12/62	64894	1935	10/59	64935	1938	12/62	64976	1941	11/59
64853	1934	12/62	64895	1935	11/62	64936	1938	12/62	64977	1941	02/60
64854	1934	12/62	64896	1935	08/60	64937	1938	02/60	64978	1941	12/62
64855	1934	08/62	64897	1935	12/62	64938	1938	11/62	64979	1941	01/62
64856	1934	10/62	64898	1936	02/60	64939	1938	04/62	64980	1941	12/59
64857	1934	12/62	64899	1936	11/62	64940	1938	12/62	64981	1941	02/60
64858	1934	03/62	64900	1936	07/59	64941	1938	12/62	64982	1941	12/62
64859	1934	12/62	64901	1936	10/61	64942	1938	12/62	64983	1941	11/59
64860	1935	12/62	64902	1936	03/60	64943	1938	12/62	64984	1941	12/59
64861	1935	12/62	64903	1936	04/62	64944	1938	12/62	64985	1941	12/62
64862	1935	10/61	64904	1936	10/61	64945	1938	10/62	64986	1941	12/62
64863	1935	01/62	64905	1936	09/59	64946	1938	12/62	64987	1941	03/61
64864	1935	12/62	64906	1936	04/61	64947	1938	05/62	64988	1941	12/59
64865	1935	12/62									

TOTAL 289

Class J1   Ivatt G.N.R.   0-6-0

Introduced 1908 by Ivatt.
Loco Weight : 46t 14c **Driving Wheels :** 5' 8" **Cylinders :** (I) 18" x 26" **Valve Gear :** Stephenson (slide valves)

Number	built	w/dwn	Number	built	w/dwn	Number	built	w/dwn	Number	built	w/dwn
65002	1908	08/54	65005	1908	05/52	65008	1908	03/52	65013	1908	11/54
65003	1908	01/53	65006	1908	07/51	65009	1908	03/52	65014	1908	08/53
65004	1908	11/52	65007	1908	02/52	65010	1908	01/53			

TOTAL 11

Class J2   Ivatt G.N.R.   0-6-0

Introduced 1912 by Ivatt. Development of Class J1
Loco Weight : 50t 10c **Driving Wheels :** 5' 8" **Cylinders :** (I) 19" x 26" **Valve Gear :** Stephenson (piston valves)

Number	built	w/dwn	Number	built	w/dwn	Number	built	w/dwn	Number	built	w/dwn
65015	1912	12/53	65018	1912	11/53	65020	1912	07/54	65022	1912	12/53
65016	1912	10/53	65019	1912	03/53	65021	1912	11/50	65023	1912	11/53
65017	1912	01/54									

TOTAL 9

Class J21 — Wordsell N.E.R. — 0-6-0

J21 introduced 1886 by T.W. Wordsell. Most were originally built as two cylinder compounds and later rebuilt as simple expansion locomotives.
Loco Weight : 42t 1c **Driving Wheels :** 5' 1¼" **Cylinders :** (I) 18" x 24" **Valve Gear :** Joy (slide valves)

* Rebuilt with superheater and new cylinders and pistons
Loco Weight : 43t 15c **Driving Wheels :** 5' 1¼" **Cylinders :** (I) 19" x 24" **Valve Gear :** Stephenson (piston valves)

** Rebuilt with new cylinders and pistons. No. 65043 had 19" x 26" cylinders.
Loco Weight : 42t 19c **Driving Wheels :** 5' 1¼" **Cylinders :** (I) 19" x 24" **Valve Gear :** Stephenson (piston valves)

Number	built	w/dwn	Number	built	w/dwn	Number	built	w/dwn	Number	built	w/dwn
65025 **	1886	11/51	65051	1889	07/49	65078 *	1891	03/57	65102 **	1892	11/51
65026 **	1887	10/49	65052 *	1889	08/49	65079 **	1891	11/49	65103 *	1892	10/58
65027 **	1887	02/50	65056	1890	12/48	65080 **	1891	12/51	65104 **	1892	10/48
65028 *	1887	09/51	65057 *	1890	10/50	65081 **	1891	01/51	65105 **	1892	09/51
65029	1887	05/49	65058 **	1890	11/49	65082 *	1891	01/55	65107 **	1892	05/49
65030 **	1888	04/51	65059 **	1890	08/49	65083 **	1891	04/50	65108 **	1892	10/49
65031 *	1889	06/48	65060 **	1890	08/49	65084 *	1891	07/50	65109 *	1892	04/49
65032 **	1889	08/48	65061 *	1890	05/58	65086	1891	02/49	65110 *	1892	07/60
65033 *	1889	04/62	65062 *	1890	12/54	65088 *	1891	11/55	65111 **	1892	03/51
65035 **	1889	05/56	65063	1890	02/48	65089 *	1891	12/54	65112	1892	11/49
65036 **	1889	12/49	65064 *	1890	09/58	65090 *	1891	12/55	65114	1892	05/49
65037 *	1889	04/50	65066 **	1890	11/49	65091 *	1891	10/57	65115 *	1892	06/48
65038 *	1889	11/54	65067 **	1890	11/51	65092 *	1891	12/54	65116	1894	02/50
65039 **	1889	11/58	65068 *	1890	06/54	65093 **	1891	09/49	65117 **	1894	05/59
65040 *	1889	09/52	65069 **	1890	04/48	65094 **	1891	02/50	65118 **	1894	11/51
65041	1889	02/51	65070 **	1891	09/60	65095 *	1891	04/51	65119 *	1894	12/54
65042 **	1889	07/54	65072 **	1891	02/50	65097 *	1891	12/54	65120	1894	02/50
65043 **	1889	01/51	65073	1891	02/50	65098 *	1891	12/54	65121 *	1894	12/49
65044	1889	10/49	65075 *	1891	06/54	65099 **	1891	10/61	65122	1894	09/51
65047 *	1889	12/54	65076 **	1891	06/51	65100 **	1891	12/54	65123 *	1895	02/50
65049 **	1889	06/48	65077 *	1891	08/53	65101 **	1892	04/50			

TOTAL 83

Class J10 — Parker M.S.L.R. / Robinson G.C.R. — 0-6-0

J10/2 1892 design by Parker for M.S.L.R. J10/4 1896 development by Pollitt with larger bearings.
J10/6 1901 Robinson development with larger bearings and detail differences.
Loco Weight : 37t 6c - 43t 0c **Driving Wheels :** 5' 1" **Cylinders :** (I) 18" x 26" **Valve Gear :** Stephenson (slide valves)

Number	built	w/dwn	Number	built	w/dwn	Number	built	w/dwn	Number	built	w/dwn
65126	1893	12/52	65147	1896	03/58	65169	1897	02/60	65190	1901	02/53
65127	1892	02/50	65148	1896	12/56	65170	1897	06/58	65191	1901	01/58
65128	1892	10/50	65149	1896	02/53	65171	1897	10/56	65192	1902	05/60
65130	1892	08/52	65151	1896	05/52	65172	1901	02/53	65193	1902	06/52
65131	1896	03/59	65153	1896	12/56	65173	1901	12/56	65194	1902	12/59
65132	1896	05/58	65154	1896	05/53	65175	1901	03/58	65195	1902	02/48
65133	1896	12/59	65155	1896	06/52	65176	1901	12/56	65196	1902	06/58
65134	1896	12/56	65156	1897	02/58	65177	1901	09/59	65197	1902	05/56
65135	1896	04/58	65157	1897	08/61	65178	1901	10/58	65198	1902	08/61
65136	1896	02/53	65158	1897	12/59	65179	1901	11/52	65199	1902	12/58
65137	1896	05/52	65159	1897	12/57	65180	1901	12/56	65200	1902	04/58
65138	1896	08/59	65160	1897	06/58	65181	1901	12/56	65201	1902	03/53
65139	1896	12/56	65161	1897	09/52	65182	1901	11/56	65202	1902	03/58
65140	1896	12/59	65162	1897	12/56	65183	1901	04/52	65203	1902	12/56
65141	1896	09/52	65163	1897	12/52	65184	1901	09/59	65204	1902	11/52
65142	1896	10/58	65164	1897	05/53	65185	1901	12/56	65205	1902	07/56
65143	1896	08/56	65165	1897	03/56	65186	1901	08/57	65208	1902	12/58
65144	1896	03/58	65166	1897	12/59	65187	1901	02/59	65209	1902	11/58
65145	1896	11/58	65167	1897	09/58	65188	1901	08/52			
65146	1896	12/58	65168	1897	12/52	65189	1901	09/52			

TOTAL 78

Class J36   Holmes N.B.R.   0-6-0

Introduced 1888 by Holmes for the North British Railway.
Loco Weight : 41t 19c   **Driving Wheels :** 5' 0"   **Cylinders :** (I) 18¼" x 26"   **Valve Gear :** Stephenson (slide valves)

Named Locos: *Not all locos carried their (painted) names continuously during B.R. days..*
65216 Byng, 65217 French, 65222 Somme, 65224 Mons, 65226 Haig (until 1953), **65233 Plumer, 65235 Gough, 65236 Horne, 65243 Maude, 65253 Joffre, 65268 Allenby, 65311 Haig** (from 1953)

Number	built	w/dwn	Number	built	w/dwn	Number	built	w/dwn	Number	built	w/dwn
65210	1888	10/62	65244	1891	08/57	65279	1896	03/51	65314	1899	08/55
65211	1889	07/62	65245	1891	06/51	65280	1896	05/62	65315	1899	04/62
65213	1889	04/57	65246	1891	01/62	65281	1896	07/61	65316	1899	12/62
65214	1890	11/63	65247	1891	07/59	65282	1896	01/66	65317	1899	07/60
65215	1890	04/50	65248	1891	05/56	65283	1896	12/52	65318	1899	05/62
65216	1890	04/62	65249	1892	10/60	65285	1896	11/63	65319	1899	11/66
65217	1890	10/62	65250	1892	02/57	65286	1896	02/52	65320	1899	04.62
65218	1890	10/62	65251	1892	11/63	65287	1896	06/63	65321	1899	12/62
65220	1891	03/48	65252	1892	05/60	65288	1897	06/67	65322	1899	08/51
65221	1891	07/59	65253	1892	06/63	65289	1897	03/48	65323	1900	12/63
65222	1891	11/63	65254	1892	04/51	65290	1897	08/63	65324	1900	02/57
65224	1891	06/63	65255	1892	08/51	65291	1897	11/50	65325	1900	11/63
65225	1891	10/57	65256	1892	04/48	65292	1897	02/51	65327	1900	11/65
65226	1891	04/51	65257	1892	10/62	65293	1897	12/62	65328	1900	03/48
65227	1891	08/61	65258	1892	03/62	65294	1897	03/50	65329	1900	12/63
65228	1891	12/62	65259	1892	07/59	65295	1897	04/61	65330	1900	06/62
65229	1891	05/60	65260	1892	10/62	65296	1897	02/62	65331	1900	08/63
65230	1891	10/62	65261	1892	06/63	65297	1897	01/66	65333	1900	10/59
65231	1891	04/52	65264	1892	06/52	65298	1897	04/51	65334	1900	10/62
65232	1891	10/61	65265	1892	12/63	65300	1898	07/62	65335	1900	11/63
65233	1891	11/60	65266	1892	05/62	65303	1898	12/62	65337	1900	04/48
65234	1891	04/67	65267	1892	11/66	65304	1898	10/62	65338	1900	12/63
65235	1891	10/61	65268	1892	12/62	65305	1898	02/62	65339	1900	03/61
65236	1891	04/56	65270	1893	02/58	65306	1899	07/62	65340	1900	01/52
65237	1891	12/62	65271	1893	08/52	65307	1899	12/63	65341	1900	07/63
65238	1891	07/51	65273	1893	11/63	65308	1899	06/51	65342	1900	02/60
65239	1891	01/61	65274	1893	12/50	65309	1899	06/64	65343	1900	02/60
65240	1891	04/52	65275	1893	12/62	65310	1899	07/62	65344	1900	10/62
65241	1891	10/62	65276	1896	03/61	65311	1899	11/63	65345	1900	05/67
65242	1891	08/57	65277	1896	06/63	65312	1899	12/62	65346	1900	06/64
65243	1891	07/66	65278	1896	01/52	65313	1899	07/62			TOTAL 123

Class J15   Wordsell G.E.R.   0-6-0

*Introduced in 1883 by T.W. Wordsell. **65391, 65405/24/32/8** were fitted with side window cabs and tender cabs for working on the Colne Valley line.*
Loco Weight : 37t 2c   **Driving Wheels :** 4' 11"   **Cylinders :** (I) 17½" x 24"   **Valve Gear :** Stephenson (slide valves)

Number	built	w/dwn	Number	built	w/dwn	Number	built	w/dwn	Number	built	w/dwn
65350	1886	02/51	65368	1889	05/48	65384	1890	03/55	65400	1891	02/48
65351	1887	05/49	65369	1889	02/51	65385	1890	12/48	65401	1891	09/51
65352	1887	05/48	65370	1889	04/56	65386	1890	01/50	65402	1891	10/50
65353	1887	12/49	65371	1889	12/49	65387	1890	08/49	65404	1891	10/56
65354	1887	02/51	65372	1889	09/49	65388	1890	05/59	65405	1891	10/58
65355	1887	04/51	65373	1889	10/50	65389	1890	04/60	65406	1891	04/51
65356	1888	04/57	65374	1889	11/50	65390	1890	12/58	65407	1891	04/51
65357	1888	09/49	65375	1889	11/49	65391	1890	12/58	65408	1891	12/51
65359	1888	12/55	65376	1889	06/49	65392	1890	05/49	65409	1891	11/49
65361	1889	09/62	65377	1889	02/51	65393	1890	08/49	65410	1891	02/48
65362	1889	07/51	65378	1889	04/51	65394	1890	05/48	65411	1891	10/48
65363	1889	08/49	65379	1889	09/49	65395	1891	05/49	65412	1891	11/49
65364	1889	06/49	65380	1889	01/48	65396	1891	03/51	65413	1891	11/50
65365	1889	07/50	65381	1889	11/48	65397	1891	09/49	65414	1891	11/49
65366	1889	06/52	65382	1890	03/52	65398	1891	02/52	65415	1891	05/49
65367	1889	01/50	65383	1890	02/48	65399	1891	03/48	65416	1891	12/49

Number	built	w/dwn	Number	built	w/dwn	Number	built	w/dwn	Number	built	w/dwn
65417	1891	08/56	65433	1899	01/58	65449	1899	12/59	65465	1912	09/62
65418	1891	03/48	65434	1899	11/59	65450	1906	10/61	65466	1912	07/58
65419	1892	02/50	65435	1899	09/56	65451	1906	09/59	65467	1912	02/59
65420	1892	08/62	65436	1899	12/49	65452	1906	12/59	65468	1912	09/59
65421	1892	03/48	65437	1899	09/50	65453	1906	08/62	65469	1912	08/62
65422	1892	07/55	65438	1899	06/58	65454	1906	05/59	65470	1913	12/59
65423	1892	11/50	65439	1899	11/51	65455	1906	03/60	65471	1913	07/60
65424	1892	12/59	65440	1899	10/60	65456	1906	09/58	65472	1913	12/59
65425	1892	09/56	65441	1899	10/58	65457	1906	02/62	65473	1913	03/60
65426	1892	05/51	65442	1899	05/58	65458	1906	10/61	65474	1913	02/60
65427	1892	10/50	65443	1899	12/59	65459	1912	02/60	65475	1913	09/59
65428	1899	08/49	65444	1899	10/58	65460	1912	09/62	65476	1913	09/62
65429	1899	11/50	65445	1899	08/62	65461	1912	04/60	65477	1913	02/60
65430	1899	01/56	65446	1899	12/60	65462	1912	09/62	65478	1913	10/61
65431	1899	03/51	65447	1899	04/59	65463	1912	11/59	65479	1913	08/60
65432	1899	03/58	65448	1899	03/60	65464	1912	09/62			TOTAL 127

Class J5   Ivatt G.N.R.   0-6-0

Introduced 1909 by Ivatt for G.N.R.
Loco Weight: 47t 6c Driving Wheels: 5' 2" Cylinders: (I) 18" x 26" Valve Gear: Stephenson (slide valves)

Number	built	w/dwn	Number	built	w/dwn	Number	built	w/dwn	Number	built	w/dwn
65480	1910	10/54	65485	1910	12/54	65490	1909	10/54	65495	1909	08/54
65481	1910	10/53	65486	1910	12/54	65491	1909	10/53	65496	1909	02/54
65482	1910	11/53	65487	1910	06/53	65492	1909	09/53	65497	1909	12/53
65483	1910	12/55	65488	1910	10/53	65493	1909	08/54	65498	1909	12/55
65484	1910	03/53	65489	1910	12/53	65494	1909	01/55	65499	1910	04/53

TOTAL 20

Class J17   Holden G.E.R.   0-6-0

Introduced 1902 by J. Holden for G.E.R. Many rebuilt with round topped boilers
Loco Weight: 45t 8c Driving Wheels: 4' 11" Cylinders: (I) 19" x 26" Valve Gear: Stephenson (slide valves)

Number	built	w/dwn	Number	built	w/dwn	Number	built	w/dwn	Number	built	w/dwn
65500	1900	03/58	65523	1901	05/57	65545	1902	10/59	65568	1905	09/58
65501	1900	01/58	65524	1901	03/55	65546	1902	01/60	65569	1905	02/55
65502	1900	09/59	65525	1901	04/59	65547	1902	09/54	65570	1905	04/60
65503	1900	08/60	65526	1901	08/59	65548	1902	03/60	65571	1905	02/58
65504	1900	10/58	65527	1901	04/59	65549	1902	12/60	65572	1905	12/57
65505	1900	11/59	65528	1901	11/61	65551	1902	02/60	65573	1905	10/58
65506	1900	08/60	65529	1901	05/58	65552	1902	01/55	65574	1905	04/55
65507	1900	09/61	65530	1901	01/60	65553	1902	04/59	65575	1906	02/58
65508	1900	06/58	65531	1901	04/59	65554	1902	09/61	65576	1906	09/62
65509	1900	01/58	65532	1901	02/62	65555	1903	03/60	65577	1906	02/62
65510	1900	03/55	65533	1901	01/60	65556	1903	03/61	65578	1906	03/62
65511	1900	11/60	65534	1901	05/58	65557	1903	04/59	65579	1906	11/54
65512	1900	12/59	65535	1901	05/58	65558	1903	01/60	65580	1910	11/59
65513	1900	03/61	65536	1901	03/60	65559	1903	11/59	65581	1910	04/62
65514	1900	01/60	65537	1901	01/57	65560	1905	06/62	65582	1910	09/62
65515	1900	09/58	65538	1901	04/59	65561	1905	12/59	65583	1910	02/62
65516	1901	03/55	65539	1901	08/60	65562	1905	08/58	65584	1910	02/60
65517	1901	05/55	65540	1902	04/59	65563	1905	01/60	65585	1910	11/54
65518	1901	09/58	65541	1902	09/62	65564	1905	08/60	65586	1910	04/62
65519	1901	03/60	65542	1902	05/59	65565	1905	04/60	65587	1910	12/58
65520	1901	02/61	65543	1902	05/55	65566	1905	07/60	65588	1910	05/61
65521	1901	02/62	65544	1902	11/59	65567	1905	08/62	65589	1910	01/61
65522	1901	09/58									

TOTAL 89

Class J24 Wordsell N.E.R. 0-6-0

Introduced by W. Wordsell in 1894.
Loco Weight: 38t 10c **Driving Wheels:** 4' 7¼" **Cylinders:** (I) 18" x 26" **Valve Gear:** Stephenson (slide valves)
* Rebuilt with superheater and piston valves.
Loco Weight: 39t 11c **Driving Wheels:** 4' 7¼" **Cylinders:** (I) 18½" x 26" **Valve Gear:** Stephenson (piston valves)

Number	built	w/dwn	Number	built	w/dwn	Number	built	w/dwn	Number	built	w/dwn
65600	1894	10/50	65611 *	1895	10/50	65624 *	1897	09/50	65634	1898	04/50
65601	1894	12/51	65612	1895	02/48	65625	1897	05/48	65636 *	1898	12/50
65602	1894	05/49	65614	1895	05/51	65626	1897	11/48	65639	1898	02/48
65603 *	1894	01/50	65615	1895	11/51	65627 *	1897	12/50	65640	1898	04/51
65604	1895	12/50	65617 *	1896	12/51	65628 *	1897	11/50	65641	1898	09/48
65606 *	1895	02/49	65619	1896	11/51	65629 *	1897	05/49	65642	1898	11/50
65607	1895	12/48	65621 *	1896	09/50	65631 *	1897	11/50	65644 *	1898	09/51
65608	1895	08/49	65622	1896	02/51	65632	1897	11/49			
65609	1895	10/49	65623	1896	06/51	65633 *	1898	04/49			TOTAL 34

Class J25 Wordsell N.E.R. 0-6-0

Introduced by W. Wordsell in 1898.
Loco Weight: 39t 11c **Driving Wheels:** 4' 7¼" **Cylinders:** (I) 18½" x 26" **Valve Gear:** Stephenson (slide valves)
* Rebuilt with superheater and piston valves.
Loco Weight: 39t 11c **Driving Wheels:** 4' 7¼" **Cylinders:** (I) 18½" x 26" **Valve Gear:** Stephenson (piston valves)

Number	built	w/dwn	Number	built	w/dwn	Number	built	w/dwn	Number	built	w/dwn
65645 *	1898	04/62	65665 *	1898	10/49	65686	1899	11/54	65706 *	1900	12/59
65646 *	1898	04/50	65666	1898	06/60	65687	1899	08/59	65707	1900	01/50
65647	1898	04/56	65667	1899	09/54	65688	1899	09/54	65708	1900	05/56
65648	1898	09/58	65668	1899	03/49	65689	1899	05/54	65710	1900	11/54
65649	1898	03/49	65669 *	1899	04/50	65690	1900	12/54	65712	1900	08/60
65650 *	1898	09/57	65670	1899	06/62	65691	1900	10/61	65713	1900	08/60
65651	1898	09/50	65671	1899	09/54	65692 *	1900	03/54	65714	1900	01/61
65653	1898	05/51	65672	1899	05/51	65693	1900	04/62	65715	1902	03/49
65654 *	1898	05/58	65673 *	1899	06/58	65694	1900	11/54	65716	1902	04/54
65655	1898	12/58	65674	1899	07/48	65695	1900	06/62	65717 *	1902	10/58
65656	1898	08/59	65675	1899	03/59	65696	1900	12/58	65718	1902	05/51
65657	1898	11/58	65676	1899	01/54	65697	1900	11/58	65720	1902	04/62
65658	1898	08/50	65677 *	1899	10/58	65698	1900	09/59	65721	1902	12/49
65659 *	1898	02/51	65679	1899	05/51	65699	1900	03/58	65723	1902	03/55
65660	1898	01/53	65680	1899	09/57	65700	1900	08/59	65724	1902	11/49
65661	1898	10/54	65681 *	1899	04/50	65702 *	1900	10/59	65725	1902	10/50
65662 *	1898	06/60	65683 *	1899	06/58	65703	1900	04/49	65726	1902	06/62
65663	1898	04/62	65684 *	1899	04/49	65704	1900	06/48	65727	1902	01/61
65664	1898	09/52	65685	1899	09/59	65705	1900	10/54	65728	1902	04/62
											TOTAL 76

Class J26 Wordsell N.E.R. 0-6-0

1904 design for N.E.R. by W. Wordsell
Loco Weight: 46t 16c **Driving Wheels:** 4' 7¼" **Cylinders:** (I) 18½" x 26" **Valve Gear:** Stephenson (slide valves)

Number	built	w/dwn	Number	built	w/dwn	Number	built	w/dwn	Number	built	w/dwn
65730	1904	01/59	65743	1904	06/62	65756	1905	06/62	65769	1905	10/61
65731	1904	06/62	65744	1904	02/59	65757	1905	04/62	65770	1905	02/59
65732	1904	11/59	65745	1904	12/61	65758	1905	01/59	65771	1905	01/59
65733	1904	01/59	65746	1904	06/58	65759	1905	01/59	65772	1905	06/62
65734	1904	10/58	65747	1904	04/62	65760	1905	07/61	65773	1905	06/62
65735	1904	06/62	65748	1904	01/59	65761	1905	06/62	65774	1905	07/61
65736	1904	02/61	65749	1904	03/59	65762	1905	01/61	65775	1905	02/59
65737	1904	10/59	65750	1905	02/59	65763	1905	01/62	65776	1905	06/62
65738	1904	02/59	65751	1905	01/62	65764	1905	03/59	65777	1905	09/60
65739	1904	02/59	65752	1905	06/58	65765	1905	06/58	65778	1905	07/61
65740	1904	01/59	65753	1905	05/61	65766	1905	02/59	65779	1905	03/61
67541	1904	10/61	65754	1905	06/58	65767	1905	06/58			
65742	1904	02/59	65755	1905	06/62	65768	1905	06/62			TOTAL 5

Class J27 — Wordsell N.E.R. — 0-6-0

Introduced by W. Wordsell in 1906
Loco Weight : 47t 0c **Driving Wheels :** 4' 7¼" **Cylinders :** (I) 18½" x 26" **Valve Gear :** Stephenson (slide valves)
Nos 65860 - 65894 Rebuilt with superheater and piston valves.
Loco Weight : 49t 10c **Driving Wheels :** 4' 7¼" **Cylinders :** (I) 18½" x 26" **Valve Gear :** Stephenson (piston valves)

Number	built	w/dwn	Number	built	w/dwn	Number	built	w/dwn	Number	built	w/dwn
65780	1906	04/59	65809	1908	09/66	65838	1909	01/67	65867	1922	06/62
65781	1906	10/59	65810	1908	12/63	65839	1909	01/62	65868	1922	05/61
65782	1906	11/61	65811	1908	09/67	65840	1908	05/59	65869	1922	02/67
65783	1906	06/59	65812	1908	06/67	65841	1908	08/65	65870	1922	10/64
65784	1906	08/59	65813	1908	05/67	65842	1908	01/67	65871	1922	01/63
65785	1906	06/59	65814	1908	06/66	65843	1908	04/59	65872	1922	01/67
65786	1906	04/62	65815	1908	11/66	65844	1908	12/65	65873	1922	10/66
65787	1906	05/62	65816	1908	10/59	65845	1908	02/65	65874	1922	08/66
65788	1906	06/66	65817	1908	05/67	65846	1908	10/65	65875	1922	03/63
65789	1906	07/67	65818	1908	07/62	65847	1908	02/60	65876	1922	03/64
65790	1906	08/66	65819	1908	10/66	65848	1908	09/59	65877	1922	11/62
65791	1906	10/64	65820	1908	05/63	65849	1908	05/63	65878	1922	10/64
65792	1906	05/65	65821	1908	02/66	65850	1908	04/63	65879	1922	09/67
65793	1906	04/59	65822	1908	03/65	65851	1908	12/65	65880	1922	06/67
65794	1906	06/65	65823	1908	03/67	65852	1908	12/63	65881	1922	02/63
65795	1906	07/67	65824	1908	12/59	65853	1908	02/67	65882	1922	09/67
65796	1906	05/66	65825	1908	06/66	65854	1908	12/63	65883	1922	04/63
65797	1906	11/62	65826	1908	08/59	65855	1908	09/67	65884	1922	12/63
65798	1906	06/59	65827	1908	07/59	65856	1908	08/59	65885	1923	06/67
65799	1906	08/62	65828	1908	05/64	65857	1908	04/63	65886	1923	08/59
65800	1908	09/62	65829	1908	03/59	65858	1908	10/65	65887	1923	05/63
65801	1908	07/66	65830	1909	03/63	65859	1908	09/66	65888	1923	12/63
65802	1908	08/66	65831	1909	02/66	65860	1921	07/67	65889	1923	02/64
65803	1908	04/59	65832	1909	03/66	65861	1921	05/67	65890	1923	05/63
65804	1908	07/67	65833	1909	05/67	65862	1921	10/65	65891	1923	12/63
65805	1908	01/66	65834	1909	05/67	65863	1921	08/62	65892	1923	08/67
65806	1908	07/59	65835	1909	01/67	65864	1921	12/63	65893	1923	07/66
65807	1908	05/62	65836	1909	04/59	65865	1921	02/67	65894	1923	09/67
65808	1908	03/65	65837	1909	10/62	65866	1922	06/59			

TOTAL 115

Class J38 — Gresley L.N.E.R. — 0-6-0

Introduced 1926 by Gresley. Smaller wheeled predecessor of the more numerous Class J39.
Loco Weight : 58t 19c **Driving Wheels :** 4' 8" **Cylinders :** (I) 20" x 26" **Valve Gear :** Stephenson (piston valves)

Number	built	w/dwn	Number	built	w/dwn	Number	built	w/dwn	Number	built	w/dwn
65900	1926	11/63	65909	1926	11/66	65918	1926	11/66	65927	1926	12/64
65901	1926	04/67	65910	1926	07/66	65919	1926	08/64	65928	1926	12/62
65902	1926	12/63	65911	1926	03/67	65920	1926	11/66	65929	1926	04/67
65903	1926	11/66	65912	1926	11/66	65921	1926	11/66	65930	1926	09/66
65904	1926	07/64	65913	1926	08/64	65922	1926	10/66	65931	1926	09/66
65905	1926	05/66	65914	1926	11/66	65923	1926	12/62	65932	1926	03/66
65906	1926	08/65	65915	1926	11/66	65924	1926	06/64	65933	1926	04/65
65907	1926	08/66	65916	1926	10/65	65925	1926	11/66	65934	1926	12/66
65908	1926	09/64	65917	1926	11/66	65926	1926	02/65			

TOTAL 35

Class F7 — Holden G.E.R. — 2-4-2T

Introduced in 1909 by S.Holden.
Loco Weight : 45t 14c **Driving Wheels :** 4' 10" **Cylinders :** (I) 15" x 22" **Valve Gear :** Stephenson (slide valves)

Number	built	w/dwn	Number	built	w/dwn
67093	1909	11/48	67094	1910	11/48

TOTAL 2

Class F1 — Parker M.S.L.R. — 2-4-2T

Introduced in 1889 by Parker for Manchester, Sheffield & Lincoln Railway.
Loco Weight : 60t 12c **Driving Wheels :** 5' 7" **Cylinders :** (I) 18" x 24" **Valve Gear :** Joy (slide valves)

Number	built	w/dwn	Number	built	w/dwn	Number	built	w/dwn
67097	1889	03/48	67099	1891	01/49	67100	1891	01/49

TOTAL 3

Class F2   Pollitt G.C.R.   2-4-2T

Introduced by Pollitt in 1898. Push Pull fitted.
Loco Weight: 62t 6c   **Driving Wheels:** 5' 7"   **Cylinders:** (I) 18" x 26"   **Valve Gear:** Stephenson (slide valves)

Number	built	w/dwn	Number	built	w/dwn	Number	built	w/dwn	Number	built	w/dwn
67104	1898	05/49	67107	1898	02/49	67109	1898	11/49	67112	1898	05/49
67105	1898	05/48	67108	1898	07/50	67111	1898	12/50	67113	1898	04/49
67106	1898	12/48									

TOTAL 9

Class F3   Holden G.E.R.   2-4-2T

1893 design for Great Eastern Railway by J. Holden.
Loco Weight: 58t 12c   **Driving Wheels:** 5' 4"   **Cylinders:** (I) 17½" x 24"   **Valve Gear:** Stephenson (slide valves)

Number	built	w/dwn	Number	built	w/dwn	Number	built	w/dwn	Number	built	w/dwn
67114	1893	03/48	67124	1894	03/50	67134	1895	05/48	67143	1902	07/48
67115	1893	05/48	67126	1894	01/50	67139	1895	12/50	67149	1902	07/49
67117	1893	05/48	67127	1894	03/53	67140	1895	03/49	67150	1902	10/49
67119	1893	02/48	67128	1894	12/50	67141	1902	05/48			

TOTAL 15

Class F4   Wordsell G.E.R.   2-4-2T

Introduced by Wordsell for Great Eastern Railway in 1884. 67151 push pull fitted.
Loco Weight: 51t 11c   **Driving Wheels:** 5' 4"   **Cylinders:** (I) 17½" x 24"   **Valve Gear:** Stephenson (slide valves)

Number	built	w/dwn	Number	built	w/dwn	Number	built	w/dwn	Number	built	w/dwn
67151	1906	08/51	67161	1907	04/48	67170	1908	04/48	67179	1909	04/48
67152	1906	02/52	67162	1907	08/55	67171	1908	08/51	67180	1909	04/48
67153	1907	08/51	67163	1907	12/51	67172	1908	04/48	67181	1909	04/48
67154	1907	09/51	67164	1907	08/51	67173	1908	04/48	67182	1909	01/53
67155	1907	08/51	67165	1907	01/51	67174	1908	12/54	67183	1909	04/50
67156	1907	11/50	67166	1907	04/51	67175	1908	08/51	67184	1909	12/52
67157	1907	06/56	67167	1908	09/52	67176	1909	07/53	67185	1909	04/48
67158	1907	01/53	67168	1908	04/48	67177	1909	03/51	67186	1909	07/53
67159	1907	04/48	67169	1908	04/48	67178	1909	08/52	67187	1909	08/55
67160	1907	04/50									

TOTAL 37

Class F5   Holden G.E.R.   2-4-2T

Introduced in 1911 by S.D. Holden. High pressure boiler rebuild of Class F4.
Numbers 67193/9, 67200/2/3/13 were push pull fitted.
Loco Weight: 53t 19c   **Driving Wheels:** 5' 4"   **Cylinders:** (I) 17½" x 24"   **Valve Gear:** Stephenson (slide valves)

Number	built	w/dwn	Number	built	w/dwn	Number	built	w/dwn	Number	built	w/dwn
67188	1903	12/55	67196	1904	03/55	67204	1905	09/55	67212	1906	05/58
67189	1903	12/56	67197	1904	03/55	67205	1905	11/55	67213	1907	02/55
67190	1903	12/55	67198	1904	08/55	67206	1905	09/55	67214	1907	06/58
67191	1903	12/55	67199	1904	02/57	67207	1905	12/55	67215	1908	09/55
67192	1903	04/58	67200	1904	12/57	67208	1905	01/57	67216	1908	12/56
67193	1903	11/57	67201	1904	12/56	67209	1906	02/57	67217	1909	11/55
67194	1904	10/56	67202	1905	12/57	67210	1906	07/55			
67195	1904	05/58	67203	1905	12/57	67211	1906	10/56			

TOTAL 30

Class F6   Holden G.E.R.   2-4-2T

Introduced in 1911 by Holden as a development of Class F4. Nos. 67218/9 were rebuilt from Class F4, but reclassified as Class F5 in 1948 by British Railways. In addition, 67218 was push pull fitted in 1949. 67218/9 weighed 53t 19c
Loco Weight: 56t 9c   **Driving Wheels:** 5' 4"   **Cylinders:** (I) 17½" x 24"   **Valve Gear:** Stephenson (slide valves)

Number	built	w/dwn	Number	built	w/dwn	Number	built	w/dwn	Number	built	w/dwn
67218	1904	03/58	67224	1911	11/56	67230	1911	05/58	67236	1911	08/55
67219	1904	11/56	67225	1911	05/56	67231	1911	03/58	67237	1912	08/55
67220	1911	07/55	67226	1911	11/55	67232	1911	11/55	67238	1912	11/55
67221	1911	10/57	67227	1911	05/58	67233	1911	12/55	67239	1912	12/55
67222	1911	08/55	67228	1911	04/58	67234	1911	08/56			
67223	1911	12/55	67229	1911	03/58	67235	1911	01/56			

TOTAL 22

Class G5 — Wordsell N.E.R. — 0-4-4T

W. Wordsell design for North Eastern Railway, introduced 1894. *Some were push - pull fitted.*
Loco Weight : 54t 4c **Driving Wheels :** 5' 1¼" **Cylinders :** (I) 18" x 24" **Valve Gear :** Stephenson (slide valves)

Number	built	w/dwn	Number	built	w/dwn	Number	built	w/dwn	Number	built	w/dwn
67240	1894	04/56	67268	1896	04/55	67296	1897	03/55	67324	1900	11/57
67241	1894	03/55	67269	1896	09/56	67297	1897	09/58	67325	1901	10/58
67242	1894	02/53	67270	1896	01/58	67298	1897	12/56	67326	1901	10/57
67243	1894	09/55	67271	1896	02/55	67299	1897	05/50	67327	1901	02/55
67244	1894	11/52	67272	1896	11/54	67300	1897	11/55	67328	1901	11/55
67245	1894	06/51	67273	1896	05/57	67301	1897	03/55	67329	1901	11/58
67246	1894	11/58	67274	1896	12/58	67302	1897	04/56	67330	1901	12/52
67247	1894	12/54	67275	1896	09/52	67303	1897	02/53	67331	1901	01/53
67248	1894	12/58	67276	1896	10/52	67304	1897	02/55	67332	1901	04/56
67249	1894	03/55	67277	1896	10/57	67305	1897	12/58	67333	1901	10/56
67250	1895	09/57	67278	1896	07/57	67306	1897	06/48	67334	1901	03/56
67251	1895	03/56	67279	1896	11/56	67307	1897	05/55	67335	1901	08/53
67252	1895	11/52	67280	1896	12/58	67308	1897	11/55	67336	1901	03/55
67253	1895	10/58	67281	1896	12/58	67309	1896	03/55	67337	1901	03/57
67254	1895	12/57	67282	1896	05/57	67310	1900	09/55	67338	1901	08/57
67255	1895	05/51	67283	1896	08/54	67311	1900	12/58	67339	1901	03/57
67256	1895	04/57	67284	1896	10/56	67312	1900	04/56	67340	1901	04/58
67257	1895	04/54	67285	1896	06/50	67313	1900	08/51	67341	1901	11/58
67258	1895	10/57	67286	1896	10/56	67314	1900	12/55	67342	1901	12/58
67259	1895	12/57	67287	1896	03/53	67315	1900	12/58	67343	1901	11/57
67260	1896	11/52	67288	1896	06/54	67316	1900	12/55	67344	1901	02/56
67261	1896	12/58	67289	1897	12/56	67317	1900	09/51	67345	1901	12/55
67262	1896	12/58	67290	1897	03/56	67318	1900	03/57	67346	1901	02/57
67263	1896	10/58	67291	1897	02/53	67319	1900	12/57	67347	1901	03/56
67264	1896	07/51	67292	1897	08/52	67320	1900	11/58	67348	1901	01/53
67265	1896	02/58	67293	1897	04/55	67321	1900	01/57	67349	1901	04/54
67266	1896	12/55	67294	1897	01/57	67322	1900	11/56			
67267	1896	06/54	67295	1897	03/54	67323	1900	12/58			TOTAL 110

Class C12 — Ivatt G.N.R. — 4-4-2T

Ivatt G.N.R. design, introduced in 1898. * 67356/63/74/86/7 were push pull fitted by B.R.
Loco Weight : 62t 6c **Driving Wheels :** 5' 8" **Cylinders :** (I) 18" x 26" **Valve Gear :** Stephenson (slide valves)

Number	built	w/dwn	Number	built	w/dwn	Number	built	w/dwn	Number	built	w/dwn
67350	1898	04/55	67363 *	1899	11/58	67375	1899	04/55	67387*	1903	02/55
67351	1898	12/48	67364	1899	05/56	67376	1901	05/58	67388	1903	07/48
67352	1898	11/58	67365	1899	05/58	67377	1901	07/49	67389	1904	04/55
67353	1898	04/55	67366	1899	04/58	67378	1901	01/48	67390	1903	06/53
67354	1898	07/53	67367	1899	08/58	67379	1901	06/58	67391	1907	01/58
67355	1898	03/48	67368	1899	10/55	67380	1901	05/58	67392	1907	09/56
67356 *	1898	10/51	67369	1899	07/54	67381	1901	01/52	67393	1907	05/53
67357	1898	05/58	67370	1899	01/48	67382	1901	04/55	67394	1907	06/58
67358	1899	01/48	67371	1899	04/55	67383	1901	01/55	67395	1907	03/57
67359	1899	08/49	67372	1899	05/53	67384	1903	05/56	67397	1907	12/58
67360	1899	01/55	67373	1899	03/51	67385	1903	04/55	67398	1907	11/58
67361	1899	04/55	67374 *	1899	04/58	67386 *	1903	04/58	67399	1907	11/49
67362	1899	01/58									TOTAL 49

Class C13 — Robinson G.C.R. — 4-4-2T

Robinson design introduced in 1903 and subsequently superheated.
Loco Weight : 66t 13c **Driving Wheels :** 5' 7" **Cylinders :** (I) 18" x 26" **Valve Gear :** Stephenson (slide valves)

Number	built	w/dwn	Number	built	w/dwn	Number	built	w/dwn	Number	built	w/dwn
67400	1903	12/56	67404	1903	02/53	67408	1903	05/54	67412	1903	06/54
67401	1903	11/55	67405	1903	05/55	67409	1903	12/56	67413	1903	12/57
67402	1903	08/54	67406	1903	03/53	67410	1903	03/53	67414	1903	06/55
67403	1903	04/55	67407	1903	09/56	67411	1903	05/55	67415	1903	02/56

Number	built	w/dwn	Number	built	w/dwn	Number	built	w/dwn	Number	built	w/dwn
67416	1903	12/58	67422	1904	09/54	67428	1904	11/57	67434	1905	10/57
67417	1903	01/60	67423	1904	10/57	67429	1904	12/54	67435	1905	12/52
67418	1903	12/58	67424	1904	11/58	67430	1905	04/56	67436	1905	02/56
67419	1903	06/57	67425	1904	08/56	67431	1905	09/56	67437	1905	08/57
67420	1904	12/58	67426	1904	12/54	67432	1905	12/54	67438	1905	01/58
67421	1904	12/58	67427	1904	01/58	67433	1905	01/58	67439	1905	11/58

TOTAL 40

Class C14   Robinson G.C.R.   4-4-2T

Introduced 1907 by Robinson as a development of his Class C13 (see before). Later superheated.
Loco Weight : 71t 0c **Driving Wheels :** 5' 7" **Cylinders :** (I) 18" x 26" **Valve Gear :** Stephenson (slide valves)

Number	built	w/dwn	Number	built	w/dwn	Number	built	w/dwn	Number	built	w/dwn
67440	05/07	07/57	67443	05/07	06/57	67446	05/07	05/57	67449	05/07	12/57
67441	05/07	08/57	67444	05/07	07/57	67447	05/07	03/58	67450	05/07	01/60
67442	05/07	11/57	67445	05/07	12/59	67448	05/07	06/59	67451	05/07	01/57

TOTAL 12

Class C15   Reid N.B.R.   4-4-2T

Reid design for the N.B.R., introduced 1911. 67460/74/5 push pull fitted.
Loco Weight : 68t 15c **Driving Wheels :** 5' 9" **Cylinders :** (I) 18" x 26" **Valve Gear :** Stephenson (slide valves)

Number	built	w/dwn	Number	built	w/dwn	Number	built	w/dwn	Number	built	w/dwn
67452	1911	02/56	67460	1912	04/60	67468	1913	10/53	67475	1913	04/54
67453	1912	01/54	67461	1912	12/54	67469	1913	09/54	67476	1913	09/54
67454	1912	06/54	67462	1912	06/54	67470	1913	11/54	67477	1913	09/54
67455	1912	02/55	67463	1912	09/55	67471	1913	12/52	67478	1913	02/56
67456	1912	09/54	67464	1913	08/53	67472	1913	04/56	67479	1913	01/54
67457	1912	06/55	67465	1913	11/54	67473	1913	12/54	67480	1913	02/56
67458	1912	03/56	67466	1913	04/56	67474	1913	04/60	67481	1913	02/56
67459	1912	10/55	67467	1913	03/55	67475	1913	04/54			

TOTAL 30

Class C16   Reid N.B.R.   4-4-2T

Superheated development of Class C15 (see above), introduced 1915 by Reid.
Loco Weight : 72t 10c **Driving Wheels :** 5' 9" **Cylinders :** (I) 19" x 26" **Valve Gear :** Stephenson (piston valves)

Number	built	w/dwn	Number	built	w/dwn	Number	built	w/dwn	Number	built	w/dwn
67482	1915	10/59	67488	1916	10/59	67493	1916	04/56	67498	1921	07/55
67483	1915	04/56	67489	1916	04/56	67494	1916	02/61	67499	1921	11/55
67484	1915	04/60	67490	1916	04/60	67495	1916	05/56	67500	1921	10/59
67485	1915	04/61	67491	1916	04/61	67496	1916	03/60	67501	1921	04/60
67486	1915	04/60	67492	1916	04/60	67497	1921	10/59	67502	1921	04/60
67487	1916	10/59									

TOTAL 21

Class V3 2-6-2T No. 67615. These locomotives were mainly associated with suburban services in Glasgow, Edinburgh and the North East of England, but some did for a while work on Great Eastern Section services from London (Liverpool Street).

Modelmaster Collection

Class J83 0-6-0T No. 68479 working as station pilot at Glasgow Queen Street Station during the 1950s. This was more usually a class 'N15' 0-6-2T duty.

Classes V1 & V3　　　Gresley L.N.E.R.　　　2-6-2T

Nos. 67600 - 67681 were Class V1 introduced 1930 by Gresley. 67682 - 67691, introduced in 1939, had higher boiler pressure and tractive effort, and were introduced in 1939, weighing 86t 16c.

Loco Weight : 84t 0c **Driving Wheels :** 5' 8" **Cylinders :** (3) 16" x 26" **Valve Gear :** Walschaert (piston valves)

† Built New as Class V3　　　**♦ Rebuilt from Class V1 to Class V3**

Number	1948	w/dwn	Number	1948	w/dwn	Number	1948	w/dwn	Number	1948	w/dwn
67600 ♦	1930	12/62	67623 ♦	1931	01/62	67646 ♦	1935	11/64	67669	1938	09/61
67601	1930	01/62	67624 ♦	1931	09/60	67647 ♦	1935	01/63	67670 ♦	1938	08/61
67602	1930	05/62	67625 ♦	1931	12/62	67648 ♦	1935	02/62	67671	1938	06/60
67603	1930	03/62	67626 ♦	1931	12/62	67649	1935	06/62	67672 ♦	1938	12/62
67604 ♦	1930	12/62	67627 ♦	1931	08/61	67650 ♦	1936	08/61	67673	1938	10/62
67605 ♦	1930	12/62	67628 ♦	1934	11/64	67651	1936	05/64	67674 ♦	1938	12/62
67606 ♦	1930	12/62	67629	1935	05/62	67652	1936	12/63	67675 ♦	1938	12/62
67607 ♦	1930	12/62	67630	1935	12/62	67653	1936	09/63	67676 ♦	1938	07/62
67608 ♦	1930	12/62	67631	1935	03/62	67654 ♦	1936	09/63	67677 ♦	1939	10/62
67609 ♦	1931	02/62	67632 ♦	1935	12/62	67655	1936	03/62	67678 ♦	1939	11/64
67610	1931	06/61	67633 ♦	1935	12/62	67656 ♦	1936	12/63	67679 ♦	1939	01/62
67611 ♦	1931	12/62	67634	1935	04/62	67657 ♦	1936	12/62	67680	1939	12/62
67612 ♦	1931	01/61	67635 ♦	1935	09/63	67658 ♦	1936	09/63	67681	1939	11/61
67613 ♦	1931	01/62	67636 ♦	1935	11/64	67659	1936	02/62	67682 †	1939	09/63
67614 ♦	1931	07/62	67637	1935	05/62	67660 ♦	1936	02/62	67683 †	1939	09/63
67615 ♦	1931	12/62	67638 ♦	1935	11/64	67661 ♦	1936	02/62	67684 †	1939	11/64
67616 ♦	1931	12/62	67639	1935	10/62	67662 ♦	1938	01/63	67685 †	1939	12/62
67617 ♦	1931	08/62	67640 ♦	1935	11/64	67663 ♦	1938	09/63	67686 †	1939	09/63
67618 ♦	1931	12/62	67641	1935	10/62	67664	1938	12/62	67687 †	1939	12/62
67619 ♦	1931	12/62	67642 ♦	1935	06/64	67665	1938	06/61	67688 †	1940	12/62
67620 ♦	1931	11/64	67643 ♦	1935	11/64	67666 ♦	1938	02/62	67689 †	1940	12/62
67621 ♦	1931	12/62	67644 ♦	1935	05/62	67667 ♦	1938	08/62	67690 †	1940	11/64
67622	1931	03/62	67645 ♦	1935	09/63	67668 ♦	1938	12/62	67691 †	1940	11/64

　　　TOTAL V1 : 19, V3 : 73

Class L1 — Thompson L.N.E.R. — 2-6-4T

Introduced by Thompson in 1945, but did not go into production until after Nationalisation.
Nos. 69000 - 69015 were renumbered 67701 - 67716 to free number series for Cl. J72 new construction.
Nos. 67770 - 2/6/9 were rebuilt in the 1950s with 18¾" x 26" cylinders.
Loco Weight : 89t 9c *Driving Wheels :* 5' 2" *Cylinders :* (O) 20" x 26" *Valve Gear :* Walschaerts (piston valves)

LNER No.	First B.R. No.	Second B.R. No. & date renumbered.	built	w/dwn	LNER No.	First B.R. No.	Second B.R. No. & date renumbered.	built	w/dwn
9000	9000	67701 05/48	05/45	12/60	-	E9008	67709 05/48	03/48	12/60
-	9001	67702 05/48	01/48	10/60	-	E9009	67710 05/48	03/48	11/62
-	9002	67703 05/48	02/48	09/62	-	E9010	67711 04/48	03/48	12/60
-	9003	67704 04/48	02/48	11/60	-	E9011	67712 07/48	04/48	10/61
-	E9004	67705 04/48	02/48	12/60	-	E9012	67713 04/48	04/48	10/61
-	E9005	67706 04/48	02/48	12/60	-	69013	67714 05/48	04/48	12/60
-	E9006	67707 04/48	02/48	07/61	-	69014	67715 05/48	04/48	02/62
-	E9007	67708 05/48	03/48	12/60	-	69015	67716 05/48	04/48	09/62

Number	built	w/dwn	Number	built	w/dwn	Number	built	w/dwn	Number	built	w/dwn
67717	04/48	07/61	67738	11/48	07/61	67759	12/48	10/62	67780	02/50	12/62
67718	05/48	11/61	67739	11/48	11/61	67760	12/48	08/61	67781	03/50	11/62
67719	05/48	07/61	67740	11/48	07/61	67761	01/49	11/62	67782	03/50	11/61
67720	05/48	02/62	67741	11/48	12/62	67762	01/49	10/61	67783	03/50	12/62
67721	05/48	11/62	67742	11/48	12/62	67763	01/49	11/62	67784	03/50	11/62
67722	06/48	10/61	67743	11/48	02/62	67764	02/49	08/62	67785	04/50	12/62
67723	06/48	09/62	67744	11/48	12/62	67765	02/49	11/62	67786	04/50	12/62
67724	06/48	09/62	67745	11/48	12/62	67766	09/49	12/62	67787	04/50	12/62
67725	06/48	12/60	67746	12/48	07/62	67767	09/49	12/62	67788	05/50	05/62
67726	07/48	11/60	67747	12/48	07/62	67768	10/49	02/61	67789	05/50	11/62
67727	07/48	01/62	67748	12/48	11/61	67769	10/49	09/61	67790	05/50	02/61
67728	07/48	09/61	67749	12/48	12/62	67770	11/49	12/62	67791	06/50	12/62
67729	07/48	09/62	67750	12/48	01/61	67771	11/49	11/62	67792	06/50	12/62
67730	08/48	08/62	67751	12/48	03/62	67772	11/49	11/61	67793	06/50	09/62
67731	10/48	09/62	67752	12/48	03/62	67773	12/49	12/62	67794	07/50	10/61
67732	10/48	07/61	67753	12/48	02/62	67774	12/49	01/62	67795	07/50	05/62
67733	11/48	11/62	67754	12/48	11/62	67775	12/49	09/61	67796	08/50	11/62
67734	11/48	09/62	67755	12/48	12/62	67776	01/50	12/62	67797	08/50	10/62
67735	11/48	09/62	67756	12/48	03/62	67777	01/50	12/62	67798	08/50	12/62
67736	11/48	12/60	67757	12/48	07/62	67778	02/50	05/62	67799	09/50	03/62
67737	11/48	08/62	67758	12/48	09/61	67779	02/50	12/62	67800	09/50	12/62

TOTAL 100

Class J94 — Ministry of Supply — 0-6-0ST

Introduced in 1943. Ministry of Supply war reparation design, purchased by L.N.E.R. in 1946. Hundreds of these locomotives were built, many going to the National Coal Board and to steelworks all over Britain.
Loco Weight : 48t 5c *Driving Wheels :* 4' 3" *Cylinders :* (I) 18" x 26" *Valve Gear :* Stephenson (slide valves)

Number	built	w/dwn	Number	built	w/dwn	Number	built	w/dwn	Number	built	w/dwn
68006	1944	05/67	68021	1944	10/63	68036	1945	05/64	68051	1945	06/64
68007	1944	10/62	68022	1944	09/60	68037	1945	05/65	68052	1945	06/62
68008	1944	12/63	68023	1944	05/65	68038	1945	11/63	68053	1945	05/65
68009	1944	07/62	68024	1944	01/64	68039	1945	10/63	68054	1945	06/64
68010	1944	05/65	68025	1944	10/63	68040	1945	10/63	68055	1945	07/62
68011	1944	05/65	68026	1945	03/61	68041	1945	10/63	68056	1945	10/62
68012	1944	10/67	68027	1945	12/60	68042	1945	12/63	68057	1945	06/62
68013	1944	09/64	68028	1945	09/60	68043	1945	05/65	68058	1946	11/62
68014	1944	10/64	68029	1945	09/63	68044	1945	11/62	68059	1946	12/63
68015	1944	08/63	68030	1945	04/62	68045	1945	09/63	68060	1945	05/65
68016	1944	05/64	68031	1945	02/63	68046	1945	06/64	68061	1945	12/63
68017	1944	11/62	68032	1945	05/64	68047	1945	05/65	68062	1945	05/65
68018	1944	08/62	68033	1945	10/60	68048	1945	10/62	68063	1945	01/62
68019	1944	10/64	68034	1945	11/62	68049	1945	09/63	68064	1945	02/62
68020	1944	07/63	68035	1945	10/63	68050	1945	12/64	68065	1945	12/62

Number	built	w/dwn	Number	built	w/dwn	Number	built	w/dwn	Number	built	w/dwn
68066	1945	12/62	68070	1945	03/63	68074	1945	10/62	68078	1946	03/63
68067	1945	02/63	68071	1945	08/63	68075	1946	12/62	68079	1946	10/66
68068	1946	06/65	68072	1945	09/60	68076	1946	09/60	68080	1946	04/61
68069	1946	09/62	68073	1945	08/61	68077	1947	12/62			TOTAL 75

Class Y5 — Neilson & Co. / G.E.R. — 0-4-0ST

Introduced 1874. Neilson & Co. design
Loco Weight : 21t 4c **Driving Wheels :** 4' 3" **Cylinders :** (O) 12" x 20" **Valve Gear :** Stephenson (slide valves)

Number	built	w/dwn
68081	1903	04/48

TOTAL 1

Class Y6 — Wordsell G.E.R. — 0-4-0T

Introduced 1883. Wordsell G.E.R. Tram locos.
Loco Weight : 21t 5c **Driving Wheels :** 3' 1" **Cylinders :** (I) 11" x 15" **Valve Gear :** Stephenson (slide valves)

Number	built	w/dwn	Number	built	w/dwn
68082	1897	05/51	68083	1897	11/52

TOTAL 2

Class Y7 — Wordsell N.E.R. — 0-4-0T

1888 design by Wordsell. No. 68088 was allocated Departmental No. 34, but never renumbered.
Loco Weight : 22t 14c **Driving Wheels :** 3' 6¼" **Cylinders :** (I) 14" x 20" **Valve Gear :** Stephenson (slide valves)

Number	built	w/dwn	Number	built	w/dwn
68088	1923	12/52	68089	1923	01/52

TOTAL 2

Class Y8 — Wordsell N.E.R. — 0-4-0T

Introduced in 1890 by T.W. Wordsell for the North Eastern Railway.
Loco Weight : 15t 10c **Driving Wheels :** 3' 0" **Cylinders :** (I) 11" x 15" **Valve Gear :** Stephenson (slide valves)

Number	built	w/dwn	Number	built	w/dwn	Notes
68090	1890	11/48	68091	1890	11/56	Renumbered to Departmental No.55 07/54

TOTAL 2

Class Y9 — Neilson & Co. / N.B.R. — 0-4-0ST

Neilson & Co. design for N.B.R., dating from 1882. Many ran with wooden coal tenders.
Loco Weight : 27t 16c **Driving Wheels :** 3' 8" **Cylinders :** (O) 14" x 20" **Valve Gear :** Stephenson (slide valves)

Number	built	w/dwn	Number	built	w/dwn	Number	built	w/dwn	Number	built	w/dwn
68092	1882	03/53	68101	1889	10/6?	68109	1891	04/54	68117	1897	07/62
68093	1882	05/55	68102	1889	12/58	68110	1891	08/61	68118	1897	10/58
68094	1887	04/55	68103	1889	06/54	68111	1891	03/53	68119	1899	10/61
68095	1887	12/62	68104	1890	10/62	68112	1891	01/55	68120	1899	08/55
68096	1887	05/54	68105	1890	04/55	68113	1897	01/58	68121	1899	07/55
68097	1887	10/58	68106	1890	08/57	68114	1897	09/60	68122	1899	08/55
68098	1887	12/54	68107	1890	12/53	68115	1897	07/57	68123	1899	08/60
68099	1889	11/56	68108	1890	11/59	68116	1897	02/58	68124	1899	09/59
68100	1889	05/60									TOTAL 33

Class Y4 — Hill G.E.R. — 0-4-0T

1913 Dock Tank designed by Hill for the Great Eastern Railway.
Loco Weight : 38t 0c **Driving Wheels :** 3' 10" **Cylinders :** (O) 17" x 20" **Valve Gear :** Walschaerts (slide valves)

Number	built	w/dwn	Number	built	w/dwn	Number	built	w/dwn	Notes
68125	1913	09/55	68127	1914	04/56	68129	1921	09/52	Renumbered to Dept. No.33 09/52
68126	1914	10/57	68128	1921	09/56				TOTAL 5

Class Y1 — Sentinel / L.N.E.R. — 0-4-0T

Sentinel Wagon Works design, fitted with single speed gearbox
Introduced 1925, Class Y1/1
Loco Weight : 20t 17c **Driving Wheels :** 2' 6" **Cylinders :** (I) 6¾" x 9" **Valve Gear :** Sentinel (poppet valves)

* Introduced 1927, Class Y1/2 **Loco Weight :** 19t 16c   other details as Class Y1/1
† Introduced 1926, Class Y1/3 **Loco Weight :** 14t 0c   other details as Class Y1/1
‡ Introduced 1927, Class Y1/4 **Loco Weight :** 19t 7c   other details as Class Y1/1

Number	built	w/dwn	Notes	Number	built	w/dwn	Notes
68130	1925	05/53	Departmental 37 05/53	68142 *	1929	05/57	
68131	1926	08/53	Departmental 39 08/53	68143 *	1929	05/54	
68132	1926	12/52	Departmental 4 12/52	68144 *	1929	11/54	
68133	1926	03/53	tDepartmental 6 03/53	68145 *	1929	01/57	
68134	1926	02/48		68146 *	1929	04/54	
68135	1927	09/48		68147 *	1929	02/52	
68136 ‡	1927	11/52	Departmental 51 11/52	68148 *	1929	12/55	
68137 *	1927	12/53		68149 *	1929	01/58	
68138 *	1927	01/59		68150 *	1929	05/59	
68139 †	1929	09/51		68151 *	1929	11/54	
68140 *	1929	05/54		68152	1930	04/54	Departmental 53 04/54
68141 *	1929	02/52		68153 *	1933	10/54	Departmental 54 10/54

TOTAL 24

Class Y3 — Sentinel / L.N.E.R. — 0-4-0T

Sentinel Wagon Works design, fitted with two speed gearbox
Loco Weight : 20t 16c **Driving Wheels :** 2' 6" **Cylinders :** (I) 6¾" x 9" **Valve Gear :** Sentinel (poppet valves)

Number	built	w/dwn	Notes	Number	built	w/dwn	Notes
68154	1927	10/53		68171	1930	11/51	
68155	1927	08/55		68172	1930	12/51	
68156	1929	06/54		68173	1930	05/53	Departmental 40 05/53
68157	1929	12/52		68174	1930	03/53	
68158	1929	09/55		68175	1930	08/51	
68159	1929	03/57		68176	1930	08/53	
68160	1929	11/56	Departmental 57 11/56	68177	1930	05/53	Departmental 41 05/53
68161	1929	08/53		68178	1930	03/53	Departmental 42 03/53
68162	1930	01/56	Departmental 21 01/56	68179	1930	12/51	
68163	1930	05/51		68180	1931	05/56	
68164	1930	09/57		68181	1931	12/52	Departmental 3 12/52
68165	1930	03/53	Departmental 5 03/53	68182	1931	01/58	
68166	1930	03/53	Departmental 7 03/53	68183	1931	09/55	Departmental 8 09/55
68167	1930	11/49		68184	1931	11/54	
68168	1930	05/53	Departmental 38 05/53	68185	1931	04/55	
68169	1930	07/55					

TOTAL 31

Class Y10 — Sentinel / L.N.E.R. — 0-4-0T

Introduced 1930. Double ended Tram Locomotives.
Loco Weight : 23t 19c **Driving Wheels :** 3' 6" **Cylinders :** (4) 6¾" x 9" **Valve Gear :** Sentinel (poppet valves)

Number	built	w/dwn	Number	built	w/dwn
68186	1930	02/52	68187	1930	08/48

TOTAL 2

Class Z4 — Manning Wardle / G.N.of S.R. — 0-4-2T

Introduced during 1915 by Manning Wardle for Great North of Scotland Railway
Loco Weight : 25t 17c **Driving Wheels :** 3' 6" **Cylinders :** (O) 13" x 20" **Valve Gear :** Stephenson (slide valves)

Number	built	w/dwn	Number	built	w/dwn
68190	1915	05/60	68191	1915	03/59

TOTAL 2

Class Z5 — Manning Wardle / G.N.of S.R. — 0-4-2T

Introduced during 1915 by Manning Wardle for Great North of Scotland Railway
Loco Weight : 30t 18c **Driving Wheels :** 4' 0" **Cylinders :** (O) 14" x 20" **Valve Gear :** Stephenson (slide valves)

Number	built	w/dwn	Number	built	w/dwn
68192	1915	05/60	68193	1915	04/56

TOTAL 2

Class J62 — Pollitt M.S.L.R. — 0-6-0T

Introduced 1897 by Pollit for the Manchester, Sheffield & Lincolnshire Railway.
Loco Weight : 30t 17c **Driving Wheels :** 3' 6" **Cylinders :** (O) 13" x 20" **Valve Gear :** Stephenson (slide valves)

Number	built	w/dwn	Number	built	w/dwn	Number	built	w/dwn
68200	1897	11/51	68201	1897	01/49	68203	1897	02/49

TOTAL 3

Class J63 — Robinson G.C.R. — 0-6-0T

1906 Dock Tank by Robinson.
Loco Weight: 37t 9c **Driving Wheels:** 3' 6" **Cylinders:** (O) 13" x 20" **Valve Gear:** Stephenson (slide valves)

Number	built	w/dwn	Number	built	w/dwn	Number	built	w/dwn	Number	built	w/dwn
68204	1906	04/56	68206	1906	03/55	68208	1906	09/53	68210	1914	02/57
68205	1906	04/56	68207	1906	04/56	68209	1906	01/55			TOTAL 7

Class J65 — Holden G.E.R. — 0-6-0T

J. Holden design, introduced 1889
Loco Weight: 36t 11c **Driving Wheels:** 4' 0" **Cylinders:** (I) 14" x 20" **Valve Gear:** Stephenson (slide valves)

Number	built	w/dwn	Number	built	w/dwn	Number	built	w/dwn	Number	built	w/dwn
68211	1889	11/53	68213	1893	02/48	68214	1893	08/56	68215	1893	05/49
											TOTAL 4

Class J70 — Holden G.E.R. Tram Engine — 0-6-0T

Introduced during 1903 by Holden. Tram locomotives
Loco Weight: 27t 1c **Driving Wheels:** 3' 1" **Cylinders:** (O) 12" x 15" **Valve Gear:** Walschaerts (slide valves)

Number	built	w/dwn	Number	built	w/dwn	Number	built	w/dwn	Number	built	w/dwn
68216	1903	11/53	68219	1908	08/53	68222	1914	01/55	68225	1921	03/55
68217	1903	03/53	68220	1910	02/53	68223	1914	07/55	68226	1921	08/55
68218	1908	09/49	68221	1914	05/51	68224	1921	03/52			TOTAL 11

Class J71 — Wordsell N.E.R. — 0-6-0T

T.W. Wordsell design, introduced 1886. Cylinder sizes varied between 16" x 22" and 18" x 22"
Loco Weight: 37t 12c **Driving Wheels:** 4' 7¼" **Cylinders:** (3) various **Valve Gear:** Stephenson (slide valves)

Number	built	w/dwn	Number	built	w/dwn	Number	built	w/dwn	Number	built	w/dwn
68230	1886	01/60	68253	1890	09/57	68277	1892	11/50	68298	1893	03/57
68231	1886	07/51	68254	1890	11/60	68278	1892	01/61	68299	1893	12/52
68232	1887	02/57	68255	1890	08/52	68279	1892	06/57	68300	1893	03/55
68233	1887	03/61	68256	1890	07/54	68280	1892	05/57	68301	1893	11/56
68234	1887	08/54	68258	1890	11/54	68281	1892	11/53	68302	1894	09/51
68235	1887	11/60	68259	1890	09/55	68282	1892	10/53	68303	1894	06/55
68236	1887	11/55	68260	1890	03/60	68283	1892	07/59	68304	1894	10/54
68238	1887	09/55	68262	1890	01/60	68284	1892	10/55	68305	1894	11/58
68239	1887	11/56	68263	1890	05/59	68285	1892	10/48	68306	1894	07/58
68240	1887	09/56	68264	1890	01/60	68286	1892	06/52	68307	1894	06/55
68242	1888	08/58	68265	1890	08/59	68287	1892	11/56	68308	1894	05/58
68243	1888	03/50	68266	1890	02/57	68288	1892	11/50	68309	1894	05/60
68244	1888	04/58	68267	1890	11/57	68289	1892	06/55	68310	1895	11/50
68245	1888	04/59	68268	1890	05/52	68290	1892	01/59	68311	1895	08/51
68246	1889	11/58	68269	1890	10/60	68291	1892	04/56	68312	1895	02/59
68247	1889	08/51	68270	1891	11/55	68292	1892	10/54	68313	1895	09/56
68248	1889	06/51	68271	1891	05/54	68293	1892	09/56	68314	1895	05/60
68249	1889	01/53	68272	1891	02/61	68294	1892	11/56	68316	1895	10/60
68250	1889	04/59	68273	1891	11/57	68295	1892	02/59			
68251	1889	01/59	68275	1892	01/61	68296	1892	06/58			TOTAL 81
68252	1890	04/57	68276	1892	11/56	68297	1893	05/56			

Class J55 — Stirling G.N.R. — 0-6-0ST

Introduced by Stirling from 1874 ; later rebuilt by Gresley
Loco Weight: 45t 16c **Driving Wheels:** 4' 8" **Cylinders:** (I) 20" x 26" **Valve Gear:** Stephenson (slide valves)

Number	built	w/dwn	Number	built	w/dwn
68317	1892	12/48	68319	1891	12/50
					TOTAL 2

Class J88 — Reid N.B.R. — 0-6-0T

Introduced in 1904 by Reid for Dock Shunting. Short Wheelbase and Dumb Buffers.
Loco Weight: 38t 14c **Driving Wheels:** 3' 9" **Cylinders:** (O) 15" x 22" **Valve Gear:** Stephenson (slide valves)

Number	built	w/dwn	Number	built	w/dwn	Number	built	w/dwn	Number	built	w/dwn
68320	1904	06/60	68329	1905	02/59	68338	1912	09/61	68347	1912	08/58
68321	1904	06/58	68330	1905	08/58	68339	1912	10/58	68348	1919	08/58
68322	1904	12/58	68331	1905	03/59	68340	1912	02/58	68349	1919	08/60
68323	1904	10/56	68332	1909	08/60	68341	1912	11/54	68350	1919	07/62
68324	1905	07/58	68333	1909	03/58	68342	1912	02/62	68351	1919	01/57
68325	1905	05/61	68334	1909	06/59	68343	1912	09/60	68352	1919	06/60
68326	1905	10/59	68335	1909	10/62	68344	1912	01/61	68353	1919	02/60
68327	1905	07/58	68336	1909	05/62	68345	1912	12/62	68354	1919	09/60
68328	1905	03/58	68337	1909	11/55	68346	1912	10/62			

TOTAL 35

Class J73   Wordsell N.E.R.   0-6-0T

1891 design by W. Wordsell for the N.E.R.
Loco Weight: 46t 15c **Driving Wheels:** 4' 7¼" **Cylinders:** (I) 19" x 24" **Valve Gear:** Stephenson (slide valves)

Number	built	w/dwn	Number	built	w/dwn	Number	built	w/dwn	Number	built	w/dwn
68355	1891	12/58	68358	1892	03/55	68361	1892	11/60	68364	1892	05/60
68356	1891	08/58	68359	1892	12/59	68362	1892	09/57			
68357	1892	01/58	68360	1892	02/60	68363	1892	10/59			

TOTAL 10

Class J75   Stirling H. & B.R.   0-6-0T

Introduced in 1901 by M. Stirling
Loco Weight: 47t 7c **Driving Wheels:** 4' 6" **Cylinders:** (I) 18" x 26" **Valve Gear:** Stephenson (slide valves)

Number	built	w/dwn
68365	1908	01/49

TOTAL 1

Class J60   Kitson & Co. / L.D.E.C.R.   0-6-0T

1897 design by Kitson & Co. for Lancashire, Derbyshire & East Coast Railway.
Loco Weight: 46t 16c **Driving Wheels:** 4' 7" **Cylinders:** (I) 17" x 24" **Valve Gear:** Stephenson (slide valves)

Number	built	w/dwn	Number	built	w/dwn
68366	1897	03/48	68368	1897	08/48

TOTAL 2

Class J66   Holden G.E.R.   0-6-0T

1886 J Holden design. Mersey Railway No. 3 was employed as a Departmental Loco.
Loco Weight: 40t 6c **Driving Wheels:** 4' 0" **Cylinders:** (I) 16½" x 22" **Valve Gear:** Stephenson (slide valves)

Number	built	w/dwn	Notes
68370	1886	10/52	Departmental 32 10/52

Number	built	w/dwn	Number	built	w/dwn	Number	built	w/dwn	Number	built	w/dwn
68371	1887	04/54	68373	1887	01/52	68375	1887	11/52	68377	1887	05/51
68372	1887	02/51	68374	1887	06/54	68376	1887	07/51			

Number	built	w/dwn	Notes
68378	1888	11/52	Departmental 36 11/52

Number	built	w/dwn	Number	built	w/dwn	Number	built	w/dwn
68379	1888	10/50	68380	1888	03/52	68381	1888	10/50

Number	built	w/dwn	Notes
68382	1888	08/52	Departmental 31 08/52

Number	built	w/dwn	Number	built	w/dwn	Number	built	w/dwn	Number	built	w/dwn
68383	1888	10/55	68385	1888	06/51	68387	1888	02/51	68388	1888	04/52
68384	1888	04/50	68386	1888	04/50						

Number	built	w/dwn	Notes
Mersey Railway No. 3	1887	06/50	Ex L.N.E.R. No. 7297. B.R. Number not allocated.

TOTAL 20

Class 'Y9' 0-4-0ST No. 68095, shed Pilot at St. Margaret's Shed (64A), Edinburgh. Note the dumb buffers and the lack of wooden coal tender which was fitted to most of this class.   Modelmaster Collection

The end of the road for Class J72 0-6-0Ts 68688 and 68729. Both were withdrawn during October 1961, and both were cut up during May 1962.

                                                   Modelmaster Collection

Class J77   Wordsell N.E.R.   0-6-0T

Introduced 1899. W. Wordsll rebuild of 0-4-4Ts originally built by Fletcher in 1874.
*Round cornered roofs, except **68392/3/5/7, 68404/5/12/20/32/40/1** which had square corners.*
Loco Weight : 43t 0c   *Driving Wheels :* 4' 1¼"   *Cylinders :* (I) 17" x 22"   *Valve Gear :* Stephenson (slide valves)

Number	built	w/dwn	Number	built	w/dwn	Number	built	w/dwn	Number	built	w/dwn
68390	1874	09/48	68404	1875	04/51	68417	1877	09/56	68431	1879	02/60
68391	1874	07/57	68405	1875	12/58	68420	1878	04/55	68432	1879	05/55
68392	1874	05/60	68406	1875	11/59	68421	1878	05/54	68433	1880	05/51
68393	1874	07/55	68407	1875	02/56	68422	1878	06/54	68434	1880	01/57
68395	1875	06/56	68408	1875	02/61	68423	1878	11/57	68435	1880	10/58
68396	1875	04/50	68409	1877	11/59	68424	1879	06/58	68436	1880	06/56
68397	1875	01/58	68410	1877	10/60	68425	1879	01/60	68437	1880	01/56
68398	1875	01/53	68412	1877	02/57	68426	1879	08/57	68438	1882	02/58
68399	1875	04/58	68413	1877	05/54	68427	1879	01/58	68440	1884	08/54
68400	1875	10/48	68414	1877	12/58	68428	1879	02/55	68441	1884	06/48
68401	1875	07/54	68415	1877	10/49	68429	1879	01/56			
68402	1875	05/58	68416	1877	04/50	68430	1879	06/56			TOTAL 46

Class J83   Holmes N.B.R.   0-6-0T

1900 design by Holmes for the North British Railway.
Loco Weight : 45t 5c   *Driving Wheels :* 4' 6"   *Cylinders :* (I) 17" x 26"   *Valve Gear :* Stephenson (slide valves)

Number	built	w/dwn	Number	built	w/dwn	Number	built	w/dwn	Number	built	w/dwn
68442	1900	01/62	68452	1901	06/58	68463	1901	11/58	68473	1901	05/56
68443	1900	02/61	68453	1901	10/62	68464	1901	03/58	68474	1901	04/58
68444	1900	01/60	68454	1901	02/62	68465	1901	08/57	68475	1901	03/58
68445	1900	10/62	68455	1901	05/56	68466	1901	12/58	68476	1901	03/56
68446	1900	03/56	68456	1901	01/61	68467	1901	09/59	68477	1901	12/62
68447	1900	02/61	68457	1901	03/60	68468	1901	06/59	68478	1901	11/58
68448	1900	10/62	68458	1901	01/62	68469	1901	10/56	68479	1901	10/62
68449	1900	09/58	68459	1901	05/61	68470	1901	10/62	68480	1901	03/59
68450	1900	12/57	68460	1901	11/58	68471	1901	08/61	68481	1901	02/62
68451	1901	02/58	68461	1901	06/58	68472	1901	02/62			TOTAL 39

Class J93   Marriott M.G.N.J.R.   0-6-0T

Introduced 1897 by Marriot for the Midland & Great Northern Junction Railway
Loco Weight : 37t 14c   *Driving Wheels :* 3' 7"   *Cylinders :* (O) 16" x 20"   *Valve Gear :* Stephenson (slide valves)

Number	built	w/dwn	Number	built	w/dwn	Number	built	w/dwn
68484	1899	05/48	68488	1904	01/48	68489	1905	08/49

TOTAL 3

Classes J67 & J69   Holden G.E.R.   0-6-0T

* J67/1 Introduced by Holden in 1890
Loco Weight : 40t 0c   *Driving Wheels :* 4' 0"   *Cylinders :* (I) 16½" x 22"   *Valve Gear :* Stephenson (slide valves)

J69/1 introduced in 1902 with higher boiler pressure, larger firebox and side tanks.
Loco Weight : 40t 9c   *Driving Wheels :* 4' 0"   *Cylinders :* (I) 16½" x 22"   *Valve Gear :* Stephenson (slide valves)

† J67/2 was a 1937 rebuild of J69/1 with small firebox and lower boiler pressure.
Loco Weight : 40t 0c   *Driving Wheels :* 4' 0"   *Cylinders :* (I) 16½" x 22"   *Valve Gear :* Stephenson (slide valves)

‡ J69/2 introduced in 1950, rebuild of Class J67/1 with higher boiler pressure & larger firebox.
Loco Weight : 40t 9c   *Driving Wheels :* 4' 0"   *Cylinders :* (I) 16½" x 22"   *Valve Gear :* Stephenson (slide valves)

Departmental Locomotives :
68532 renumbered Departmental **No. 43** 01/59   **68498** renumbered Departmental **No. 44** 08/59
                                               68543 renumbered Departmental **No. 45** 11/59

Number	built	w/dwn	Number	built	w/dwn	Number	built	w/dwn	Number	built	w/dwn
68490 ‡	1890	05/58	68497	1890	10/60	68504	1890	01/56	68512 ‡	1890	04/57
68491	1890	06/58	68498 ‡	1890	08/59	68505	1890	11/53	68513 ‡	1890	10/60
68492 *	1890	05/56	68499	1890	09/62	68507	1890	06/60	68514 *	1890	07/55
68493 *	1890	10/54	68500	1890	01/61	68508	1890	02/61	68515 *	1890	01/57
68494	1890	04/58	68501	1890	08/60	68509 *	1890	03/54	68516 *	1890	05/57
68495	1890	05/58	68502	1890	02/61	68510 ‡	1890	09/59	68517 ‡	1890	03/56
68496 *	1890	05/56	68503	1890	01/57	68511 *	1890	12/56	68518 *	1890	02/58

Number	built	w/dwn	Number	built	w/dwn	Number	built	w/dwn	Number	built	w/dwn
68519 ‡	1891	08/58	68547 †	1894	04/56	68575	1896	10/60	68605	1900	07/58
68520 ‡	1891	08/59	68548	1894	11/53	68576	1896	03/58	68606 *	1900	03/55
68521 *	1891	08/56	68549	1894	02/62	68577	1896	11/60	68607	1901	05/58
68522 ‡	1891	03/61	68550	1894	07/61	68578	1896	01/61	68608 *	1901	10/58
68523 *	1891	12/55	68551	1894	06/57	68579	1896	01/60	68609	1901	09/62
68524	1892	06/59	68552	1894	09/61	68581	1896	09/59	68610 †	1901	01/57
68525	1892	12/53	68553	1895	12/58	68583 *	1899	04/58	68611	1901	07/55
68526	1892	10/60	68554	1895	07/61	68584 *	1899	08/55	68612	1901	06/61
68527	1892	06/58	68555	1895	05/58	68585	1899	06/58	68613	1901	09/61
68528	1892	10/59	68556	1895	09/62	68586 *	1899	05/56	68616 *	1901	12/58
68529	1892	08/58	68557	1895	10/59	68587	1899	10/59	68617	1904	07/58
68530	1892	02/61	68558	1895	01/61	68588	1899	05/58	68618	1904	08/58
68531 †	1892	10/55	68559	1895	04/56	68589 *	1899	01/56	68619	1904	10/61
68532	1892	12/58	68560	1895	01/61	68590 *	1899	09/55	68621	1904	09/62
68533	1892	07/53	68561	1895	07/58	68591	1899	01/60	68623	1904	02/61
68534	1892	08/54	68562	1895	08/56	68592 *	1899	07/55	68625	1904	01/59
68535	1892	08/59	68563	1895	10/60	68593 *	1899	01/58	68626	1904	05/56
68536 †	1892	02/58	68565	1895	08/62	68594 *	1900	11/55	68628 †	1904	02/58
68537	1892	06/58	68566	1895	09/62	68595 *	1900	01/57	68629	1904	11/59
68538	1892	09/61	68567	1896	08/57	68596	1900	11/59	68630	1904	01/59
68540 †	1892	01/56	68568	1896	05/58	68597 †	1900	10/55	68631	1904	07/58
68541	1892	08/58	68569	1896	06/60	68598	1900	05/57	68632	1904	05/58
68542	1892	09/62	68570	1896	09/61	68599	1900	11/59	68633	1904	12/60
68543	1894	11/59	68571	1896	12/60	68600	1900	09/62	68635	1904	09/62
68544	1894	02/55	68572 †	1896	11/54	68601	1900	10/59	68636	1904	01/59
68545	1894	02/61	68573	1896	08/60	68602	1900	10/59			
68546	1894	05/58	68574	1896	01/59	68603	1900	03/58			TOTAL 134

Class J68   Hill G.E.R.   0-6-0T

Introduced 1912 by Hill for G.E.R..
Loco Weight : 42t 9c *Driving Wheels :* 4' 0" *Cylinders :* (I) 16½" x 26" *Valve Gear :* Stephenson (slide valves)

Number	built	w/dwn	Number	built	w/dwn	Number	built	w/dwn	Number	built	w/dwn
68638	1912	03/59	68646	1912	09/61	68653	1913	07/58	68660	1923	12/60
68639	1912	04/59	68647	1913	12/60	68654	1914	03/60	68661	1923	12/59
68640	1912	04/59	68648	1913	08/59	68655	1914	11/59	68662	1923	08/58
68641	1912	11/59	68649	1913	09/61	68656	1914	04/60	68663	1923	10/60
68642	1912	09/61	68650	1913	10/60	68657	1923	08/58	68664	1923	09/58
68643	1912	11/59	68651	1913	05/58	68658	1923	04/59	68665	1923	12/59
68644	1912	11/60	68652	1913	10/59	68659	1923	08/58	68666	1923	08/58
68645	1912	11/59									TOTAL 29

Class J92   Holden G.E.R.   0-6-0CT

Introduced 1891. Rebuild by Holden of Ruston & Proctor 0-6-0T originally built in 1868.
68668 Renumbered to Departmental **No.35** 09/52

Loco Weight : 40t 8c *Driving Wheels :* 4' 0" *Cylinders :* (I) 16" x 22" *Valve Gear :* Stephenson (slide valves)

No.	built	w/dwn	No.	built	w/dwn	No.	built	w/dwn	
68667	1868	05/52	68668	1868	09/52	68669	1868	10/50	TOTAL 3

Class J72   Wordsell N.E.R. - and B.R.   0-6-0T

Introduced by Wordsell in 1898, this design was perpetuated by the L.N.E.R. in 1925, and by British Railways in 1949 - over 50 years since the first ones were built! No. 68685 had larger cylinders (18" x 24")
Loco Weight : 38t 12c *Driving Wheels :* 4' 1¼" *Cylinders :* (I) 17" x 24" *Valve Gear :* Stephenson (slide valves)

Departmental Locomotives : **69005** renumbered Departmental **No. 58** 10/64
        69023 renumbered Departmental **No. 59** 10/64

Number	built	w/dwn	Number	built	w/dwn	Number	built	w/dwn	Number	built	w/dwn
68670	1898	01/60	68673	1898	05/61	68676	1898	09/60	68679	1898	06/60
68671	1898	03/60	68674	1898	10/61	68677	1898	10/61	68680	1899	10/61
68672	1898	10/61	68675	1898	10/61	68678	1898	02/61	68681	1899	11/60

Number	built	w/dwn	Number	built	w/dwn	Number	built	w/dwn	Number	built	w/dwn
68682	1899	12/59	68708	1914	08/61	68733	1922	07/62	69004	1949	09/63
68683	1899	03/61	68709	1914	02/62	68734	1922	10/61	69005	1949	10/64
68684	1899	06/61	68710	1920	03/59	68735	1922	10/58	69006	1949	12/63
68685	1899	10/60	68711	1920	08/61	68736	1922	10/63	69007	1949	10/62
68686	1899	08/61	68712	1920	01/59	68737	1922	08/61	69008	1949	12/63
68687	1899	09/61	68713	1920	10/61	68738	1922	11/60	69009	1949	09/63
68688	1899	10/61	68714	1920	04/60	68739	1922	08/59	69010	1949	10/62
68689	1899	10/61	68715	1920	07/61	68740	1922	07/61	69011	1949	12/63
68690	1914	02/61	68716	1920	02/61	68741	1922	07/59	69012	1949	02/61
68691	1914	12/60	68717	1920	11/61	68742	1922	10/61	69013	1949	01/62
68692	1914	10/61	68718	1920	06/58	68743	1922	10/61	69014	1949	02/62
68623	1914	08/61	68719	1920	01/61	68744	1922	09/61	69015	1949	09/61
68694	1914	12/59	68720	1922	09/61	68745	1925	09/61	69016	1950	10/64
68695	1914	04/62	68721	1922	08/61	68746	1925	12/58	69017	1950	04/62
68696	1914	02/61	68722	1922	02/60	68747	1925	10/61	69018	1950	10/62
68697	1914	02/60	68723	1922	09/63	68748	1925	01/59	69019	1950	12/63
68698	1914	10/61	68724	1922	12/60	68749	1925	08/60	69020	1950	12/63
68699	1914	12/58	68725	1922	04/60	68750	1925	12/62	69021	1951	09/63
68700	1914	12/58	68726	1922	06/61	68751	1925	05/59	69022	1951	12/62
68701	1914	10/60	68727	1922	02/60	68752	1925	02/60	69023	1951	10/64
68702	1914	08/61	68728	1922	10/61	68753	1925	08/60	69024	1951	09/63
68703	1914	10/61	68729	1922	10/61	68754	1925	04/62	69025	1951	12/63
68704	1914	10/61	68730	1922	11/60	69001	1949	09/63	69026	1951	04/62
68705	1914	11/60	68731	1922	05/60	69002	1949	10/62	69027	1951	10/62
68706	1914	10/60	68732	1922	10/61	69003	1949	12/63	69028	1951	10/64
68707	1914	04/62									

TOTAL 113

Class J52   Stirling & Ivatt G.N.R.   0-6-0ST

Introduced 1897 by Ivatt. Some were rebuilt from earlier Stirling Class J53 0-6-0 saddle tanks.

Loco Weight : 61t 0c   **Driving Wheels :** 6' 9"   **Cylinders :** (I) 20" x 26"   **Valve Gear :** Stephenson (piston valves)

Departmental Locomotives : 68816 Departmental No. 2 12/52   68840 Departmental No. 9 02/58   68845 Departmental No. 1 12/52   68858 Departmental No. 2 03/56

Number	built	w/dwn	Number	built	w/dwn	Number	built	w/dwn	Number	built	w/dwn
68757	1892	11/54	68784	1896	11/57	68811	1897	05/57	68838	1899	08/56
68758	1893	11/55	68785	1896	01/58	68812	1897	09/55	68839	1899	04/58
68759	1893	07/56	68786	1896	11/53	68813	1897	09/56	68840	1899	02/58
68760	1893	11/54	68787	1896	10/55	68814	1897	11/55	68841	1899	04/57
68761	1893	05/57	68788	1896	12/54	68815	1898	05/58	68842	1899	07/58
68762	1893	08/51	68789	1896	04/52	68816	1899	12/52	68843	1899	04/57
68763	1893	10/50	68790	1896	07/55	68817	1899	04/58	68844	1899	10/54
68764	1893	11/54	68791	1896	11/54	68818	1899	11/55	68845	1899	12/52
68765	1893	12/55	68792	1896	06/52	68819	1899	06/56	68846	1899	05/59
68766	1893	01/52	68793	1896	05/56	68820	1899	12/55	68847	1899	08/58
68767	1893	11/50	68794	1896	12/53	68821	1899	03/56	68848	1899	10/58
68768	1893	10/57	68795	1896	11/55	68822	1899	09/56	68849	1899	12/57
68769	1893	09/55	68796	1896	11/55	68823	1899	06/57	68850	1901	10/54
68770	1894	08/53	68797	1897	11/55	68824	1899	06/59	68851	1901	05/57
68771	1894	10/55	68798	1897	11/54	68825	1899	08/53	68852	1901	12/55
68772	1894	09/54	68799	1897	10/54	68826	1899	03/57	68853	1901	07/56
68773	1894	04/53	68800	1897	07/58	68827	1899	01/56	68854	1901	07/54
68774	1894	07/53	68801	1897	11/50	68828	1899	02/58	68855	1901	11/56
68775	1894	06/52	68802	1897	11/54	68829	1899	02/58	68856	1901	11/55
68776	1894	10/53	68803	1897	08/53	68830	1899	07/56	68857	1901	04/58
68777	1894	11/54	68804	1897	10/55	68831	1899	01/59	68858	1901	11/55
68778	1894	07/57	68805	1897	10/55	68832	1899	10/57	68859	1902	08/54
68779	1895	04/53	68806	1897	11/55	68833	1899	02/56	68860	1902	12/57
68780	1895	01/54	68807	1897	09/55	68834	1899	02/60	68861	1902	10/55
68781	1895	12/54	68808	1897	04/57	68835	1899	02/58	68862	1902	10/58
68782	1895	12/50	68809	1897	09/56	68836	1899	09/56	68863	1902	05/58
68783	1896	12/55	68810	1897	11/55	68837	1899	02/59	68864	1902	12/55

Number	built	w/dwn	Number	built	w/dwn	Number	built	w/dwn	Number	built	w/dwn
68865	1902	10/55	68872	1905	08/56	68878	1905	05/56	68884	1909	09/55
68866	1902	09/58	68873	1905	09/55	68879	1905	09/55	68885	1909	09/56
68867	1902	02/58	68874	1905	10/57	68880	1908	08/56	68886	1909	11/57
68868	1902	10/55	68875	1905	04/61	68881	1908	11/55	68887	1909	09/57
68869	1902	03/61	68876	1905	03/56	68882	1908	01/58	68888	1909	10/57
68870	1905	03/58	68877	1905	11/56	68883	1908	09/55	68889	1909	05/55
68871	1905	02/58									

TOTAL 133

Class J50   Gresley G.N.R.   0-6-0T

Introduced 1922 by Gresley for the G.N.R. Later became L.N.E.R. Standard Class.
Loco Weight : 56t 6c - 58t 3c   **Driving Wheels :** 4' 8"   **Cylinders :** (I) 18½" x 26"   **Valve Gear :** Stephenson (slide valves)

Departmental locomotives :

68911 renumbered Departmental **No. 10** 04/61   68961 renumbered Departmental **No. 14** 09/62
68914 renumbered Departmental **No. 11** 04/61   68971 renumbered Departmental **No. 15** 09/62
68917 renumbered Departmental **No. 12** 09/62   68976 renumbered Departmental **No. 16** 09/62
68928 renumbered Departmental **No. 13** 09/62

Number	built	w/dwn	Number	built	w/dwn	Number	built	w/dwn	Number	built	w/dwn
68890	1913	03/61	68916	1919		68942	1926		68968	1927	
68891	1914	07/61	68917	1919		68943	1926		68969	1927	
68892	1914	09/63	68918	1919		68944	1926		68970	1927	
68893	1914	10/59	68919	1919		68945	1926		68971	1927	
68894	1914	09/61	68920	1922		68946	1926		68972	1930	
68895	1914	03/60	68921	1922		68947	1926		68973	1930	
68896	1914	08/61	68922	1922		68948	1926		68974	1930	
68897	1914	11/60	68923	1922		68949	1926		68975	1930	
68898	1914	01/60	68924	1922		68950	1926		68976	1930	
68899	1914	12/60	68925	1922		68951	1926		68977	1930	
68900	1914	01/62	68926	1922		68952	1926		68978	1938	
68901	1914	10/60	68927	1922		68953	1926		68979	1938	
68902	1914	09/60	68928	1922		68954	1926		68980	1938	
68903	1915	04/61	68929	1922		68955	1926		68981	1938	
68904	1915	09/63	68930	1924		68956	1926		68982	1938	
68905	1915	12/60	68931	1924		68957	1926		68983	1939	
68906	1915	05/59	68932	1924		68958	1926		68984	1939	
68907	1915	04/61	68933	1924		68959	1926		68985	1939	
68908	1915	09/63	68934	1924		68960	1926		68986	1939	
68909	1919	04/60	68935	1924		68961	1926		68987	1939	
68910	1919	11/62	68936	1924		68962	1926		68988	1939	
68911	1919	11/60	68937	1924		68963	1926		68989	1939	
68912	1919	09/59	68938	1924		68964	1926		68990	1939	
68913	1919	08/60	68939	1924		68965	1926		68991	1939	
68914	1919	11/60	68940	1926		68966	1926				
68915	1919	10/60	68941	1926		68967	1927				

TOTAL 102

Class L3   Robinson G.C.R.   2-6-4T

Robinson Great Central design, introduced 1914. 69061 had 20" x 26" cylinders
Loco Weight : 97t 9c   **Driving Wheels :** 5' 1"   **Cylinders :** (I) 21" x 26"   **Valve Gear :** Stephenson (slide valves)

Number	built	w/dwn	Number	built	w/dwn	Number.	built	w/dwn	Number	built	w/dwn
69050	1914	03/55	69055	1915	07/51	69060	1916	06/54	69066	1917	04/50
69051	1914	05/51	69056	1915	01/51	69061	1916	02/53	69067	1917	02/51
69052	1915	08.54	69057	1915	10/49	69062	1916	05/51	69068	1917	07/50
69053	1915	07/50	69058	1915	08/49	69064	1917	01/55	69069	1917	07/55
69054	1915	08/49	69059	1915	08/49	69065	1917	05/54			

TOTAL 19

Class L2   Metropolitan Railway   2-6-4T

Introduced 1925 by Hally for the Metropolitan Railway.
Loco Weight : 87t 7c   **Driving Wheels :** 5' 6"   **Cylinders :** (O) 19" x 26"   **Valve Gear :** Walschaerts (piston valves)

Number	built	w/dwn	Number	built	w/dwn
69070	1925	10/48	69071	1925	10/48

TOTAL 2

Class M2 — Metropolitan Railway — 0-6-4T

Introduced 1915 by Jones for Metropolitan Railway.
Loco Weight: 71t 1c **Driving Wheels:** 5' 9" **Cylinders:** (I) 20" x 26" **Valve Gear:** Stephenson (piston valves)

Number & Name	built	w/dwn	Number & Name	built	w/dwn	
69076 Robert H. Selbie	1916	10/48	69077 Charles Jones	1916	10/48	TOTAL 2

Class N12 — Hull & Barnsley — 0-6-2T

1901 introduction by Stirling for Hull & Barnsley Railway.
Loco Weight: 58t 0c **Driving Wheels:** 4' 6" **Cylinders:** (I) 18" x 26" **Valve Gear:** Stephenson (piston valves)

No.	built	w/dwn	
69089	1901	08/48	TOTAL 2

Class N10 — Wordsell N.E.R. — 0-6-2T

Introduced 1902 by W. Wordsell for N.E.R.
Loco Weight: 57t 14c **Driving Wheels:** 4' 7¼" **Cylinders:** (I) 18½" x 26" **Valve Gear:** Stephenson (slide valves)

Number	built	w/dwn	Number	built	w/dwn	Number	built	w/dwn	Number	built	w/dwn
69090	1902	11/56	69095	1902	10/55	69100	1902	11/57	69105	1903	06/61
69091	1902	11/56	69096	1902	12/57	69101	1902	04/62	69106	1903	03/58
69092	1902	04/59	69097	1902	04/62	69102	1902	02/59	69107	1903	12/57
69093	1902	12/57	69098	1902	09/57	69103	1902	11/48	69108	1903	07/57
69094	1902	07/57	69099	1902	02/58	69104	1902	03/58	69109	1903	04/62

TOTAL 20

Class N13 — Hull & Barnsley — 0-6-2T

Introduced 1913 by Stirling.
Loco Weight: 61t 9c **Driving Wheels:** 4' 6" **Cylinders:** (I) 18" x 26" **Valve Gear:** Stephenson (slide valves)

Number	built	w/dwn	Number	built	w/dwn	Number	built	w/dwn	Number	built	w/dwn
69110	1913	06/48	69113	1913	05/53	69116	1914	12/54	69118	1914	05/52
69111	1913	08/52	69114	1914	10/56	69117	1914	07/55	69119	1914	06/55
69112	1913	11/52	69115	1914	05/55						

TOTAL 10

Class N14 — Reid N.B.R. — 0-6-2T

Reid design introduced in 1909. Banking engines for Cowlairs Incline from Glasgow Queen Street Station.
Loco Weight: 62t 19c **Driving Wheels:** 4' 6" **Cylinders:** (I) 18" x 26" **Valve Gear:** Stephenson (slide valves)

Number	built	w/dwn	Number	built	w/dwn	Number	built	w/dwn
69120	1909	03/54	69124	1909	11/50	69125	1909	03/54

TOTAL 3

Class N15 — Reid N.B.R. — 0-6-2T

*Introduced 1910. * Fitted with cast iron buffer beams for banking trains on Cowlairs Incline (62t 1c).
Several of these locos were fitted with slip couplings for banking trains up the notorious incline from
Glasgow (Queen Street) Station to Cowlairs, and most of the class were painted in lined out Passenger
Black livery during B.R. days.*
Loco Weight: 60t 18c **Driving Wheels:** 4' 6" **Cylinders:** (I) 18" x 26" **Valve Gear:** Stephenson (slide valves)

Number	built	w/dwn	Number	built	w/dwn	Number	built	w/dwn	Number	built	w/dwn
69126	1910	02/62	69137	1910	05/62	69148	1912	06/58	69159	1912	10/61
69127	1910	06/59	69138	1910	10/62	69149	1912	03/60	69160	1912	08/58
69128	1910	10/62	69139	1910	06/58	69150	1912	10/62	69161	1912	09/60
69129	1910	12/58	69140	1910	06/58	69151	1912	02/59	69162	1912	03/59
69130	1910	12/57	69141	1910	09/60	69152	1912	12/58	69163	1912	02/62
69131	1910	02/62	69142	1910	01/58	69153	1912	09/58	69164	1913	04/59
69132	1910	11/60	69143	1910	09/60	69154	1912	11/59	69165	1913	05/60
69133	1910	08/60	69144	1912	02/60	69155	1912	09/62	69166	1913	12/59
69134	1910	03/61	69145	1912	03/60	69156	1912	02/62	69167	1913	12/57
69135	1910	10/62	69146	1912	07/59	69157	1912	04/58	69168	1913	02/60
69136	1910	05/61	69147	1912	06/58	69158	1912	05/58	69169	1913	02/59

Class 'A5' 4-6-2T No.69804 at Lincoln during 1952. Built during 1911 by the Great Central Railway, it lasted in service until April 1958.

Modelmaster Collection

Class 'D40' 4-4-0 No. 62277 GORDON HIGHLANDER was withdrawn from normal service in June 1958 and repainted into her original 1920 livery as Great North of Scotland Railway No.49. She was then used on Special Trains until finally retired to Glasgow Transport Museum during October 1965.

Modelmaster Collection

Number	built	w/dwn	Number	built	w/dwn	Number	built	w/dwn	Number	built	w/dwn
69170	1913	01/60	69184	1917	11/60	69198	1923	06/60	69212	1923	10/62
69171	1913	06/60	69185	1913	07/59	69199	1923	05/61	69213	1923	10/59
69172	1916	11/58	69186	1920	07/59	69200	1923	06/58	69214	1923	05/59
69173	1916	01/61	69187	1920	12/59	69201	1923	01/58	69215	1923	11/59
69174	1916	11/58	69188	1920	10/62	69202	1923	05/60	69216	1923	02/62
69175	1916	10/58	69189	1920	04/58	69203	1923	06/58	69217	1924	10/59
69176	1916	08/59	69190	1920	08/60	69204	1923	07/62	69218	1924	10/62
69177	1916	08/60	69191	1920	10/62	69205	1923	02/60	69219	1924	12/61
69178	1923	12/62	69192	1920	03/59	69206	1923	05/60	69220	1924	11/58
69179	1917	09/60	69193	1920	08/58	69207	1923	02/60	69221	1924	07/61
69180	1917	03/61	69194	1920	10/60	69208	1923	11/59	69222	1924	05/59
69181	1917	02/62	69195	1920	03/58	69209	1923	10/60	69223	1924	08/60
69182	1917	09/59	69196	1923	10/62	69210	1923	01/57	69224	1924	10/62
69183	1917	11/61	69197	1923	12/59	69211	1923	10/62			

TOTAL 99

Class N4   Manchester, Sheffield & Lincolnshire Railway   0-6-2T

Introduced 1899 by Parker for M.S.L.R.. Nos. 69242 - 69247 had larger bunker (61t 19c)
Loco Weight: 61t 10c **Driving Wheels:** 5' 1" **Cylinders:** (I) 18" x 26" **Valve Gear:** Joy (slide valves)

Number	built	w/dwn	Number	built	w/dwn	Number	built	w/dwn	Number	built	w/dwn
69225	1889	12/54	69231	1890	10/54	69237	1891	07/50	69243	1892	10/49
69226	1890	10/49	69232	1890	12/54	69239	1891	03/54	69244	1892	02/52
69227	1890	11/53	69233	1890	11/54	69240	1891	11/52	69245	1892	10/50
69228	1890	12/54	69234	1891	01/53	69241	1891	09/49	69246	1892	04/52
69229	1890	06/52	69235	1891	08/54	69242	1892	01/52	69247	1892	05/50
69230	1890	12/54	69236	1891	11/54						

TOTAL 22

Class N5   Manchester, Sheffield & Lincolnshire Railway   0-6-2T

Introduced in 1891 by Parker as development of Class N4. 69311 had larger tanks, bunker & cylinders.
Loco Weight: 62t 7c **Driving Wheels:** 5' 1" **Cylinders:** (I) 18" x 26" **Valve Gear:** Stephenson (slide valves)

Number	built	w/dwn	Number	built	w/dwn	Number	built	w/dwn	Number	built	w/dwn
69250	1891	08/56	69279	1894	06/55	69308	1898	03/60	69337	1900	08/56
69251	1892	07/49	69280	1894	11/55	69309	1898	12/60	69338	1900	03/55
69252	1892	08/51	69281	1894	08/58	69310	1898	11/55	69339	1900	03/56
69253	1893	11/55	69282	1894	07/55	69311	1898	02/52	69340	1900	05/56
69254	1893	03/56	69283	1894	06/58	69312	1898	10/57	69341	1900	12/59
69255	1893	06/56	69284	1894	02/58	69313	1898	03/55	69342	1900	08/59
69256	1893	11/55	69285	1894	11/55	69314	1898	02/60	69343	1900	01/60
69257	1893	12/59	69286	1894	12/60	69315	1898	06/58	69344	1900	12/59
69258	1893	09/60	69287	1894	07/55	69316	1898	03/57	69345	1900	09/56
69259	1893	11/58	69288	1894	04/55	69317	1898	02/56	69346	1900	09/57
69260	1893	07/56	69289	1894	01/54	69318	1899	11/56	69347	1900	10/57
69261	1893	12/57	69290	1894	10/59	69319	1899	12/59	69348	1900	01/57
69262	1893	12/59	69291	1894	11/55	69320	1899	10/59	69349	1900	08/58
69263	1893	12/60	69292	1895	02/60	69321	1899	09/56	69350	1900	01/57
69264	1893	02/55	69293	1895	12/60	69322	1899	07/59	69351	1900	09/56
69265	1893	12/59	69294	1896	10/59	69323	1899	11/56	69352	1900	06/55
69266	1893	12/60	69295	1896	03/58	69324	1899	11/54	69353	1900	11/55
69267	1893	02/60	69296	1896	12/60	69325	1899	09/56	69354	1900	02/60
69268	1894	02/60	69297	1896	08/58	69326	1899	10/57	69355	1900	04/58
69269	1894	10/58	69298	1896	12/59	69327	1899	09/59	69356	1900	02/57
69270	1896	10/56	69299	1896	02/60	69328	1899	01/57	69357	1900	11/55
69271	1894	03/58	69300	1896	02/58	69329	1899	09/57	69358	1900	11/56
69272	1894	04/56	69301	1896	12/55	69330	1899	02/55	69359	1900	04/56
69273	1894	06/55	69302	1896	12/57	69331	1899	01/57	69360	1900	04/60
69274	1894	12/60	69303	1898	11/55	69332	1899	02/59	69361	1900	06/59
69275	1894	11/55	69304	1898	02/55	69333	1899	01/56	69362	1900	08/58
69276	1894	12/59	69305	1898	02/58	69334	1899	07/56	69363	1900	07/56
69277	1894	11/56	69306	1898	10/55	69335	1900	09/57	69364	1900	08/55
69278	1894	11/55	69307	1898	12/60	69336	1900	12/54	69365	1901	02/57

Number	built	w/dwn	Number	built	w/dwn	Number	built	w/dwn	Number	built	w/dwn
69366	1901	08/56	69368	1901	05/55	69369	1901	02/57	69370	1901	09/60
69367	1901	11/55									TOTAL 121

Class N8 Wordsell N.E.R. 0-6-2T

introduced 1886 by T.W. Wordsell for the North Eastern Railway. Some were superheated.
Loco Weight: 56t 5c - 58t 14c **Driving Wheels:** 5' 1¼" **Cylinders:** (I) 18" x 24", 19" x 24" *, 19" x 26" **
Valve Gear: Stephenson (piston valves) * and **. Others : Joy (slide valves)

Number	built	w/dwn	Number	built	w/dwn	Number	built	w/dwn	Number	built	w/dwn
69371 *	1886	03/52	69379 *	1888	10/52	69387 *	1889	07/52	69396	1890	08/49
69372 *	1866	11/50	69380 *	1888	11/50	69389	1889	07/52	69397 *	1890	08/49
69373 *	1886	03/50	69381 **	1888	06/55	69390 *	1889	09/56	69398 *	1890	10/51
69374 *	1888	03/49	69382 **	1888	07/52	69391 *	1889	02/53	69399 *	1890	10/48
69375 **	1888	03/49	69383 *	1889	08/49	69392	1889	05/55	69400 **	1890	10/51
69376 *	1888	02/50	69384 *	1889	03/49	69393 *	1889	10/52	69401 **	1890	09/51
69377 *	1888	06/55	69385 *	1889	10/54	69394 *	1890	10/55			
69378 *	1888	09/55	69386 **	1889	02/55	69395 *	1890	08/52			TOTAL 30

Class N9 Wordsell N.E.R. 0-6-2T

Introduced 1893 for N.E.R. by Wordsell.
Loco Weight: 56t 10c **Driving Wheels:** 5' 1¼" **Cylinders:** (I) 19" x 26" **Valve Gear:** Stephenson (slide valves)

Number	built	w/dwn	Number	built	w/dwn	Number	built	w/dwn	Number	built	w/dwn
69410	1893	10/50	69418	1893	01/51	69422	1893	04/50	69426	1893	02/53
69411	1893	11/49	69419	1893	02/48	69423	1893	07/51	69427	1893	06/55
69413	1893	11/50	69420	1893	07/49	69424	1893	06/55	69428	1894	07/50
69414	1893	07/50	69421	1893	08/49	69425	1893	11/50	69429	1894	07/55
69415	1893	10/49									TOTAL 17

Class N1 Ivatt G.N.R. 0-6-2T

Introduced in 1907 by Ivatt for G.N.R.
Loco Weight: 64t 14c - 65t 17c **Driving Wheels:** 5' 8" **Cylinders:** (I) 18" x 26" **Valve Gear:** Stephenson (slide valves)

Number	built	w/dwn	Number	built	w/dwn	Number	built	w/dwn	Number	built	w/dwn
69430	1907	12/56	69445	1910	01/55	69459	1911	03/55	69473	1912	09/52
69431	1907	03/55	69446	1910	06/53	69460	1911	08/55	69474	1912	03/59
69432	1907	11/54	69447	1910	10/56	69461	1911	06/54	69475	1912	04/55
69433	1907	12/54	69448	1910	01/53	69462	1911	04/59	69476	1912	03/55
69434	1907	03/59	69449	1910	04/55	69463	1911	10/55	69477	1912	04/59
69435	1907	03/55	69450	1910	03/59	69464	1912	08/55	69478	1912	12/56
69436	1907	07/55	69451	1910	10/55	69465	1912	12/55	69479	1912	10/52
69437	1907	06/54	69452	1910	03/59	69466	1912	07/55	69480	1912	06/51
69439	1907	11/55	69453	1910	04/58	69467	1912	07/56	69481	1912	05/56
69440	1908	03/57	69454	1910	02/55	69468	1912	03/54	69482	1912	08/54
69441	1910	05/55	69455	1910	05/55	69469	1912	04/57	69483	1912	03/55
69442	1910	09/53	69456	1910	11/54	69470	1912	08/56	69484	1912	09/57
69443	1910	03/59	69457	1911	04/57	69471	1912	01/56	69485	1912	11/54
69444	1910	10/56	69458	1911	11/55	69472	1912	08/58			TOTAL 55

Class N2 Ivatt G.N.R. 0-6-2T

Introduced for G.N.R. in 1920 by Gresley. Later perpetuated by L.N.E.R. as a standard class.
Loco Weight: 70t 5c - 71t 9c **Driving Wheels:** 5' 8" **Cylinders:** (I) 19" x 26" **Valve Gear:** Stephenson (piston valves)

Number	built	w/dwn	Number	built	w/dwn	Number	built	w/dwn	Number	built	w/dwn
69490	1920	07/59	69497	1921	03/58	69504	1920	09/62	69511	1921	12/60
69491	1921	02/59	69498	1921	09/61	69505	1920	11/60	69512	1921	07/62
69492	1921	11/59	69499	1921	09/58	69506	1920	05/61	69513	1921	05/61
69493	1921	12/58	69500	1920	08/57	69507	1920	05/60	69514	1921	09/55
69494	1921	01/58	69501	1920	11/57	69508	1921	12/59	69515	1921	07/59
69495	1921	09/58	69502	1920	05/58	69509	1921	10/60	69516	1921	01/61
69496	1921	04/58	69503	1920	01/57	69510	1921	11/59	69517	1921	08/59

Number	built	w/dwn	Number	built	w/dwn	Number	built	w/dwn	Number	built	w/dwn
69518	1921	01/61	69538	1921	09/62	69558	1925	06/57	69578	1929	11/59
69519	1921	10/57	69539	1921	07/59	69559	1925	07/57	69579	1929	09/62
69520	1921	09/62	69540	1921	07/60	69560	1925	10/60	69580	1929	09/61
69521	1921	08/61	69541	1921	08/59	69561	1925	05/61	69581	1929	12/60
69522	1921	11/59	69542	1921	04/59	69562	1925	01/56	69582	1929	09/60
69523	1921	07/62	69543	1921	09/61	69563	1925	05/60	69583	1929	09/62
69524	1921	11/59	69544	1921	12/58	69564	1925	06/61	69584	1929	07/59
69525	1921	03/59	69545	1921	07/59	69565	1925	04/58	69585	1929	09/61
69526	1921	08/59	69546	1921	09/62	69566	1925	06/57	69586	1929	03/61
69527	1921	06/58	69547	1921	06/59	69567	1925	04/59	69587	1929	07/60
69528	1921	11/59	69548	1921	07/59	69568	1928	09/62	69588	1928	02/60
69529	1921	09/62	69549	1921	09/61	69569	1928	03/59	69589	1928	03/60
69530	1921	12/59	69550	1925	09/58	69570	1928	12/59	69590	1928	06/57
69531	1921	06/61	69551	1925	12/58	69571	1928	06/61	69591	1928	08/59
69532	1921	06/59	69552	1925	05/60	69572	1928	03/61	69592	1928	09/61
69533	1921	09/61	69553	1925	12/59	69573	1928	12/58	69593	1929	09/62
69534	1921	02/59	69554	1925	06/58	69574	1928	03/61	69594	1929	01/60
69535	1921	09/62	69555	1925	04/59	69575	1928	09/62	69595	1929	10/57
69536	1921	06/59	69556	1925	12/59	69576	1928	07/59	69596	1929	09/60
69537	1921	04/59	69557	1925	06/57	69577	1928	05/59			TOTAL 107

Class N7   Hill G.E.R.   0-6-2T

Introduced 1914 by Hill for G.E.R. Most rebuilt with round topped boilers. **Loco Weight :** 61t 16c - 64t 17c
Driving Wheels : 4' 10" **Cylinders :** (I) 18" x 24" **Valve Gear :** Inside Walschaerts (piston valves)

Number	built	w/dwn	Number	built	w/dwn	Number	built	w/dwn	Number	built	w/dwn
69600	1914	02/59	69634	1926	01/59	69668	1925	09/61	69702	1927	03/61
69601	1914	05/58	69635	1926	03/59	69669	1925	04/59	69703	1927	01/59
69602	1921	07/59	69636	1926	11/60	69670	1926	09/61	69704	1927	10/60
69603	1921	07/59	69637	1926	03/59	69671	1926	09/62	69705	1927	06/59
69604	1921	08/59	69638	1926	05/59	69672	1927	10/59	69706	1927	12/60
69605	1921	10/58	69639	1926	01/59	69673	1927	09/61	69707	1927	04/61
69606	1921	08/58	69640	1926	09/62	69674	1927	06/61	69708	1927	01/61
69607	1921	07/58	69641	1926	12/58	69675	1927	06/61	69709	1927	11/60
69608	1921	08/58	69642	1926	11/60	69676	1927	02/59	69710	1927	09/61
69609	1921	04/58	69643	1926	05/58	69677	1927	11/60	69711	1927	11/59
69610	1921	01/59	69644	1926	01/59	69678	1928	09/61	69712	1927	12/60
69611	1921	11/60	69645	1926	11/60	69679	1928	01/61	69713	1928	09/61
69612	1923	08/59	69646	1926	09/62	69680	1928	12/60	69714	1928	09/61
69613	1923	11/59	69647	1926	11/60	69681	1928	12/60	69715	1928	12/60
69614	1923	12/60	69648	1926	08/60	69682	1927	12/60	69716	1928	02/59
69615	1924	09/60	69649	1926	07/59	69683	1927	02/60	69717	1928	01/59
69616	1924	01/59	69650	1926	05/59	69684	1927	06/60	69718	1928	12/60
69617	1924	07/60	69651	1927	01/61	69685	1927	12/60	69719	1928	11/60
69618	1924	09/61	69652	1925	12/60	69686	1927	09/61	69720	1928	11/60
69619	1924	02/59	69653	1925	05/62	69687	1927	12/60	69721	1928	12/60
69620	1924	11/60	69654	1925	12/60	69688	1927	11/60	69722	1928	12/60
69621	1924	09/62	69655	1925	08/59	69689	1927	03/57	69723	1928	09/61
69622	1925	11/59	69656	1925	04/61	69690	1927	01/60	69724	1928	09/61
69623	1925	02/59	69657	1925	06/59	69691	1927	12/60	69725	1928	09/62
69624	1925	12/58	69658	1925	04/61	69692	1927	09/62	69726	1928	12/60
69625	1925	04/59	69659	1925	01/59	69693	1927	09/61	69727	1928	11/60
69626	1925	06/59	69660	1925	05/59	69694	1927	11/60	69728	1928	09/61
69627	1925	03/59	69661	1925	10/59	69695	1927	12/58	69729	1928	12/60
69628	1925	12/58	69662	1925	05/59	69696	1927	04/61	69730	1928	09/61
69629	1925	08/60	69663	1925	11/60	69697	1927	09/62	69731	1928	02/59
69630	1925	11/60	69664	1925	11/60	69698	1927	09/61	69732	1928	09/61
69631	1925	01/61	69665	1925	02/60	69699	1927	11/60	69733	1928	10/60
69632	1926	09/62	69666	1925	03/59	69700	1927	12/60			
69633	1926	08/59	69667	1925	02/59	69701	1927	12/60			TOTAL 134

Class A7 Raven N.E.R. 4-6-2T

Introduced 1910. Raven N.E.R. Design. *Superheated & reduced boiler pressure.
Loco Weight : 87t 10c **Driving Wheels :** 4' 7¼" **Cylinders :** (3) 16½" x 26" **Valve Gear :** Stephenson (piston valves)

Number	built	w/dwn	Number	built	w/dwn	Number	built	w/dwn	Number	built	w/dwn
69770 *	1910	10/54	69775	1910	04/52	69780 *	1911	11/54	69785 *	1911	11/55
69771 *	1910	11/54	69776 *	1911	06/54	69781 *	1911	11/56	69786 *	1911	12/57
69772 *	1910	12/57	69777 *	1911	05/52	69782 *	1911	12/57	69787	1911	08/54
69773 *	1910	03/55	69778	1911	05/55	69783 *	1911	12/56	69788 *	1911	11/55
69774 *	1910	08/54	69779 *	1911	11/54	69784 *	1911	03/56	69789 *	1911	05/51

TOTAL 20

Class A6 Raven N.E.R. 4-6-2T

1914 Raven rebuild of Wordsell's Class W 4-6-0T, introduced 1907. * Superheated (79t 0c)
Loco Weight : 78t 0c **Driving Wheels :** 5' 1¼" **Cylinders :** (I) 19" x 26" **Valve Gear :** Stephenson (piston valves)

Number	built	w/dwn	Number	built	w/dwn	Number	built	w/dwn	Number	built	w/dwn
69791 *	1907	08/51	69794	1908	08/51	69796 *	1908	03/53	69798	1908	02/51
69792 *	1907	12/48	69795	1908	07/50	69797 *	1908	08/51	69799 *	1908	02/50
69793 *	1908	04/51									

TOTAL 9

Class A5 Robinson G.C.R. 4-6-2T

Class A5/1 introduced by Robinson for the Great Central Railway in 1911.
Loco Weight : 85t 18c **Driving Wheels :** 5' 7" **Cylinders :** (I) 20" x 26" **Valve Gear :** Stephenson (piston valves)

*Class A5/2 introduced by Gresley for the L.N.E.R. in 1925 with reduced boiler mountings.
Loco Weight : 90t 11c **Driving Wheels :** 5' 7" **Cylinders :** (I) 20" x 26" **Valve Gear :** Stephenson (piston valves)

Number	built	w/dwn	Number	built	w/dwn	Number	built	w/dwn	Number	built	w/dwn
69800	1911	08/59	69811	1912	10/58	69822	1923	11/58	69833 *	1925	04/57
69801	1911	04/60	69812	1912	07/59	69823	1923	04/60	69834 *	1925	10/58
69802	1911	12/58	69813	1912	04/60	69824	1923	12/58	69835 *	1925	11/58
69803	1911	07/59	69814	1912	11/60	69825	1923	11/59	69836 *	1925	08/58
69804	1911	04/58	69815	1917	07/57	69826	1923	06/58	69837 *	1925	12/58
69805	1911	09/59	69816	1917	01/59	69827	1923	11/59	69838 *	1925	11/58
69806	1911	04/60	69817	1917	04/60	69828	1923	05/58	69839 *	1926	09/58
69807	1911	07/58	69818	1917	12/58	69829	1923	05/60	69840 *	1926	09/58
69808	1911	11/60	69819	1917	03/58	69830 *	1925	11/58	69841 *	1926	09/58
69809	1912	05/59	69820	1923	11/60	69831 *	1925	11/58	69842 *	1926	10/58
69810	1912	10/58	69821	1923	05/60	69832 *	1925	10/58			

TOTAL 43

Class A8 Gresley Rebuilt N.E.R. 4-4-4T 4-6-2T

This class was a 1931 Gresley rebuild of Raven's North Eastern Railway Class D 4-4-4T, originally introduced in 1913.
Loco Weight : 86t 18c **Driving Wheels :** 5' 9" **Cylinders :** (3) 16½" x 26" **Valve Gear :** Stephenson (piston valves)

Number	built	w/dwn	Number	built	w/dwn	Number	built	w/dwn	Number	built	w/dwn
69850	1913	06/60	69862	1914	07/58	69873	1920	02/60	69884	1921	11/58
69851	1913	11/58	69863	1914	11/58	69874	1920	05/60	69885	1921	06/60
69852	1913	11/59	69864	1914	10/58	69875	1920	05/60	69886	1921	06/60
69853	1913	01/60	69865	1914	04/58	69876	1920	10/57	69887	1921	12/59
69854	1913	05/60	69866	1914	11/58	69877	1920	12/59	69888	1921	10/58
69855	1913	01/60	69867	1914	12/59	69878	1921	06/60	69889	1921	05/60
69856	1913	12/59	69868	1914	11/57	69879	1922	11/58	69890	1921	01/58
69857	1913	02/60	69869	1914	06/60	69880	1921	06/60	69891	1922	09/58
69858	1913	05/60	69870	1920	06/60	69881	1921	06/58	69892	1922	11/58
69859	1913	02/60	69871	1920	11/58	69882	1922	11/58	69893	1922	11/58
69860	1913	06/60	69872	1920	10/58	69883	1921	06/60	69894	1922	06/60
69861	1913	06/60									

TOTAL 45

Class S1 — Robinson G.C.R. — 0-8-4T

Introduced in 1907 for G.C.R. **69904/5** *were built by L.N.E.R., in 1932*

Loco Weight : 99t 1c - 99t 6c **Driving Wheels :** 4' 8" **Cylinders :** (3) 18" x 26" **Valve Gear :** Stephenson (slide valves)

Number	built	w/dwn	Number	built	w/dwn	Number	built	w/dwn			
69900	1907	01/56	69902	1908	01/56	69904	1932	01/56			
69901	1907	01/57	69903	1908	03/54	69905	1932	01/57			TOTAL 6

Class T1 — Wordsell N.E.R. — 4-8-0T

69910 - 69917 *introduced in 1909 by Raven (to Wordsell design), last five built by L.N.E.R. in 1925.*
69914 *superheated in 1935*

Loco Weight : 85t 8c **Driving Wheels :** 4' 7¼" **Cylinders :** (3) 18" x 26" **Valve Gear :** Stephenson (piston valves)

Number	built	w/dwn	Number	built	w/dwn	Number	built	w/dwn	Number	built	w/dwn
69910	1909	10/59	69914	1909	08/55	69917	1910	11/59	69920	1925	01/59
69911	1909	03/57	69915	1910	03/59	69918	1925	10/58	69921	1925	06/61
69912	1909	10/59	69916	1910	08/57	69919	1925	02/55	69922	1925	10/56
69913	1909	12/57									TOTAL 13

Class Q1 — Thompson Rebuilt G.C.R. 0-8-0 — 0-8-0T

** Class Q1/1, introduced 1942 by Thompson for L.N.E.R.. These engines were rebuild of Robinson's 'Q4'
Class 0-8-0 tender engines for heavy shunting. 1500 gallon water tanks.*

Loco Weight : 69t 18c **Driving Wheels :** 4' 8" **Cylinders :** (O) 19" x 26" **Valve Gear :** Stephenson (slide valves)

Class Q1/2, as Class Q1/1, but fitted with 2000 gallon water tanks

Loco Weight : 73t 13c **Driving Wheels :** 4' 8" **Cylinders :** (O) 19" x 26" **Valve Gear :** Stephenson (slide valves)

Number	rebuilt	w/dwn	Number	rebuilt	w/dwn	Number	rebuilt	w/dwn	Number	rebuilt	w/dwn
69925*	1942	08/54	69929	1943	08/59	69932	1944	11/58	69935	1945	09/59
69926*	1942	02/58	69930	1943	10/58	69933	1944	12/58	69936	1945	09/59
69927*	1942	04/56	69931	1944	11/58	69934	1944	08/59	69937	1945	11/56
69928*	1943	08/59									TOTAL 13

Class U1 — Gresley / Beyer Peacock — 2-8-8-2T

Introduced 1925 by Gresley for banking on the Worsborough Incline. Built by Beyer Peacock.

Loco Weight : 178t 1c **Driving Wheels :** 4' 8" **Cylinders :** (6) 18½" x 26" **Valve Gear :** Walschaerts (piston valves)

No.	built	w/dwn		
69999	1925	12/55		TOTAL 1

Steam Railcar — Sentinel — 0-4-0T + bogie

*Six Cylinder Steam Railcar introduced 1928 by Sentinel for L.N.E.R.. Originally fifty built, but only one
survived to come into B.R. stock. All were named after 19th century stagecoaches.*

No.	built	w/dwn	Notes	
2136	1928	02/48	named **HOPE.** Not renumbered by B.R.	TOTAL 1

Class J36 0-6-0 No. 65234 ended its days as a stationary boiler at St. Margaret's M.P.D. in Edinburgh.

Modelmaster Collection

E. & N.E.R. DEPARTMENTAL LOCOMOTIVES

Number	Class	W.Arrgt.	Normal Location	w/dwn	Notes
1	J52	0-6-0ST	Doncaster Works	02/58	renumbered from 68845 12/52
2	J52	0-6-0ST	Doncaster Works	03/56	renumbered from 68816 12/52
2	J52	0-6-0ST	Doncaster Works	04/61	renumbered from 68858 03/56
3	Y3	0-4-0T	Ranskill Wagon Works	11/59	renumbered from 68181 12/52
4	Y1	0-4-0T	Ranskill Wagon Works	08/59	renumbered from 68132 12/52
5	Y3	0-4-0T	Doncaster	11/58	renumbered from 68165 03/53
6	Y1	0-4-0T	Peterborough Engineer's Yard	11/55	renumbered from 68133 03/53
7	Y3	0-4-0T	Boston Sleeper Depot	05/64	renumbered from 68166 03/53
8	Y3	0-4-0T	Peterborough Engineer's Yard	01/59	renumbered from 68183 09/55
9	J52	0-6-0ST	Doncaster Works	04/61	renumbered from 68840 02/58
10	J50	0-6-0T	Doncaster Works	05/65	renumbered from 68911 04/61
11	J50	0-6-0T	Doncaster Works	05/65	renumbered from 68914 04/61
12	J50	0-6-0T	Doncaster Works	05/65	renumbered from 68917 09/62
13	J50	0-6-0T	Doncaster Works	05/65	renumbered from 68928 09/62
14	J50	0-6-0T	Doncaster Works	09/65	renumbered from 68961 09/62
15	J50	0-6-0T	Doncaster Works	05/65	renumbered from 68971 09/62
16	J50	0-6-0T	Doncaster Works	05/65	renumbered from 68976 09/62
17	B1	4-6-0	Norwich	04/66	renumbered from 61059 12/63
18	B1	4-6-0	March	12/65	renumbered from 61181 11/63
19	B1	4-6-0	Norwich	02/66	renumbered from 61204 12/63
20	B1	4-6-0	Norwich	12/65	renumbered from 61205 12/63
21	B1	4-6-0	Cambridge	04/66	renumbered from 61233 11/63
21	Y3	0-4-0T	Cambridge Engineer's Dept.	07/60	renumbered from 68162 01/56
22	B1	4-6-0	Ipswich	05/64	renumbered from 61252 11/63
23	B1	4-6-0	March	11/65	renumbered from 61300 11/63
24	B1	4-6-0	not allocated	11/63	to have been renumbered from 61323
24	B1	4-6-0	King's Lynn	04/66	renumbered from 61375 11/63
25	B1	4-6-0	New England	11/65	renumbered from 61272 01/65
26	B1	4-6-0	Norwich	10/67	renumbered from 61138 01/65
27	B1	4-6-0	Parkeston	07/66	renumbered from 61105 01/65
28	B1	4-6-0	Thornton Fields	08/66	renumbered from 61194 08/65
29	B1	4-6-0	Norwich	07/67	renumbered from 61264 12/65
30	B1	4-6-0	Canklow	01/68	renumbered from 61050 02/66
31	B1	4-6-0	Norwich	05/66	renumbered from 61051 02/66
31	J66	0-6-0T	Stratford Works	01/59	renumbered from 68382 08/52
32	B1	4-6-0	Canklow	01/68	renumbered from 61315 02/66
32	J66	0-6-0T	Stratford Works	09/62	renumbered from 68370 10/52
33	Y4	0-4-0T	Stratford Works	12/63	renumbered from 68129 09/52
34	Y7	0-4-0T	Stratford Works	12/52	to have been renumbered from 68088
35	J92	0-6-0CT	Stratford Works	11/52	renumbered from 68668 09/52
36	J66	0-6-0T	Stratford Works	01/59	renumbered from 68378 11/52
37	Y1	0-4-0T	Lowestoft Engineer's Dept.	04/56	renumbered from 68130 05/53
38	Y3	0-4-0T	Lowestoft Engineer's Dept.	03/59	renumbered from 68168 05/53
39	Y1	0-4-0T	Lowestoft Engineer's Dept.	04/63	renumbered from 68131 08/53
40	Y3	0-4-0T	Lowestoft Engineer's Dept.	05/64	renumbered from 68173 05/53
41	Y3	0-4-0T	Lowestoft Engineer's Dept.	03/63	renumbered from 68177 05/53
42	Y3	0-4-0T	Cambridge Engineer's Dept.	07/60	renumbered from 68178 03/53
43	J69	0-6-0T	Stratford Works	08/59	renumbered from 68532 01/59
44	J69	0-6-0T	Stratford Works	09/62	renumbered from 68498 08/59
45	J69	0-6-0T	Stratford Works	09/62	renumbered from 68543 11/59
51	Y1	0-4-0T	Darlington Faverdale Works	11/56	renumbered from 68136 11/52
53	Y1	0-4-0T	York Engineer's Yard	03/59	renumbered from 68152 04/54
54	Y1	0-4-0T	Darlington P.W. Depot	07/61	renumbered from 68153 10/54
55	Y8	0-4-0T	M.P.D. pilot at York	11/56	renumbered from 68091 07/54
57	Y3	0-4-0T	Darlington Faverdale Works	02/61	renumbered from 68160 11/56
58	J72	0-6-0T	Tyne Dock	10/67	renumbered from 69005 10/64
59	J72	0-6-0T	Tyne Dock	09/66	renumbered from 69023 10/64

SECTION FIVE
B.R. Standard & Austerity Locomotives

7P6F   'Britannia'   4-6-2

The first of the B.R. Standard Classes - used on every Region at one time or another.
Loco Weight : 94t 4c   **Driving Wheels :** 6' 8"   **Cylinders :** (O) 20" x 28"   **Valve Gear :** Walschaerts (piston valves)

Number & Name	New	w/dwn	Tender	Number & Name	New	w/dwn	Tender
70000 Britannia	01/51	06/66	BR1	70028 Royal Star	10/52	09/67	BR1A
70001 Lord Hurcomb	02/51	08/66	BR1	70029 Shooting Star	11/52	10/67	BR1A
70002 Geoffrey Chaucer	03/51	01/67	BR1	70030 William Wordsworth	11/52	06/66	BR1
70003 John Bunyan	03/51	03/67	BR1	70031 Byron	11/52	11/67	BR1
70004 William Shakespeare	03/51	12/67	BR1	70032 Tennyson	11/52	09/67	BR1
70005 John Milton	04/51	07/67	BR1	70033 Charles Dickens	12/52	07/67	BR1
70006 Robert Burns	04/51	05/67	BR1	70034 Thomas Hardy	12/52	05/67	BR1
70007 Coeur de Lion	04/51	06/65	BR1	70035 Rudyard Kipling	12/52	12/67	BR1
70008 Black Prince	04/51	01/67	BR1	70036 Boadicea	12/52	10/66	BR1
70009 Alfred the Great	05/51	01/67	BR1	70037 Hereward the Wake	12/52	10/66	BR1
70010 Owen Glendower	05/51	09/67	BR1	70038 Robin Hood	01/53	08/67	BR1
70011 Hotspur	05/51	12/67	BR1	70039 Sir Christopher Wren	02/53	09/67	BR1
70012 John of Gaunt	05/51	12/67	BR1	70040 Clive of India	03/53	04/67	BR1
70013 Oliver Cromwell	05/51	08/68	BR1	70041 Sir John Moore	03/53	04/67	BR1
70014 Iron Duke	06/51	12/67	BR1	70042 Lord Roberts	04/53	05/67	BR1
70015 Apollo	06/51	08/67	BR1	70043 Lord Kitchener	06/53	08/65	BR1
70016 Ariel	06/51	08/67	BR1	70044 Earl Haig	06/53	12/66	BR1
70017 Arrow	06/51	09/66	BR1	70045 Lord Rowallan	06/54	12/67	BR1D
70018 Flying Dutchman	06/51	12/66	BR1	70046 Anzac	06/54	07/67	BR1D
70019 Lightning	06/51	03/66	BR1	70047 never named	06/54	07/67	BR1D
70020 Mercury	07/51	01/67	BR1	70048 The Territorial			
70021 Morning Star	08/51	12/67	BR1	Army 1908 - 1958	07/54	05/67	BR1D
70022 Tornado	08/51	12/67	BR1	70049 Solway Firth	07/54	12/67	BR1D
70023 Venus	08/51	12/67	BR1	70050 Firth of Clyde	08/54	08/66	BR1D
70024 Vulcan	08/51	12/67	BR1	70051 Firth of Forth	08/54	12/67	BR1D
70025 Western Star	09/52	12/67	BR1A	70052 Firth of Tay	08/54	04/67	BR1D
70026 Polar Star	10/52	01/67	BR1A	70053 Moray Firth	09/54	04/67	BR1D
70027 Rising Star	10/52	06/67	BR1A	70054 Dornoch Firth	09/54	11/66	BR1D

TOTAL 55

8P   'Duke of Gloucester'   4-6-2

*Introduced in 1954, No. **71000** was the only B.R. Standard passenger design, and was built to replace the ill - fated rebuilt 'Turbomotive' which was destroyed at the Harrow & Wealdstone accident in 1952.*
Loco Weight : 101t 5c   **Driving Wheels :** 6' 2"   **Cylinders :** (3) 18" x 28"   **Valve Gear :** Caprotti

Number & Name	New	w/dwn	Tender
71000 Duke of Gloucester	05/54	11/62	BR1J

TOTAL 1

6MT   'Clan'   4-6-2

Ten of these locomotives were built, although another fifteen were planned but not proceeded with. They were not as successful as their larger cousins the 'Britannias', and were confined mainly to working Glasgow to Liverpool / Manchester expresses.
Loco Weight : 86t 19c   **Driving Wheels :** 6' 2"   **Cylinders :** (O) 19½" x 28"   **Valve Gear :** Walschaerts (piston valves)

Number & Name	New	w/dwn	Tender	Number & Name	New	w/dwn	Tender
72000 Clan Buchanan	12/51	12/62	BR1	72005 Clan Macgregor	02/52	05/65	BR1
72001 Clan Cameron	12/51	12/62	BR1	72006 Clan Mackenzie	02/52	05/66	BR1
72002 Clan Campbell	01/52	12/62	BR1	72007 Clan Mackintosh	03/52	12/65	BR1
72003 Clan Fraser	01/52	12/62	BR1	72008 Clan Macleod	03/52	04/66	BR1
72004 Clan Macdonald	02/52	12/62	BR1	72009 Clan Stewart	04/52	08/65	BR1

TOTAL 10

One of the earliest photos of the very first B.R. Standard Locomotive, No. 70000 (later BRITANNIA), running on trials near Crewe on January 14th 1951, a full two weeks before being taken in to stock. She is seen in works livery, with no nameplates, no emblem on the tender, and no lining. The 'Britannia' class was a pleasing looking and efficient design, and it is a pity that, like <u>all</u> B.R. Standard designs, none of them could give more than eighteen years of service before the end of Steam in Britain.

Modelmaster Collection

In contrast to the above photo, 'Clan' Class 4-6-2 No. 72006 CLAN MacKENZIE is near the end of her life, with nameplates removed and yellow diagonal stripe on the cabside signifying that she could not travel on 25Kv. A.C. overhead electric lines. Seen at Stranraer Depot on 16th May 1965.

Modelmaster Collection

Introduced in 1951, and a direct descendent of Stanier's 'Black 5'. **73125 - 73154** *were built with Caprotti valve gear. Twenty were named in the late 1950s after withdrawn S.R. 'King Arthur' Class 4-6-0s.*

Loco Weight : 76t 4c   **Driving Wheels :** 6' 2"   **Cylinders :** (O) 19" x 28"   **Valve Gear :** Walschaerts (piston valves)

Number	New	w/dwn	Tender	Number	New	w/dwn	Tender	Number	New	w/dwn	Tender
73000	04/51	04/68	BR1	73027	12/51	02/64	BR1	73054	06/54	08/65	BR1H
73001	05/51	12.65	BR1	73028	12/51	12/66	BR1	73055	06/54	06/66	BR1H
73002	05/51	03/67	BR1	73029	01/52	07/67	BR1	73056	07/54	06/65	BR1H
73003	06/51	12/65	BR1	73030	06/53	08/65	BR1	73057	07/54	03/66	BR1H
73004	06/51	10/67	BR1	73031	07/53	09/65	BR1	73058	07/54	11/64	BR1H
73005	06/51	06/66	BR1	73032	07/53	08/65	BR1	73059	08/54	05/67	BR1H
73006	06/51	03/67	BR1	73033	08/53	01/68	BR1	73060	08/54	05/67	BR1H
73007	07/51	03/66	BR1	73034	08/53	03/68	BR1	73061	09/54	12/64	BR1H
73008	07/51	09/65	BR1	73035	08/53	01/68	BR1	73062	09/54	06/65	BR1H
73009	07/51	07/66	BR1	73036	09/53	09/65	BR1	73063	09/54	06/66	BR1H
73010	08/51	06/68	BR1	73037	09/53	07/67	BR1	73064	10/54	05/67	BR1H
73011	08/51	11/67	BR1	73038	09/53	09/65	BR1	73065	10/54	07/67	BR1C
73012	08/51	11/64	BR1	73039	09/53	09/67	BR1	73066	10/54	04/67	BR1C
73013	08/51	05/66	BR1	73040	10/53	05/68	BR1	73067	10/54	04/68	BR1C
73014	09/51	07/67	BR1	73041	10/53	06/65	BR1	73068	10/54	12/65	BR1C
73015	09/51	08/65	BR1	73042	10/53	08/65	BR1	73069	11/54	08/68	BR1C
73016	09/51	12/66	BR1	73043	10/53	07/67	BR1	73070	11/54	05/67	BR1C
73017	09/51	10/64	BR1	73044	11/53	03/65	BR1	73071	11/54	09/67	BR1C
73018	10/51	07/67	BR1	73045	11/53	08/67	BR1	73072	12/54	10/66	BR1C
73019	10/51	01/67	BR1	73046	11/53	09/64	BR1	73073	12/54	10/67	BR1C
73020	10/51	07/67	BR1	73047	12/53	12/64	BR1	73074	12/54	09/64	BR1C
73021	10/51	08/65	BR1	73048	12/53	10/67	BR1	73075	04/55	12/65	BR1C
73022	10/51	04/67	BR1	73049	12/53	03/65	BR1	73076	04/55	07/64	BR1C
73023	11/51	08/65	BR1	73050	06/54	06/68	BR1G	73077	05/55	12/64	BR1C
73024	11/51	11/64	BR1	73051	06/54	08/65	BR1G	73078	05/55	07/66	BR1C
73025	11/51	10/67	BR1	73052	06/54	12/64	BR1G	73079	05/55	05/67	BR1C
73026	12/51	04/67	BR1	73053	06/54	03/68	BR1H				

Number & Name		New	w/dwn	Tender	Number & Name		New	w/dwn	Tender
73080	Merlin	06/55	12/66	BR1B	73085	Melisande	08/55	07/67	BR1B
73081	Excalibur	07/55	07/66	BR1B	73086	The Green Knight	09/55	10/66	BR1B
73082	Camelot	07/55	06/66	BR1B	73087	Linette	09/55	10/66	BR1B
73083	Pendragon	07/55	09/66	BR1B	73088	Joyous Gard	09/55	10/66	BR1B
73084	Tintagel	08/55	12/65	BR1B	73089	Maid of Astolat	09/55	09/66	BR1B

Number	New	w/dwn	Tender	Number	New	w/dwn	Tender	Number	New	w/dwn	Tender
73090	10/55	10/65	BR1C	73097	12/55	05/67	BR1C	73104	09/55	10/65	BR1B
73091	10/55	05/65	BR1C	73098	12/55	03/66	BR1C	73105	12/55	09/66	BR1B
73092	10/55	07/67	BR1C	73099	12/55	10/66	BR1C	73106	12/55	06/65	BR1B
73093	11/55	07/67	BR1C	73100	08/55	01/67	BR1B	73107	12/55	09/66	BR1B
73094	11/55	05/67	BR1C	73101	09/55	08/66	BR1B	73108	12/55	12/66	BR1B
73095	11/55	09/66	BR1C	73102	09/55	12/66	BR1B	73109	01/56	10/64	BR1B
73096	11/55	11/67	BR1C	73103	09/55	10/65	BR1B				

Number & Name		New	w/dwn	Tender	Number & Name		New	w/dwn	Tender
73110	The Red Knight	10/55	01/67	BR1F	73115	King Pellinore	11/55	03/67	BR1F
73111	King Uther	10/55	09/65	BR1F	73116	Iseult	11/55	11/64	BR1F
73112	Morgan le Fay	10/55	06/65	BR1F	73117	Vivien	11/55	03/67	BR1F
73113	Lyonesse	10/55	01/67	BR1F	73118	King Leodegrance	12/55	07/67	BR1F
73114	Etarre	11/55	06/66	BR1F	73119	Elaine	12/55	03/67	BR1F

Number	New	w/dwn	Tender	Number	New	w/dwn	Tender	Number	New	w/dwn	Tender
73120	01/56	12/66	BR1B	73129	08/56	11/67	BR1B	73138	11/56	05/68	BR1C
73121	01/56	02/66	BR1B	73130	09/56	01/67	BR1B	73139	11/56	05/67	BR1C
73122	01/56	09/65	BR1B	73131	09/56	01/68	BR1B	73140	12/56	10/67	BR1C
73123	02/56	05/65	BR1B	73132	10/56	04/68	BR1B	73141	12/56	07/67	BR1C
73124	02/56	12/65	BR1B	73133	10/56	06/68	BR1B	73142	12/56	05/68	BR1C
73125	06/56	06/68	BR1B	73134	10/56	06/68	BR1B	73143	12/56	06/68	BR1C
73126	06/56	04/68	BR1B	73135	10/56	04/68	BR1C	73144	12/56	06/68	BR1C
73127	08/56	10/67	BR1B	73136	11/56	03/68	BR1C	73145	01/57	09/66	BR1B
73128	08/56	05/68	BR1B	73137	11/56	06/67	BR1C	73146	02/57	05/67	BR1B

Number	New	w/dwn	Tender	Number	New	w/dwn	Tender	Number	New	w/dwn	Tender
73147	02/57	08/65	BR1B	73156	12/56	11/67	BR1B	73165	03/57	09/65	BR1B
73148	03/57	09/65	BR1B	73157	12/56	05/68	BR1B	73166	03/57	12/65	BR1B
73149	03/57	12/66	BR1B	73158	12/56	10/67	BR1B	73167	04/57	08/65	BR1B
73150	04/57	12/66	BR1B	73159	01/57	10/67	BR1B	73168	04/57	12/65	BR1B
73151	04/57	08/66	BR1B	73160	01/57	11/67	BR1B	73169	04/57	10/66	BR1B
73152	05/57	12/65	BR1B	73161	01/57	12/64	BR1B	73170	05/57	06/66	BR1B
73153	05/57	12/66	BR1B	73162	02/57	05/65	BR1B	73171	05/57	10/66	BR1B
73154	06/57	12/66	BR1B	73163	02/57	11/65	BR1B				
73155	12/56	07/67	BR1B	73164	03/57	12/64	BR1B				TOTAL 172

4MT   4-6-0

Designed at Brighton, and introduced in 1951. This class was never seen in Scotland, and from 1957
75003/5/6/8/20/6/9, and 75065 - 79 were fitted with double chimneys.
Loco Weight : 69t 0c **Driving Wheels :** 5' 8" **Cylinders :** (O) 18" x 28" **Valve Gear :** Walschaerts (piston valves)

Number	New	w/dwn	Tender	Number	New	w/dwn	Tender	Number	New	w/dwn	Tender
75000	05/51	12/65	BR2	75027	05/54	08/68	BR2	75054	01/57	09/66	BR2A
75001	08/51	12/64	BR2	75028	05/54	12/65	BR2	75055	01/57	06/67	BR2A
75002	08/51	08/67	BR2	75029	05/54	08/67	BR2	75056	03/57	06/66	BR2A
75003	08/51	10/65	BR2	75030	06/53	12/67	BR2	75057	03/57	02/66	BR2A
75004	08/51	03/67	BR2	75031	06/53	02/66	BR2	75058	04/57	12/67	BR2A
75005	09/51	11/65	BR2	75032	06/53	02/68	BR2	75059	04/57	07/67	BR2A
75006	09/51	08/67	BR2	75033	07/53	12/67	BR2	75060	05/57	04/67	BR2A
75007	09/51	04/65	BR2	75034	07/53	02/68	BR2	75061	05/57	02/67	BR2A
75008	10/51	12/65	BR2	75035	08/53	07/67	BR2	75062	05/57	02/68	BR2A
75009	10/51	08/68	BR2	75036	08/53	06/66	BR2	75063	06/57	06/66	BR2A
75010	11/51	10/67	BR2	75037	08/53	12/67	BR2	75064	06/57	05/67	BR2A
75011	11/51	10/66	BR2	75038	08/53	12/65	BR2	75065	08/55	09/66	BR1B
75012	11/51	01/67	BR2	75039	08/53	09/67	BR2	75066	09/55	01/66	BR1B
75013	11/51	08/67	BR2	75040	09/53	10/67	BR2	75067	09/55	10/64	BR1B
75014	12/51	12/66	BR2	75041	09/53	01/68	BR2	75068	09/55	07/67	BR1B
75015	12/51	12/67	BR2	75042	09/53	10/67	BR2	75069	09/55	09/66	BR1B
75016	01/52	07/67	BR2	75043	09/53	12/67	BR2	75070	10/55	08/67	BR1B
75017	01/52	01/67	BR2	75044	09/53	03/66	BR2	75071	10/55	08/67	BR1B
75018	03/52	06/67	BR2	75045	09/53	04/66	BR2	75072	11/55	12/65	BR1B
75019	03/52	08/68	BR2	75046	10/53	08/67	BR2	75073	11/55	12/65	BR1B
75020	11/53	08/68	BR2	75047	10/53	08/67	BR2	75074	11/55	07/67	BR1B
75021	11/53	02/68	BR2	75048	10/53	08/68	BR2	75075	11/55	07/67	BR1B
75022	12/53	12/65	BR2	75049	10/53	10/66	BR2	75076	12/55	07/67	BR1B
75023	12/53	01/66	BR2	75050	11/56	11/66	BR2A	75077	12/55	07/67	BR1B
75024	12/53	11/67	BR2	75051	11/56	10/66	BR2A	75078	01/56	07/66	BR1B
75025	04/54	12/65	BR2	75052	12/56	08/67	BR2A	75079	01/56	11/66	BR1B
75026	05/54	12/67	BR2	75053	01/57	09/66	BR2A				TOTAL 80

4MT   2-6-0

Almost identical to the L.M.S. Ivatt Class 4 2-6-0 except for minor alterations to the footplate and B.R.
boiler fittings, many were built simultaneously with their ex L.M.S. cousins.
Loco Weight : 59t 2c **Driving Wheels :** 5' 3" **Cylinders :** (O) 17½" x 26" **Valve Gear :** Walschaerts (piston valves)

Number	New	w/dwn	Tender	Number	New	w/dwn	Tender	Number	New	w/dwn	Tender
76000	12/52	05/67	BR2	76010	02/53	09/66	BR2	76020	12/52	04/66	BR2
76001	12/52	08/66	BR2	76011	02/53	07/67	BR2	76021	12/52	10/66	BR2
76002	12/52	01/67	BR2	76012	02/53	09/66	BR2	76022	12/52	08/66	BR2
76003	12/52	03/66	BR2	76013	02/53	09/66	BR2	76023	12/52	10/65	BR2
76004	12/52	10/66	BR2	76014	02/53	09/66	BR2	76024	01/53	12/66	BR2
76005	12/52	07/67	BR2	76015	05/53	10/65	BR2	76025	09/53	10/65	BR2
76006	02/53	07/67	BR2	76016	05/53	10/66	BR2	76026	11/53	07/67	BR2
76007	02/53	07/67	BR2	76017	07/53	07/65	BR2	76027	11/53	10/65	BR2
76008	02/53	05/67	BR2	76018	07/53	10/66	BR2	76028	11/53	05/64	BR2
76009	02/53	07/67	BR2	76019	07/53	02/66	BR2	76029	11/53	10/64	BR2

Number	New	w/dwn	Tender	Number	New	w/dwn	Tender	Number	New	w/dwn	Tender
76030	11/53	04/65	BR2	76059	06/55	09/66	BR1B	76088	05/57	06/67	BR2A
76031	11/53	07/67	BR2	76060	06/55	12/65	BR1B	76089	05/57	09/66	BR2A
76032	12/53	08/64	BR2	76061	06/55	01/67	BR1B	76090	06/57	12/66	BR2A
76033	12/53	02/67	BR2	76062	06/55	10/65	BR1B	76091	06/57	12/66	BR2A
76034	12/53	09/64	BR2	76063	07/56	04/67	BR1B	76092	06/57	08/66	BR2A
76035	05/54	05/66	BR2	76064	07/56	07/67	BR1B	76093	07/57	02/67	BR2A
76036	06/54	01/67	BR2	76065	07/56	10/65	BR1B	76094	08/57	05/67	BR2A
76037	06/54	06/67	BR2	76066	07/56	07/66	BR1B	76095	08/57	03/67	BR2A
76038	07/54	09/66	BR2	76067	08/56	07/67	BR1B	76096	09/57	12/66	BR2A
76039	07/54	06/67	BR2	76068	08/56	10/65	BR1B	76097	09/57	07/64	BR2A
76040	07/54	04/67	BR2	76069	08/56	06/67	BR1B	76098	10/57	05/67	BR2A
76041	07/54	04/67	BR2	76070	09/56	08/66	BR2A	76099	11/57	08/66	BR2A
76042	08/54	06/66	BR2	76071	10/56	01/66	BR2A	76100	05/57	08/66	BR2A
76043	08/54	09/66	BR2	76072	10/56	10/64	BR2A	76101	06/57	12/66	BR2A
76044	08/54	10/66	BR2	76073	10/56	06/66	BR2A	76102	06/57	12/66	BR2A
76045	03/55	01/66	BR2A	76074	11/56	10/66	BR2A	76103	06/57	07/66	BR2A
76046	03/55	05/67	BR2A	76075	12/56	10/67	BR2A	76104	07/57	05/67	BR2A
76047	03/55	12/66	BR2A	76076	12/56	11/66	BR2A	76105	07/57	01/66	BR2A
76048	03/55	02/67	BR2A	76077	12/56	12/67	BR2A	76106	07/57	09/65	BR2A
76049	04/55	01/66	BR2A	76078	12/56	12/66	BR2A	76107	08/57	10/65	BR2A
76050	08/56	09/65	BR2A	76079	02/57	12/67	BR2A	76108	08/57	07/66	BR2A
76051	08/56	04/67	BR2A	76080	02/57	12/67	BR2A	76109	08/57	09/66	BR2A
76052	09/56	12/66	BR2A	76081	02/57	07/67	BR2A	76110	08/57	12/66	BR2A
76053	04/55	01/67	BR1B	76082	03/57	10/66	BR2A	76111	08/57	01/66	BR2A
76054	04/55	10/64	BR1B	76083	03/57	10/66	BR2A	76112	09/57	10/65	BR2A
76055	04/55	10/65	BR1B	76084	03/57	12/67	BR2A	76113	10/57	12/66	BR2A
76056	06/55	11/65	BR1B	76085	04/57	07/66	BR2A	76114	10/57	12/66	BR2A
76057	06/55	10/66	BR1B	76086	05/57	09/66	BR2A				
76058	06/55	03/67	BR1B	76087	05/57	01/67	BR2A			TOTAL 115	

3MT   2-6-0

A brand new design introduced in 1954, utilising a modified G.W. boiler. Very high footplate.
Loco Weight : 57t 9c   **Driving Wheels :** 5' 3"   **Cylinders :** (O) 17½" x 26"   **Valve Gear :** Walschaerts (piston valves)

Number	New	w/dwn	Tender	Number	New	w/dwn	Tender	Number	New	w/dwn	Tender
77000	02/54	12/66	BR2A	77007	03/54	11/66	BR2A	77014	07/54	07/67	BR2A
77001	02/54	01/66	BR2A	77008	04/54	06/66	BR2A	77015	07/54	07/66	BR2A
77002	02/54	06/67	BR2A	77009	06/54	05/66	BR2A	77016	08/54	03/66	BR2A
77003	02/54	12/66	BR2A	77010	06/54	11/65	BR2A	77017	08/54	11/66	BR2A
77004	03/54	12/66	BR2A	77011	06/54	02/66	BR2A	77018	08/54	11/66	BR2A
77005	03/54	11/66	BR2A	77012	07/54	06/67	BR2A	77019	09/54	11/66	BR2A
77006	03/54	03/66	BR2A	77013	07/54	03/66	BR2A			TOTAL 20	

2MT   2-6-0

Introduced 1952, based on the Ivatt Class 2.
Loco Weight : 49t 5c   **Driving Wheels :** 5' 0"   **Cylinders :** (O) 16½" x 24"   **Valve Gear :** Walschaerts (piston valves)

Number	New	w/dwn	Tender	Number	New	w/dwn	Tender	Number	New	w/dwn	Tender
78000	12/52	06/65	BR3	78012	01/54	05/67	BR3	78024	05/54	02/65	BR3
78001	12/52	12/65	BR3	78013	01/54	05/67	BR3	78025	05/54	02/65	BR3
78002	12/52	06/66	BR3	78014	02/54	09/65	BR3	78026	06/54	08/66	BR3
78003	12/52	12/66	BR3	78015	02/54	11/63	BR3	78027	06/54	09/65	BR3
78004	01/53	11/65	BR3	78016	03/54	08/66	BR3	78028	06/54	02/67	BR3
78005	02/53	09/64	BR3	78017	03/54	12/66	BR3	78029	07/54	10/65	BR3
78006	03/53	12/65	BR3	78018	03/54	11/66	BR3	78030	09/54	10/65	BR3
78007	03/53	05/67	BR3	78019	03/54	11/66	BR3	78031	09/54	10/66	BR3
78008	03/53	10/66	BR3	78020	04/54	05/67	BR3	78032	09/54	10/65	BR3
78009	04/53	02/64	BR3	78021	05/54	05/67	BR3	78033	10/54	10/65	BR3
78010	12/53	09/66	BR3	78022	05/54	09/66	BR3	78034	10/54	01/66	BR3
78011	12/53	09/65	BR3	78023	05/54	05/67	BR3	78035	11/54	12/65	BR3

Class 2MT 2-6-0 No. 78054 was built in 1955 and withdrawn for scrap exactly ten years later. These locos were almost identical to Ivatt's L.M.S. design (46400 - 46527).
Modelmaster Collection

Class 4MT 2-6-4T No. 80054 appears to have the whole of Glasgow (Central) station to itself in this 1960s view. Note the array of running lines to the suburban platforms, and the Caledonian Railway semaphore route indicator on the locomotive bunker.
Modelmaster Collection

Number	New	w/dwn	Tender	Number	New	w/dwn	Tender	Number	New	w/dwn	Tender
78036	11/54	12/66	BR3	78046	10/55	11/66	BR3	78056	08/56	07/66	BR3
78037	11/54	05/67	BR3	78047	10/55	09/66	BR3	78057	09/56	05/66	BR3
78038	11/54	08/66	BR3	78048	10/55	07/64	BR3	78058	09/56	12/66	BR3
78039	11/54	09/66	BR3	78049	11/55	08/66	BR3	78059	09/56	11/66	BR3
78040	12/54	01/66	BR3	78050	11/55	01/66	BR3	78060	10/56	10/66	BR3
78041	12/54	05/67	BR3	78051	11/55	11/66	BR3	78061	10/56	11/66	BR3
78042	12/54	09/65	BR3	78052	11/55	01/66	BR3	78062	10/56	05/67	BR3
78043	12/54	10/65	BR3	78053	11/55	07/64	BR3	78063	11/56	12/66	BR3
78044	12/54	05/67	BR3	78054	12/55	12/65	BR3	78064	11/56	11/66	BR3
78045	10/55	01/66	BR3	78055	08/56	02/67	BR3				

TOTAL 65

4MT   2-6-4T

This was the final development of the L.M.S. 2-6-4T, which started in 1927 with the Fowler parallel boiler design. It was a very reliable design which was seen on all regions at one time or another.

Loco Weight : 88t 10c   **Driving Wheels :** 5' 8"   **Cylinders :** (O) 18" x 28"   **Valve Gear :** Walschaerts (piston valves)

Number	New	w/dwn	Number	New	w/dwn	Number	New	w/dwn	Number	New	w/dwn
80000	09/52	12/66	80039	06/52	01/66	80078	02/54	07/65	80117	05/55	03/66
80001	10/52	07/66	80040	06/52	05/64	80079	03/54	07/65	80118	06/55	11/66
80002	10/52	03/67	80041	07/52	03/66	80080	03/54	07/65	80119	06/55	05/65
80003	10/52	03/65	80042	08/52	02/65	80081	04/54	06/65	80120	07/55	05/67
80004	11/52	05/67	80043	08/52	03/66	80082	04/54	09/66	80121	07/55	06/66
80005	11/52	08/66	80044	08/52	11/64	80083	05/54	08/66	80122	08/55	12/66
80006	11/52	07/66	80045	09/52	05/67	80084	05/54	06/65	80123	09/55	08/66
80007	12/52	07/66	80046	09/52	05/67	80085	05/54	07/67	80124	09/55	12/66
80008	12/52	07/64	80047	10/52	08/66	80086	06/54	05/67	80125	10/55	10/64
80009	12/52	09/64	80048	10/52	07/65	80087	07/54	06/64	80126	10/55	11/66
80010	07/51	06/64	80049	10/52	06/64	80088	07/54	06/65	80127	11/55	07/64
80011	07/51	07/67	80050	11/52	11/64	80089	08/54	10/66	80128	11/55	04/67
80012	08/51	03/67	80051	11/52	08/66	80090	08/54	03/65	80129	12/55	10/64
80013	10/51	06/66	80052	12/52	06/64	80091	09/54	11/66	80130	12/55	08/66
80014	10/51	05/65	80053	12/52	06/64	80092	09/54	09/66	80131	03/56	05/65
80015	10/51	07/67	80054	12/54	06/66	80093	10/54	09/66	80132	03/56	01/66
80016	10/51	07/67	80055	12/54	09/66	80094	10/54	07/66	80133	03/56	07/67
80017	10/51	09/64	80056	12/54	10/64	80095	11/54	10/66	80134	04/56	07/67
80018	10/51	04/65	80057	12/54	12/66	80096	11/54	12/65	80135	04/56	07/65
80019	12/51	03/67	80058	01/55	07/66	80097	12/54	07/65	80136	05/56	07/65
80020	10/51	06/65	80059	03/53	11/65	80098	12/54	07/65	80137	05/56	10/65
80021	11/51	07/64	80060	03/53	02/66	80099	01/55	05/65	80138	06/56	10/66
80022	11/51	06/65	80061	04/53	12/66	80100	01/55	07/65	80139	06/56	07/67
80023	11/51	10/65	80062	05/53	10/64	80101	02/55	07/65	80140	07/56	07/67
80024	12/51	08/66	80063	05/53	08/66	80102	03/55	12/65	80141	07/56	01/66
80025	12/51	05/66	80064	06/53	08/65	80103	03/55	08/62	80142	08/56	03/66
80026	12/51	09/66	80065	09/53	09/66	80104	03/55	07/65	80143	09/56	07/67
80027	01/52	11/66	80066	07/53	06/65	80105	04/55	07/65	80144	09/56	05/66
80028	01/52	09/66	80067	08/53	06/65	80106	10/54	10/64	80145	10/56	06/67
80029	01/52	12/65	80068	08/53	10/66	80107	10/54	09/64	80146	10/56	07/67
80030	02/52	06/64	80069	09/53	01/66	80108	11/54	05/65	80147	11/56	06/65
80031	03/52	09/64	80070	10/53	06/65	80109	11/54	11/65	80148	11/56	06/64
80032	03/52	01/67	80071	12/53	07/64	80110	11/54	05/65	80149	12/56	03/65
80033	03/52	10/66	80072	11/53	07/65	80111	11/54	11/66	80150	12/56	10/66
80034	04/52	01/66	80073	11/53	07/64	80112	12/54	08/66	80151	01/57	05/67
80035	05/52	04/65	80074	11/53	07/64	80113	12/54	09/66	80152	02/27	07/67
80036	05/52	11/64	80075	12/53	07/64	80114	12/54	12/66	80153	02/57	03/65
80037	05/52	03/66	80076	12/53	07/64	80115	12/54	10/64	80154	03/57	04/67
80038	06/52	09/64	80077	01/54	10/64	80116	05/55	05/67			

TOTAL 155

3MT
2-6-2T

This was virtually the tank version of the 77xxx Class 2-6-0, and was a completely new design.

Loco Weight: 73t 10c **Driving Wheels:** 5' 3" **Cylinders:** (O) 17½" x 26" **Valve Gear:** Walschaerts (piston valves)

Number	New	w/dwn	Number	New	w/dwn	Number	New	w/dwn	Number	New	w/dwn
82000	04/52	12/66	82012	07/52	05/64	82023	10/54	10/66	82034	01/55	12/66
82001	04/52	12/65	82013	07/52	06/64	82024	10/54	01/66	82035	03/55	08/65
82002	04/52	02/64	82014	08/52	05/64	82025	11/54	08/64	82036	04/55	07/65
82003	05/52	12/66	82015	08/52	12/64	82026	11/54	06/66	82037	04/55	08/65
82004	05/52	10/65	82016	08/52	04/65	82027	11/54	01/66	82038	05/55	08/65
82005	05/52	09/66	82017	08/52	04/65	82028	12/54	09/66	82039	05/55	07/65
82006	05/52	09/66	82018	09/52	04/66	82029	12/54	07/67	82040	05/55	07/65
82007	05/52	06/64	82019	09/52	07/67	82030	12/54	12/65	82041	06/55	12/65
82008	06/52	02/64	82020	09/54	09/65	82031	12/54	12/66	82042	06/55	08/65
82009	06/52	11/66	82021	10/54	10/65	82032	01/55	05/65	82043	06/55	02/64
82010	06/52	04/65	82022	10/54	10/65	82033	01/55	09/65	82044	08/55	12/65
82011	07/52	08/64									TOTAL 45

2MT
2-6-2T

Introduced in 1953, this class was closely based on the Ivatt 2MT 412xx Class.

Loco Weight: 63t 5c **Driving Wheels:** 5' 0" **Cylinders:** (O) 16½" x 24" **Valve Gear:** Walschaerts (piston valves)

Number	New	w/dwn	Number	New	w/dwn	Number	New	w/dwn	Number	New	w/dwn
84000	07/53	10/65	84008	09/53	10/65	84016	10/53	12/65	84024	04/57	09/64
84001	07/53	10/64	84009	09/53	11/65	84017	10/53	12/65	84025	04/57	12/65
84002	07/53	04/65	84010	09/53	12/65	84018	10/53	04/65	84026	04/57	12/65
84003	08/53	10/65	84011	09/53	04/65	84019	10/53	12/65	84027	05/57	05/64
84004	08/53	10/65	84012	09/53	10/63	84020	03/57	10/64	84028	05/57	12/65
84005	08/53	10/65	84013	09/53	12/65	84021	03/57	09/64	84029	06/57	06/64
84006	08/53	10/65	84014	09/53	12/65	84022	03/57	09/64			
84007	09/53	01/64	84015	10/53	12/65	84023	04/57	09/64			TOTAL 30

8F
W.D. Austerity
2-8-0

Designed by R.A. Riddles for the Ministry of Supply in 1943. 200 purchased by L.N.E.R. in 1946, and 533 by B.R. in 1948. (L.N.E.R. locos renumbered by B.R. with a '6' prefix are shown in the **N.E. No.** column.)

Loco Weight: 70t 5c **Driving Wheels:** 4' 8½" **Cylinders:** (O) 19" x 28" **Valve Gear:** Walschaerts (piston valves)

W.D. No.	N.E. No.	B.R. No.	To B.R.	w/dwn	W.D. No.	N.E. No.	B.R. No.	To B.R.	w/dwn
77009	63000	90000	01/48	06/65	77243	3027	90027	01/48	05/63
77002	63001	90001	01/48	04/66	77250	63028	90028	01/48	12/62
77021	63002	90002	01/48	04/66	77251	63029	90029	01/48	07/65
77300	3003	90003	01/48	09/64	77254	63030	90030	01/48	04/67
77033	3004	90004	01/48	12/63	77385	3031	90031	01/48	05/63
77046	3005	90005	01/48	04/65	77391	3032	90032	01/48	02/66
77316	3006	90006	01/48	09/63	77397	63033	90033	01/48	05/63
77318	63007	90007	01/48	07/65	77410	63034	90034	01/48	09/62
77322	3008	90008	01/48	04/67	77412	63035	90035	01/48	02/66
77336	63009	90009	01/48	09/67	77420	3036	90036	01/48	12/65
77339	63010	90010	01/48	02/65	77422	63037	90037	01/48	04/66
77343	63011	90011	01/48	09/66	77423	63038	90038	01/48	08/65
77211	63012	90012	01/48	02/64	77427	3039	90039	01/48	09/66
77213	63013	90013	01/48	04/66	77430	3040	90040	01/48	07/65
77220	3014	90014	01/48	04/67	77435	63041	90041	01/48	12/66
77354	63015	90015	01/48	05/63	77437	63042	90042	01/48	01/65
77357	63016	90016	01/48	06/67	77448	63043	90043	01/48	12/65
77360	63017	90017	01/48	09/63	70800	3044	90044	01/48	12/65
77363	63018	90018	01/48	04/66	70804	63045	90045	01/48	10/65
77367	63019	90019	01/48	12/63	70810	3046	90046	01/48	03/63
77223	63020	90020	01/48	04/67	70813	63047	90047	01/48	06/67
77233	3021	90021	01/48	11/62	70815	63048	90048	01/48	05/63
77236	3022	90022	01/48	10/62	70816	3049	90049	01/48	09/63
77369	63023	90023	01/48	09/62	70818	63050	90050	01/48	05/63
77370	63024	90024	01/48	02/66	70821	63051	90051	01/48	10/65
77373	3025	90025	01/48	08/65	70822	63052	90052	01/48	03/64
77382	63026	90026	01/48	12/63	70823	63053	90053	01/48	07/65

W.D. No.	N.E. No.	B.R. No.	To B.R.	w/dwn	W.D. No.	N.E. No.	B.R. No.	To B.R.	w/dwn
70824	3054	90054	01/48	01/67	77016	-	90114	01/48	07/64
70826	63055	90055	01/48	03/65	77017	-	90115	01/48	05/65
70827	3056	90056	01/48	05/67	77018	-	90116	01/48	06/67
70828	63057	90057	01/48	06/67	77019	-	90117	01/48	01/67
70830	3058	90058	01/48	12/63	77020	-	90118	01/48	11/63
70831	3059	90059	01/48	04/65	77022	-	90119	01/48	01/65
70832	3060	90060	01/48	06/62	77023	-	90120	01/48	04/65
70837	63061	90061	01/48	06/67	77024	-	90121	07/48	06/65
70840	63062	90062	01/48	01/60	77025	-	90122	12/48	09/65
70841	63063	90063	01/48	04/66	77026	-	90123	01/48	03/65
70842	63064	90064	01/48	01/64	77027	-	90124	05/48	06/65
70844	63065	90065	01/48	03/64	77028	-	90125	01/48	07/65
70846	63066	90066	01/48	05/63	77029	-	90126	12/48	01/67
70847	63067	90067	01/48	10/64	77030	-	90127	01/48	10/64
70848	63068	90068	01/48	07/66	77031	-	90128	01/48	11/62
70854	3069	90069	01/48	01/66	77032	-	90129	01/48	06/64
77265	63070	90070	01/48	02/65	77034	-	90130	01/48	10/65
70852	63071	90071	01/48	04/67	77035	-	90131	01/48	03/65
70858	63072	90072	01/48	12/65	77036	-	90132	01/48	04/67
70870	63073	90073	01/48	02/66	77037	-	90133	01/48	10/65
70872	63074	90074	01/48	09/67	77039	-	90134	01/48	07/62
77272	63075	90075	01/48	04/66	77040	-	90135	01/48	09/67
77276	63076	90076	01/48	09/67	77041	-	90136	01/48	04/65
77277	63077	90077	01/48	05/63	77042	-	90137	01/48	12/62
77279	63078	90078	01/48	11/66	77044	-	90138	01/48	03/64
77281	63079	90079	01/48	01/64	77047	-	90139	01/48	05/65
77284	3080	90080	01/48	02/66	77048	-	90140	12/48	09/64
77290	63081	90081	01/48	06/67	77049	-	90141	01/48	02/64
77298	63082	90082	01/48	07/66	77150	-	90142	01/48	12/65
78513	63083	90083	01/48	12/59	77151	-	90143	01/48	05/64
78515	63084	90084	01/48	06/65	77152	-	90144	01/48	12/63
78516	3085	90085	01/48	05/65	77155	-	90145	01/48	06/64
78520	3086	90086	01/48	08/63	77157	-	90146	01/48	06/65
78562	63087	90087	01/48	10/62	77160	-	90147	12/48	04/64
78565	3088	90088	01/48	07/65	77161	-	90148	01/48	03/66
78527	63089	90089	01/48	01/67	77162	-	90149	12/48	01/66
78528	3090	90090	01/48	05/63	77163	-	90150	01/48	09/62
78570	3091	90091	01/48	06/67	77164	-	90151	01/48	05/63
78577	63092	90092	01/48	10/65	77165	-	90152	01/48	05/65
78582	63093	90093	01/48	08/62	77166	-	90153	01/48	02/66
78584	63094	90094	01/48	06/67	77167	-	90154	01/48	04/66
78591	3095	90095	01/48	06/63	77169	-	90155	01/48	01/67
78603	3096	90096	01/48	09/65	77170	-	90156	01/48	04/66
78608	63097	90097	01/48	08/63	77171	-	90157	12/48	07/64
78534	3098	90098	01/48	11/64	77173	-	90158	01/48	12/65
78540	63099	90099	01/48	06/67	77174	-	90159	01/48	11/63
78550	63100	90100	01/48	01/64	77175	-	90160	01/48	06/67
77000	-	90101	01/48	05/64	77176	-	90161	01/48	02/64
77001	-	90102	01/48	10/63	77178	-	90162	01/48	02/64
77003	-	90103	01/48	11/65	77179	-	90163	12/48	12/62
77004	-	90104	01/48	02/66	77180	-	90164	01/48	04/65
77005	-	90105	01/48	12/62	77181	-	90165	01/48	04/64
77006	-	90106	01/48	09/62	77182	-	90166	01/48	05/65
77007	-	90107	01/48	11/63	77184	-	90167	01/48	03/62
77008	-	90108	01/48	08/65	77185	-	90168	01/48	08/66
77010	-	90109	01/48	04/64	77186	-	90169	01/48	08/65
77012	-	90110	01/48	03/64	77187	-	90170	01/48	07/63
77013	-	90111	01/48	04/64	77192	-	90171	12/48	07/65
77014	-	90112	01/48	01/67	77195	-	90172	01/48	06/67
77015	-	90113	01/48	09/66					

W.D. No.	N.E. No.	B.R. No.	To B.R.	w/dwn	W.D. No.	N.E. No.	B.R. No.	To B.R.	w/dwn
77196	-	90173	01/48	07/64	77320	-	90233	01/48	05/67
77198	-	90174	01/48	11/62	77321	-	90234	01/48	11/63
77199	-	90175	01/48	04/65	77323	-	90235	01/48	10/65
77200	-	90176	01/48	02/63	77324	-	90236	01/48	09/67
77201	-	90177	01/48	06/63	77325	-	90237	01/48	01/64
77202	-	90178	01/48	02/66	77326	-	90238	01/48	03/63
77203	-	90179	01/48	04/64	77327	-	90239	01/48	11/63
77204	-	90180	01/48	03/65	77328	-	90240	01/48	01/67
77205	-	90181	01/48	05/65	77329	-	90241	01/48	01/66
77206	-	90182	01/48	12/63	77330	-	90242	12/48	09/65
77207	-	90183	01/48	08/65	77332	-	90243	12/48	06/67
77208	-	90184	01/48	10/64	77334	-	90244	01/48	08/62
77209	-	90185	01/48	03/65	77335	-	90245	12/48	04/64
77210	-	90186	01/48	08/63	77338	-	90246	01/48	04/65
77212	-	90187	12/48	02/66	77340	-	90247	01/48	11/62
77214	-	90188	01/48	04/65	77342	-	90248	01/48	11/65
77215	-	90189	01/48	11/65	77348	-	90249	12/48	12/63
77218	-	90190	01/48	02/66	77350	-	90250	01/48	03/63
77221	-	90191	01/48	02/60	77351	-	90251	01/48	05/63
77222	-	90192	01/48	05/63	77352	-	90252	01/48	09/65
77225	-	90193	02/48	08/63	77353	-	90253	01/48	12/62
77226	-	90194	01/48	03/64	77355	-	90254	01/48	01/67
77227	-	90195	01/48	10/65	77356	-	90255	01/48	12/65
77228	-	90196	01/48	09/62	77358	-	90256	01/48	08/62
77229	-	90197	12/48	04/64	77359	-	90257	01/48	07/64
77230	-	90198	01/48	12/62	77362	-	90258	01/48	01/66
77231	-	90199	01/48	11/66	77364	-	90259	01/48	10/65
77232	-	90200	01/48	07/67	77365	-	90260	05/48	09/63
77234	-	90201	01/48	07/64	77368	-	90261	01/48	07/65
77235	-	90202	01/48	04/65	77371	-	90262	01/48	06/67
77237	-	90203	05/48	10/65	77372	-	90263	01/48	01/64
77239	-	90204	12/48	06/65	77374	-	90264	05/48	08/64
77241	-	90205	01/48	03/64	77375	-	90265	01/48	06/67
77242	-	90206	12/48	04/63	77378	-	90266	01/48	07/65
77247	-	90207	01/48	05/65	77379	-	90267	01/48	03/65
77248	-	90208	01/48	01/64	77380	-	90268	01/48	04/65
77249	-	90209	01/48	06/64	77381	-	90269	01/48	05/63
77252	-	90210	01/48	07/67	77386	-	90270	01/48	12/62
77253	-	90211	01/48	07/65	77388	-	90271	01/48	07/65
77255	-	90212	01/48	08/65	77390	-	90272	01/48	06/67
77256	-	90213	01/48	02/66	77392	-	90273	01/48	10/65
77257	-	90214	01/48	03/64	77393	-	90274	01/48	01/66
77258	-	90215	01/48	04/65	77394	-	90275	01/48	07/65
77259	-	90216	01/48	07/64	77395	-	90276	01/48	02/65
77260	-	90217	01/48	06/65	77398	-	90277	12/48	10/65
77261	-	90218	01/48	04/64	77399	-	90278	05/48	12/62
77302	-	90219	01/48	05/64	77401	-	90279	01/48	06/65
77303	-	90220	01/48	11/65	77402	-	90280	01/48	09/65
77305	-	90221	01/48	01/65	77404	-	90281	01/48	06/67
77306	-	90222	02/48	08/65	77406	-	90282	01/48	01/65
77307	-	90223	01/48	08/65	77407	-	90283	01/48	10/65
77309	-	90224	01/48	03/64	77408	-	90284	01/48	03/65
77310	-	90225	01/48	04/65	77411	-	90285	01/48	06/65
77311	-	90226	01/48	12/63	77413	-	90286	01/48	08/62
77312	-	90227	01/48	09/65	77414	-	90287	01/48	12/62
77313	-	90228	01/48	09/63	77415	-	90288	01/48	09/62
77314	-	90229	01/48	09/66	77416	-	90289	01/48	11/64
77315	-	90230	01/48	05/67	77418	-	90290	01/48	05/65
77317	-	90231	01/48	08/63	77419	-	90291	01/48	02/65
77319	-	90232	01/48	01/66	77421	-	90292	01/48	10/65

W.D. No.	N.E. No.	B.R. No.	To B.R.	w/dwn	W.D. No.	N.E. No.	B.R. No.	To B.R.	w/dwn
77424	-	90293	01/48	06/65	77285	-	90353	12/48	02/65
77425	-	90294	01/48	07/65	77286	-	90354	01/48	10/64
77426	-	90295	01/48	01/66	77288	-	90355	01/48	11/62
77428	-	90296	01/48	08/65	77289	-	90356	01/48	11/62
77429	-	90297	01/48	09/64	77291	-	90357	01/48	09/67
77431	-	90298	01/48	08/62	77292	-	90358	01/48	11/63
77432	-	90299	01/48	04/64	77294	-	90359	01/48	09/64
77433	-	90300	01/48	06/67	77296	-	90360	01/48	09/67
77434	-	90301	01/48	09/65	77297	-	90361	12/48	04/67
77436	-	90302	01/48	08/64	77299	-	90362	01/48	06/67
77439	-	90303	01/48	12/62	78510	-	90363	01/48	06/67
77440	-	90304	01/48	09/64	78512	-	90364	01/48	12/65
77441	-	90305	01/48	03/66	78514	-	90365	01/48	06/65
77442	-	90306	01/48	06/65	78521	-	90366	01/48	01/64
77443	-	90307	01/48	12/62	78522	-	90367	01/48	02/66
77444	-	90308	01/48	11/62	78525	-	90368	01/48	06/65
77445	-	90309	01/48	07/67	78526	-	90369	12/48	04/66
77447	-	90310	12/48	12/66	78560	-	90370	01/48	05/67
77449	-	90311	01/48	08/64	78561	-	90371	12/48	04/64
70801	-	90312	01/48	12/63	78563	-	90372	01/48	12/65
70802	-	90313	01/48	04/64	78564	-	90373	01/48	09/66
70807	-	90314	01/48	04/65	78568	-	90374	01/48	03/64
70808	-	90315	01/48	11/65	78569	-	90375	01/48	07/64
70809	-	90316	12/48	12/65	78572	-	90376	01/48	12/62
70811	-	90317	01/48	03/65	78575	-	90377	01/48	02/66
70814	-	90318	12/48	09/67	78578	-	90378	12/48	09/67
70817	-	90319	01/48	06/64	78580	-	90379	12/48	03/66
70825	-	90320	12/48	07/62	78581	-	90380	12/48	02/66
70829	-	90321	12/48	07/67	78583	-	90381	01/48	10/65
70833	-	90322	12/48	08/64	78585	-	90382	01/48	09/67
70834	-	90323	01/48	04/64	78587	-	90383	01/48	04/65
70836	-	90324	01/48	04/64	78588	-	90384	12/48	02/66
70838	-	90325	12/48	08/65	78590	-	90385	01/48	02/67
70839	-	90326	01/48	11/63	78592	-	90386	01/48	04/67
70843	-	90327	01/48	01/65	78594	-	90387	12/48	08/62
70845	-	90328	12/48	05/64	78595	-	90388	01/48	07/64
70849	-	90329	12/48	09/65	78596	-	90389	01/48	10/64
70850	-	90330	01/48	12/65	78597	-	90390	01/48	09/65
70851	-	90331	12/48	11/63	78598	-	90391	01/48	08/62
70853	-	90332	01/48	01/67	78599	-	90392	01/48	12/64
70857	-	90333	12/48	10/65	78600	-	90393	01/48	08/65
70859	-	90334	12/48	11/63	78601	-	90394	12/48	04/64
70860	-	90335	12/48	11/63	78602	-	90395	01/48	10/66
70864	-	90336	12/48	01/66	78604	-	90396	12/48	06/67
70865	-	90337	12/48	01/67	78605	-	90397	12/48	05/67
70866	-	90338	12/48	11/63	78606	-	90398	05/48	07/65
70867	-	90339	12/48	07/67	78607	-	90399	01/48	03/65
70871	-	90340	01/48	07/65	78609	-	90400	01/48	12/63
70874	-	90341	12/48	07/65	78610	-	90401	12/48	11/65
70875	-	90342	12/48	11/65	78612	-	90402	01/48	03/64
70876	-	90343	01/48	12/63	78614	-	90403	12/48	04/64
70877	-	90344	01/48	11/64	78615	-	90404	01/48	06/67
70878	-	90345	01/48	06/67	78616	-	90405	12/48	09/67
77263	-	90346	01/48	10/65	78621	-	90406	12/48	06/67
77270	-	90347	01/48	05/67	78624	-	90407	01/48	05/67
77271	-	90348	01/48	09/67	78531	-	90408	01/48	03/64
77274	-	90349	01/48	06/65	78532	-	90409	01/48	06/67
77278	-	90350	01/48	08/66	78537	-	90410	01/48	04/66
77280	-	90351	12/48	09/67	78538	-	90411	12/48	08/64
77283	-	90352	01/48	06/67	78541	-	90412	01/48	10/64

W.D. No.	N.E. No.	B.R. No.	To B.R.	w/dwn	W.D. No.	N.E. No.	B.R. No.	To B.R.	w/dwn
78542	-	90413	01/48	02/66	78670	63152	90473	01/48	09/62
78543	-	90414	01/48	12/62	78673	3153	90474	01/48	07/65
78544	-	90415	12/48	01/67	78674	3154	90475	01/48	08/63
78546	-	90416	12/48	04/64	78676	63155	90476	01/48	07/65
78551	-	90417	12/48	09/67	78677	3156	90477	01/48	03/66
78553	-	90418	01/48	01/66	78679	3157	90478	01/48	09/67
78554	-	90419	12/48	04/65	78680	3158	90479	01/48	09/66
78556	-	90420	12/48	08/65	78686	63159	90480	01/48	08/65
78559	-	90421	01/48	08/65	78687	3160	90481	01/48	10/66
77083	63101	90422	01/48	06/65	78690	3161	90482	01/48	07/67
77091	63102	90423	01/48	12/65	78691	63162	90483	01/48	03/64
77093	63103	90424	01/48	12/63	78692	63163	90484	01/48	03/66
77100	63104	90425	01/48	12/62	78696	63164	90485	01/48	08/64
77110	63105	90426	01/48	03/65	78697	63165	90486	01/48	04/65
77112	63106	90427	01/48	06/67	78698	63166	90487	01/48	08/63
77113	63107	90428	01/48	01/66	78699	63167	90488	01/48	12/64
77131	63108	90429	01/48	04/67	78702	63168	90489	01/48	04/67
77133	63109	90430	01/48	09/67	78703	63169	90490	01/48	02/64
77136	63110	90431	01/48	12/62	78706	63170	90491	01/48	09/65
77146	3111	90432	01/48	10/65	78707	3171	90492	01/48	10/65
77473	3112	90433	01/48	04/64	78708	3172	90493	01/48	02/66
77474	3113	90434	01/48	06/67	78709	63173	90494	01/48	09/62
77486	63114	90435	01/48	09/63	78710	63174	90495	01/48	12/62
77487	3115	90436	01/48	06/62	78711	3175	90496	01/48	04/65
77491	63116	90437	01/48	04/66	78712	63176	90497	01/48	03/63
77493	3117	90438	01/48	10/65	78713	63177	90498	01/48	02/66
77496	63118	90439	01/48	11/65	78716	63178	90499	01/48	12/63
77498	3119	90440	01/48	08/63	78718	63179	90500	01/48	08/63
77501	63120	90441	01/48	10/66	79177	3180	90501	01/48	11/65
77502	3121	90442	01/48	04/65	79180	3181	90502	01/48	05/63
77504	63122	90443	01/48	06/65	79185	63182	90503	01/48	01/67
77505	63123	90444	01/48	01/67	79187	63183	90504	01/48	05/63
77506	3124	90445	01/48	11/63	79191	3184	90505	01/48	06/62
77507	63125	90446	01/48	11/63	79192	63185	90506	01/48	01/66
78625	63126	90447	01/48	12/65	79200	3186	90507	01/48	06/63
78627	63127	90448	01/48	01/66	79211	63187	90508	01/48	12/62
78628	3128	90449	01/48	06/67	79216	63188	90509	01/48	08/65
78630	3129	90450	01/48	06/67	79236	3189	90510	01/48	07/65
78633	63130	90451	01/48	12/66	79240	63190	90511	01/48	06/64
78634	3131	90452	01/48	06/65	79241	63191	90512	01/48	09/62
78635	3132	90453	01/48	10/63	79245	63192	90513	01/48	07/62
78639	63133	90454	01/48	06/65	79247	63193	90514	01/48	01/66
78641	3134	90455	01/48	09/62	79251	63194	90515	01/48	01/65
78642	3135	90456	01/48	02/66	79253	63195	90516	01/48	11/65
78645	3136	90457	01/48	01/66	79285	63196	90517	01/48	05/66
78646	63137	90458	01/48	06/67	79288	63197	90518	01/48	02/66
78648	3138	90459	01/48	06/67	79305	63198	90519	01/48	09/64
78649	3139	90460	01/48	06/65	79308	3199	90520	01/48	02/65
78651	63140	90461	01/48	09/63	77050	-	90521	01/48	10/64
78653	63141	90462	01/48	01/67	77051	-	90522	01/48	05/65
78654	63142	90463	01/48	11/63	77052	-	90523	01/48	12/62
78655	3143	90464	01/48	03/64	77053	-	90524	01/48	05/63
78656	63144	90465	01/48	01/67	77054	-	90525	12/48	04/64
78661	63145	90466	01/48	12/65	77055	-	90526	01/48	12/62
78662	3146	90467	01/48	11/63	77056	-	90527	01/48	05/63
78663	3147	90468	01/48	04/67	77057	-	90528	01/48	09/65
78664	3148	90469	01/48	11/64	77058	-	90529	01/48	11/65
78665	63149	90470	01/48	12/66	77059	-	90530	01/48	05/63
78667	3150	90471	01/48	04/66	77060	-	90531	12/48	09/63
78668	63151	90472	01/48	12/63	77061	-	90532	01/48	11/62

W.D. No	B.R. No	To B.R.	w/dwn	W.D. No	B.R. No	To B.R.	w/dwn	W.D. No	B.R. No	To B.R.	w/dwn
77062	90533	01/48	02/66	77148	90593	12/48	07/66	78700	90653	01/48	09/62
77063	90534	01/48	10/66	77149	90594	01/48	09/62	78704	90654	12/48	06/67
77064	90535	01/48	10/64	77451	90595	01/48	02/64	78705	90655	01/48	04/67
77066	90536	01/48	08/63	77452	90596	01/48	04/67	78714	90656	01/48	02/65
77067	90537	01/48	02/66	77453	90597	01/48	07/63	78715	90657	01/48	09/62
77068	90538	01/48	04/66	77454	90598	01/48	02/64	78717	90658	01/48	11/65
77070	90539	01/48	11/63	77455	90599	01/48	07/64	79178	90659	01/48	05/63
77071	90540	01/48	07/65	77456	90600	04/48	08/66	79181	90660	01/48	07/65
77072	90541	12/48	05/65	77457	90601	01/48	06/65	79182	90661	01/48	12/63
77073	90542	01/48	07/63	77458	90602	01/48	01/65	79184	90662	01/48	08/65
77074	90543	01/48	02/65	77459	90603	01/48	02/62	79186	90663	01/48	04/64
77075	90544	01/48	06/64	77460	90604	01/48	12/63	79190	90664	12/48	10/66
77076	90545	01/48	10/65	77461	90605	01/48	09/67	79194	90665	01/48	12/65
77077	90546	01/48	02/64	77462	90606	01/48	02/66	79195	90666	12/48	11/62
77078	90547	01/48	10/66	77463	90607	12/48	11/62	79196	90667	12/48	04/64
77079	90548	01/48	04/64	77464	90608	01/48	12/62	79198	90668	01/48	04/65
77080	90549	05/48	12/62	77465	90609	01/48	08/63	79199	90669	01/48	02/66
77081	90550	01/48	09/62	77466	90610	12/48	05/67	79202	90670	01/48	06/67
77085	90551	01/48	04/66	77467	90611	01/48	08/67	79203	90671	01/48	09/63
77086	90552	01/48	04/64	77468	90612	01/48	03/64	79204	90672	01/48	04/64
77087	90553	01/48	10/65	77469	90613	01/48	05/65	79205	90673	12/48	03/64
77088	90554	01/48	09/62	77470	90614	01/48	11/63	79206	90674	01/48	08/65
77089	90555	01/48	06/64	77471	90615	12/48	09/67	79207	90675	01/48	04/66
77090	90556	01/48	03/65	77476	90616	01/48	06/62	79208	90676	01/48	01/64
77092	90557	12/48	09/65	77479	90617	12/48	06/67	79209	90677	01/48	09/67
77094	90558	01/48	11/65	77480	90618	01/48	05/64	79210	90678	01/48	06/67
77095	90559	01/48	12/62	77481	90619	01/48	10/65	79213	90679	12/48	09/66
77096	90560	01/48	04/67	77482	90620	12/48	06/67	79214	90680	12/48	01/67
77097	90561	01/48	03/65	77484	90621	01/48	12/65	79215	90681	12/48	07/65
77098	90562	01/48	11/62	77485	90622	01/48	09/66	79219	90682	01/48	09/67
77099	90563	01/48	08/65	77488	90623	01/48	12/63	79220	90683	01/48	02/66
77101	90564	01/48	04/64	77489	90624	01/48	12/63	79221	90684	12/48	01/67
77102	90565	01/48	11/62	77492	90625	01/48	05/67	79224	90685	01/48	11/64
77103	90566	01/48	07/64	77494	90626	01/48	03/65	79225	90686	01/48	04/65
77104	90567	01/48	11/64	77497	90627	01/48	08/67	79226	90687	01/48	01/66
77106	90568	01/48	01/64	77499	90628	01/48	01/67	79227	90688	01/48	06/67
77107	90569	01/48	10/65	77503	90629	01/48	09/65	79228	90689	05/48	04/66
77108	90570	01/48	04/64	77508	90630	01/48	11/62	79229	90690	01/48	09/62
77111	90571	01/48	11/63	78626	90631	12/48	01/67	79232	90691	01/48	05/62
77115	90572	01/48	02/66	78629	90632	12/48	05/65	79233	90692	12/48	12/63
77116	90573	01/48	08/65	78632	90633	01/48	07/67	79234	90693	01/48	11/62
77118	90574	01/48	02/64	78637	90634	01/48	12/62	79235	90694	01/48	01/67
77119	90575	01/48	07/62	78638	90635	12/48	01/64	79239	90695	01/48	09/67
77120	90576	01/48	03/63	78643	90636	01/48	04/66	79242	90696	01/48	07/63
77121	90577	01/48	05/65	78644	90637	12/48	11/62	79243	90697	01/48	11/65
77122	90578	01/48	12/63	78650	90638	01/48	12/62	79244	90698	12/48	07/67
77123	90579	01/48	02/65	78652	90639	12/48	01/67	79254	90699	12/48	09/67
77124	90580	01/48	08/65	78658	90640	12/48	08/66	79259	90700	01/48	02/64
77126	90581	12/48	11/64	78666	90641	01/48	08/65	79261	90701	12/48	11/62
77127	90582	01/48	03/64	78671	90642	01/48	09/67	79262	90702	12/48	08/65
77128	90583	01/48	04/64	78672	90643	12/48	02/64	79263	90703	01/48	07/65
77129	90584	01/48	09/64	78675	90644	12/48	06/67	79264	90704	01/48	06/67
77130	90585	01/48	03/65	78681	90645	12/48	01/67	79265	90705	01/48	07/64
77135	90586	01/48	02/66	78682	90646	01/48	05/64	79266	90706	12/48	02/66
77138	90587	01/48	11/65	78683	90647	01/48	03/64	79268	90707	12/48	01/67
77141	90588	12/48	02/67	78684	90648	01/48	08/62	79269	90708	12/48	04/64
77142	90589	01/48	04/64	78685	90649	12/48	01/67	79271	90709	01/48	04/66
77144	90590	01/48	03/64	78688	90650	01/48	06/67	79272	90710	12/48	02/65
77145	90591	12/48	11/62	78689	90651	12/48	10/66	79273	90711	12/48	01/67
77147	90592	01/48	06/64	78695	90652	01/48	09/66	79274	90712	01/48	07/64

Class 3MT 2-6-2T No. 82041 at Bath (Green Park) M.P.D. Many later ones were obsolete before they were went in to service, as D.M.U.s were already performing the duties they were designed for.   *Photo courtesy Steve Davies*

'Austerity' Class 8F 2-8-0 No. 90536 is being piloted by a Stanier 2-8-0 on a train of Iron Ore hoppers. The 'Austerities' were eminently suitable for heavy mineral and ore trains because of their powerful haulage capacity, but above 45 m.p.h. they had braking problems which generally precluded their use on fast, fitted freights and passenger trains. They were cheaply built during the Second World War with a planned life of only five years, but many lasted for almost twenty!

Modelmaster Collection

W.D. No.	B.R. No	To B.R.	w/dwn	W.D. No.	B.R. No	To B.R.	w/dwn	W.D. No.	B.R. No	To B.R.	w/dwn
79275	90713	12/48	10/63	79283	90720	05/48	07/65	79306	90727	01/48	08/65
79276	90714	01/48	12/64	79294	90721	12/48	09/67	79307	90728	12/48	12/63
79278	90715	01/48	05/64	79298	90722	12/48	06/67	79309	90729	01/48	04/63
79279	90716	03/48	10/63	79301	90723	01/48	11/66	79310	90730	01/48	10/65
79280	90717	01/48	03/64	79302	90724	12/48	06/65	79311	90731	12/48	11/66
79281	90718	12/48	02/66	79303	90725	01/48	08/65	79312	90732	01/48	09/62
79282	90719	12/48	02/66	79304	90726	12/48	11/62				TOTAL 733

8F   W.D. Austerity   2-10-0

Designed by R.A. Riddles for the Ministry of Supply in 1943. Of the 150 built, only 25 were purchased by British Railways. The B.R. 9F was based on experience gained with this design. Longmoor Military Railway Number **601** (named **KITCHENER**) was on loan to B.R. between June 1957 and February 1959. It was converted to oil burning by the North British Loco Company (Glasgow) in October 1958.

Loco Weight : 78t 6c   **Driving Wheels :** 4' 8½"   **Cylinders :** (O) 19" x 28"   **Valve Gear :** Walschaerts (piston valves)

W.D. No.	B.R. No.	To B.R.	w/dwn	W.D. No.	B.R. No.	To B.R.	w/dwn	W.D. No.	B.R. No.	To B.R.	w/dwn
73774	90750	12/48	05/62	73783	90759	12/48	12/62	73792	90768	12/48	07/62
73775	90751	12/48	12/62	73784	90760	12/48	05/62	73793	90769	12/48	12/62
73776	90752	12/48	12/61	73785	90761	12/48	11/62	73794	90770	12/48	12/62
37777	90753	12/48	07/61	73786	90762	12/48	12/62	73795	90771	12/48	12/62
73778	90754	12/48	07/61	73787	90763	12/48	12/62	73796	90772	12/48	12/62
73779	90755	12/48	12/62	73788	90764	12/48	05/62	73798	90773	01/48	12/62
73780	90756	12/48	12/62	73789	90765	12/48	12/62	73799	90774	01/48	12/62
73781	90757	12/48	12/62	73790	90766	12/48	12/62	73797	601	06/57	(02/59)
73782	90758	12/48	12/62	73791	90767	12/48	12/62				TOTAL 25 + 1 on loan

9F   2-10-0

The last of the B.R. Standard designs, and probably the best. Heavily based on the 'Austerity' 2-10-0, 251 were built in total. Nos. **92020 - 92029** were built with Franco Crosti boilers and pre-heaters, but the pre-heaters were sealed off and removed from 1959 onward. They weighed 90t 4c and in orthodox form were classified as '8F' because their boilers were slightly smaller. Several were fitted with air pumps for operating Tyne Dock & Consett air door discharge ore hoppers, and **92250** was fitted with a Geisl oblong ejector in 1960. Several were fitted with double chimneys, either new or later, including **92002** which doesn't appear on official lists, but photos exist!

Loco Weight : 86t 14c   **Driving Wheels :** 5' 0"   **Cylinders :** (O) 20" x 28"   **Valve Gear :** Walschaerts (piston valves)

Number	New	w/dwn	Tender	Notes	Number	New	w/dwn	Tender	Notes
92000	01/54	07/65	BR1G	Double Chimney	92025	06/55	11/67	BR1B	Rebuilt 04/60
92001	01/54	01/67	BR1G	" "	92026	06/55	11/67	BR1B	Rebuilt 09/59
92002	01/54	11/67	BR1G	" "	92027	07/55	08/67	BR1B	Rebuilt 10/60
92003	01/54	03/65	BR1G		92028	07/55	10/66	BR1B	Rebuilt 12/59
92004	01/54	03/68	BR1G		92029	07/55	11/67	BR1B	Rebuilt 08/60
92005	02/54	08/65	BR1G		92030	11/54	02/67	BR1F	
92006	02/54	04/67	BR1G	Double Chimney	92031	11/54	01/67	BR1F	
92007	02/54	12/65	BR1G		92032	11/54	04/67	BR1F	
92008	03/54	10/67	BR1G		92033	11/54	09/65	BR1F	
92009	03/54	03/68	BR1G		92034	12/54	05/64	BR1F	
92010	05/54	04/66	BR1F		92035	12/54	02/66	BR1F	
92011	05/54	11/67	BR1F		92036	12/54	12/64	BR1F	
92012	05/54	10/67	BR1F		92037	12/54	02/65	BR1F	
92013	05/54	09/66	BR1F		92038	12/54	04/65	BR1F	
92014	05/54	10/67	BR1F		92039	12/54	10/65	BR1F	
92015	09/54	04/67	BR1C		92040	12/54	08/65	BR1F	
92016	10/54	10/67	BR1C		92041	12/54	08/65	BR1F	
92017	10/54	12/67	BR1C		92042	01/55	12/65	BR1F	
92018	10/54	04/67	BR1C		92043	01/55	07/66	BR1F	
92019	10/54	06/67	BR1C		92044	01/55	04/65	BR1F	
92020	05/55	10/67	BR1B	Rebuilt 06/61	92045	02/55	09/67	BR1C	
92021	05/55	11/67	BR1B	Rebuilt 06/60	92046	02/55	10/67	BR1C	
92022	05/55	11/67	BR1B	Rebuilt 06/62	92047	02/55	11/67	BR1C	
92023	05/55	11/67	BR1B	Rebuilt 09/61	92048	02/55	09/67	BR1C	
92024	06/55	11/67	BR1B	Rebuilt 02/60					

Number	New	w/dwn	Tender	Notes	Number	New	w/dwn	Tender	Notes
92049	03/55	11/67	BR1C		92109	10/56	11/67	BR1C	
92050	08/55	09/67	BR1C		92110	10/56	12/67	BR1C	
92051	08/55	10/67	BR1C		92111	11/56	10/67	BR1C	
92052	08/55	08/67	BR1C		92112	11/56	11/67	BR1C	
92053	09/55	02/66	BR1C		92113	11/56	10/67	BR1C	
92054	09/55	05/68	BR1C		92114	12/56	07/67	BR1C	
92055	09/55	12/67	BR1C		92115	12/56	02/66	BR1C	
92056	10/55	11/67	BR1C		92116	12/56	11/66	BR1C	
92057	10/55	10/65	BR1C		92117	12/56	12/67	BR1C	
92058	10/55	11/67	BR1C		92118	12/56	05/68	BR1C	
92059	10/55	09/66	BR1C		92119	01/57	09/67	BR1C	
92060	11/55	10/66	BR1B	Compressed air pumps	92120	02/57	07/67	BR1C	
92061	11/55	09/66	BR1B	Compressed air pumps	92121	02/57	07/67	BR1C	
92062	11/55	06/66	BR1B	Compressed air pumps	92122	02/57	11/67	BR1C	
92063	11/55	11/66	BR1B	Compressed air pumps	92123	03/57	10/67	BR1C	
92064	12/55	11/66	BR1B	Compressed air pumps	92124	03/57	12/66	BR1C	
92065	12/55	04/67	BR1B	Compressed air pumps	92125	03/57	12/67	BR1C	
92066	12/55	05/65	BR1B	Compressed air pumps	92126	03/57	08/67	BR1C	
92067	12/55	11/66	BR1F		92127	03/57	08/67	BR1C	
92068	12/55	01/66	BR1F		92128	04/57	11/67	BR1C	
92069	12/55	05/68	BR1F		92129	04/57	06/67	BR1C	
92070	01/56	11/67	BR1F		92130	04/57	05/66	BR1C	
92071	01/56	11/67	BR1F		92131	05/57	09/67	BR1C	
92072	02/56	01/66	BR1F		92132	05/57	10/67	BR1C	
92073	02/56	11/67	BR1F		92133	05/57	07/67	BR1C	
92074	02/56	04/67	BR1F		92134	05/57	12/66	BR1C	
92075	03/56	09/66	BR1F		92135	06/57	06/67	BR1C	
92076	03/56	02/67	BR1F		92136	06/57	10/66	BR1C	
92077	03/56	06/68	BR1C		92137	06/57	09/67	BR1C	
92078	03/56	05/67	BR1C		92138	06/57	07/67	BR1C	
92079	03/56	11/67	BR1C		92139	06/57	09/67	BR1C	
92080	04/56	05/67	BR1C		92140	07/57	04/65	BR1F	
92081	04/56	02/66	BR1C		92141	07/57	12/65	BR1F	
92082	05/56	11/67	BR1C		92142	07/57	02/65	BR1F	
92083	05/56	02/67	BR1C		92143	08/57	02/65	BR1F	
92084	05/56	11/67	BR1C		92144	08/57	12/65	BR1F	
92085	05/56	12/66	BR1C		92145	08/57	02/66	BR1F	
92086	06/56	11/67	BR1C		92146	09/57	04/66	BR1F	
92087	08/56	02/67	BR1C		92147	09/57	04/65	BR1F	
92088	10/56	04/68	BR1F		92148	09/57	12/65	BR1F	
92089	09/56	02/67	BR1F		92149	10/57	06/65	BR1F	
92090	11/56	05/67	BR1F		92150	10/57	04/67	BR1C	
92091	11/56	05/68	BR1F		92151	10/57	04/67	BR1C	
92092	12/56	10/66	BR1F		92152	10/57	11/67	BR1C	
92093	01/57	09/67	BR1F		92153	10/57	01/68	BR1C	
92094	02/27	05/68	BR1F		92154	11/57	07/67	BR1C	
92095	03/57	09/66	BR1F		92155	11/57	11/66	BR1C	
92096	04/57	02/67	BR1F		92156	11/57	07/67	BR1C	
92097	06/56	10/66	BR1B	Compressed air pumps	92157	11/57	08/67	BR1C	
92098	07/56	07/66	BR1B	Compressed air pumps	92158	11/57	07/66	BR1C	
92099	07/56	09/66	BR1B	Compressed air pumps	92159	11/57	07/67	BR1C	
92100	08/56	05/67	BR1C		92160	11/57	06/68	BR1C	
92101	08/56	10/67	BR1C		92161	12/57	12/66	BR1C	
92102	08/56	11/67	BR1C		92162	12/57	11/67	BR1C	
92103	08/56	05/67	BR1C		92163	03/58	11/67	BR1C	
92104	08/56	02/67	BR1C		92164	04/58	07/66	BR1C	
92105	09/56	01/67	BR1C		92165	04/58	03/68	BR1K	Double Chimney
92106	09/56	07/67	BR1C		92166	05/58	11/67	BR1K	" "
92107	09/56	02/67	BR1C		92167	05/58	06/68	BR1K	" "
92108	10/56	11/67	BR1C		92168	12/57	06/65	BR1F	

Number	New	w/dwn	Tender	Notes	Number	New	w/dwn	Tender	Notes
92169	12/57	05/64	BR1F		92195	06/58	05/65	BR1F	Double Chimney
92170	12/57	05/64	BR1F		92196	08/58	12/64	BR1F	" "
92171	02/58	05/64	BR1F		92197	09/58	09/65	BR1F	" "
92172	01/58	04/66	BR1F		92198	10/58	08/64	BR1F	" "
92173	02/58	03/66	BR1F		92199	10/58	08/64	BR1F	" "
92174	02/58	12/65	BR1F		92200	11/58	10/65	BR1F	" "
92175	02/58	05/64	BR1F		92201	12/58	03/66	BR1F	" "
92176	03/58	05/64	BR1F		92202	12/58	12/65	BR1F	" "
92177	03/58	05/64	BR1F		92203	04/59	11/67	BR1G	" "
92178	09/57	10/65	BR1F	Double Chimney	92204	04/59	12/67	BR1G	" "
92179	10/57	11/65	BR1F		92205	05/59	06/67	BR1G	" "
92180	11/57	04/65	BR1F		92206	05/59	05/67	BR1G	" "
92181	11/57	02/65	BR1F		92207	06/59	12/64	BR1G	" "
92182	12/57	04/66	BR1F		92208	06/59	10/67	BR1G	" "
92183	12/57	04/66	BR1F		92209	06/59	12/65	BR1G	" "
92184	01/58	02/65	BR1F	Double Chimney	92210	08/59	11/64	BR1G	" "
92185	01/58	02/65	BR1F	" "	92211	09/59	05/67	BR1G	" "
92186	01/58	08/65	BR1F	" "	92212	09/59	01/68	BR1G	" "
92187	02/58	02/65	BR1F	" "	92213	10/59	11/66	BR1G	" "
92188	02/58	02/65	BR1F	" "	92214	10/59	08/65	BR1G	" "
92189	03/58	12/65	BR1F	" "	92215	11/59	06/67	BR1G	" "
92190	03/58	10/65	BR1F	" "	92216	12/59	10/65	BR1G	" "
92191	04/58	12/65	BR1F	" "	92217	12/59	07/66	BR1G	" "
92192	05/58	02/65	BR1F	" "	92218	01/60	05/68	BR1G	" "
92193	05/58	06/65	BR1F	" "	92219	01/60	08/65	BR1G	" "
92194	06/58	12/65	BR1F	" "					

Number & Name		New	w/dwn	Tender	notes		
92220	Evening Star	03/60	03/65	BR1G	Double Chimney	The Last Steam Locomotive built for B.R.

Number	New	w/dwn	Tender	Notes	Number	New	w/dwn	Tender	Notes
92221	05/58	05/65	BR1G	Double Chimney	92236	09/58	04/65	BR1G	Double Chimney
92222	06/58	03/65	BR1G	" "	92237	09/58	09/65	BR1G	" "
92223	06/58	04/68	BR1G	" "	92238	09/58	09/65	BR1G	" "
92224	06/58	09/67	BR1G	" "	92239	09/58	11/66	BR1G	" "
92225	06/58	07/65	BR1G	" "	92240	10/58	08/65	BR1G	" "
92226	06/58	09/65	BR1G	" "	92241	10/58	07/65	BR1G	" "
92227	07/58	11/67	BR1G	" "	92242	10/58	05/65	BR1G	" "
92228	07/58	01/67	BR1G	" "	92243	10/58	12/65	BR1G	" "
92229	07/58	11/64	BR1G	" "	92244	10/58	12/65	BR1G	" "
92230	08/58	12/65	BR1G	" "	92245	11/58	12/64	BR1G	" "
92231	08/58	11/66	BR1G	" "	92246	11/58	12/65	BR1G	" "
92232	08/58	12/64	BR1G	" "	92247	12/58	10/66	BR1G	" "
92233	08/58	02/68	BR1G	" "	92248	12/58	05/65	BR1G	" "
92234	08/58	11/67	BR1G	" "	92249	12/58	05/68	BR1G	" "
92235	08/58	11/65	BR1G	" "	92250	12/58	12/65	BR1G	" "